"十三五"普通高等教育应用型规划教材

Probability and Statistics

概率论与数理统计

曹显兵　莫立坡　梁新刚　编著

中国人民大学出版社
·北京·

内 容 简 介

本书根据作者主讲概率论与数理统计课程二十多年来的教学经验，并参照教育部对该课程的教学基本要求以及全国硕士研究生入学统一考试数学考试大纲的要求而编写．全书共分八章，内容包括随机事件与概率、随机变量及其分布、多维随机变量及其分布、随机变量的数字特征、大数定律与中心极限定理、数理统计的基本概念、参数估计和假设检验．

本书可作为财经、管理、理工科（非数学）本科各专业概率论与数理统计课程的教材与参考书，还可作为相关教师与工程技术人员的参考用书．

前　言

概率论与数理统计是专门研究随机现象及其数量规律的一门数学学科, 在自然科学、工程技术、人文科学、经济管理等领域有广泛的应用, 尤其在目前热门的 5G 技术、大数据与人工智能 (AI) 等新兴领域发挥着日益重要的基础作用.

华为总裁任正非说, 人工智能就是统计学；2018 年 8 月 11 日, 诺贝尔经济学奖获得者托马斯·萨金特 (Thomas J. Sargent) 在 "共享全球智慧 引领未来科技" 世界科技创新论坛上表示：人工智能其实就是统计学, 只不过用了一个很华丽的辞藻. 虽然他们的说法有些夸张, 但大家可以形成共识的是：概率统计是上述新兴学科的重要基础是毫无疑问的.

我们相信, 学好这门课程必将有利于学生更好地面对未来的激烈竞争. 当然, 学好这门课程的关键是要将基本概念、定理和方法与实际例子有机联系起来, 掌握如何用概率统计的语言来描述实际问题, 然后选择合适的概率统计模型来进行研究和讨论.

我们的编写思路可以概括为 "两个注重, 一条主线". 第一个注重是, 注重培养学生对随机现象的理解和概率统计的直觉, 通过大量的实际例子, 让学生了解随机现象的广泛性和丰富多彩的一面, 激发学生的学习热情、学习兴趣与学习主动性, 以便学生掌握人类形成的丰富的概率统计思想, 为后续课程打下坚实的理论基础. 第二个注重是, 注重培养学生严谨的数学思维能力与实践创新能力, 以及二者的有机统一. 本书以概率、分布、数学期望和估计为主线. 凡是能够利用微积分与线性代数这两门课程的内容证明的定理、公式都给出严格的证明；凡是超出上述课程内容的定理、公式都结合实际例子加以阐述, 给出其直观的概率意义；同时, 通过本课程的学习, 学生将受到较好的统计建模、概率计算和数据分析的训练, 能够用概率统计的思想和观点观察、处理随机事件及各种数据资料, 进一步培养科学的决策思维, 能够将在概率论与数理统计中所学的原理和方法应用于现实生活或科研工作.

本教材的具体内容包括随机事件与概率、随机变量及其分布、多维随机变量及其分布、随机变量的数字特征、大数定律与中心极限定理、数理统计的基本概念、参数估计和假设检验.

编著者

2020 年 6 月

目　录

第一章　随机事件与概率

本章主要介绍概率论中的基本概念: 随机事件及其概率, 讨论随机事件之间的关系与运算, 概率的性质与计算方法, 研究一个事件的发生对另一个事件发生的可能性的影响.

§1.1　基 本 概 念

一、随机现象

自然界中的客观现象一般可分为必然现象和随机现象. 必然现象或称为确定性现象是指在一定的条件下只有一个结果出现的现象. 例如, 每天早晨, 太阳从东方升起; 在一个标准大气压下, 水加热到 100℃就沸腾; 两个异性电荷相吸, 等等. 随机现象是指在一定的条件下, 并不总是出现相同结果的现象. 例如, 抛一枚硬币, 可能出现正面朝上, 也可能出现反面朝上; 某只股票明天的开盘价格可能上涨, 也可能下跌; 某种传染性疾病 (SARS, 新型冠状病毒肺炎等) 未来一天的确诊病例数; 新购买的手机的使用寿命可能是 1 个月、2 个月, 也可能是 1 年、2 年, 等等. 实际上, 我们在日常生活中遇到的许多现象都是随机现象.

对于随机现象, 在一次观察中不能预知确切结果, 似乎无规律可循. 但是, 人类在长期的社会实践和观察中逐渐发现：在相同条件下对随机现象进行大量重复观察时, 其结果的出现会呈现某种规律性. 例如, 抛掷一次均匀硬币, 在抛之前并不能预知是正面朝上, 还是反面朝上, 但随着抛掷次数的增加, 正面朝上的次数与抛掷总次数的比会逐渐稳定在 $\frac{1}{2}$. 这说明, 偶然中蕴含着必然. 这种在大量重复观察中, 随机现象的结果所呈现的客观规律就是所谓的统计规律, 而概率论与数理统计正是研究大量随机现象的统计规律性的一门数学学科.

二、随机试验

对随机现象进行研究时少不了要对其进行试验、观察和记录. 例如,

(1) 抛一枚硬币, 观察正面朝上和反面朝上的情况;

(2) 对一目标进行射击, 观察是否命中;

(3) 从一批含有次品的产品中随机抽取一件产品, 检查它是否为合格品.

显然, 上述试验具有以下共同特点：可以在相同的条件下重复进行; 每次试验的可能结果不止一个, 并且能事先明确试验的所有可能结果; 进行一次试验之前不能确定哪一个结果会出现. 这样的试验正是该门课程要研究的随机试验, 下面我们给出具体定义.

定义 1　具有下列特点的试验称为**随机试验**, 简称**试验**, 常以字母 E 表示.

(1) 试验可以在相同条件下重复进行;

(2) 每次试验的可能结果不止一个, 并且能事先知道试验的所有可能结果;

(3) 进行一次试验之前, 不能确定哪一个结果会出现.

下面都是随机试验的例子:

(1) 掷一颗骰子, 观察出现的点数;

(2) 观察某一时间段通过一路口的车辆数;

(3) 观察某地区一昼夜的最低温度和最高温度;

(4) 在某品牌手机中任意抽取一部, 测试其待机时长 (单位: 小时);

(5) 测量某物理量 (长度, 单位: 米) 的误差.

三、样本空间与随机事件

1. 样本空间

定义 2　随机试验的一切可能结果所构成的集合, 称为**样本空间**, 常用 Ω 或 S 表示. 样本空间的元素, 即随机试验 E 的每一个基本结果称为**样本点**, 用 e 或 ω 表示.

例 1　写出下列随机试验的样本空间.

(1) 从一批含有次品的产品中随机抽取一件产品, 检查它是否为合格品;

(2) 掷一颗骰子, 观察出现的点数;

(3) 将一枚梗币抛三次, 观察出现正面、反面的情况;

(4) 将一枚硬币抛三次, 观察出现正面的次数;

(5) 观察某一时间段通过一路口的车辆数;

(6) 测量某物理量 (长度, 单位: 米) 的误差.

解　(1) 每次抽取产品有两个可能的结果, 即抽到合格品或次品, 于是样本空间

$$\Omega_1 = \{合格品, 次品\}.$$

(2) 掷一颗骰子可能出现的点数有 1, 2, 3, 4, 5, 6. 设 i 表示掷出 i 点, 此时样本空间

$$\Omega_2 = \{1, 2, 3, 4, 5, 6\}.$$

(3) 每次抛硬币有两个可能的结果, 即出现正面或反面, 于是抛硬币三次共有 8 个可能的结果. 设 H 表示出现正面, T 表示出现反面, 则样本空间为

$$\Omega_3 = \{HHH, HHT, HTH, THH, HTT, THT, TTH, TTT\}.$$

(4) 抛硬币三次出现正面的次数可能为 0, 1, 2, 3. 设 i 表示抛三次硬币出现 i 次正面, 则此时样本空间

$$\Omega_4 = \{0, 1, 2, 3\}.$$

注　同是抛硬币三次, 但由于试验的目的不同, 故所得样本空间也不同. 一般地, 随机试验由试验过程和观察对象两部分组成, 对于同一个试验过程, 如果我们观察的目的不同, 那么样本空间一般也不相同. 因此, 要正确写出样本空间一定要弄清楚试验的目的.

(5) 某一时间段通过一路口的车辆数可能是一非负整数, 由于不能确知车辆数的上界, 可以认为任一非负整数都是一个可能结果, 因此样本空间

$$\Omega_5 = \{0, 1, 2, 3, \dots\}.$$

(6) 由于没有明确给出具体的物理对象和误差界, 因此误差可以是任何实数, 因此样本空间

$$\Omega_6 = \{t | -\infty < t < +\infty\}.$$

2. 随机事件

在随机试验中可能发生也可能不发生的事情或结果称为随机事件. 例如, 将一枚梗币抛两次, 观察出现正面和反面的情况, 则 "两次都出现正面" "至少出现一次正面" 都是随机事件. 由于样本空间是随机试验的所有可能结果所构成的集合, 于是, 我们下面用集合给出随机事件的定义.

定义 3 随机试验 E 的样本空间 Ω 的一个子集称为 E 的**随机事件, 简称事件**. 常用大写字母 A, B, C, $\cdots$ 表示. 由一个样本点组成的单点集称为**基本事件.**

我们称一个随机事件发生, 当且仅当它所包含的一个样本点在试验中出现时. 即 "事件 A 发生" 的含义是: $A \subset \Omega$ 且存在某一 $\omega \in \Omega$ 在试验中出现, 使得 $\omega \in A$.

Ω 中元素 ω 就当成集合 $\{\omega\}$看, 即为基本事件.

定义 4 在一定的条件下必然会发生的事件称为**必然事件**.

Ω 是样本空间 Ω 的子集, 包含试验的所有可能结果, 故在每次试验中, 必有一个结果会出现, 因而总会发生, 所以 Ω 是必然事件. 以后常把必然事件记为 Ω .

例如, 抛掷硬币 3 次, 出现正面朝上的次数不超过 3 次, 显然这是必然事件.

定义 5 在一定的条件下肯定不会发生的事件称为**不可能事件**.

空集 $\varnothing$ 是 Ω 的子集, 由于 $\varnothing$ 不包含任何一个元素, 所以在任何一次试验中永远不会发生, 因此 $\varnothing$ 是不可能事件. 以后常用 $\varnothing$ 表示不可能事件.

例如, 掷一颗骰子, "出现的点数大于 6" 是不可能事件.

于是, 随机试验中的所有事件就与样本空间 Ω 中的子集建立了一一对应关系. 当 Ω 确定时, 事件与子集不再加以区分.

注 概率论与数理统计中的事件与日常生活中说的 "事件" 的含义是不同的, 后者往往指的是一种已经发生的情况, 而前者指的是某种情况的 "陈述", 它可能发生, 也可能不发生, 发生与否要等到有关 "试验" 有了结果后才能知道.

3. 随机事件的表示

(1) 文字描述.

(2) 样本点, 即集合表示.

(3) 文氏图.

例 2 掷一颗骰子, 观察出现的点数, 用样本点表示下列随机事件:

A=“掷出偶数点”,

B=“掷出的点数大于 3”,

C=“掷出的点数是大于 3 的奇数”,

D=“掷出的点数小于 1”.

解　掷一颗骰子, 样本空间 Ω={1, 2, 3, 4, 5, 6}, 有

$A=\{2, 4, 6\}$,　　$B=\{4, 5, 6\}$,　　$C=\{5\}$,　　$D=\varnothing$.

例 3　写出下列试验的样本空间, 并用样本点表示相应的事件.

(1) 将一颗骰子掷若干次, 直至掷出的点数之和超过 2 为止, 观察全部可能结果. 事件

$$A=\{\text{恰好掷骰子一次}\}.$$

(2) 对某工厂出厂的产品进行检查, 合格的记上 “正品”, 不合格的记上 “次品”, 如连续查出 2 个次品就停止检查, 或检查 4 个产品就停止检查, 记录检查的全部可能结果, 事件

$$B=\{\text{检查不超过 3 次}\}.$$

解　(1) 若第 1 次掷出现 1 点, 则需继续掷第 2 次; 若第 2 次掷又出现 1 点, 则需继续掷第 3 次, 此时不管出现哪个点数都可以停止试验. 对其他情况可进行类似讨论, 故得样本空间为.

$$\Omega_1=\{111,112,113,114,115,116,12,13,14,15,16,21,22,23,24,25,26,3,4,5,6\}.$$

易知事件 $A=\{3, 4, 5, 6\}$.

(2) 令 0 表示查到次品, 1 表示查到正品, 则此时的样本空间为

$$\Omega=\{00,0100,0101,0110,0111,100,1010,1011,1100,1101,1110,1111\},$$

检查不超过 3 次的事件 $B=\{00, 100\}$.

四、事件间的关系与运算

在实际问题中, 往往要同时研究同一个试验中的几个事件以及它们之间的联系. 事件是一个集合, 因而事件之间的关系与运算自然按照集合之间的关系与运算来处理.

设随机试验 E 的样本空间为 Ω , 而 $A, B, C, \cdots, A_1, A_2, \cdots, A_n, \cdots$ 是 Ω 的子集.

在下列叙述中, 为直观起见, 用平面上的一个矩形域来表示样本空间 Ω , 矩形内的每一点表示样本点, 矩形内的圆表示事件.

1. 包含关系

若事件 A 中的每一个样本点都属于事件 B, 即 A 为 B 的子集, 则称事件 B 包含事件 A, 或称事件 A 包含于事件 B, $A\subset B$ 或 $B\supset A$. $A\subset B$ 表示事件 A 发生, 必然导致事件 B 发生, 即若 $\omega\in A$, 则 $\omega\in B$.

图 1-1(称为文氏图) 表示了事件的包含关系.

显然, 对任意事件 A, 有 $\varnothing\subset A\subset\Omega$.

2. 相等关系

若两个事件 A, B 满足: $A \subset B$ 且 $B \subset A$, 则称事件 A 与事件 B 相等, 记作 $A = B$. 此时 A 与 B 包含的样本点完全相同, 即表示同一个事件.

3. 事件的和 (并)

事件 A, B 中至少有一个发生所构成的事件称为 A 与 B 的和 (并) 事件, 记作 $A \bigcup B$ (或 $A + B$), 表示属于事件 A, B 的所有样本点所构成的集合, 即 $A \bigcup B = \{\omega \mid \omega \in A$ 或 $\omega \in B\}$.

图 1-2 表示了 A 与 B 的和事件 (阴影部分).

$A \bigcup B \Leftrightarrow$ “A 发生或者 B 发生”.

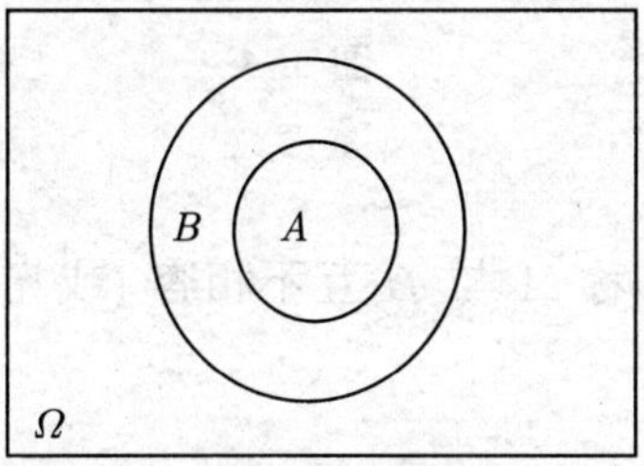

图 1-1

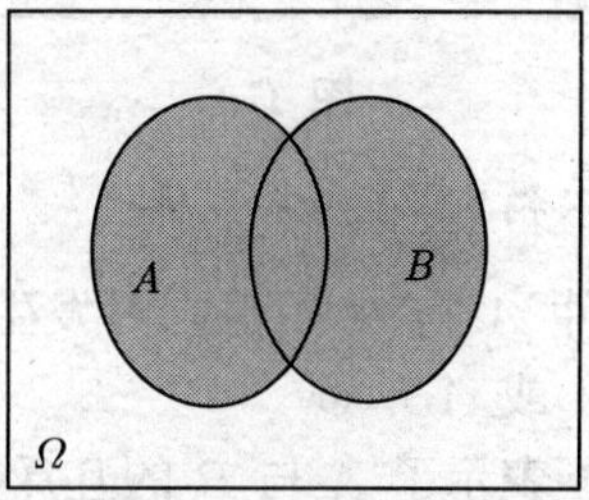

图 1-2

(1) **n个事件$A_1, A_2, \cdots, A_n$的和 (并)**. 事件 $A_1, A_2, \cdots, A_n$ 中至少有一个发生的事件称为 $A_1, A_2, \cdots, A_n$ 的和 (并), 记为 $\bigcup\limits_{i=1}^{n} A_i$.

(2) **可列个事件$A_1, A_2, \cdots, A_n, \cdots$的和 (并)**. 事件 $A_1, A_2, \cdots, A_n, \cdots$ 中至少有一个发生的事件称为 $A_1, A_2, \cdots, A_n, \cdots$ 的和 (并), 记为 $\bigcup\limits_{i=1}^{\infty} A_i$.

4. 事件的积 (交)

事件 A 与 B 同时发生所构成的事件称为 A 与 B 的积 (交), 记作 $A \bigcap B$(或 AB), 表示同时属于事件 A, B 的样本点所构成的集合, 即

$$A \bigcap B = \{\omega \mid \omega \in A \text{且} \omega \in B\}.$$

图 1-3 表示了 A 与 B 的积事件 (阴影部分).

(1) **n个事件$A_1, A_2, \cdots, A_n$的积 (交)**. n 个事件 $A_1, A_2, \cdots, A_n$ 同时发生所构成的事件称为 $A_1, A_2, \cdots, A_n$ 的积 (交), 记为 $\bigcap\limits_{i=1}^{n} A_i$.

(2) **可列个事件$A_1, A_2, \cdots, A_n, \cdots$ 的积 (交)**. 事件 $A_1, A_2, \cdots, A_n, \cdots$ 同时发生所构成的事件称为 $A_1, A_2, \cdots, A_n, \cdots$ 的积 (交), 记为 $\bigcap\limits_{i=1}^{\infty} A_i$.

5. 事件的差

事件 A 发生但 B 不发生所构成的事件称为 A 与 B 的差, 记作 $A-B$, 即 $A-B=\{\omega \mid \omega \in A$ 但 $\omega \notin B\}$.

图 1-4 表示了 A 与 B 的差事件 (阴影部分).

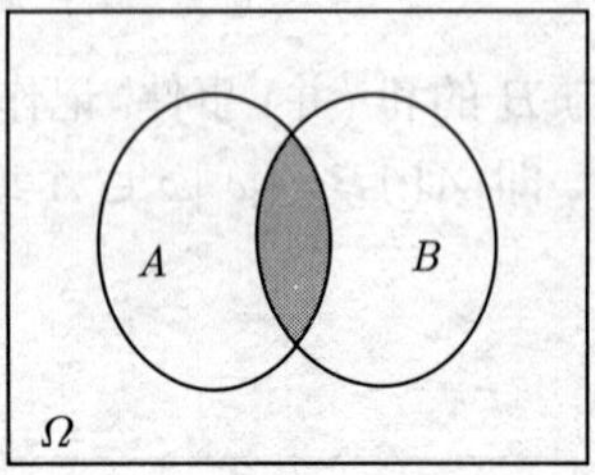

图 1-3

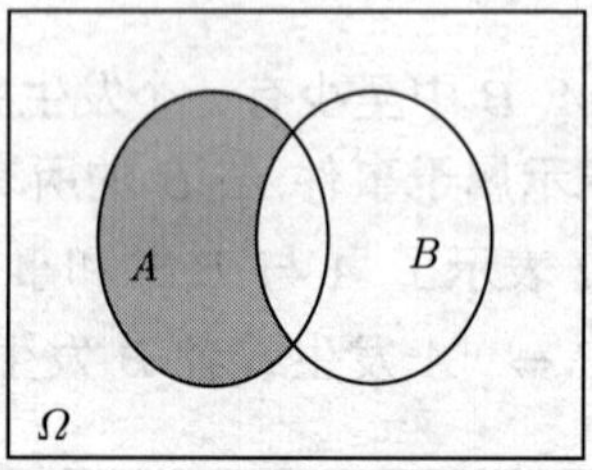

图 1-4

6. 互不相容 (互斥) 事件

若事件 A 与 B 不能同时发生, 即 $A\bigcap B=\varnothing$, 则称 A 与 B 互不相容 (或互斥), 记作 $A\bigcap B=\varnothing$ 或 $AB=\varnothing$.

图 1-5 表示了 A 与 B 的互斥关系.

如果事件 $A_1, A_2, \cdots, A_n, \cdots$ 中任意两个事件是互不相容的, 则称 $A_1, A_2, \cdots, A_n$ 互不相容.

7. 对立 (互逆) 事件

若事件 A, B 不能同时发生, 且必有一个发生, 即 A, B 满足 $AB=\varnothing$ 且 $A\bigcup B=\Omega$, 则称 A 与 B 互为对立事件 (或互逆事件), 记作 $A=\overline{B}$ 或 $B=\overline{A}$ 或 $B=A^C$, 即

$$\overline{A}=\{\omega|\omega \notin A\}=\Omega-A.$$

图 1-6 表示了 A 的对立事件为 B(阴影部分).

A 的对立事件 $\overline{A}$ 就是 A 不发生的事件.

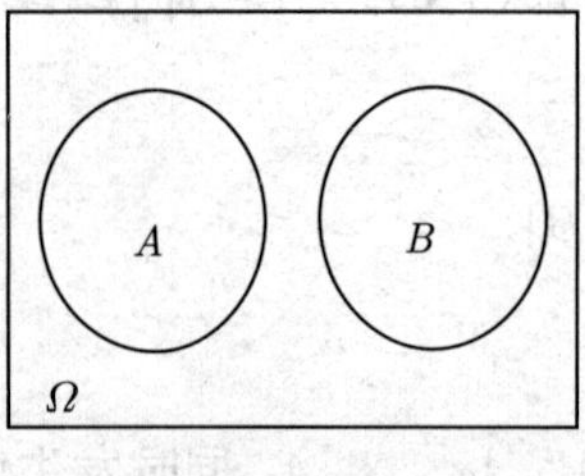

图 1-5

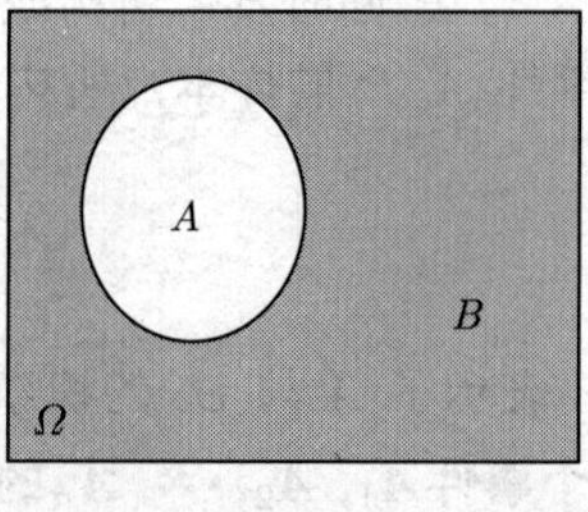

图 1-6

8. 完全 (备) 事件组

若有限个或可列个事件 $A_1, A_2, \ldots, A_n, \ldots$ 满足: $A_iA_j=\varnothing\ (i \neq j)$, 且 $\bigcup\limits_{i=1}^{\infty} A_i=\Omega$, 则称 $A_1, A_2, \ldots, A_n, \ldots$ 构成一个完全事件组或完备事件组.

例 4 将一颗骰子连掷两次, 观察其掷出的点数. 令 A={两次掷出的点数相同}, B={点数之和为 10}, C={最小点数是 4}.

(1) 写出试验的样本空间;

(2) 用样本点表示事件 A, B, C 以及 $A\bigcup B$, ABC, $A-C$, $C-A$, $B\overline{C}$, $A\bigcup(BC)$.

解 (1) 每次掷骰子都有 6 个可能结果, 于是样本空间

$$\Omega=\{11,12,\ldots,16,21,22,\ldots,26,\ldots,61,62,\ldots,66\},$$

Ω 共包含有 36 个元素, "11" 表示第一次出现 1 点且第二次出现 1 点, 其他表示类似.

(2) A={11, 22, 33, 44, 55, 66}, B={46, 55, 64},

C={44, 45, 46, 54, 64}, $A\bigcup B$ ={11, 22, 23, 44, 55, 66, 46, 64},

$ABC=\varnothing$, $A-C$={11, 22, 33, 55, 66},

$C-A$ ={45, 46, 54, 64}, $B\overline{C}$ ={55},

$A\bigcup(BC)$={11, 22, 33, 44, 55, 66, 46, 64}.

注 读者不妨进一步验证事件运算的性质:

$$A-C=A-AC,\quad C-A=C-CA,\quad B\overline{C}=B-C,\quad A\bigcup(BC)=(A\bigcup B)(A\bigcup C).$$

利用集合的运算, 可以把许多复杂事件用简单的子集加上运算表示出来. 会用简单集合和运算表示复杂事件是一项基本功. 这里我们把事件的概念、关系、运算与集合论中相应部分对照列表如下.

表 1-1

符号	概率论	集合论
Ω	样本空间, 必然事件	全集
$\varnothing$	不可能事件	空集
ω	基本事件 (样本点)	元素
A	事件	子集
$\overline{A}$	A 的对立事件, A 的逆事件	A 的余集
$A\subset B$	事件 A 发生必然导致事件 B 发生	A 是 B 的子集
$A=B$	事件 A 与事件 B 相等	A 与 B 相等
$A\bigcup B$	事件 A 与事件 B 中至少有一个发生	A 与 B 的并集
$A\bigcap B$	事件 A 与事件 B 同时发生	A 与 B 的交集
$A-B$	事件 A 发生但事件 B 不发生	A 与 B 的差集
$A\bigcap B=\varnothing$	事件 A 与 B 互不相容	A 与 B 没有公共元素

事件、事件的关系及运算与集合、集合的关系及运算是完全对应的, 因此根据集合的运算性质易得事件的运算性质.

9. 事件的运算性质

(1) **交换律**　$A\bigcup B=B\bigcup A$,　　$AB=BA$.

(2) **结合律**　$(A\bigcup B)\bigcup C=A\bigcup(B\bigcup C)=A\bigcup B\bigcup C$,　　$(AB)C=A(BC)=ABC$.

(3) **分配律**　$A(B\bigcup C)=AB\bigcup AC$,　　$A\bigcup(BC)=(A\bigcup B)(A\bigcup C)$,

$A(B-C)=AB-AC$,

$A\left(\bigcup\limits_{i=1}^{n}A_i\right)=\bigcup\limits_{i=1}^{n}AA_i$,　　$A\bigcup\left(\bigcap\limits_{i=1}^{n}A_i\right)=\bigcap\limits_{i=1}^{n}(A\bigcup A_i)$.

(4) **对偶律**(德 · 摩根律) $\overline{A\bigcup B}=\overline{A}\ \overline{B}$,　$\overline{AB}=\overline{A}\bigcup\overline{B}$.

$$\overline{\bigcup_{i=1}^{n}A_i}=\bigcap_{i=1}^{n}\overline{A}_i,\quad \overline{\bigcap_{i=1}^{n}A_i}=\bigcup_{i=1}^{n}\overline{A}_i.$$

(5) **吸收律**　$A\bigcap(A\bigcup B)=A$, $A\bigcup(A\bigcap B)=A$.

(6) **双重否定律**　$\overline{\overline{A}}=A$.

(7) **排中律**　$A\bigcup\overline{A}=\Omega$,　$A\overline{A}=\varnothing$.

(8) **差积转换律**　$A\overline{B}=A-B=A-AB$.

例 5　设 A, B, C 为三个事件, 试用 A, B, C 表示下列事件:

(1) A, B, C 中恰有两个发生;

(2) A,B,C 中至少有两个发生;

(3) A, B, C 中不多于一个发生;

(4) A, B, C 中不多于两个发生;

(5)A, B 中至少有一个发生, 但 C 不发生.

解　(1) A, B, C 中恰有两个发生等价于 A, B 发生而 C 不发生, 或 A, C 发生而 B 不发生或 B, C 发生而 A 不发生. 故表示应为 $AB\overline{C}+A\overline{B}C+\overline{A}BC$.

(2) A, B, C 中至少有两个发生等价于 A, B, C 中恰有两个发生或 A, B, C 同时发生, 因此可表示为 $AB\overline{C}+A\overline{B}C+\overline{A}BC+ABC$, 或等价表示为 $AB+BC+AC$.

(3) A, B,C 中不多于一个发生等价于一个也不发生, 或仅发生其中一个, 于是, 其表示应为

$$\overline{A}\ \overline{B}\ \overline{C}+A\overline{B}\ \overline{C}+\overline{A}B\overline{C}+\overline{A}\ \overline{B}\ C.$$

由于 (3) 的对立事件为 “A, B, C 中至少有两个发生”, 于是, 由事件的双重否定律可得 (3) 的另一等价表示为 $\overline{AB+BC+AC}$.

(4) A, B, C 中不多于两个发生可表示为

$$AB\overline{C}+A\overline{B}C+\overline{A}BC+A\overline{B}\ \overline{C}+\overline{A}B\overline{C}+\overline{A}\ \overline{B}C+\overline{A}\ \overline{B}\ \overline{C},$$

或等价表示为 $\overline{ABC}=\overline{A}+\overline{B}+\overline{C}$.

(5) A, B 中至少有一个发生, 但 C 不发生可表示为 $(A+B)\overline{C}$.

注 利用事件间的关系直接表示另一个事件比较复杂时, 可充分利用事件的双重否定律, 即 $\overline{\overline{A}} = A$ 来简化表示.

例 6 设 A, B 为两个任意事件, 试化简下列各式:

(1) $(A+B)(A+\overline{B})$;

(2) $(A+B)(A+\overline{B})(\overline{A}+B)$;

(3) $(A+B)(A+\overline{B})(\overline{A}+B)(\overline{A}+\overline{B})$.

解 当两个事件有包含关系时, 求和取 "大", 求积取 "小", 即两事件 C, D 满足 $C \supset D$ 时, 有 $C+D=C$, $CD=D$.

(1) 将 $A+B$ 看作一个事件, 利用分配律得

$$(A+B)(A+\overline{B}) = (A+B)A + (A+B)\overline{B} = A + A\overline{B} + B\overline{B} = A.$$

(2) 由 (1) 的结果, 有

$$(A+B)(A+\overline{B})(\overline{A}+B) = A(\overline{A}+B) = A\overline{A} + AB = AB.$$

(3) 利用 (2) 的结果, 有

$$(A+B)(A+\overline{B})(\overline{A}+B)(\overline{A}+\overline{B}) = AB(\overline{A}+\overline{B}) = AB\overline{A} + AB\overline{B} = \varnothing.$$

例 7 设事件 A, B, C 满足 $C \supset AB$, $\overline{C} \supset \overline{A}\,\overline{B}$, 证明

$$AC = C\overline{B} + AB.$$

证 对于较复杂的事件间关系, 可以先通过文氏图帮助理解, 再设法严格证明它.

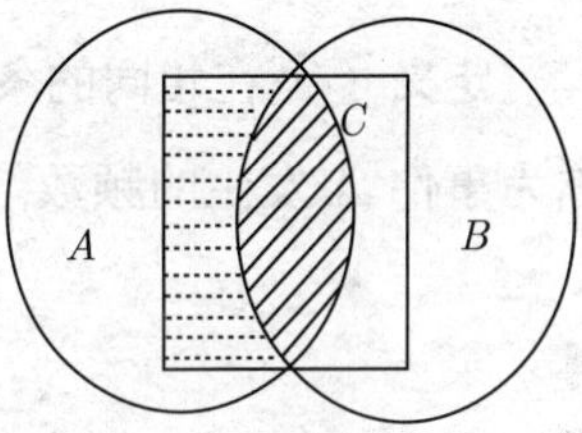

图 1-7

方法 1 如图 1-7 所示, 结论的直观性是明显的. 由于 $\overline{C} \supset \overline{A}\,\overline{B}$, 有 $C \subset A+B$. 而

$$C\overline{B} \subset (A+B)\overline{B} = A\overline{B} + B\overline{B} = A\overline{B} \subset A,$$

于是 $AC\overline{B} = C\overline{B}$. 又 $ABC = ACB = AB$, 故

$$AC = AC(\overline{B}+B) = AC\overline{B} + ACB = C\overline{B} + AB.$$

方法 2 利用包含关系来证明.

若 $\omega \in AC$, 则 $\omega \in A$, 且 $\omega \in C$. 由 $\overline{C} \supset \overline{A}\,\overline{B}$ 有 $C \subset A+B$, 得 $\omega \in A$ 或 $\omega \in B$. 当 $\omega \in B$ 时, 由 $\omega \in AC$ 推得了 $\omega \in AB$; 当 $\omega \notin B$, 即 $\omega \in \overline{B}$ 时, 则有 $\omega \in C\overline{B}$, 所以 $AC \subset C\overline{B} + AB$.

若 $\omega \in C\overline{B} + AB$, 则 $\omega \in C\overline{B}$ 或 $\omega \in AB$. 当 $\omega \in C\overline{B}$ 时, 有 $\omega \in C$ 且 $\omega \in \overline{B}$, 又由已知条件 $\overline{C} \supset \overline{A}\,\overline{B}$ 有

$$C\overline{B} \subset (A+B)\overline{B} = A\overline{B} + B\overline{B} = A\overline{B} \subset A,$$

于是 $\omega \in A$, 故 $\omega \in AC$;

当 $\omega \in AB$ 时, 由已知 $C \supset AB$ 知 $\omega \in AC$. 由此得 $AC \supset C\overline{B} + AB$.

故
$$AC = C\overline{B} + AB.$$

例 8 对于任意两事件 A 和 B, 与 $A \bigcup B = B$ 不等价的是 ( ).

(A) $A \subset B$ (B) $\overline{B} \subset \overline{A}$ (C) $A\overline{B} = \varnothing$ (D) $\overline{A}B = \varnothing$

解 因为 $A \bigcup B = B \Leftrightarrow A \subset B \Leftrightarrow \overline{B} \subset \overline{A} \Leftrightarrow A\overline{B}=\varnothing$, 所以正确选项为 (D).

§1.2 事件的概率及其性质

所谓某事件发生的概率是刻画该事件在一次试验中发生的可能性大小的数值. 例如, 抛掷一枚硬币, 正面朝上的概率; 明天下雨的概率; 在结冰路上骑车会滑倒的概率; 某只股票下星期上涨的概率; 长征运载火箭下月发射成功的概率; 等等。虽然事件的概率是客观存在的, 它揭示了事件的内在统计规律, 而且在社会生活、生产实际中了解和掌握事件发生的可能性具有重要意义, 但要求出一个具体事件的概率不是一件容易的事情. 在一些理想条件下, 我们才可以求出它; 在更多情况下, 只能够估计它, 这也是统计部分的研究内容. 为此, 我们先来介绍频率.

一、频率

1. 频率的定义

定义 1 在相同的条件下, 进行了 n 次试验, 在这 n 次试验中, 事件 A 发生的次数 n_A 称为事件 A 发生的频数, $\dfrac{n_A}{n}$ 称为事件 A 发生的频率. 记为

$$f_n(A) = \frac{\text{事件 } A \text{ 发生的次数}}{\text{试验的总次数}} = \frac{n_A}{n}.$$

$f_n(A)$ 表示事件 A 发生的频繁程度. 频率越大, 事件 A 发生得越频繁, 即事件 A 发生的可能性就大, 反之亦然.

2. 频率的基本性质

(1) 非负性: 对任意事件 A, 有 $0 \leqslant f_n(A) \leqslant 1$;

(2) 规范性: $f_n(\Omega)=1$;

(3) 可列可加性: 对任意两两互不相容的事件 $A_1, A_2, \cdots, A_n$, 有

$$f_n(A_1 \bigcup A_2 \bigcup \cdots \bigcup A_n) = f_n(A_1) + f_n(A_2) + \cdots + f_n(A_n).$$

历史上统计学家们所作的抛硬币试验记录如表 1-2 所示.

表 1-2

试验者	扔币次数 n	正面出现次数 n_A	正面出现频率 $f_n(A)$
德 · 摩根	2 048	1 061	0.518 1
蒲丰	4 040	2 048	0.506 9
德 · 摩根	4 092	2 048	0.500 5
费勒	10 000	4 979	0.497 9
K· 皮尔逊	12 000	6 019	0.501 6
K· 皮尔逊	24 000	12 012	0.500 5
罗曼若夫斯基	80 640	39 699	0.492 3

(1) n 次试验中, 频数 n_A 不是一个固定的数, 因此频率 $f_n(A)$ 也不是一个固定的数, 频率的值不断摆动. 因此, 在一定条件下对随机现象仅作一、两次观察是无法掌握其规律的, 必须进行多次重复试验.

(2) 随着掷币次数 n 的增加, 正面出现频率 $f_n(A)$ 在 0.5 上下摆动的幅度逐渐变小.

3. 频率的稳定性

在足够多次试验中, 事件发生的频率总在一个定值附近摆动, 而且试验次数越多, 一般来说摆动越小, 这个性质叫作频率的稳定性. 正是频率的这种稳定性使我们可以相信：频率在一定程度上反映了事件发生的可能性大小. 尽管每进行一连串 (n 次) 试验, 所得到的频率可以各不相同, 但只要 n 相当大, 频率与概率就是非常接近的.

概率是频率稳定性的依据, 频率稳定性也提供一种得到事件概率的方法. 在实际中, 当随机事件的概率不易求出时, 人们常取实验次数很大时事件发生的频率作为概率的估计值, 并称此概率为统计概率, 这种确定概率的方法称为频率方法.

4. 概率的统计定义

定义 2 在相同条件下, 独立重复进行 n 次试验, 则事件 A 在 n 次试验中发生的次数称为 A 发生的频数, 记为 n_A, 比值 $f_n(A)=\dfrac{n_A}{n}$ 称为 A 发生的频率. 当试验次数 n 增大时, 频率 $f_n(A)$ 呈现出某种稳定性, 即它在某一常数 p 附近波动, 且 n 越大, 波动的幅度一般越小, 称 p 为事件 A 发生的概率.

显然, p 固然存在, 但实际中无法精确确定它, 于是多用频率 $f_n(A)$ 作为 p 的估计值. 概率的统计定义虽然可以用来刻画一切类型的随机试验, 但实际中无法通过做足够多次试验来确定它.

如何从频率中提取概率的本质特性, 从而最精练地提出概率所应满足的条件作为它的定义, 建立一个普遍适应的严格的概率公理化定义就越来越重要. 这项工作由苏联数学家柯尔莫哥洛夫 (A.H.Kolmogorov, 1903—1987) 于 1933 年完成, 从此概率论成为一门严格的数学分支.

二、概率的公理化定义

1. 概率的定义

定义 3 设随机试验 E 的样本空间为 Ω, 对 E 的任意一个事件 A, 规定一个实数 $P(A)$ 与之对应, 若集合函数 $P(\cdot)$ 满足下列公理:

(1) 非负性: 对任意事件 A, 有 $P(A) \geqslant 0$,

(2) 规范性: $P(\Omega)=1$,

(3) 可列可加性: 对任意两两互不相容的事件列: $A_1, A_2, \ldots, A_n, \ldots$, 有

$$P\left(\bigcup_{i=1}^{\infty} A_i\right) = \sum_{i=1}^{\infty} P(A_i),$$

则称 $P(A)$ 为事件 A 的概率.

由概率定义中的三条公理, 可以推导出概率的若干性质. 下面我们就来给出概率的基本性质.

2. 概率的基本性质

性质 1 对于不可能事件 $\varnothing$, $P(\varnothing)=0$.

证 令 $A_i=\varnothing$, $i=1, 2, 3, \cdots$, 则 $\bigcup\limits_{i=1}^{\infty} A_i=\varnothing$, 且 $A_iA_j=\varnothing$, $i \neq j$, $i,j=1, 2, 3, \cdots$, 由概率的可列可加性得

$$P(\varnothing) = P\left(\bigcup_{i=1}^{\infty} A_i\right) = \sum_{i=1}^{\infty} P(A_i) = \sum_{i=1}^{\infty} P(\varnothing),$$

于是, 由概率的非负性知, $P(\varnothing)\geqslant 0$, 故 $P(\varnothing)=0$.

性质 2(有限可加性) 若 $A_1, A_2, \ldots, A_n$ 两两互斥, 则有

$$P(A_1 \bigcup A_2 \bigcup \cdots \bigcup A_n) = P(A_1) + P(A_2) + \cdots + P(A_n).$$

$$P\left(\bigcup_{i=1}^{n} A_i\right) = \sum_{i=1}^{n} P(A_i).$$

证 令 $A_{n+k}=\varnothing$, $k=1, 2, 3, \cdots$, 则对可列个事件: $A_1, A_2, \ldots, A_n, \ldots$, 有

$$A_iA_j = \varnothing, i \neq j, i, j = 1, 2, 3, \cdots.$$

由概率的可列可加性得

$$\begin{aligned} P(A_1 \bigcup A_2 \bigcup \cdots \bigcup A_n) &= P\left(\bigcup_{i=1}^{\infty} A_i\right) = \sum_{i=1}^{\infty} P(A_i) = P(A_1) + P(A_2) + \cdots + P(A_n) + 0 \\ &= P(A_1) + P(A_2) + \cdots + P(A_n). \end{aligned}$$

性质 3(求逆公式) $P(\overline{A}) = 1 - P(A)$.

证 因为 $A \bigcup \overline{A}=\Omega$, $A \bigcap \overline{A} = \varnothing$, 由性质 2 知

$$1 = P(\Omega) = P(A \bigcup \overline{A}) = P(A) + P(\overline{A}),$$

即 $$P(\overline{A}) = 1 - P(A).$$

性质 4(减法公式) $P(A-B) = P(A) - P(AB)$. 特别地, 当 $B \subset A$ 时, $P(A-B) = P(A) - P(B)$, 从而 $P(B) \leqslant P(A)$.

证 因为 $A=(A-B)\bigcup(AB)$, 且 $(A-B)\bigcap(AB) = \varnothing$, 由性质 2 知

$$P(A) = P(A-B) + P(AB),$$

移项即得 $$P(A-B) = P(A) - P(AB).$$

当 $B \subset A$ 时, $AB = B$, 于是, $P(A-B) = P(A) - P(B)$.

又因 $P(A-B) = P(A) - P(B) \geqslant 0$. 所以 $P(B) \leqslant P(A)$.

例 1 设事件 A, B 满足 $P(A)$=0.7, $P(A-B)$=0.3, 求 $P(\overline{AB})$.

解 由 $P(A-B) = P(A) - P(AB)$, 得

$$P(AB) = P(A) - P(A-B) = 0.7 - 0.3 = 0.4.$$

于是 $$P(\overline{AB}) = 1 - P(AB) = 1 - 0.4 = 0.6.$$

性质 5 对任意事件 A, 有 $P(A) \leqslant 1$.

证 因为 $A \subset \Omega$, 由性质 4 有: $P(A) \leqslant P(\Omega) = 1$.

性质 6 (加法公式) 对任意两个事件 A, B, 有 $P(A\bigcup B) = P(A) + P(B) - P(AB)$.

证 因为 $A\bigcup B = A\bigcup(B-AB), A\bigcap(B-AB) = \varnothing$, 由性质 2 和性质 4 有

$$P(A\bigcup B) = P(A) + P(B-AB) = P(A) + P(B) - P(AB).$$

例 2 设事件 A, B 同时发生时, 事件 C 一定发生, 则 (　　).

(A) $P(C) \leqslant P(A) + P(B) - 1$　　(B) $P(C) \geqslant P(A) + P(B) - 1$

(C) $P(C) = P(AB)$　　(D) $P(C) = P(A\bigcup B)$

解 由于 $AB \subset C$, 于是有

$$P(C) \geqslant P(AB) = P(A) + P(B) - P(A\bigcup B).$$

又 $P(A\bigcup B) \leqslant 1$, 故 $P(C) \geqslant P(A) + P(B) - 1$.

正确答案选 (B).

例 3 已知 $P(A\bigcup B)$=0.6, $P(B)$=0.3, 求 $P(A\overline{B})$.

解 因为 $A\overline{B} = A - B$, 所以 $P(A\overline{B}) = P(A-B) = P(A) - P(AB)$,

又 $$P(A\bigcup B) = P(A) + P(B) - P(AB).$$

故 $$P(A\overline{B}) = P(A\bigcup B) - P(B) = 0.6 - 0.3 = 0.3.$$

性质 7 (广义加法公式, 也称多除少补原理)

(1) 对任意三个事件 A, B, C, 有

$$P(A\bigcup B\bigcup C) = P(A) + P(B) + P(C) - P(AB) - P(AC) - P(BC) + P(ABC).$$

(2) 对任意 n 个事件 $A_1, A_2, \dots, A_n$, 有

$$P\left(\bigcup_{i=1}^{n} A_i\right) = \sum_{i=1}^{n} P(A_i) - \sum_{1\leqslant i<j\leqslant n} P(A_iA_j) + \sum_{1\leqslant i<j<k\leqslant n} P(A_iA_jA_k) - \cdots + (-1)^{n-1}P(A_1A_2\cdots A_n).$$

例 4 若事件 A, B, C 满足 $P(A)=P(B)=P(C)=\dfrac{1}{4}$, $P(AB)=P(BC)=0$, $P(AC)=\dfrac{1}{8}$, 则 A, B, C 三个事件中至少发生一个的概率为__________.

解 A, B, C 三个事件中至少发生一个的事件为 $A\bigcup B\bigcup C$. 因为 $ABC\subset AB, P(AB)=0$, 所以 $P(ABC)=0$. 于是,

$$\begin{aligned}P(A\textstyle\bigcup B\bigcup C) &= P(A)+P(B)+P(C)-P(AB)-P(AC)-P(BC)+P(ABC)\\ &= \frac{1}{4}+\frac{1}{4}+\frac{1}{4}-0-\frac{1}{8}-0+0=\frac{5}{8}.\end{aligned}$$

例 5 设事件 A, B, C 满足 $P(AB)=P(BC)=P(AC)=\dfrac{1}{4}$, $P(ABC)=\dfrac{1}{16}$, 求 A, B, C 中不多于一个发生的概率.

解 由于 A, B, C 中不多于一个发生的对立事件为 A, B, C 中至少有两个发生, 故所求概率为

$$\begin{aligned}&P(\overline{AB+BC+AC})\\ &=1-P(AB+BC+AC)\\ &=1-[P(AB)+P(BC)+P(AC)-P(ABC)-P(ABC)-P(ABC)+P(ABC)]\\ &=1-\left(3\times\frac{1}{4}-2\times\frac{1}{16}\right)=\frac{3}{8}.\end{aligned}$$

注 该题利用逆事件的概率公式简化了计算, 因此在计算有关“至少”或“至多”的事件概率时, 求逆公式 $P(\overline{A})=1-P(A)$ 常常可以带来方便.

§1.3 等可能概型

一、古典概型

例如, 一个袋子中装有 10 个大小和形状完全相同的球, 现从中任意取出一球. 显然, 我们没有理由认为 10 个球中的某一个会比另一个更容易取得. 也就是说, 10 个球中的任何一个被取出的可能性是相同的, 均为 $\dfrac{1}{10}$. 这个试验的特点是: (1) 样本空间的元素只有有限个; (2) 每个基本事件发生的可能性相同. 这类试验称为**等可能概型**, 也叫作**古典概型**.

设试验 E 为古典概型, 则样本空间可表示为 $\Omega=\{\omega_1, \omega_2, \cdots, \omega_n\}$. 由古典概型的等可能性, 得

$$P(\omega_1)=P(\omega_2)=\cdots=P(\omega_n).$$

又基本事件两两互不相容, 所以

$$1=P(\Omega)=P(\omega_1)+P(\omega_2)+\cdots+P(\omega_n),$$

即

$$P(\omega_i)=\frac{1}{n},\quad i=1,\,2,\,\cdots,\,n.$$

定义 1 若随机试验 E 的样本空间 Ω 只包含有限个样本点, 即有限个基本事件, 且每个样本点出现的可能性相同, 则称试验 E 为**古典概型.** 此时, 事件 $A\subset\Omega$ 的概率定义为

$$P(A)=\frac{A\text{包含的基本事件数}}{\Omega\text{中基本事件总数}}.$$

上式计算出的概率称为**古典概率**, A 中包含的基本事件数也常称为有利事件数.

例 1 将一枚均匀的硬币掷两次, 试求至少出现一次正面的概率.

解 易知试验为古典概型, 令 A={至少出现一次正面}, 于是样本空间

$$\Omega=\{(\text{正面, 正面}),(\text{正面, 反面}),(\text{反面, 正面}),(\text{反面, 反面})\}$$

$$A=\{(\text{正面, 正面}),(\text{正面, 反面}),(\text{反面, 正面})\}.$$

故

$$P(A)=\frac{\text{有利于 }A\text{ 的基本事件数}}{\Omega\text{中基本事件总数}}=\frac{3}{4}.$$

例 2 将一枚均匀的骰子掷两次, 求两次出现的最小点数等于 4 的概率.

解 试验为古典概型, 且样本空间 $\Omega=\{(i,j)|i,j=1,\,2,\,\ldots,6\}$, 所求概率对应的事件 $A=\{(4\,,4),(4,5),(4,6),(5,4),(6,4)\}$, 故

$$P(A)=\frac{5}{36}.$$

例 3 100 件产品中有 10 件次品, 现从中不放回地任取 5 件进行检验, 求所取的 5 件产品中至多有 1 件次品的概率.

解 从 100 件产品中不放回地任取 5 件, 所有不同的取法, 即基本事件总数为 C_{100}^5, 而有利事件数为一件次品也没有取到的不同取法 C_{90}^5, 加上仅取到一件次品的不同取法 $\mathrm{C}_{90}^4\mathrm{C}_{10}^1$, 故所求概率为

$$P=\frac{\mathrm{C}_{90}^5+\mathrm{C}_{90}^4\mathrm{C}_{10}^1}{\mathrm{C}_{100}^5}\approx 0.923\,1.$$

例 4 同时掷 5 颗骰子, 试求下列事件的概率:

(1) A={5 颗骰子不同点};

(2) B={5 颗骰子恰有 2 颗同点};

(3) C={5 颗骰子中有 2 颗同点, 另外 3 颗同是另一个点数}.

解 (1) 同时掷 5 颗骰子, 所有可能结果共有 6^5 个, 5 颗骰子不同点所含的基本事件数为 P_6^5, 所以

$$P(A)=\frac{\mathrm{P}_6^5}{6^5}=\frac{5}{54}.$$

(2) 5 颗骰子恰有 2 颗同点的基本事件数可如下计算：首先从 5 颗骰子中选取两颗, 再从 6 个点数中选取一个点数, 而其余 3 颗骰子出现的点数只能是余下的 5 个点数中选取 3 个的排列数, 故有利事件数为 $\mathrm{C}_5^2\cdot 6\cdot \mathrm{P}_5^3$, 于是

$$P(B)=\frac{\mathrm{C}_5^2\cdot 6\cdot \mathrm{P}_5^3}{6^5}=\frac{25}{54}.$$

(3) 类似地, 5 颗骰子中有 2 颗同点, 另外 3 颗同是另一个点数所含的基本事件数为 $\mathrm{C}_5^2\mathrm{C}_6^1\mathrm{C}_5^1$, 即 $\mathrm{C}_5^2\mathrm{P}_6^2$, 因此

$$P(C)=\frac{\mathrm{C}_5^2\cdot \mathrm{P}_6^2}{6^5}=\frac{25}{648}.$$

例 5　从 $0,1,2,\ldots,9$ 等 10 个数字中任意选出三个不同的数字, 试求下列事件的概率：

A_1=\{三个数字中不含 0 和 5\}, A_2=\{三个数字中不含 0 或 5\}, A_3=\{三个数字中含 0 但不含 5\}.

解　因不必考虑三个数字的顺序, 故按组合进行计算, 于是基本事件总数为 C_{10}^3, 有利于 A_1 的基本事件数为 C_8^3. 于是

$$P(A_1)=\frac{\mathrm{C}_8^3}{\mathrm{C}_{10}^3}=\frac{7}{15}.$$

有利于 A_2 的基本事件数应为不含 0 的基本事件数加上不含 5 的基本事件数再减去既不含 0 也不含 5 的基本事件数, 即为 $\mathrm{C}_9^3+\mathrm{C}_9^3-\mathrm{C}_8^3$. 故

$$P(A_2)=\frac{\mathrm{C}_9^3+\mathrm{C}_9^3-\mathrm{C}_8^3}{\mathrm{C}_{10}^3}=\frac{14}{15}.$$

有利于 A_3 的基本事件数为 C_8^2, 这是因为三个数字中有一个为 0, 只有一种取法, 而另外两个数字不含 5, 当然也不再取 0, 故有 C_8^2 种取法, 由乘法原理共有 $1\cdot\mathrm{C}_8^2=\mathrm{C}_8^2$ 种不同取法. 故

$$P(A_3)=\frac{\mathrm{C}_8^2}{\mathrm{C}_{10}^3}=\frac{7}{30}.$$

例 6　袋中有 a 个红球和 b 个白球, 现从袋中每次任取一球, 取后不放回, 试求第 k 次取到红球的概率 $(1\leqslant k\leqslant a+b)$.

解　**方法 1** (排列法)

设各个球是有区别的, 比如设想对每个球进行了编号, 把取出的球依次排列在一直线的 $a+b$ 个位置上, 则样本空间中基本事件总数为 $a+b$ 个球在 $a+b$ 个位置上的全排列数: $(a+b)!$. 令 A=\{第 k 次取到红球\}. 第 k 次取到红球相当于首先在第 k 个位置上排红球, 共有 a 种排法; 其次在其余的 $a+b-1$ 个位置上排剩下的 $a+b-1$ 个球, 共有 $(a+b-1)!$ 种不同排法. 由乘法原理得有利于事件 A 的事件数为 $a\cdot(a+b-1)!$. 故

$$P(A)=\frac{a\,(a+b-1)!}{(a+b)!}=\frac{a}{a+b}.$$

方法 2 (组合法)

除了颜色之外, 将各个球看作没有区别, 将取出的球还是依次放在直线的 $a+b$ 个位置上, 因 a 个红球之间没有区别, 也就是无须考虑其排列次序, 所以 a 个红球在 $a+b$ 个位置上的所有不同放法为组合数 C_{a+b}^{a}, 而这个数就是 a 个红球被取出的所有不同取法总数, 即样本空间中基本事件总数. 令 A={第 k 次取到红球}. 第 k 次取到红球, 即在第 k 个位置上必须放红球, 其余的 $a-1$ 个红球可放在其余的 $a+b-1$ 个位置中的任意 $a-1$ 个位置上, 其所有不同的放法为组合数 C_{a+b-1}^{a-1}, 即有利于事件 A 的基本事件数. 故

$$P(A)=\frac{\mathrm{C}_{a+b-1}^{a-1}}{\mathrm{C}_{a+b}^{a}}=\frac{a}{a+b}.$$

注 (1) 本例说明不放回取球模型中, 第 k 次取到红球的概率与次序 k 无关, 它是一个常数, 这从理论上说明了在日常生活中抽签或抓阄问题的公平性.

(2) 本例说明, 对于同一个试验, 样本空间的选取可以不同, 但若都按古典概型求解, 则必须保证都满足"等可能性"和"有限性", 而且求解时基本事件总数和有利事件数的计算要一致, 即要么都用排列, 要么都用组合.

(3) 本例还可以利用 §1.5 节的全概率公式, 对 k 用归纳法求得概率为 $\dfrac{a}{a+b}$.

例 7 设有 N 件产品, 其中有 M 件次品, 现在分别按不放回抽样和有放回抽样, 从中任取 n 件, 问其中恰有 k $(k\leqslant M)$ 件次品的概率是多少?

解 (1) 不放回抽样.

在 N 件产品中抽取 n 件, 所有可能的取法共有 C_N^n 种, 在 M 件次品中取到 k 件次品的所有可能取法有 C_M^k 种, 在 $N-M$ 件正品中取到 $n-k$ 件正品的所有可能取法有 C_{N-M}^{n-k} 种, 由乘法原理知: 在 N 件产品中取 n 件, 其中恰有 k 件次品的取法共有 $\mathrm{C}_M^k\cdot\mathrm{C}_{N-M}^{n-k}$ 种, 于是所求概率为

$$P=\frac{\mathrm{C}_M^k\cdot\mathrm{C}_{N-M}^{n-k}}{\mathrm{C}_N^n}.$$

(2) 有放回抽样.

从 N 件产品中有放回地抽取 n 件产品, 所有可能的取法共有 N^n 种, 而在 N 件产品中取 n 件, 其中恰有 k 件次品的取法共有 $\mathrm{C}_n^k\cdot M^k\cdot(N-M)^{n-k}$ 种, 于是所求概率为

$$P=\frac{\mathrm{C}_n^k\cdot M^k\cdot(N-M)^{n-k}}{N^n}=\mathrm{C}_n^k\cdot\left(\frac{M}{N}\right)^k\cdot\left(1-\frac{M}{N}\right)^{n-k}.$$

例 8 在 $1\sim 2\,000$ 的整数中随机地取一个数, 求取到的整数既不能被 6 整除, 又不能被 8 整除的概率.

解 设 A= "取到的整数能被 6 整除", B= "取到的整数能被 8 整除", 则所求概率为: $P(\overline{A}\,\overline{B})$. 因为 $\dfrac{2\,000}{6}=333+\dfrac{1}{3}$, $\dfrac{2\,000}{8}=250$, $\dfrac{2\,000}{24}=83+\dfrac{1}{3}$, 即 $1\sim 2\,000$ 的整数中能被 6 整除的数有 333 个, 能被 8 整除的数有 250 个, 能同时被 6 和 8 整除的数有 83 个. 所以

$$P(A)=\frac{333}{2\,000},\quad P(B)=\frac{250}{2\,000},\quad P(AB)=\frac{83}{2\,000}.$$

故 $P(\overline{A}\,\overline{B}) = P(\overline{A\bigcup B}) = 1 - P(A\bigcup B) = 1-[P(A) + P(B) - P(AB)]$

$$= 1 - \left(\frac{333}{2\,000} + \frac{250}{2\,000} - \frac{83}{2\,000}\right) = \frac{3}{4}.$$

例 9 (盒子模型) 设有 n 个球和 $N(N \geqslant n)$ 个盒子, 现将 n 个球随机分配到 N 个盒子中, 且每个盒子可容纳的球数不限. 试分别求事件 A={某指定的 n 个盒子中各有 1 个球}和 B={n 个球分到 n 个不同的盒子中}的概率.

解 此时每个球均可放到 N 个盒子中的任何一个里, 即有 N 种放法, 于是 n 个球放到 N 个盒子中共有 N^n 种不同放法, 这即为样本空间中基本事件总数. 有利于事件 A 的基本事件数为 $n!$, 这是因为球是可辨的, 比如说从 $1\sim n$ 对球进行了编号, 于是某指定的 n 个盒子中各有 1 个球对应着这 n 个球的一个全排列, 而所有不同的全排列数为 $n!$. 由古典概率计算公式得

$$P(A) = \frac{n\,!}{N^n}.$$

有利于事件 B 的基本事件数可这样计算: 首先从 N 个盒子中选取 n 个盒子, 共有 C_N^n 种选法, 其次将 n 个球放到选取的 n 个盒子中, 每个盒子中放一个球, 共有 $n!$ 种放法, 由乘法原理知 n 个球放到 N 个盒子中的 n 个不同盒子里的放法有 $\mathrm{C}_N^n \cdot n!$ 种, 所以

$$P(B) = \frac{\mathrm{C}_N^n \cdot n\,!}{N^n} = \frac{\mathrm{P}_N^n}{N^n}.$$

注 此例可以作为许多实际问题的数学模型, 例如:

生日问题: 假设每个人的生日在一年 365 天中的每一天的可能性是相同的, 那么随机地选 $n(n \leqslant 365)$ 个人, 他们的生日各不相同的概率即为上面的 $P(B)(N=365)$, 而 n 个人中至少有两个人生日相同的概率为 $1-P(B)$. 经计算可得下述具体结果:

n	20	23	30	40	50	64	100
P	0.411	0.507	0.706	0.891	0.970	0.997	0.999 999 7

上述结果表明: 在一个 64 人的班级里, 事件"至少有两人生日相同"的概率为 0.997.

例 10 (匹配问题) 某人写了 n 封信给不同的 n 个人, 并在 n 个信封上写好了各人的地址. 现在每个信封里随意地塞进了一封信, 试求至少有一封信放对了信封的概率.

解 设 A_i={第 i 封信放对了信封}, $i=1, 2, \ldots, n$, 于是所求概率为 $P\left(\bigcup\limits_{i=1}^{n} A_i\right)$. 由广义加法公式得

$$P\left(\bigcup_{i=1}^{n} A_i\right) = \sum_{i=1}^{n} P(A_i) - \sum_{1\leqslant i<j\leqslant n} P(A_iA_j) + \sum_{1\leqslant i<j<k\leqslant n} P(A_iA_jA_k) - \cdots + (-1)^{n-1}P(A_1A_2\cdots A_n).$$

对于某一封信来说, 它可以等可能地放进 n 个信封中的任何一个里, 所以

$$P(A_1) = P(A_2) = \ldots = P(A_n) = \frac{1}{n}.$$

对于某两封信来说, 其中第一封信有 n 种放法, 第二封信就只有 $n-1$ 种放法了. 由乘法原理得总的放法为 $n(n-1)$ 种, 而能放对的放法只有一种, 因此

$$P(A_iA_j)=\frac{1}{n(n-1)},\quad i\neq j,\quad i,j=1,2,\ldots,n.$$

类似地

$$P(A_iA_jA_k)=\frac{1}{n(n-1)(n-2)},i,j,k\text{互不相等}.$$

$$\cdots\cdots$$

$$P(A_1A_2\ldots A_n)=\frac{1}{n!}.$$

所以

$$\begin{aligned}P\left(\bigcup_{i=1}^{n}A_i\right)&=1-\mathrm{C}_n^2\cdot\frac{1}{n(n-1)}+\mathrm{C}_n^3\cdot\frac{1}{n(n-1)(n-2)}-\cdots+(-1)^{n-1}\frac{1}{n!}\\&=1-\frac{1}{2!}+\frac{1}{3!}-\cdots+(-1)^{n-1}\frac{1}{n!}.\end{aligned}$$

注 由本例结果得 n 封信没有一封放对信封的概率为

$$\begin{aligned}P(\overline{A}_1\overline{A}_2\cdots\overline{A}_n)&=1-P(A_1\bigcup A_2\bigcup\ldots\bigcup A_n)\\&=\frac{1}{2\,!}-\frac{1}{3\,!}+\frac{1}{4\,!}-\cdots+(-1)^n\frac{1}{n\,!}\\&=\sum_{k=2}^{n}(-1)^k\frac{1}{k\,!}=\sum_{k=0}^{n}(-1)^k\frac{1}{k\,!},\end{aligned}$$

而且该概率的极限为 $\lim\limits_{n\to\infty}P(\overline{A}_1\overline{A}_2\cdots\overline{A}_2)=\sum\limits_{k=0}^{\infty}(-1)^k\frac{1}{k!}=e^{-1}$.

二、几何概型

定义 2 若随机试验 E 的样本空间 Ω 为空间中的一个有界区域 (这个区域可以是一维、二维、三维甚至 n 维的), 且 Ω 中每个样本点即基本事件出现的可能性相同, 则称试验 E 为**几何概型**. 此时, 事件 $A\subset\Omega$ 的概率定义为

$$P(A)=\frac{A\text{的度量 (长度、面积、体积)}}{\Omega\text{的度量 (长度、面积、体积)}},$$

上式计算出的概率称为**几何概率**.

注 几何概型中的等可能性可以更严格表述为：事件 A 发生的概率与 A 的度量 (长度、面积、体积) 成正比, 而与 A 的位置及形状无关.

例 11 随机地向半圆 $0<y<\sqrt{2ax-x^2}(a>0)$ 内掷一个点, 点落在半圆内任何区域的概率均与该区域的面积成正比, 求该点和原点的连线与 x 轴的夹角小于 $\frac{\pi}{4}$ 的概率.

解　如图 1-8 所示, 设事件 A 表示 "点和原点的连线与 x 轴的夹角小于 $\frac{\pi}{4}$". 于是样本空间 $\Omega=\{(x,\ y)|0<y<\sqrt{2ax-x^2}\}$, 即为图中的半圆, 其面积为 $\frac{1}{2}\pi a^2$; 而 $A=\{(x,y)|(x,y)\in\Omega,\ x>y\}$, 其面积为 $\frac{1}{4}\pi a^2+\frac{1}{2}a^2$. 由几何概率计算公式有

$$P(A)=\frac{\frac{1}{4}\pi a^2+\frac{1}{2}a^2}{\frac{1}{2}\pi a^2}=\frac{1}{2}+\frac{1}{\pi}.$$

例 12　**(约会问题)**　两人相约 7 点到 8 点在某地会面, 先到者等候另一人 10 分钟, 过时就离去, 试求两人能会面的概率.

解　设 x,y 分别表示两人在 7 点之后的到达时刻 (单位: 分钟), 则样本空间为

$$\Omega=\{(x,y)|0\leqslant x,y\leqslant 60\},$$

两人能会面的事件

$$A=\{(x,y)|(x,y)\in\Omega,|x-y|\leqslant 10\}.$$

Ω 的面积为　　$S_\Omega=60^2,$

A 的面积为　　$S_A=60^2-2\times\frac{1}{2}\times 50^2$, 故 $P(A)=\frac{S_A}{S_\Omega}=\frac{11}{36}.$

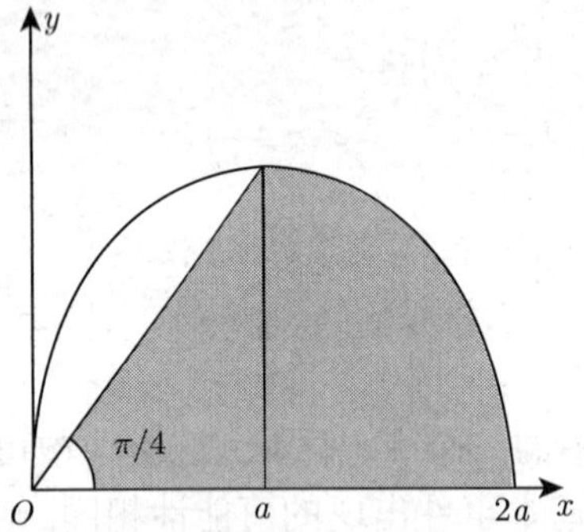

图 1-8

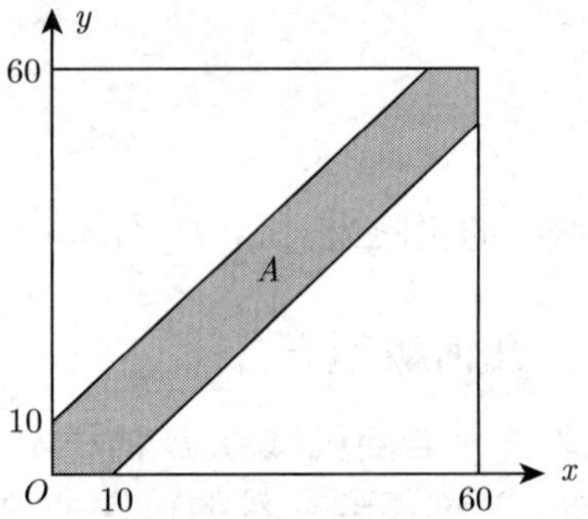

图 1-9

例 13　从 (0, 1) 中随机地取两个数, 试求两数之积小于 $\frac{1}{4}$ 的概率.

解　设 $x,\ y$ 分别表示从 (0, 1) 中随机取出的两个数, 则样本空间

$$\Omega=\{(x,y)|0<x<1,0<y<1\}.$$

因为 Ω 的面积 $S_\Omega=1$, 记 $A=\left\{\text{两数之积小于 }\frac{1}{4}\right\}$, 则

$$A=\left\{(x,y)|(x,y)\in\Omega,xy<\frac{1}{4}\right\}.$$

如图 1-10 所示, 因 A 的面积 $S_A=\frac{1}{4}\times 1+\int_{\frac{1}{4}}^{1}\frac{1}{4x}\mathrm{d}x=\frac{1}{4}+\frac{1}{2}\ln 2$, 于是

$$P(A)=\frac{S_A}{S_\Omega}=\frac{1}{4}+\frac{1}{2}\ln 2.$$

注 由几何概型易得, 概率为 0 的事件不一定是不可能事件, 概率为 1 的事件不一定是必然事件.

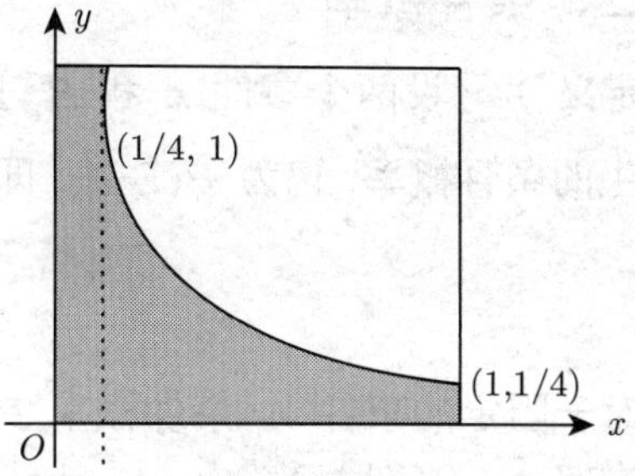

图 1-10

§1.4 条件概率

一、引例

例 1 考虑四人打桥牌, 52 张牌, 随机分发给每个人 13 张牌. 记事件 $A=$\{东家拿到 6 张红桃\}, 事件 B=\{西家拿到 2 张红桃\}. 由古典概型容易得到两个事件的概率分别为

$$P(A)=\frac{\mathrm{C}_{13}^{6}\mathrm{C}_{39}^{7}}{\mathrm{C}_{52}^{13}},\quad P(B)=\frac{\mathrm{C}_{13}^{2}\mathrm{C}_{39}^{11}}{\mathrm{C}_{52}^{13}}.$$

当牌分发完后, 东家拿到了自己的 13 张牌, 其中有 6 张红桃, 此时东家更关心自己的同伴 (西家) 手中有几张红桃, 即计算 A 发生的条件下 B 发生的概率将更有实际意义. 这种概率以后称为 A 发生的条件下 B 发生的条件概率, 记为 $P(B|A)$. 根据古典概型, 此概率应该是

$$P(B|A)=\frac{\mathrm{C}_{7}^{2}\mathrm{C}_{32}^{11}}{\mathrm{C}_{39}^{13}}.$$

例 2 从 1 至 10 中任取一数, 记事件 $A=$\{取到的数比 3 大\}, B= \{取到偶数\}, 则样本空间 $\Omega=\{1,2,\cdots,10\}$, $A=\{4,5,\cdots,10\}$, $B=\{2,4,6,8,10\}$.

这是古典概型, 基本事件总数 $n_\Omega=10$. 于是 $P(A)=\frac{7}{10}$, $P(B)=\frac{5}{10}=\frac{1}{2}$. 如果已知取到的数比 3 大, 则它是偶数的概率, 即在事件 A 发生的条件下事件 B 发生的条件概率 $P(B|A)=\frac{4}{7}$.

事件 A 中含有 7 个样本点, 事件 B 中含有 5 个样本点, 积事件 AB 中含有 4 个样本点, 即 $n_A=7$, $n_B=5$, $n_{AB}=4$. 因此

$$P(AB)=\frac{4}{10},\quad P(B|A)=\frac{n_{AB}}{n_A}=\frac{n_{AB}/n_\Omega}{n_A/n_\Omega}=\frac{P(AB)}{P(A)}.$$

这两个例子可以启发我们给出条件概率的如下定义.

二、条件概率

定义 1　设两个事件 A 和 B, 且 $P(A)>0$, 则称 $\dfrac{P(AB)}{P(A)}$ 为事件 A 发生的条件下事件 B 发生的**条件概率**, 记为 $P(B|A)$, 即

$$P(B|A)=\frac{P(AB)}{P(A)}.$$

对于固定的事件 A, 条件概率 $P(B|A)$ 具有概率的一切性质.

定理 1　条件概率 $P(\cdot|A)$ 满足概率的三条基本性质, 即三条公理:

(1) **非负性**: $P(B|A)\geqslant 0$;

(2) **规范性**: $P(\Omega|A)=1$;

(3) **可列可加性**: 对于两两互不相容的事件列 $B_1, B_2, \ldots, B_n, \ldots$, 有

$$P\left(\bigcup_{i=1}^{\infty}B_i|A\right)=\sum_{i=1}^{\infty}P(B_i|A).$$

证　(1) $P(B|A)=\dfrac{P(AB)}{P(A)}\geqslant 0$;

(2) $P(\Omega|A)=\dfrac{P(A\Omega)}{P(A)}=\dfrac{P(A)}{P(A)}=1$;

(3) 由事件列 $B_1, B_2, \ldots, B_n, \ldots$ 两两互不相容知, 事件列 $AB_1, AB_2, \ldots, AB_n, \ldots$ 也两两互不相容. 因此

$$P\left(\bigcup_{i=1}^{\infty}B_i|A\right)=\frac{P\left[A\left(\bigcup\limits_{i=1}^{\infty}B_i\right)\right]}{P(A)}=\frac{P\left(\bigcup\limits_{i=1}^{\infty}AB_i\right)}{P(A)}=\frac{\sum\limits_{i=1}^{\infty}P(AB_i)}{P(A)}=\sum_{i=1}^{\infty}\frac{P(AB_i)}{P(A)}$$

$$=\sum_{i=1}^{\infty}P(B_i|A).$$

由此可知 $P(\cdot|B)$ 满足概率的其他一切性质, 例如:

$$P(\overline{A}|B)=1-P(A|B).$$
$$P(A-C|B)=P(A|B)-P(AC|B).$$
$$P(A\bigcup C|B)=P(A|B)+P(C|B)-P(AC|B).$$
$$P(AC|B)=P(A|B)P(C|AB).$$

例 3　考虑恰有两个小孩的家庭, 并且假定小孩为男孩和女孩是等可能的. 若已知某家庭有一个男孩, 试求另一个为女孩的概率.

解　设 A={两个小孩中有一个为男孩}, B={两个小孩中有一个为女孩}, 于是, 所求概率为条件概率 $P(B|A)$. 选取样本空间 Ω={(男, 男), (男, 女), (女, 男), (女, 女)}, 则事件 AB={(男, 女), (女, 男)}.

由古典概率计算公式, 有

$$P(AB)=\frac{2}{4}=\frac{1}{2},P(A)=\frac{3}{4},\ \text{故}\ P(B|A)=\frac{P(AB)}{P(A)}=\frac{\frac{1}{2}}{\frac{3}{4}}=\frac{2}{3}.$$

例 4 掷两颗骰子, 已知两颗骰子点数之和为 7, 求其中有一颗为 1 点的概率.

解 **方法 1** 设 A={两颗骰子点数之和为 7}, B={两颗中有一颗为 1 点}, 于是, 所求概率为

$$P(B|A)=\frac{P(AB)}{P(A)}.$$

样本空间 $\Omega=\{(i,j),i,j=1,2,\ldots,6\}$中基本事件总数为 36, 且

$$AB=\{(1,6),(6,1)\},\quad A=\{(1,6),(2,5),(3,4),(4,3),(5,2),(6,1)\}.$$

由古典概率公式得

$$P(AB)=\frac{2}{36}=\frac{1}{18},\quad P(A)=\frac{6}{36}=\frac{1}{6},$$

所以

$$P(B|A)=\frac{\frac{1}{18}}{\frac{1}{6}}=\frac{1}{3}.$$

方法 2 将两颗骰子点数之和为 7 的所有可能情况即事件 A 作为样本空间, 此时基本事件总数为 6, 有利事件数即在 A 中有一颗骰子为 1 点的情况共有 2 种, 故

$$P(B|A)=\frac{2}{6}=\frac{1}{3}.$$

注 条件概率 $P(B|A)$ 的计算一般有两种方法：一种是利用条件概率公式 $P(B|A)=\frac{P(AB)}{P(A)}$ 在原样本空间Ω中计算; 另一种是根据直观在缩小的样本空间 A 中直接计算.

例 5 已知随机事件 A 的概率 $P(A)$=0.5, 随机事件 B 的概率 $P(B)$=0.6, 以及条件概率 $P(B|A)$=0.8, 求事件 $A\bigcup B$ 的概率 $P(A\bigcup B)$.

解 由 $0.8=P(B|A)=\frac{P(AB)}{P(A)}$, 得 $P(AB)$=0.8$P(A)$=0.8×0.5=0.4.

故 $P(A\bigcup B)=P(A)+P(B)-P(AB)=0.5+0.6-0.4=0.7$.

三、乘法公式

由条件概率的定义立即得出下面的结论.

定理 2 设 A,B 为同一随机试验中的两个事件, 若 $P(A)>0$, 则有

$$P(AB)=P(A)P(B|A);$$

若 $P(B)>0$, 则有

$$P(AB)=P(B)P(A|B).$$

通常称上面的公式为概率的**乘法公式**.

一般的, 设 $A_1,A_2,\cdots,A_n$ 为同一随机试验中的 n 个事件, 若 $P(A_1A_2\ldots A_{n-1})>0$, 则有

$$P(A_1A_2\ldots A_n)=P(A_1)P(A_2|A_1)P(A_3|A_1A_2)\ldots P(A_n|A_1A_2\ldots A_{n-1}).$$

例 6　某人忘记了电话号码的最后一位数字, 因而他随意地拨号. 假设拨过了的数字不再重复, 试求下列事件的概率:

(1) 第 3 次拨号才接通电话;

(2) 拨号不超过 3 次就接通电话.

解　设 A_i ={第 i 次拨号接通电话}, i=1, 2, 3.

(1) 第三次才接通电话可表示为积事件 $\overline{A}_1\,\overline{A}_2\overline{A}_3$. 由概率的乘法公式得

$$P(\overline{A}_1\,\overline{A}_2A_3)=P(\overline{A}_1)P(\overline{A}_2|\overline{A}_1)P(A_3|\overline{A}_1\,\overline{A}_2)=\frac{9}{10}\times\frac{8}{9}\times\frac{1}{8}=\frac{1}{10}.$$

(2) 拨号不超过 3 次就接通电话可表示为 $A_1+\overline{A}_1A_2+\overline{A}_1\,\overline{A}_2A_3$. 由概率的乘法公式得

$$\begin{aligned}P(A_1+\overline{A}_1A_2+\overline{A}_1\,\overline{A}_2A_3)&=P(A_1)+P(\overline{A}_1A_2)+P(\overline{A}_1\,\overline{A}_2A_3)\\&=\frac{1}{10}+P(\overline{A}_1)P(A_2|\overline{A}_1)+P(\overline{A}_1)P(\overline{A}_2|\overline{A}_1)P(A_3|\overline{A}_1\,\overline{A}_2)\\&=\frac{1}{10}+\frac{9}{10}\times\frac{1}{9}+\frac{9}{10}\times\frac{8}{9}\times\frac{1}{8}=\frac{3}{10}.\end{aligned}$$

例 7 (波里亚罐子模型)　设袋中装有 r 只红球和 t 只白球. 每次自袋中随机地抽取一只球, 观看颜色后放回袋中, 并且再加进 a 只与所抽出的球具有相同颜色的球. 若在袋中连续取球四次, 试求第一、二次取到红球且第三、四次取到白球的概率.

解　设 A_i ={第 i 次取到红球}, i=1, 2, 3, 4, 则第一、二次取到红球且第三、四次取到白球的概率为

$$\begin{aligned}P(A_1A_2\overline{A}_3\overline{A}_4)&=P(A_1)P(A_2|A_1)P(\overline{A}_3|A_1A_2)P(\overline{A}_4|A_1A_2\overline{A}_3)\\&=\frac{r}{r+t}\cdot\frac{r+a}{r+t+a}\cdot\frac{t}{r+t+2a}\cdot\frac{t+a}{r+t+3a}.\end{aligned}$$

§1.5　全概率公式与贝叶斯公式

一、引例

例 1　设 10 件产品中有 4 件次品, 任意抽取两次, 每次抽取一件, 抽取后不放回, 求第二次抽取的是次品的概率.

解 设 $A_i=\{$第 i 次取到次品$\}$, i=1, 2.

方法 1 直接利用古典概型得 $P(A_2)=\dfrac{4\times 9}{10\times 9}=\dfrac{2}{5}$.

方法 2 因为 $A_2=A_1A_2+\overline{A}_1A_2$, 所以

$$\begin{aligned}P(A_2)&=P(A_1A_2+\overline{A}_1A_2)=P(A_1A_2)+P(\overline{A}_1A_2)\\&=P(A_1)P(A_2|A_1)+P(\overline{A}_1)P(A_2|\overline{A}_1)\\&=\frac{4}{10}\times\frac{3}{9}+\frac{6}{10}\times\frac{4}{9}=\frac{2}{5}.\end{aligned}$$

将方法 2 推广到一般的情形, 就得到了下面的全概率公式.

二、全概率公式

1. 完备事件组

定义 1 设Ω为试验 E 的样本空间, $A_1, A_2, \dots, A_n$ 为一组事件, 若 $A_iA_j=\varnothing(i\neq j,\ i,\ j=1,2,\dots,n)$, $\bigcup\limits_{i=1}^{n}A_i=\Omega$, 则称 $A_1, A_2, \dots, A_n$ 为样本空间的一个**划分**, 也称为**完备事件组**或**完全事件组**.

2. 全概率公式

定理 1(全概率公式) 设Ω为试验 E 的样本空间, 而且 $A_1, A_2, \dots, A_n$ 为一个完备事件组, 即 $A_iA_j=\varnothing\ (i\neq j,\ i,\ j=1,2,\dots,n)$, $\bigcup\limits_{i=1}^{n}A_i=\Omega$, 且 $P(A_i)>0$, $i=1,2,\dots,n$, 则对任意 E 的事件 B, 有

$$P(B)=\sum_{i=1}^{n}P(A_i)P(B|A_i).$$

证 由事件列 $A_1, A_2, \dots, A_n$ 两两互不相容知, 事件列 $BA_1, BA_2, \dots, BA_n$ 也两两互不相容. 因此

$$\begin{aligned}P(B)&=P[B(A_1\bigcup A_2\bigcup\dots\bigcup A_n)]=P(BA_1\bigcup BA_2\bigcup\dots\bigcup BA_n)\\&=P(BA_1)+P(BA_2)+\cdots+P(BA_n)\\&=P(A_1)P(B|A_1)+P(A_2)P(B|A_2)+\cdots+P(A_n)P(B|A_n).\\&=\sum_{i=1}^{n}P(A_i)P(B|A_i).\end{aligned}$$

例 2 甲、乙文具盒内都有 2 支蓝色笔和 3 支黑色笔, 现从甲文具盒中任取 2 支笔放入乙文具盒, 然后从乙文具盒中任取 2 支笔. 试求最后取出的 2 支笔都是黑色笔的的概率.

解 设 $A_1=\{$从甲文具盒中取到 2 支蓝色笔$\}$, $A_2=\{$从甲文具盒中取到 2 支黑色笔$\}$, $A_3=\{$从甲文具盒中取到 1 支蓝色笔和 1 支黑色笔$\}$, $B=\{$从乙文具盒中取到 2 支黑色笔$\}$.

显然 A_1, A_2, A_3 构成一个完备事件组, 且

$$P(A_1)=\frac{C_2^2}{C_5^2}=\frac{1}{10},\quad P(A_2)=\frac{C_3^2}{C_5^2}=\frac{3}{10},\quad P(A_3)=\frac{C_2^1C_3^1}{C_5^2}=\frac{3}{5},$$

$$P(B|A_1)=\frac{C_3^2}{C_7^2}=\frac{1}{7},\quad P(B|A_2)=\frac{C_5^2}{C_7^2}=\frac{10}{21},\quad P(B|A_3)=\frac{C_4^2}{C_7^2}=\frac{2}{7}.$$

由全概率公式得

$$P(B)=\sum_{i=1}^{3}P(A_i)P(B|A_i)=\frac{1}{10}\times\frac{1}{7}+\frac{3}{10}\times\frac{10}{21}+\frac{3}{5}\times\frac{2}{7}=\frac{23}{70}.$$

三、贝叶斯 (Bayes) 公式

定理 2(贝叶斯公式)　设 Ω 为试验 E 的样本空间, $A_1, A_2, \ldots, A_n$ 为一个完备事件组, 即 $A_iA_j=\varnothing$ $(i\neq j,\ i,\ j=1,\ 2,\ \ldots,\ n)$, $\bigcup\limits_{i=1}^{n}A_i=\Omega$, 且 $P(A_i)>0$, $i=1, 2, \ldots, n$, 则对任意概率不为零的事件 B, 有

$$P(A_k|B)=\frac{P(A_k)P(B|A_k)}{\sum\limits_{i=1}^{n}P(A_i)P(B|A_i)},\quad 1\leqslant k\leqslant n.$$

证　由条件概率的定义及全概率公式, 对任意 $1\leqslant k\leqslant n$, 有

$$P(A_k|B)=\frac{P(A_k)P(B|A_k)}{P(B)}=\frac{P(A_k)P(B|A_k)}{\sum\limits_{i=1}^{n}P(A_i)P(B|A_i)}.$$

例 3　设工厂 A 和工厂 B 的产品的次品率分别为 1%和 2%, 现从由 A 厂和 B 厂的产品分别占 60%和 40%的一批产品中随机抽取一件, 发现是次品, 求该次品是 A 厂生产的概率.

解　记 C={取的产品是 A 厂生产的}, D= {取到次品}. 由已知得

$$P(C)=0.6,\quad P(\overline{C})=0.4,\quad P(D|C)=0.01,\quad P(D|\overline{C})=0.02.$$

由贝叶斯公式得

$$P(C|D)=\frac{P(C)P(D|C)}{P(C)P(D|C)+P(\overline{C})P(D|\overline{C})}=\frac{0.6\times0.01}{0.6\times0.01+0.4\times0.02}=\frac{3}{7}.$$

例 4　一个袋中共有 10 个球, 其中黑球 3 个、白球 7 个, 现从袋中先后任取一球.

(1) 求第二次取到黑球的概率;

(2) 若已知第二次取到的是黑球, 试求第一次也取到黑球的概率.

解　设 A_i={第 i 次取到黑球}, i=1,2.

(1) 易知 $P(A_1)=\dfrac{3}{10}, P(\overline{A}_1)=\dfrac{7}{10}$, 且 A_1 与 $\overline{A}_1$ 构成一个完备事件组, 故由全概率公式得

$$P(A_2)=P(A_1)P(A_2|A_1)+P(\overline{A}_1)P(A_2|\overline{A}_1)=\frac{3}{10}\times\frac{2}{9}+\frac{7}{10}\times\frac{3}{9}=\frac{3}{10}.$$

(2) 由贝叶斯公式有

$$P(A_1|A_2)=\frac{P(A_1)P(A_2|A_1)}{P(A_2)}=\frac{\dfrac{3}{10}\times\dfrac{2}{9}}{\dfrac{3}{10}}=\frac{2}{9}.$$

例 5 假设有两箱同种零件: 第一箱内装 50 件, 其中 10 件为一等品; 第二箱内装 30 件, 其中 18 件为一等品. 现从两箱中随意挑出一箱, 然后从该箱中先后随机取出两个零件 (取出的零件均不放回), 试求:

(1) 先取出的零件是一等品的概率;

(2) 在先取出的零件是一等品的条件下, 第二次取出的零件仍然是一等品的概率.

解 设 A_i={取到第 i 个箱子}, i=1, 2, B_i ={第 i 次取到一等品}, i=1, 2.

(1) 由全概率公式有

$$\begin{aligned}P(B_1)&=P(A_1)P(B_1|A_1)+P(A_2)P(B_1|A_2)\\&=\frac{1}{2}\times\frac{10}{50}+\frac{1}{2}\times\frac{18}{30}=\frac{2}{5}.\end{aligned}$$

(2) 所求概率为 $P(B_2|B_1)$, 由条件概率公式有

$$\begin{aligned}P(B_2|B_1)&=\frac{P(B_1B_2)}{P(B_1)}.\\P(B_1B_2)&=P(A_1)P(B_1B_2|A_1)+P(A_2)P(B_1B_2|A_2)\\&=\frac{1}{2}\times\frac{10\times 9}{50\times 49}+\frac{1}{2}\times\frac{18\times 17}{30\times 29}=\frac{276}{1\ 421}.\end{aligned}$$

故 $P(B_2|B_1)=\dfrac{\dfrac{276}{1\ 421}}{\dfrac{2}{5}}\approx 0.485\ 6$.

例 6 用某种试验方法对自然人群进行癌症普查, 若患有这种癌症的人经过检查, “试验反应为阳性” 的概率为 0.95, 而没患这种癌症的人经过检查, “试验反应为阴性” 的概率为 0.95. 设被普查人群患有这种癌症的概率为 0.005, 现有一人用此法检查, 诊断为有此癌症, 求此人确实患有这种癌症的概率.

解 设 B 表示事件 “被检查者患有癌症”, A 表示事件 “试验反应为阳性”, 已知 $P(B)$= 0.005, $P(A|B)$=0.95, $P(\overline{A}|\overline{B})$= 0.95, 则 B, $\overline{B}$ 构成一个完备事件组, 且

$$P(\overline{B})=1-P(B)=0.995,\quad P(A|\overline{B})=1-P(\overline{A}|\overline{B})=0.05.$$

由贝叶斯公式, 得诊断为患此癌症的人确实患有这种癌症的概率

$$P(B|A)=\frac{P(B)P(A|B)}{P(B)P(A|B)+P(\overline{B})P(A|\overline{B})}=\frac{0.005\times0.95}{0.005\times0.95+0.995\times0.05}$$
$$=\frac{19}{218}\approx0.087.$$

本例的结果表明, 尽管 $P(A|B)$=0.95, $P(\overline{A}|\overline{B})$= 0.95, 这两个概率都很高, 但若将此试验用于对自然人群进行普查, 则 1 000 个用此方法检验患有某种癌症的人, 平均只有大约 87 人确实患有该疾病. 这充分说明自然人群患病率非常低的疾病一次诊断的准确率是很低的.

注 全概率公式是计算由若干 "原因" 引起的复杂事件概率的一个有效公式, 贝叶斯公式是用来计算复杂事件已发生条件下, 某一种 "原因" 发生的条件概率, 通常可用下面的准则进行判别:

若随机试验可以看成分两个阶段 (或层次) 进行, 且第一阶段的各试验结果哪一个具体发生了未知,

(1) 如果要求的是第二阶段某一个结果发生的概率, 则肯定用全概率公式;

(2) 如果第二阶段的某一个结果是已知的, 要求的是此结果为第一阶段某一个结果所引起的概率, 一般用贝叶斯公式, 此时实际上是条件概率.

另外, 两公式在实际应用中完备事件组的选取至关重要, 它就是第一阶段的所有可能结果. 计算完备事件组中的事件发生的概率以及各条件概率时可充分利用求概率的各种方法.

§1.6 事件的独立性与伯努利概型

一、引例

例 1 设一个袋中有 5 个球, 其中红球 2 个、白球 3 个, 现从袋中取球 2 次, 每次任取 1 球. 试在有放回与不放回的情况下, 计算 (1) 第二次取到红球的概率; (2) 在已知第一次取到红球的条件下, 第二次取到红球的概率.

解 设 A_i ={第 i 次取到红球}, i=1, 2.

(1) 在有放回的情况下, $P(A_2)=\frac{2}{5}$, $P(A_2|A_1)=\frac{2}{5}$.

(2) 在不放回的情况下, $P(A_2)=\frac{2}{5}$, $P(A_2|A_1)=\frac{1}{4}$.

上面的结果表明, 在有放回的情况下, $P(A_2|A_1)=P(A_2)$, 即在第一次取到红球的条件下, 第二次取到红球的概率等于第二次取到红球的概率, 也就是说事件 A_1 的发生并不影响事件 A_2 发生的可能性. 我们称这样的两个事件是相互独立的. 当 $P(A)>0$ 时, 由条件概率的定义, 不难得到

$$P(B|A)=P(B)\text{等价于}P(AB)=P(A)P(B).$$

这正是我们要给出的独立性概念.

二、两个事件的独立性

定义 1　设有两个事件 A, B, 如果

$$P(AB) = P(A)P(B),$$

则称事件 A 与 B 相互独立, 简称 A, B**独立**.

定理 1　当 $P(A) > 0$ 时, $P(B|A) = P(B)$ 等价于 $P(AB) = P(A)P(B)$.

证　若 $P(B|A) = P(B)$, 则由概率的乘法公式, 得

$$P(AB) = P(A)P(B|A) = P(A)P(B).$$

反之, 若 $P(AB) = P(A)P(B)$, 则由条件概率的定义有

$$P(B|A) = \frac{P(AB)}{P(A)} = \frac{P(A)P(B)}{P(A)} = P(B).$$

定理 2　若 A 与 B 相互独立, 则 A 与 $\overline{B}$, $\overline{A}$ 与 B, $\overline{A}$ 与 $\overline{B}$ 也分别相互独立. 也就是说, 若四对事件: A 与 B, A 与 $\overline{B}$, $\overline{A}$ 与 B, $\overline{A}$ 与 $\overline{B}$ 中有一对独立, 则另外三对也独立.

证　不失一般性, 证明一种情况. 设 A 与 B 相互独立, 则 $P(AB) = P(A)P(B)$. 于是

$$\begin{aligned} P(A\overline{B}) &= P(A-B) = P(A) - P(AB) = P(A) - P(A)P(B) \\ &= P(A)[1 - P(B)] = P(A)P(\overline{B}), \end{aligned}$$

即 A 与 $\overline{B}$ 相互独立.

注　1. A 与 B 互不相容 (互斥) 是指 A, B 不能同时发生, 即 $AB = \varnothing$, 此时与事件的概率性质无关; 但 A 与 B 独立是指 $P(AB)=P(A)P(B)$, 此时与事件的概率特性有关, 故 “互不相容” 与 “独立性” 并没有逻辑蕴含关系. 事实上, 容易举例说明互不相容的两个事件可以独立, 也可以不独立.

2. 若 A 与 B 互不相容, 而且相互独立, 则 A, B 至少有一个为零概率事件; 若 A 与 B 互不相容, 而且均为正概率事件, 则 A 与 B 一定不独立.

3. 必然事件 Ω, 不可能事件 $\varnothing$ 与任何事件相互独立; 进一步, 概率为 1 或 0 的事件与任何事件相互独立.

4. 下面 4 个条件中任何一个都是 A, B 相互独立的充要条件:

(1) $P(AB)=P(A)P(B)$;

(2) $P(B|A)=P(B)$ $(P(A) > 0)$;

(3) $P(B|A) = P(B|\overline{A})$ $(0 < P(A) < 1)$;

(4) $P(B|A) + P(\overline{B}|\overline{A})=1$ $(0 < P(A) < 1)$.

例 2　某人向一圆形靶进行射击, 假定不会脱靶, 且击中圆形靶的各处是等可能的. 记事件 A={击中左半部分}, B={击中下半部分}. 问 A 与 B 是否独立?

解　由题意, 这是一个几何概型. 于是

$$P(A)=\frac{1}{2},\quad P(B)=\frac{1}{2},\quad P(AB)=\frac{1}{4}.$$

故 $P(AB)=P(A)P(B)$, 即 A 与 B 相互独立.

例 3　设 $P(A)=0.6$, $P(B)=0.2$, 试在下面两个条件下分别求 $P(A\bigcup B)$, $P(A-B)$.

(1) A 与 B 互不相容;

(2) A 与 B 相互独立.

解　(1) 因为 A 与 B 互不相容, 故 $AB=\varnothing$. 于是

$$P(A\bigcup B)=P(A)+P(B)=0.6+0.2=0.8,$$

$$P(A-B)=P(A)-P(AB)=P(A)=0.6.$$

(2) 因为 A 与 B 相互独立, 故 $P(AB)=P(A)P(B)$. 于是

$$\begin{aligned}P(A\bigcup B)&=P(A)+P(B)-P(AB)=P(A)+P(B)-P(A)P(B)\\&=0.6+0.2-0.6\times 0.2=0.68.\end{aligned}$$

或者, 由 A 与 B 相互独立得, $\overline{A}$ 与 $\overline{B}$ 也独立. 故

$$\begin{aligned}P(A\bigcup B)&=1-P(\overline{A}\,\overline{B})=1-P(\overline{A})P(\overline{B})=1-(1-P(A))(1-P(B))\\&=1-(1-0.6)(1-0.2)=0.68.\end{aligned}$$

$$P(A-B)=P(A)-P(AB)=P(A)-P(A)P(B)=0.6-0.6\times 0.2=0.48.$$

例 4　设事件 A 与 B 独立, 且两个事件仅发生一个的概率都是 $\frac{3}{16}$, 试求 $P(A)$.

解　由已知条件可得

$$P(AB)=P(A)P(B), P(A\overline{B})=P(B\overline{A})=\frac{3}{16}.$$

于是

$$P(A)-P(AB)=P(B)-P(AB)=\frac{3}{16},$$

即有 $P(A)=P(B)$, $P(A)-P(A)P(B)=\frac{3}{16}$, 故

$$P(A)-P^2(A)=\frac{3}{16}.$$

解之得 $P(A)=\frac{1}{4}$, 或 $P(A)=\frac{3}{4}$.

例 5　设 $0<P(A)<1, 0<P(B)<1$, 且 $P(A|B)+P(\overline{A}|\overline{B})=1$, 则 (　　).

(A) A 和 B 互不相容　　(B) A 和 B 互相对立

(C) A 和 B 互不独立　　(D) A 和 B 相互独立

解　由 $P(A|B)+P(\overline{A}|\overline{B})=1$ 得

$$P(A|B)=1-P(\overline{A}|\overline{B}),\ \text{即} P(A|B)=P(A|\overline{B}).$$

由条件概率公式得 $\dfrac{P(AB)}{P(B)}=\dfrac{P(A\overline{B})}{P(\overline{B})}$, 即 $P(AB)P(\overline{B})=P(B)P(A\overline{B})$.

于是
$$P(AB)[1-P(B)]=P(B)[P(A)-P(AB)],$$
整理得 $P(AB)=P(A)P(B)$, 即 A 与 B 相互独立. 选 (D).

例 6　假设目标出现在射程之内的概率为 0.7, 这时射击命中目标的概率为 0.6, 试求两次独立射击中至少有一次命中目标的概率 p.

解　设 A={目标进入射程}, B={两次独立射击至少有一次命中目标}, B_i={第 i 次射击命中目标}, $i=1,2$. 于是, 事件 B_1 与 B_2 相互独立, 且 $P(B_1)=P(B_2)$, 故

$$p=P(B)=P(B_1\bigcup B_2)=1-P(\overline{B}_1\overline{B}_2)=1-P(\overline{B}_1)P(\overline{B}_2).$$

由全概率公式得

$$\begin{aligned}P(B_1)&=P(B_1|A)P(A)+P(B_1|\overline{A})P(\overline{A})\\&=0.6\times0.7+0\times0.3=0.42,\end{aligned}$$
$$p=1-[1-P(B_1)][1-P(B_2)]=0.663\,6.$$

三、多个事件的独立性

定义 2　设三个事件 A,B,C, 如果

$$\begin{aligned}P(AB)&=P(A)P(B),\\P(BC)&=P(B)P(C),\\P(AC)&=P(A)P(C),\end{aligned}$$

则称事件 A, B, C**两两独立**.

定义 3　设三个事件 A,B,C, 如果

$$\begin{aligned}P(AB)&=P(A)P(B),\\P(BC)&=P(B)P(C),\\P(AC)&=P(A)P(C),\\P(ABC)&=P(A)P(B)P(C),\end{aligned}$$

则称事件 A, B, C**相互独立**.

由定义可知, 若三个事件相互独立, 则它们一定两两独立; 但反之不成立, 见下面的例子.

例 7　一个均匀的正四面体, 其第一面染成红色, 第二面染成白色, 第三面染成黑色, 而第四面同时染上红、白、黑三种颜色. 现在以 A_1, A_2, A_3 分别表示投一次四面体出现红、白、黑颜色的事件, 由于在四面体中有两面有红色, 故

$$P(A_1)=\frac{1}{2}.\quad \text{同理},\quad P(A_2)=P(A_3)=\frac{1}{2}, \text{而且易知}$$

$$P(A_1A_2)=P(A_2A_3)=P(A_1A_3)=\frac{1}{4}.$$

故

$$\begin{aligned}P(A_1A_2)&=P(A_1)P(A_2),\\P(A_2A_3)&=P(A_2)P(A_3),\\P(A_1A_3)&=P(A_1)P(A_3),\end{aligned}$$

即 A_1, A_2, A_3 两两独立. 但是

$$P(A_1A_2A_3)=\frac{1}{4}\neq P(A_1)P(A_2)P(A_3)=\frac{1}{8},$$

故 A_1, A_2, A_3 不相互独立.

一般地, n 个事件 A_1, A_2, $\ldots$, A_n 的相互独立性定义如下.

定义 4　对于 n 个事件 A_1, A_2, $\ldots$, A_n, 如果其中任意 k 个事件 $(2\leqslant k\leqslant n)$:$A_{i_1}, A_{i_2},\cdots, A_{i_k}$ 均满足

$$P(A_{i_1}A_{i_2}\cdots A_{i_k})=P(A_{i_1})P(A_{i_2})\ldots P(A_{i_k}), 1\leqslant i_1<i_2<\ldots<i_k\leqslant n,$$

则称 A_1, A_2, $\ldots$, A_n**相互独立**.

注　n 个事件 A_1, A_2, $\ldots$, A_n 相互独立所满足的概率等式的个数为

$$\mathrm{C}_n^2+\mathrm{C}_n^3+\cdots+\mathrm{C}_n^n=2^n-\mathrm{C}_n^1-\mathrm{C}_n^0=2^n-n-1.$$

性质　(1) 若事件 A_1, A_2, $\ldots$, A_n 相互独立, 则其中任意 $m(2\leqslant m\leqslant n)$ 个事件也相互独立;

(2) 若事件 A_1, A_2, $\ldots$, A_n 相互独立, 则事件 B_1, B_2, $\ldots$, B_n 也相互独立, 其中 B_i 为 A_i 或 $\overline{A}_i$, $i=1,\ 2,\ \cdots,\ n$.

四、伯努利概型

1. 试验的独立性

定义 5　如果试验 E_1 和 E_2 分别产生的任意两个事件 A_1 与 A_2 都相互独立, 则称**试验E_1和E_2相互独立**. 其直观含义是一个试验结果的发生不影响另一个试验结果发生的概率.

定义 6　对于 n 个试验 E_1, E_2, $\ldots$, E_n, 如果它们分别产生的事件 A_1, A_2, $\ldots$, A_n 都相互独立, 则称 n 个**试验E_1, E_2, $\ldots$, E_n相互独立**.

2. 伯努利 (Bernoulli) 概型

定义 7 只需考虑两个对立的结果：A 和 $\overline{A}$ 的试验称为伯努利概型，或伯努利试验. 将这样一个伯努利试验独立重复进行 n 次就称为一个 n 重伯努利试验，或 n 重伯努利概型，有时也简称伯努利概型. 在这里，“独立” 是指试验之间相互独立，“重复” 是指每次试验中 A**发生的概率保持不变.**

伯努利试验的两个结果：A 和 $\overline{A}$ 常分别称为 “成功” 和 “失败”，记 $P(A)=p$, $P(\overline{A})=1-p$.

定理 3 设在每次试验中，“成功” 的概率为 $p=P(A)$，则在 n 重伯努利试验中 “成功” 发生 k 次的概率为

$$P_n(k)=\mathrm{C}_n^k p^k(1-p)^{n-k},\quad k=0,1\ldots,n.$$

证 设 B 表示 n 重伯努利试验中成功发生 k 次的事件，A_i 表示第 i 次试验成功，$\overline{A}_i$ 表示第 i 次试验失败，$i=1,\ 2,\ \cdots,\ n$，则

$$\begin{aligned}B=&A_1A_2\cdots A_k\overline{A}_{k+1}\cdots\overline{A}_n+A_1A_2\cdots A_{k-1}\overline{A}_kA_{k+1}\overline{A}_{k+2}\cdots\overline{A}_n\\&+\cdots+\overline{A}_1\cdots\bar{A}_{n-k}A_{n-k+1}A_{n-k+2}\cdots A_n,\end{aligned}$$

上述等式右端的每一项都表示 n 次试验中某 k 次成功，其余 $n-k$ 次失败，而且这样的事件共有 C_n^k 个，它们两两互不相容. 由试验的独立性与概率性质得

$$\begin{aligned}P(B)&=p^k(1-p)^{n-k}+p^k(1-p)^{n-k}+\cdots+p^k(1-p)^{n-k}\\&=\mathrm{C}_n^k p^k(1-p)^{n-k},\end{aligned}$$

即
$$P_n(k)=\mathrm{C}_n^k p^k(1-p)^{n-k},\ k=0,1\ldots,n.$$

例 8 若干人独立地对同一个移动目标进行射击，每人击中目标的概率均为 0.2，问至少需要多少人，才能以 0.95 以上的概率击中目标?

解 设至少需要 n 个人，才能以 0.95 以上的概率击中目标. 令 A={击中目标}，A_i={第 i 个人击中目标}，$i=1,\ldots,n$. 根据题意，$A_1,A_2,\ldots,A_n$ 相互独立，且 $A=\bigcup\limits_{i=1}^{n}A_i$，故

$$\begin{aligned}P(A)&=P\left(\bigcup_{i=1}^{n}A_i\right)=1-P\left(\bigcap_{i=1}^{n}\overline{A}_i\right)=1-P(\overline{A}_1)P(\overline{A}_2)\cdots P(\overline{A}_n)\\&=1-(1-0.2)^n=1-0.8^n\geqslant 0.95,\end{aligned}$$

解之得 $n\geqslant 14$. 即至少需要 14 人，才能以 0.95 以上的概率击中目标.

例 9 在可靠性理论中，一个系统中的部件能正常工作的概率称为部件的可靠度，由许多部件组成的系统能正常工作的概率称为系统的可靠度. 现有 $2n$ 个部件按照如图 1-11 和图 1-12 所示的两种方式组成系统 I 和系统 II. 假设每个部件的可靠度为 $p(0<p<1)$，且各部件能否正常工作是相互独立的. 试求两个系统的可靠度，并比较其大小 ($n\geqslant 2$).

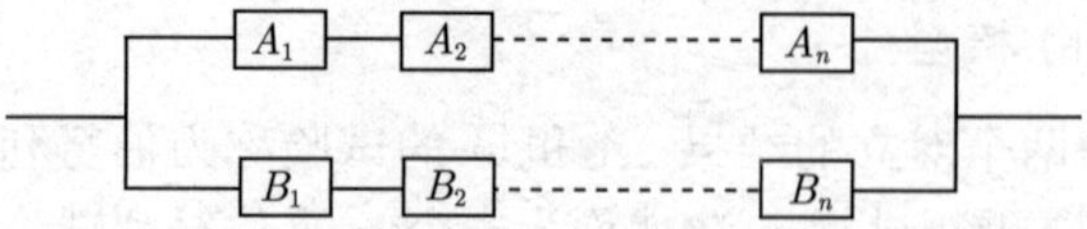

图 1-11 系统 I

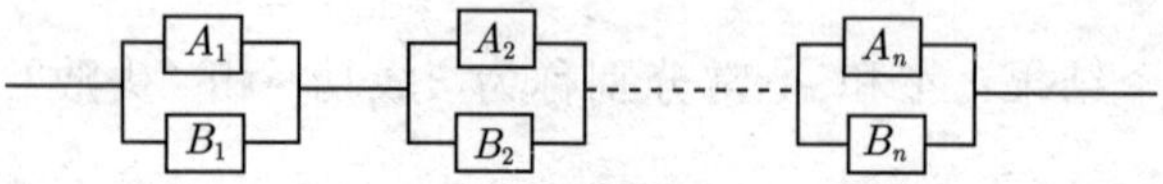

图 1-12 系统 II

解 为了方便, 就用 A_i 表示部件 A_i 正常工作, B_i 表示部件 B_i 正常工作, $i=1,\ldots,n$. 因为系统 I 能正常工作的充要条件是 n 个部件 $A_1, A_2, \ldots, A_n$ 均正常工作, 或 n 个部件 $B_1, B_2, \ldots, B_n$ 均正常工作, 故系统 I 的可靠度, 即系统 I 能正常工作的概率为

$$\begin{aligned}P_1 &= P(A_1A_2\cdots A_n\bigcup B_1B_2\cdots B_n)\\ &= P(A_1A_2\cdots A_n)+P(B_1B_2\cdots B_n)-P(A_1A_2\cdots A_nB_1B_2\cdots B_n)\\ &= p^n+p^n-p^{2n}=p^n(2-p^n).\end{aligned}$$

系统 II 能正常工作的充要条件是部件 A_1 或 B_1 正常工作, 而且部件 A_2 或 B_2 正常工作, $\ldots$, 而且部件 A_n 或 B_n 正常工作, 故系统 II 的可靠度, 即系统 II 能正常工作的概率为

$$\begin{aligned}P_2 &= P[(A_1\bigcup B_1)\bigcap(A_2\bigcup B_2)\bigcap\cdots\bigcap(A_n\bigcup B_n)]\\ &= P(A_1\bigcup B_1)P(A_2\bigcup B_2)\cdots P(A_n\bigcup B_n)\\ &= [1-P(\overline{A}_1\overline{B}_1)][1-P(\overline{A}_2\overline{B}_2)]\cdots[1-P(\overline{A}_n\overline{B}_n)]\\ &= [1-P(\overline{A}_1)P(\overline{B}_1)][1-P(\overline{A}_2)P(\overline{B}_2)]\cdots[1-P(\overline{A}_n)P(\overline{B}_n)]\\ &= [1-(1-p)^2]^n=p^n(2-p)^n.\end{aligned}$$

由数学归纳法可以证明 $p^n(2-p)^n>p^n(2-p^n)$, 即 $P_2>P_1$, 说明系统 II 的可靠度大于系统 I 的可靠度.

例 10 一射手对同一目标独立地进行四次射击, 若至少命中一次的概率为 $\dfrac{80}{81}$, 则该射手的命中率为________.

解 这是一个 4 重伯努利试验, 但 "成功" 即命中的概率 p 未知待求, 因为 "至少命中一次" 的对立事件为 "4 次均不中", 于是有

$$1-\mathrm{C}_4^0p^0(1-p)^4=\frac{80}{81},$$

即

$$1-(1-p)^4=\frac{80}{81},$$

故

$$p=\frac{2}{3}.$$

例 11 一本 m 页的书共有 r 个错字, 且每个错字等可能地出现在每一页上, 试求在给定的一页上至少有两个错字的概率.

解 将一个错字在给定的一页上出现或者不出现看作一次试验的两个结果. 由于每个错字在给定的一页上出现的概率均为 $\dfrac{1}{m}$, 且可以认为各错字是否在这一页出现相互独立, 故问题归结为一个 r 重伯努利试验.

设 A={给定的一页上至少有两个错字}, $P_r(k)$ 表示给定的一页上有 k 个错字的概率, 则

$$P_r(k)=\mathrm{C}_r^k\left(\frac{1}{m}\right)^k\left(1-\frac{1}{m}\right)^{r-k}, \quad k=0,1,\cdots,r.$$

于是

$$\begin{aligned}P(A)&=1-P(\overline{A})=1-P_r(0)-P_r(1)\\&=1-\left(1-\frac{1}{m}\right)^r-\frac{r}{m}\left(1-\frac{1}{m}\right)^{r-1}.\end{aligned}$$

注 关于伯努利概型的问题, 关键是找到两个参数: 试验次数 n 以及每次试验 “成功” 发生的概率 p, 则 n 次试验中 “成功” 发生 k 次的概率即为 $\mathrm{C}_n^k p^k(1-p)^{n-k}$.

重要补充及扩展问题

一、事件的运算

事件是样本空间的子集, 从而其运算法则与集合运算法则完全相对应, 不要与普通数的运算相混淆. 例如, 不要错误地认为

$$(A-B)+B=A,$$

而事实上应为

$$(A-B)+B=A\bigcup B.$$

特别地, 注意下面事件运算中的重要结论, 并可通过 “文氏图” 加深理解与掌握:

(1) $AB\subset A\subset A\bigcup B$, $AA=A$, $A\bigcup A=A$.

(2) $A-B=A\overline{B}=A-AB$.

(3) $A=(A-B)+AB=A\overline{B}+AB$.

(4) $A\bigcup B=A+\overline{A}B=B+\overline{B}A=AB+A\overline{B}+B\overline{A}$.

(5) $A\bigcup B\bigcup C=A+\overline{A}B+\overline{A}\,\overline{B}C$.

二、事件的互斥与互逆

A 与 B 互斥 (互不相容) 指的是 A, B 不能同时发生, 即 $AB=\varnothing$.

A 与 B 互逆指的是 A, B 不能同时发生, 而且 A, B 中必有一个发生, 即 $AB=\varnothing$, 且 $A\bigcup B=\Omega$. 因此

$$A与B互逆 \Rightarrow A与B互斥; A与B互斥 \not\Rightarrow A与B互逆;$$
$$A与B互逆 \Leftrightarrow \overline{A}与\overline{B}互逆; A与B互斥 \not\Rightarrow \overline{A}与\overline{B}互斥.$$

三、事件的独立性

两事件 A, B 相互独立的直观含义是其中一个事件的发生不影响另一个事件发生的概率, 因此有些实际问题可进行直观判断, 但理论证明可用下面条件之一来判断:

(1) $P(AB)=P(A)P(B)$;

(2) $P(B|A)=P(B)(P(A)>0)$;

(3) $P(B|A)=P(B|\overline{A})(0<P(A)<1)$;

(4) $P(B|A)+P(\overline{B}|\overline{A})=1\ (0<P(A)<1)$.

上述 4 个条件中任何一个都是 A,B 相互独立的充要条件, 但通常用第一个进行判别. 易知必然事件 Ω、不可能事件 $\varnothing$ 与任何事件相互独立; 进一步, 概率为 1 或 0 的事件与任何事件相互独立.

若 A_1, A_2, $\cdots$, A_n 相互独立, 则由事件 $A_{i_1},A_{i_2},\cdots,A_{i_k}$ 经过任何事件运算所得到的事件 $\sigma_1(A_{i_1},A_{i_2},\cdots,A_{i_k})$ 与由事件 $A_{i_{k+1}},A_{i_{k+2}},\cdots,A_{i_n}$ 经过任何事件运算所得到的事件 $\sigma_2(A_{i_{k+1}},A_{i_{k+2}},\cdots,A_{i_n})$ 也相互独立, 其中 $i_1i_2\cdots i_n$ 为 1, 2, $\cdots$, n 的任何一个排列, 例如, 若 A,B,C,D 相互独立, 则 $A-B$ 与 CD 一定独立, $\overline{B}$ 与 $(A\bigcup D)\overline{C}$ 一定独立, $A\bigcup B$ 与 $\overline{D}$ 一定独立, 但 $\overline{A\bigcup B}$ 与 $B-\overline{C}$ 不一定独立.

四、全概率公式与贝叶斯公式的推广

为了方便读者更深入地了解全概率公式与贝叶斯公式, 下面给出两个公式的推广形式和应用例子.

定理 1(全概率公式的推广)　设 $A_1,A_2,\cdots,A_n$ 为样本空间 Ω 的一个划分, 即 $A_iA_j=\varnothing,i\neq j$, $\bigcup\limits_{i=1}^{n}A_i=\Omega$, 则对任意两个事件 $B_1\subset\Omega$, $B_2\subset\Omega$, 而且 $P(B_1A_i)>0$, $i=1,2,\cdots,n$, 有

$$P(B_2|B_1)=\sum_{i=1}^{n}P(A_i|B_1)P(B_2|B_1A_i).$$

证　显然 $B_2B_1=B_2B_1\bigcap\left(\bigcup\limits_{i=1}^{n}A_i\right)=\bigcup\limits_{i=1}^{n}(B_2B_1A_i)$, 且 $B_2B_1A_i\ (i=1,2,\cdots,n)$ 为两两互不相容的事件, 故

$$\begin{aligned}P(B_2B_1)&=P\left(\bigcup_{i=1}^{n}B_2B_1A_i\right)=\sum_{i=1}^{n}P(B_2B_1A_i)\\&=\sum_{i=1}^{n}P(B_1A_i)P(B_2|B_1A_i).\end{aligned}$$

利用条件概率公式得

$$P(B_2|B_1)=\frac{P(B_2B_1)}{P(B_1)}=\frac{1}{P(B_1)}\sum_{i=1}^{n}P(B_1A_i)P(B_2|B_1A_i)$$
$$=\sum_{i=1}^{n}\frac{P(B_1A_i)}{P(B_1)}P(B_2|B_1A_i)=\sum_{i=1}^{n}P(A_i|B_1)P(B_2|B_1A_i).$$

定理 2(贝叶斯公式的推广) 设 $A_1,A_2,\cdots,A_n$ 为样本空间 Ω 的一个划分, 即 $A_iA_j=\varnothing$, $i\neq j$, $\bigcup\limits_{i=1}^{n}A_i=\Omega$, 而且 $P(A_iC)>0$, $i=1,2,\cdots,n$, 事件 B, C 满足 $P(BC)>0$, 则

$$P(A_j|BC)=\frac{P(A_j|C)P(B|A_jC)}{\sum\limits_{i=1}^{n}P(A_i|C)P(B|A_iC)}.$$

证 由条件概率公式、乘法公式得

$$P(A_j|BC)=\frac{P(A_jBC)}{P(BC)}=\frac{P(A_jC)P(B|A_jC)}{P(BC)}$$
$$=\frac{P(C)P(A_j|C)P(B|A_jC)}{P(C)P(B|C)}$$
$$=\frac{P(A_j|C)P(B|A_jC)}{P(B|C)}.$$

进一步, 利用全概率公式的推广, 得

$$P(A_j|BC)=\frac{P(A_j|C)P(B|A_jC)}{\sum\limits_{i=1}^{n}P(A_i|C)P(B|A_iC)}.$$

例 1 设有来自三个地区的考生的报名表分别 10 份、15 份和 25 份, 其中女生的报名表分别为 3 份、7 份和 5 份. 随机地取一个地区的报名表, 从中先后任意抽出两份, 已知后抽到的一份是男生表, 求先抽到的一份是女生表的概率 q.

解 设 A_i={取到第 i 个地区的报名表}, i=1, 2, 3, B_i={第 i 次抽到女生表}, i=1, 2.

由题意可知 $P(A_i)=\dfrac{1}{3}$, i =1, 2, 3.

方法 1 利用条件概率公式与全概率公式

$$q=P(B_1|\overline{B}_2)=\frac{P(B_1\overline{B}_2)}{P(\overline{B}_2)}.$$

由全概率公式得

$$P(\overline{B}_2)=\sum_{i=1}^{3}P(\overline{B}_2|A_i)P(A_i)=\frac{7}{10}\times\frac{1}{3}+\frac{8}{15}\times\frac{1}{3}+\frac{20}{25}\times\frac{1}{3}=\frac{61}{90}.$$

$$\begin{aligned}P(B_1\overline{B}_2)&=\sum_{i=1}^{3}P(B_1\overline{B}_2|A_i)P(A_i)\\&=\left(\frac{3\times 7}{10\times 9}+\frac{7\times 8}{15\times 14}+\frac{5\times 20}{25\times 24}\right)\times\frac{1}{3}\\&=\left(\frac{7}{30}+\frac{4}{15}+\frac{1}{6}\right)\times\frac{1}{3}=\frac{2}{9}.\end{aligned}$$

故
$$q=\frac{\frac{2}{9}}{\frac{61}{90}}=\frac{20}{61}.$$

方法 2　利用全概率公式的推广

$$q=P(B_1|\overline{B}_2)=\sum_{i=1}^{3}P(A_i|\overline{B}_2)P(B_1|\overline{B}_2A_i).$$

又因为

$$P(B_2)=P(B_1)=\frac{29}{90},\quad P(\overline{B}_2)=1-P(B_2)=\frac{61}{90},$$

$$P(A_1|\overline{B}_2)=\frac{P(\overline{B}_2|A_1)P(A_1)}{P(\overline{B}_2)}=\frac{\frac{7}{10}\times\frac{1}{3}}{\frac{61}{90}}=\frac{21}{61},$$

$$P(A_2|\overline{B}_2)=\frac{P(\overline{B}_2|A_2)P(A_2)}{P(\overline{B}_2)}=\frac{\frac{8}{15}\times\frac{1}{3}}{\frac{61}{90}}=\frac{16}{61},$$

$$P(A_3|\overline{B}_2)=\frac{P(\overline{B}_2|A_3)P(A_3)}{P(\overline{B}_2)}=\frac{\frac{20}{25}\times\frac{1}{3}}{\frac{61}{90}}=\frac{24}{61},$$

$$P(B_1|\overline{B}_2A_1)=\frac{3}{9},\quad P(B_1|\overline{B}_2A_2)=\frac{7}{14},\quad P(B_1|\overline{B}_2A_3)=\frac{5}{24},$$

所以

$$\begin{aligned}q=P(B_1|\overline{B}_2)&=\sum_{i=1}^{3}P(A_i|\overline{B}_2)P(B_1|\overline{B}_2A_i)\\&=\frac{21}{61}\times\frac{3}{9}+\frac{16}{61}\times\frac{7}{14}+\frac{24}{61}\times\frac{5}{24}=\frac{20}{61}.\end{aligned}$$

例 2　设有来自三个地区的考生的报名表分别 10 份、15 份和 25 份, 其中女生的报名表分别为 3 份、7 份和 5 份. 随机地取一个地区的报名表, 从中先后任意抽出两份, 已知先后抽到的报名表分别是一份女生表与一份男生表, 求此两份表都来自第一个地区的概率 p.

解　记号同例 1, 于是所求概率为 $p=P(A_1|B_1\overline{B}_2)$.

方法 1 利用贝叶斯公式

$$p=P(A_1|B_1\overline{B}_2)=\frac{P(B_1\overline{B}_2|A_1)P(A_1)}{\sum\limits_{i=1}^{3}P(B_1\overline{B}_2|A_i)P(A_i)}=\frac{\dfrac{3\times 7}{10\times 9}\times\dfrac{1}{3}}{\dfrac{2}{9}}=\frac{7}{20}.$$

方法 2 利用贝叶斯公式的推广

$$p=P(A_1|B_1\overline{B}_2)=\frac{P(A_1|\overline{B}_2)P(B_1|\overline{B}_2A_1)}{\sum\limits_{i=1}^{3}P(A_i|\overline{B}_2)P(B_1|\overline{B}_2A_i)}.$$

利用例 1 方法 2 中的结果, 有

$$\sum_{i=1}^{3}P(A_i|\overline{B}_2)P(B_1|\overline{B}_2A_i)=\frac{20}{61},P(A_1|\overline{B}_2)=\frac{21}{61}.$$

于是

$$p=P(A_1|B_1\overline{B}_2)=\frac{P(A_1|\overline{B}_2)P(B_1|\overline{B}_2A_1)}{\sum\limits_{i=1}^{3}P(A_i|\overline{B}_2)P(B_1|\overline{B}_2A_i)}=\frac{\dfrac{21}{61}\times\dfrac{3}{9}}{\dfrac{20}{61}}=\frac{7}{20}.$$

习 题 一

一、基础练习题

1. 写出下列试验的样本空间:

(1) 将一枚硬币接连抛三次, 观察出现正、反面的情况.

(2) 对同一目标进行射击, 直到命中目标 5 次为止, 记录射击次数.

(3) 在半径为 R 的圆内任意取一点, 记录其坐标.

2. 三个工人各装配一台仪器, 它们或是正品, 或是次品, 令 A_i 表示 “第 i 个工人装配的仪器是正品”, i=1,2, 3. 试用 A_1, A_2, A_3 表示下列事件:

(1) 没有一台仪器是次品;

(2) 至少有一台仪器是次品;

(3) 只有一台仪器是次品;

(4) 至少有两台仪器不是次品.

3. 袋中有 5 个白球和 3 个黑球, 从中任取 2 个球, 求:

(1) 取得的两球同色的概率;

(2) 取得的两球至少有一个是白球的概率.

4. 在共有 10 个座位的小会议室内随机地坐上 6 名与会者, 求指定的 4 个座位被坐满的概率.

5. 有 7 位乘客来到某 11 层大楼的一层乘电梯上楼, 每个乘客在任何一层 (从第 2 层到第 11 层) 离开是等可能的, 试求下列事件的概率:

(1) 某指定的一层有 2 位乘客离开;

(2) 没有 2 位以及 2 位以上乘客在同一层离开;

(3) 至少有 2 位乘客在同一层离开.

6. 从 0,1,2,$\cdots$,9 这 10 个整数中任取 4 个不同的数字，试求:

(1) 这四个数字组成 4 位偶数的概率;

(2) 这四个数字组成 4 位奇数的概率.

7. 设一个人的生日在一年 365 天中的哪一天是等可能的, 现有共 30 人的一个班级, 试求:

(1) 这 30 个人的生日集中在某 3 天, 但又不是在同一天的概率;

(2) 这个班级中至少有两人的生日在同一天的概率.

8. (1) n 个人随机地排成一行, 其中甲、乙两人相邻的概率是多少?

(2) n 个人随机地围成一个圆圈, 其中甲、乙两人相邻的概率又是多少?

9. 将 4 个男生与 4 个女生任意地分成两组, 每组 4 人, 求每组各有 2 个男生的概率.

10. 一批产品有 N 件, 其中 M 件为次品, 现对这批产品分别作 n 次不放回和放回抽样, 试分别计算 n 次抽样中抽到 k 件次品的概率, 并指明 k 可以取哪些值.

11. 若 M 件产品中包含 m 件废品, 今在其中任取两件, 试求:

(1) 已知取出的两件中有一件是废品的条件下, 另一件也是废品的概率;

(2) 已知取出的两件中有一件不是废品的条件下, 另一件是废品的概率.

12. 从 n 阶行列式的一般展开式中任取一项, 试求该项包含主对角线元素的概率.

13. 两艘船都要停靠在同一码头, 它们可能在一昼夜的任意时刻到达. 设两船停靠的时间分别为 1 小时及 2 小时, 求有一艘船要靠位必须等待一段时间的概率.

14. 在 $\triangle ABC$ 中任取一点 P, 证明: $\triangle ABP$ 与 $\triangle ABC$ 的面积之比大于 $\dfrac{n-1}{n}$ 的概率为 $\dfrac{1}{n^2}$.

15. 在正方形 $D=\{(x,y)\,||x|\leqslant 1,|y|\leqslant 1\}$中任取一点, 试求使得关于 u 的方程 $u^2+xu+y=0$ 有 (1) 两个实根; (2) 两个正根的概率.

16. 设事件 A, B 相互独立, A, C 互不相容, 且 $P(A)=\dfrac{1}{2}, P(B)=\dfrac{1}{3}, P(C)=\dfrac{1}{4}, P(B|C)=\dfrac{1}{8}$. 试求 $P(A\bigcup B)$, $P(C|A\bigcup B)$, $P(AB|\overline{C})$.

17. 某电路由元件 A 与两个并联的元件 B, C 串联而成, 假设各个元件是否损坏相互独立, 元件 A, B, C 损坏的概率分别为 0.3,0.2,0.1, 求该电路不通的概率.

18. 对任意的三个随机事件 A, B, C, 证明

$$P(A) \geqslant P(AB) + P(AC) - P(BC).$$

19. 证明：对于任意两个事件 A 和 B, 如果 $P(A) > 0$, 则有

$$P(B|A) \geqslant 1 - \frac{P(\overline{B})}{P(A)}.$$

20. 设三个事件 A, B, C 满足 $P(B) > 0, 0 < P(C) < 1, B$ 和 C 相互独立, 证明

$$P(A|B) = P(A|BC)P(C) + P(A|B\overline{C})P(\overline{C}).$$

21. 为了防止意外, 在矿内同时设有两种报警系统 A 与 B, 每种系统单独使用时, 其有效概率分别为 0.92 和 0.93, 在 A 失灵的条件下, B 有效的概率为 0.85, 求：

(1) 发生意外时, 这两个报警系统至少有一个有效的概率;

(2) B 失灵的条件下, A 有效的概率.

22. 12 个乒乓球中有 9 个新球、3 个旧球, 第一次比赛时, 从中任取 3 个球, 用完后放回去, 第二次比赛又从中任意取出 3 个球.

(1) 求第二次取出的 3 个球中有 2 个新球的概率;

(2) 若第二次取出的 3 个球中有 2 个新球, 求第一次取到的 3 个球中恰有一个新球的概率.

23. 甲袋中有 4 个白球和 6 个黑球, 乙袋中有 5 个白球和 5 个黑球, 今从甲袋中任取 2 个球, 从乙袋中任取一个球放在一起, 再从这 3 个球中任取一球, 求最后取到白球的概率.

24. 袋中装有 4 枚正品均匀硬币, 2 枚次品均匀硬币, 次品硬币的两面均印有国徽. 在袋中任取一枚, 将它投掷了 3 次, 已知每次都得到国徽, 求此硬币是正品的概率.

25. 商店销售 10 台洗衣机, 其中有 3 台次品、7 台正品. 若已知已售出洗衣机 4 台, 求从剩下的洗衣机中任选一台是正品的概率.

26. 同时掷 6 枚骰子, 求：

(1) 出现 3 个偶数点的概率;

(2) 出现偶数点个数多于奇数点个数的概率.

二、综合提高题

1. 设 A,B,C 为三个事件, 且 $P(\overline{A}\bigcup\overline{B})$=0.9, $P(\overline{A}\bigcup\overline{B}\bigcup\overline{C})$=0.97, 则 $P(AB-C)=$__________.

2. 设事件 A,B 满足 $AB=\overline{A}\,\overline{B}$, 则 $P(A\bigcup B)$=__________, $P(AB)$=__________.

3. 设三次独立试验中, 事件 A 出现的概率相等. 若已知 A 至少出现一次的概率等于 $\frac{19}{27}$, 则事件 A 在一次试验中出现的概率为__________.

4. 设相互独立的三事件 A,B 和 C 满足条件：$P(A)$=0.4,$P(B)$=0.5,$P(C)$=0.5, 则 $P(A-C|AB\bigcup C)$=__________.

5. 10 件产品中有 4 件次品, 每次从中任取一件进行测试, 直到 4 件次品均经测试取出为止, 则第 8 次测试取到最后一件次品的概率为__________.

6. 在 n 重伯努利试验中, 若每次试验成功的概率都为 p, 则成功次数是奇数次的概率为__________.

7. 假设事件 A 与 B 满足 $P(B|A)=1$, 则 (　　).

(A) $P(A\overline{B})=0$　　(B) A 为必然事件

(C) $P(B|\overline{A})=0$　　(D) $A\subset B$

8. 设 A, B, C, D 为相互独立的四个事件, 则下列四对事件有可能不独立的是 (　　).

(A) $\overline{A-B}$ 与 $C+D$　　(B) AB 与 $C-D$

(C) $\overline{AD}$ 与 $\overline{B-D}$　　(D) $\overline{A+C}$ 与 BD

9. 设 A, B, C 为任意三个事件, 则下列事件中一定独立的是 (　　).

(A) $(A+B)(\overline{A}+B)(A+\overline{B})(\overline{A}+\overline{B})$ 与 AB　(B) $A-B$ 与 C

(C) $\overline{AC}$ 与 $\overline{C}$　　(D) $\overline{AB}$ 与 $B+C$

10. 甲、乙、丙 3 人依次从装有 7 个白球、3 个红球的袋中随机地摸 1 个球. 已知丙摸到了红球, 则甲、乙摸到不同颜色的球的概率为 (　　).

(A) $\dfrac{7}{16}$　　(B) $\dfrac{7}{18}$　　(C) $\dfrac{7}{19}$　　(D) $\dfrac{7}{20}$

11. 设一射手每次命中目标的概率为 p, 现对同一目标进行若干次独立射击, 直到命中目标 5 次为止, 则射手共射击了 10 次的概率为 (　　).

(A) $\mathrm{C}_{10}^{5}p^5(1-p)^5$　　(B) $\mathrm{C}_{9}^{4}p^5(1-p)^5$　　(C) $\mathrm{C}_{10}^{4}p^4(1-p)^5$　　(D) $\mathrm{C}_{9}^{4}p^4(1-p)^5$

12. 设 A, B 为随机事件. 若 $0<P(A)<1, 0<P(B)<1$, 则 $P(A|B)>P(A|\overline{B})$ 的充分必要条件是 (　　).

(A) $P(B|A)>P(B|\overline{A})$　　(B) $P(B|A)<P(B|\overline{A})$

(C) $P(\overline{B}|A)>P(B|\overline{A})$　　(D) $P(\overline{B}|A)<P(B|\overline{A})$

13. 某段时间 $[t_0,\ t_0+t]$ $(t>0)$ 内证券交易所来了 k 个股民的概率为 $\dfrac{(\lambda t)^k}{k!}\mathrm{e}^{-\lambda t}$, k=0,1,2,…, $\lambda>0$, 每个来到交易所的股民购买中石化股票的概率为 p, 且各股民是否购买这种股票相互独立.

(1) 求此段时间内, 交易所共有 r 个股民购买中石化股票的概率;

(2) 若已知这段时间内, 交易所共有 r 个股民购买了中石化股票, 求交易所内来了 m 个股民的概率.

14. 设有三箱同型号产品, 分别装有合格品 20 件、12 件和 15 件; 不合格品分别为 5 件、4 件和 5 件. 现任意打开一箱, 并从箱内任取一件进行检验, 由于检验误差, 每件合格品被误验为不合格品的概率是 0.04, 每件不合格品被误验为合格品的概率是 0.04, 试求:

(1) 取到的一件产品经检验为合格品的概率;

(2) 若已知取到的一件产品被检验为合格品, 则它确实是合格品的概率.

15. 设有两支球队进行比赛, 每场比赛两队获胜的概率分别为 p 和 $1-p$, 并且规定一队胜 4 场就宣告比赛结束, 试求比赛须进行 7 场的概率.

16. 袋中有黑、白球各一个, 每次从袋中任取一球, 取出的球不放回, 并再放进一个白球, 求第 n 次取到白球的概率.

17. 设有 5 个独立工作的元件 1, 2, 3, 4, 5, 它们正常工作的概率均为 p, 将其按下图方式连接成一个系统, 试求系统正常工作的概率.

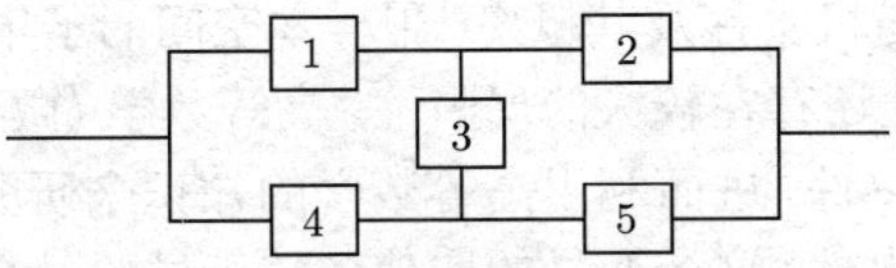

题 17 图

18. 甲、乙两人轮流射击, 先击中目标者为胜. 设甲、乙击中目标的概率分别为 α, β. 甲先射, 求甲、乙分别为胜者的概率.

第二章　随机变量及其分布

在第一章我们学习了随机事件及其概率，用样本空间的子集表示事件，这种表示方法对分析随机现象的统计规律性还存在较大的局限性. 高等数学 (微积分) 的灵魂是变量，在概率论中引进变量来描述随机事件，进而利用高等数学的知识来研究随机现象就显得日益重要. 本章将用变量来表示随机事件，这个变量的取值依赖于试验结果，即取值是不确定的，称之为随机变量. 正是随机变量的引入，使得概率论与数理统计获得了飞速发展，取得了丰硕的研究成果，更全面地揭示了随机现象的统计规律性，也为概率论与数理统计开辟了更加广阔的应用领域.

§2.1　随 机 变 量

一、随机变量的概念

例 1　观察下列随机试验:

试验 1　掷一个骰子，观察其出现的点数.

样本空间$\Omega=\{1, 2, 3, 4, 5, 6\}$，记掷出的点数为 X.

试验 2　掷一枚均匀的硬币，观察是否出现正面.

样本空间 $\Omega = \{\mathrm{H}, \mathrm{T}\}$，H 表示出现正面，T 表示出现反面. 令

$$X = \begin{cases} 1, & \text{出现正面} \\ 0, & \text{出现反面} \end{cases}.$$

上述两个试验中的变量 X 的取值依随机试验的结果而确定 [这个结果可以是数 (如试验 1)，也可以不是数 (如试验 2)]，也就是说，X 的取值具有随机性，这样的变量就是下面要介绍的随机变量.

1. 随机变量的定义

定义 1　设Ω是随机试验 E 的样本空间，如果对于 $\forall\omega\in\Omega$，都有唯一确定的实数 $X(\omega)$ 与之对应，则称 $X(\omega)$ 为**随机变量**，简记为 X.

随机变量实质上是一个定义在样本空间Ω上，取值为实数的函数，通常用大写英文字母 X, Y, Z 等表示随机变量，而用小写字母 x, y, z 等表示随机变量所取的值.

2. 用随机变量表示随机事件

例 2　掷一枚均匀的硬币, 观察是否出现正面. 样本空间为

$$\Omega=\{\mathrm{H},\mathrm{T}\},\mathrm{H}\text{ 表示出现正面, T 表示出现反面.}$$

记 $X=\begin{cases}1, & \text{出现正面}\\0, & \text{出现反面}\end{cases}$, 则 X 是随机变量, 且 $\{X=0\}$ 表示事件“出现反面”, $\{X=1\}$ 表示事件“出现正面”.

例 3　掷一枚均匀的硬币两次, 观察出现正面、反面的情况. 样本空间为

$$\Omega=\{\mathrm{HH},\mathrm{HT},\mathrm{TH},\mathrm{TT}\},\mathrm{H}\text{ 表示出现正面, T 表示出现反面.}$$

记 X 为出现正面的次数, 则 X 是一个随机变量, 且

$$\{X=0\}=\{\mathrm{TT}\},\quad \{X=1\}=\{\mathrm{HT},\mathrm{TH}\},\quad \{X=2\}=\{\mathrm{HH}\}.$$

例 4　掷一个骰子, 观察其出现的点数. 样本空间为

$$\Omega=\{1,2,3,4,5,6\},$$

记掷出的点数为 X , 则 X 是一个随机变量, 此时, $X(i)=i$, 且

$\{X=1\}$表示事件“掷出的点数是 1 点”, 即$\{\omega|X(\omega)=1\}=\{1\}$;

$\{X\leqslant 4\}$表示事件“掷出的点数不超过 4”, 即$\{\omega|1\leqslant X(\omega)\leqslant 4\}=\{1,2,3,4\}$.

例 5　测试某灯泡的使用寿命 (单位: 小时). 样本空间$\Omega=\{t|t\geqslant 0\}$, 记灯泡的使用寿命为 X, 则 X 是一个随机变量, $X(t)=t$, $t\geqslant 0$, 且

$\{X>1\,000\}$ 表示事件“该灯泡的使用寿命超过 1 000 小时”;

$\{100\leqslant X\leqslant 400\}$表示事件“该灯泡的使用寿命大于等于 100 小时但不超过 400 小时”, 即 $\{100\leqslant X\leqslant 400\}=\{t|100\leqslant X(t)\leqslant 400\}=[100,400]$.

二、分布函数

对于随机变量, 我们不仅关心它可能取哪些值, 而且更关心取这些值的概率, 从而更好地掌握随机现象的内在规律. 为此, 我们引入随机变量的分布函数.

1. 分布函数的定义

定义 2　设 X 为随机变量, 则称定义在全体实数上的函数

$$F(x)=P\{X\leqslant x\},-\infty<x<+\infty$$

为 X 的**分布函数.**

注意, $\{X \leqslant x\}$是事件 $\{\omega|X(\omega) \leqslant x\}$的简写形式. 若把 x 看作数轴上的点, 则随机变量 X 的分布函数 $F(x)$ 的函数值就是 X 的可能取值落在区间 $(-\infty, x]$ 上的概率, 而且 X 的可能取值落在区间 $(x_1, x_2](x_1 < x_2)$ 上的概率可表示如下：

$$P\{x_1 < X \leqslant x_2\} = P\{X \leqslant x_2\} - P\{X \leqslant x_1\} = F(x_2) - F(x_1).$$

显然, 任何随机变量都有分布函数.

2. 分布函数的性质

(1) $0 \leqslant F(x) \leqslant 1$;

(2) 单调不减, 即对于任何 $x_1 < x_2$, 有 $F(x_1) \leqslant F(x_2)$;

(3) 右连续, 对任何实数 x, 有 $F(x+0)=F(x)$;

(4) $F(-\infty)= 0$, $F(+\infty)=1$.

在以上性质中, 前两条由分布函数的定义可直接得出, 后两条的证明要用到概率的连续性, 这超出了本书的要求, 故省略. 但是, 这些性质的正确性可由后续章节的例子得到充分的验证.

可以证明, 若一个函数 $F(x)$ 满足上面的 4 条性质, 则函数 $F(x)$ 一定可以作为某一个随机变量的分布函数. 因此, 这 4 条性质可作为判别某个函数是否为分布函数的**充要条件**.

例 6　下列函数中, 可以作为随机变量的分布函数的是 (　　).

(A) $F(x) = \dfrac{1}{1+x^2}$　　(B) $F(x) = \dfrac{3}{4} + \dfrac{1}{2\pi}\arctan x$

(C) $F(x) = \begin{cases} 0, & x \leqslant 0 \\ \dfrac{x}{1+x}, & x > 0 \end{cases}$　　(D) $F(x) = \dfrac{2}{\pi}\arctan x+1$

解　在选项 (A) 中, $F(+\infty) = 0 \neq 1$; 在选项 (B) 中, $F(-\infty) = \dfrac{1}{2} \neq 0$; 在选项 (D) 中, $F(+\infty)=2\neq 1$, 故排除 (A), (B), (D). 对于选项 (C) , 可验证分布函数的 4 条性质均成立, 故 (C) 为正确答案.

3. 用分布函数表示相关事件的概率

利用随机变量的分布函数, 可方便地计算随机变量在某个范围内取值的概率. 设 X 的分布函数为 $F(x)$, 则

(1) $P\{X \leqslant b\}=F(b)$, $P\{a < X \leqslant b\}=F(b) - F(a)$;

(2) $P\{a \leqslant X \leqslant b\}=F(b) - F(a) + P\{X = a\}$;

(3) $P(X < b) = F(b-0)$, 其中 $F(b-0) = \lim\limits_{x \to b^-} F(x)$;

(4) $P\{a \leqslant X < b\}=F(b-0) - F(a-0)$, $P\{a < X < b\}=F(b-0) - F(a)$;

(5) $P\{X = b\} = F(b) - F(b-0)$.

例 7 已知随机变量 X 的分布函数为

$$F(x)=\begin{cases} A+B\mathrm{e}^{-\lambda x}, & x>0 \\ 0, & x\leqslant 0 \end{cases},$$

其中 $\lambda>0$. 求 (1) A, B; (2) $P\{-1<x<1\}$.

解 (1) 由 $1=F(+\infty)=\lim\limits_{x\to+\infty}(A+B\mathrm{e}^{-\lambda x})=A$, 以及分布函数的右连续性得

$$\lim_{x\to 0^+}F(x)=\lim_{x\to 0^+}(A+B\mathrm{e}^{-\lambda x})=A+B=F(0)=0,$$

故 A=1, $B=-1$.

(2) 由 (1) 知 $F(x)=\begin{cases} 1-\mathrm{e}^{-\lambda x}, & x>0 \\ 0, & x\leqslant 0 \end{cases}$, 于是

$$P\{-1<x<1\}=F(1-0)-F(-1)=1-\mathrm{e}^{-\lambda}.$$

注 确定分布函数 $F(x)$ 中的未知参数一般可利用其右连续性以及 $F(-\infty)$=0, $F(+\infty)$=1 求得.

§2.2 离散型随机变量

在实际问题中, 最常见的随机变量有两类: 离散型随机变量与连续型随机变量. 我们先来讨论离散型随机变量.

一、离散型随机变量

1. 定义

定义 1 若随机变量 X 的所有可能取值只有有限个或可列无穷多个, 则称 X 为**离散型随机变量.**

设 X 的所有可能取值为 $x_1, x_2, \dots, x_n, \dots$, 而且已知 X 取每个值的概率 $P\{X=x_i\}$, i=1, 2, ..., 这时就可以全面了解随机变量及其所描述的随机现象.

2. 分布律

设 X 的所有可能取值为 $x_1, x_2,\dots, x_n,\dots$, 则称

$$P\{X=x_i\}=p_i, \quad i=1,2,\dots,$$

为离散型随机变量 X 的**分布律**或**概率分布.** 分布律也可以用下面的表格形式给出.

3. 分布律的表格形式

X	x_1	x_2	$\cdots$	x_n	$\cdots$
P	p_1	p_1	$\cdots$	p_n	$\cdots$

表格形式直观地表示了随机变量 X 的所有可能取值和取各个值的概率. 显然, 分布律满足下列性质.

4. 分布律的性质:

(1) $p_i \geqslant 0$, $i=1, 2, \cdots$;

(2) $\sum\limits_{i=1}^{\infty} p_i = 1$.

反之, 满足上述两条性质的数列 $\{ p_i \}$也可以作为某一离散型随机变量的分布律.

另外, 由概率的性质, 易得离散型随机变量 X 的分布函数

$$F(x) = P\{X \leqslant x\} = P\left(\bigcup_{x_i \leqslant x} \{X = x_i\}\right) = \sum_{x_i \leqslant x} P\{X = x_i\} = \sum_{x_i \leqslant x} p_i.$$

这里的和式是对所有满足 $x_i \leqslant x$ 的 x_i 的概率求和, 分布函数 $F(x)$ 在每一个 $x = x_i(i = 1, 2, \ldots)$ 处跳跃间断, 且跃度为 $p_i=P\{X = x_i\}$.

如果已知离散型随机变量 X 的分布函数, 则由下面的公式可求得 X 的分布律:

$$p_i = P\{X = x_i\} = P\{x_{i-1} < x \leqslant x_i\} = F(x_i) - F(x_{i-1}),$$

或

$$p_i = P\{X = x_i\} = F(x_i) - F(x_i - 0).$$

例 1　一口袋中装有 5 个大小、形状完全相同的球, 其中 3 个红球、2 个白球. 从袋中任取 3 个球, 以 X 表示取到的白球数, 求 X 的分布律.

解　随机变量 X 的可能取值是 0, 1, 2, 由古典概型得

$$P\{X=0\} = \frac{\mathrm{C}_3^3}{\mathrm{C}_5^3} = \frac{1}{10},\quad P\{X=1\} = \frac{\mathrm{C}_2^1\mathrm{C}_3^2}{\mathrm{C}_5^3} = \frac{6}{10} = \frac{3}{5},\quad P\{X=2\} = \frac{\mathrm{C}_2^2\mathrm{C}_3^1}{\mathrm{C}_5^3} = \frac{3}{10}.$$

故 X 的分布律为

X	0	1	2
P	$\frac{1}{10}$	$\frac{3}{5}$	$\frac{3}{10}$

例 2　假定某街道设有 n 个红绿灯的路口, 且各路口的信号灯是否为红或绿相互独立, 红、绿信号显示的时间比为 1:3. 现有一汽车沿此街道行驶, 求汽车首次遇到红灯前已通过的路口数的概率分布.

解　设 X 表示汽车首次遇到红灯前已通过的路口数, 则 X 的可能取值为 $0, 1, 2, \cdots,$

n, 且每个路口遇到红灯的概率为 $\frac{1}{4}$, 于是

$$P\{X=k\}=\left(\frac{3}{4}\right)^k\frac{1}{4}, k=0,1,2,\cdots,n-1, P\{X=n\}=\left(\frac{3}{4}\right)^n,$$

即

X	0	1	2	$\ldots$	$n-1$	n
P	$\frac{1}{4}$	$\frac{3}{4^2}$	$\frac{3^2}{4^3}$	$\cdots$	$\frac{3^{n-1}}{4^n}$	$\frac{3^n}{4^n}$

例 3　设 X 的分布律为

X	-1	0	2	5
P	0.2	0.1	0.3	0.4

试求 X 的分布函数 $F(x)$.

解　X 的分布函数 $F(x)=P\{X\leqslant x\}$.

当 $x<-1$ 时, $\{X\leqslant x\}$是不可能事件$\varnothing$, $F(x)=P\{X\leqslant x\}=P\{\varnothing\}=0$;

当 $-1\leqslant x<0$ 时, $F(x)=P\{X=-1\}=0.2$;

当 $0\leqslant x<2$ 时, $F(x)=P\{X=-1\}+P\{X=0\}=0.3$;

当 $2\leqslant x<5$ 时, $F(x)=P\{X=-1\}+P\{X=0\}+P\{X=2\}=0.6$;

当 $x\geqslant 5$ 时, $\{X\leqslant x\}$是必然事件 S, $F(x)=P\{S\}=1$.

故 X 的分布函数为 $F(x)=\begin{cases}0, & x<-1\\ 0.2, & -1\leqslant x<0\\ 0.3, & 0\leqslant x<2\\ 0.6, & 2\leqslant x<5\\ 1, & x\geqslant 5\end{cases}$.

其几何图形为

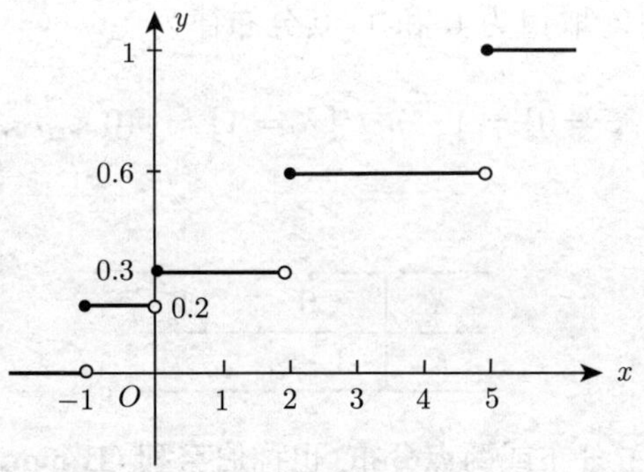

图 2-1

注　离散型随机变量的分布函数一般为阶梯跳跃函数, 且在每个间断点仅右连续.

例 4　设随机变量 X 的分布函数为

$$F(x)=\begin{cases}0, & x<-1\\ 0.4, & -1\leqslant x<1\\ 0.8, & 1\leqslant x<3\\ 1, & x\geqslant 3\end{cases}.$$

试求 X 的分布律.

解　在 $F(x)$ 的连续点 x, 显然有

$$P\{X=x\}=F(x)-F(x-0)=F(x)-F(x)=0.$$

在间断点有

$$P\{X=-1\}=F(-1)-F(-1-0)=0.4-0=0.4;$$
$$P\{X=1\}=F(1)-F(1-0)=0.8-0.4=0.4;$$
$$P\{X=3\}=F(3)-F(3-0)=1-0.8=0.2.$$

故 X 的分布律为

X	-1	1	3
P	0.4	0.4	0.2

注　若分布函数为阶梯跳跃函数, 则对应的随机变量一定是离散型的, 且随机变量的所有概率不为零的取值就是全部分段点.

二、常见的离散型随机变量及其概率分布

1. 0-1 分布

如果随机变量 X 的可能取值为 0 和 1, 其分布律为

$$P\{X=0\}=1-p, P\{X=1\}=p(0<p<1),$$

或

X	0	1
P	$1-p$	p

则称 X 服从参数为 p 的 **0-1 分布或两点分布**, 也称伯努利 **(Bernoulli) 分布**. 记为 $X\sim B(1,p)$.

显然, 1 重伯努利试验 “成功” 的次数即服从 **0-1 分布**.

2. 二项分布

如果随机变量 X 的分布律为

$$P\{X=k\}=\mathrm{C}_n^k p^k(1-p)^{n-k}, \quad 0<p<1, \quad k=0,1,2,\cdots,n,$$

则称 X 服从参数为 n, p 的**二项分布**. 记为 $X\sim B(n,p)$.

显然, 若 n 重伯努利试验事件 “成功” 的概率为 p, 则 “成功” 的次数 X 服从参数为 n, p 的二项分布, 即 $X\sim B(n,p)$. 另外, 当 n=1 时, 二项分布即为 0-1 分布.

对于二项分布, 分布律的两条性质验证如下:

(1) $P\{X=k\}=\mathrm{C}_n^k p^k(1-p)^{n-k}\geqslant 0$, k= 0, 1, 2, $\cdots$, n;

(2) $\sum\limits_{k=0}^{n} P\{X=k\}=\sum\limits_{k=0}^{n}\mathrm{C}_n^k p^k(1-p)^{n-k}=[p+(1-p)]^n=1$.

其中 $\mathrm{C}_n^k p^k(1-p)^{n-k}$ 恰好是二项式 $[p+(1-p)]^n$ 展开式中的一项, 这是该分布被称为二项分布的原因.

例 5　一张考卷上有 5 道选择题, 每道题列出 4 个选项, 其中只有一个选项是正确的. 若某学生完全靠随机猜测答题, 则该生能答对 4 道题及以上的概率是多少?

解　每答一道题相当于做一次伯努利试验, 每次试验 “成功” 指的是事件 A= {答对该道题}, 则 $P(A)=\dfrac{1}{4}$, 答 5 道题相当于做 5 重伯努利试验. 设 X 表示该生靠随机猜测能答对的题数, 则 $X\sim B\left(5,\dfrac{1}{4}\right)$. 所以, 该生能答对 4 道题及以上的概率为

$$\begin{aligned} p=P\{X\geqslant 4\}&=P\{X=4\}+P\{X=5\}\\ &=\mathrm{C}_5^4\left(\frac{1}{4}\right)^4\left(1-\frac{1}{4}\right)+\left(\frac{1}{4}\right)^5=\frac{1}{64}. \end{aligned}$$

例 6　设每次射击命中目标的概率为 0.02, 现射击 400 次, 求至少命中 2 次目标的概率.

解　设 X 为 400 次射击命中目标的次数, 则 $X\sim B(400, 0.02)$. 于是

$$\begin{aligned} P\{X\geqslant 2\}&=P\left\{\bigcup_{k=2}^{400}(X=k)\right\}=\sum_{k=2}^{400}P\{X=k\}=1-P\{X=0\}-P\{X=1\}\\ &=1-0.98^{400}-400\times 0.02\times 0.98^{399}\\ &\approx 0.9972. \end{aligned}$$

例 7　设一支步枪射击飞机的命中率为 p= 0.001, 求 n 支步枪齐射, 至少有一枪击中飞机的概率. 假设各枪手是否击中飞机是相互独立的.

解　设击中飞机步枪数为 X, X 的所有可能取值为 0, 1, 2, $\cdots$, n, 由于各枪手射击飞机是相互独立的, 所以 $X\sim B(n, 0.001)$. 于是, 所求概率为

$$P\{X\geqslant 1\}=P\left\{\bigcup_{k=1}^{n}(X=k)\right\}=\sum_{k=1}^{n}P\{X=k\}=1-(1-p)^n=1-0.999^n.$$

下表给出了一些具体的 n 值对应的概率：

n	1 000	2 000	3 000	4 000	5 000
$P\{X \geqslant 1\}$	0.632	0.865	0.950	0.982	0.993

注　极限 $\lim\limits_{n\to\infty}(1-0.999^n)=1$, 这表明, 尽管一支步枪击中飞机的概率很小, 但做大量的重复独立试验, 至少有一枪击中飞机的概率却可以非常接近于 1, 因而认为它几乎必定会发生. 这也告诉我们不能轻视小概率事件. 尽管小概率事件在一次试验中不太可能发生, 但经过大量独立重复试验它几乎肯定会发生.

例 8　保险公司售出某种寿险 (一年) 保单 2 500 份. 每单交保费 1 000 元, 当被保人一年内死亡时, 家属可从保险公司获得 20 万元的赔偿. 若此类被保人一年内死亡的概率为 0.001, 求下列概率:

(1) 保险公司亏本的概率;

(2) 保险公司获利不少于 100 万元的概率.

解　设该类被保人一年内死亡的人数为 X, 则 $X \sim B(2\,500, 0.001)$, 一年内保险公司售出 2 500 份保单, 共计获得保费 250 万元, 共计赔偿费用 $20X$ 万元. 所以

(1) 保险公司亏本的概率为

$$\begin{aligned} p_1 &= P\{250-20X<0\} = P\{X>12.5\} = 1-P\{X \leqslant 12\} \\ &= 1-\sum_{k=0}^{12} P\{X=k\} = 1-\sum_{k=0}^{12} \mathrm{C}_{2\,500}^{k} \cdot 0.001^k \cdot 0.999^{2\,500-k} \\ &\approx 0.000\,002. \end{aligned}$$

(2) 保险公司获利不少于 100 万元的概率为

$$\begin{aligned} p_2 &= P\{250-20X \geqslant 100\} = P\{X \leqslant 7.5\} = P\{X \leqslant 7\} \\ &= \sum_{k=0}^{7} P\{X=k\} = \sum_{k=0}^{7} \mathrm{C}_{2\,500}^{k} \cdot 0.001^k \cdot 0.999^{2\,500-k} \\ &\approx 0.995\,776. \end{aligned}$$

3. 泊松 (Poisson) 分布

若随机变量 X 的分布律为

$$P\{X=k\} = \frac{\lambda^k}{k!}\mathrm{e}^{-\lambda}, k=0,1,2,\cdots,$$

其中 $\lambda>0$, 则称 X 服从参数为λ的**泊松分布**. 记为 $X \sim P(\lambda)$.

易知泊松分布满足分布律的两条性质:

(1) $P\{X=k\} = \dfrac{\lambda^k}{k!}\mathrm{e}^{-\lambda} \geqslant 0,\ k=0,\ 1,\ 2,\ \cdots;$

(2) $\sum\limits_{k=0}^{\infty} P\{X=k\}=\sum\limits_{k=0}^{\infty} \dfrac{\lambda^k}{k!}\mathrm{e}^{-\lambda}=\mathrm{e}^{-\lambda}\sum\limits_{k=0}^{\infty} \dfrac{\lambda^k}{k!}=\mathrm{e}^{-\lambda}\mathrm{e}^{\lambda}=1.$

泊松分布是概率论中重要的分布之一, 自然界及工程技术中的许多随机现象都服从泊松分布. 例如, 某在线教学平台在一段时间内的学习人数, 某城市热线电话在一时间间隔内收到的呼叫次数, 放射物在某一时间间隔内发射的粒子数, 在某一时间间隔内来到某服务台要求服务的人数, 在某一时间间隔内到达某机场的飞机数, 等等, 都服从泊松分布.

定理 1(泊松定理) 如果随机变量 $X\sim B(n,\,p_n)$, 且 $\lim\limits_{n\to\infty} np_n=\lambda>0$, 则对任意非负整数 k, 有

$$\lim_{n\to\infty} P\{X=k\}=\lim_{n\to\infty} \mathrm{C}_n^k p_n^k(1-p_n)^{n-k}=\frac{\lambda^k}{k!}\mathrm{e}^{-\lambda}, k=0,1,2,\cdots.$$

由此定理可得下列近似计算公式: 当 n 很大, p 很小, np适中时 (例如 1 至 20), 有

$$\mathrm{C}_n^k p^k(1-p)^{n-k}\approx\frac{(np)^k}{k!}\mathrm{e}^{-np}.$$

证 记 $\lambda_n=np_n$, 则 $p_n=\dfrac{\lambda_n}{n}$. 对任意非负整数 k, 有

$$\begin{aligned}\mathrm{C}_n^k p_n^k(1-p_n)^{n-k}&=\frac{n(n-1)\cdots(n-k+1)}{k!}\cdot\frac{\lambda_n^k}{n^k}\cdot\left(1-\frac{\lambda_n}{n}\right)^{n-k}\\&=\frac{\lambda_n^k}{k!}\left(1-\frac{1}{n}\right)\left(1-\frac{2}{n}\right)\cdots\left(1-\frac{k-1}{n}\right)\cdot\left(1-\frac{\lambda_n}{n}\right)^{n-k}\end{aligned}$$

因为 $\lim\limits_{n\to\infty}\lambda_n=\lim\limits_{n\to\infty} np_n=\lambda,\ \lim\limits_{n\to\infty}\left(1-\dfrac{\lambda_n}{n}\right)^{n-k}=\mathrm{e}^{-\lambda}$, 故

$$\begin{aligned}\lim_{n\to\infty} P\{X=k\}&=\lim_{n\to\infty} \mathrm{C}_n^k p_n^k(1-p_n)^{n-k}\\&=\lim_{n\to\infty}\frac{\lambda_n^k}{k!}\left(1-\frac{1}{n}\right)\left(1-\frac{2}{n}\right)\cdots\left(1-\frac{k-1}{n}\right)\cdot\left(1-\frac{\lambda_n}{n}\right)^{n-k}\\&=\frac{\lambda^k}{k!}\lim_{n\to\infty}\left(1-\frac{1}{n}\right)\left(1-\frac{2}{n}\right)\cdots\left(1-\frac{k-1}{n}\right)\cdot\left(1-\frac{\lambda_n}{n}\right)^{n-k}\\&=\frac{\lambda^k}{k!}e^{-\lambda}, k=0,1,2,\cdots.\end{aligned}$$

例 9 某热线电话平台每分钟接到的呼唤次数 $X\sim P(3)$. 求:

(1) 每分钟内呼唤不超过 5 次的概率;

(2) 呼唤次数超过 10 次的概率.

解 由 $X\sim P(3)$, 可得

(1) $P\{X\leqslant 5\}=\sum\limits_{k=0}^{5}\dfrac{3^k}{k\,!}\mathrm{e}^{-3}\approx 0.916.$

(2) $P\{X>10\}=1-P\{X\leqslant 10\}=1-\sum\limits_{k=0}^{10}\dfrac{3^k}{k\,!}\mathrm{e}^{-3}\approx 0.000\ 292.$

4. 几何分布

若随机变量 X 的分布律为

$$P\{X=k\}=(1-p)^{k-1}p, 0<p<1, k=1,2,\cdots,n,\cdots,$$

则称 X 服从参数为 p 的**几何分布**. 记为 $X\sim G(p)$.

几何分布的典型模型: 在每次试验成功的概率为 $p(0<p<1)$ 的伯努利试验中, 独立重复试验直到成功为止, 则所需试验次数 X 服从参数为 p 的几何分布 .

几何分布的性质: 设 X 服从几何分布 $G(p)$, 则对任何两个正整数 m, n, 有

$$P\{X>m+n|X>m\}=P\{X>n\}.$$

因为对任何正整数 m 有,

$$P\{X>m\}=\sum_{k=m+1}^{\infty}P\{X=k\}=\sum_{k=m+1}^{\infty}(1-p)^{k-1}\cdot p$$
$$=(1-p)^m\sum_{k=1}^{\infty}(1-p)^{k-1}\cdot p=(1-p)^m,$$

同理,

$$P\{X>m+n\}=(1-p)^{m+n},\quad P\{X>n\}=(1-p)^n,$$

所以

$$P\{X>m+n|X>m\}=\frac{P\{X>m+n\}}{P\{X>m\}}=\frac{(1-p)^{m+n}}{(1-p)^m}$$
$$=(1-p)^n=P\{X>n\}.$$

该性质也称为几何分布的**无记忆性**.

例 10　掷一颗均匀骰子, 直到骰子出现 6 点为止, 试求抛掷次数 X 的分布律.

解　X 的所有可能取值为 1, 2, $\cdots$, 由于掷一颗均匀骰子, 每次出现 6 点的概率为 $\dfrac{1}{6}$, 因此, X 的分布律为

$$P\{X=k\}=\left(\frac{5}{6}\right)^{k-1}\times\frac{1}{6},\quad k=1,2,3,\cdots.$$

例 11　设有 N 件产品, 其中有 M 件次品, 今从中不放回抽取 n 件, 求其中恰有 $k(k\leqslant M)$ 件次品的概率.

解　令 $l=\max[0,n-(N-M)]$, 设 X 表示次品数, 则 X 的所有可能取值为 l, $l+1$, $\cdots$, $\min(n,M)$, 在 N 件次品中抽取 n 件, 所有可能的取法共有 C_N^n 种, 又在 M 件次品中取 k 件, 所有可能的取法有 C_M^k 种, 在 $N-M$ 件正品中取 $n-k$ 件, 所有可能的取法有 C_{N-M}^{n-k} 种, 由乘法原理知: 在 N 件产品中取 n 件, 其中恰有 k 件次品的取法共有 $\mathrm{C}_M^k\cdot\mathrm{C}_{N-M}^{n-k}$ 种, 于是所求概率为

$$P=\frac{\mathrm{C}_M^k\cdot\mathrm{C}_{N-M}^{n-k}}{\mathrm{C}_N^n},$$

此式即为超几何分布的概率公式.

5. 超几何分布 $H(N,M,n)$

如果随机变量 X 的分布律为

$$P\{X=k\}=\frac{C_M^kC_{N-M}^{n-k}}{C_N^n},\quad 0\leqslant M\leqslant N,0\leqslant n\leqslant N,k=l,l+1,\cdots,\min(n,M),$$

其中 $l=\max[0,n-(N-M)]$, 则称 X 服从参数为 N, M, n 的**超几何分布.**

超几何分布的典型模型: 设 N 件产品中有 M 件次品, 从中任取 n 件, 则所取到的次品数 X 即服从超几何分布.

§2.3 连续型随机变量

一、引例

例 1 某人向一半径为 1 米的圆形靶进行射击, 假定不会脱靶, 且击中圆形靶的各处是等可能的, 即击中靶上任意区域的概率与该区域的面积成正比. 以 X 表示弹着点与圆心的距离, 试求随机变量 X 的分布函数.

解 X 的分布函数 $F(x)=P\{X\leqslant x\}$.

当 $x<0$ 时, $\{X\leqslant x\}$为不可能事件, $F(x)=P\{X\leqslant x\}=0$;

当 $x>1$ 时, $\{X\leqslant x\}$为必然事件, $F(x)=P\{X\leqslant x\}=1$;

当 $0\leqslant x\leqslant 1$ 时, 根据题意, 击中靶上任意区域的概率与该区域的面积成正比, 故 $F(x)=P\{X\leqslant x\}=k\pi x^2$, $k>0$. 显然, 当 $x=1$ 时, $\{X\leqslant x\}$为必然事件, 即

$$F(1)=P\{X\leqslant 1\}=k\pi 1^2=k\pi=1,\quad k=\frac{1}{\pi}.$$

所以, X 的分布函数为

$$F(x)=P\{X\leqslant x\}=\begin{cases}0, & x<0\\ x^2, & 0\leqslant x<1.\\ 1, & x\geqslant 1\end{cases}$$

不难发现, 上面的分布函数没有间断点, 是连续函数, 因此这里的 X 不是上一节研究的离散型随机变量, 而且分布函数可以表示为下列积分

$$F(x)=P\{X\leqslant x\}=\int_{-\infty}^{x}f(t)\mathrm{d}t,$$

其中被积函数恰好是分布函数的导数 (除 $x=0,1$ 外), 即

$$f(x)=F'(x)=\begin{cases}2x, & 0<x<1\\ 0, & \text{其他}\end{cases}.$$

为了方便研究这一类随机变量, 我们引入了下面的定义.

二、连续型随机变量

1. 定义

定义 1　设 $F(x)$ 为随机变量 X 的分布函数. 若存在非负可积函数 $f(x)$, 使得对任何实数 x, 有

$$F(x)=\int_{-\infty}^{x} f(t)\mathrm{d}t, -\infty<x<+\infty,$$

则称 X 为**连续型随机变量**, 称 $f(x)$ 为 X 的**概率密度函数**, 也简称**概率密度**或**密度函数**. 由此定义以及分布函数的性质可知, 概率密度有下列性质.

2. 概率密度函数的性质

(1) $f(x) \geqslant 0$;

(2) $\int_{-\infty}^{+\infty} f(x)\mathrm{d}x=1$.

注　满足上面两条性质的函数一定可以作为某一随机变量的概率密度函数.

3. 性质

设连续型随机变量 X 的分布函数为 $F(x)$, 密度函数为 $f(x)$, 根据微积分的知识, 可得

(1) $F(x)$ 为连续函数;

(2) 对于 $f(x)$ 的连续点 x, 有 $F'(x)=f(x)$;

(3) 对于任何实数 c, $P\{X=c\}=0$;

(4) $P\{a<X\leqslant b\}=P\{a\leqslant X<b\}=P\{a<X<b\}=\int_{a}^{b} f(x)\mathrm{d}x$.

4. 几何意义

设连续型随机变量 X 的分布函数为 $F(x)$, 密度函数为 $f(x)$, 则密度函数 $f(x)$ 的几何意义是位于 x 轴上方的曲线, 且该曲线与 x 轴所围成的区域的面积为 1, 而概率

$$P\{a<X<b\}=\int_{a}^{b} f(x)\mathrm{d}x$$

就是在区间 $[a,b]$ 上, 以曲线 $y=f(x)$ 为顶的曲边梯形的面积 (如图 2-2 所示).

对于 $f(x)$ 的连续点 x, 有

$$f(x)=F'(x)=\lim_{\Delta x\to 0^{+}}\frac{F(x+\Delta x)-F(x)}{\Delta x}=\lim_{\Delta x\to 0^{+}}\frac{P\{x<X\leqslant x+\Delta x\}}{\Delta x}.$$

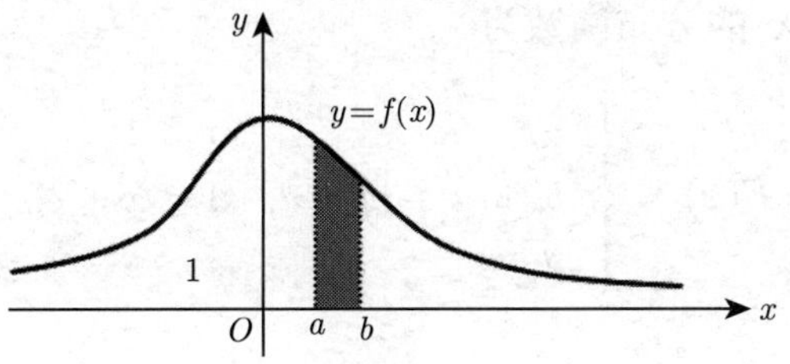

图 2-2

因此, 当 $\Delta x > 0$ 充分小时, 有 $P\{x < X \leqslant x + \Delta x\} \approx f(x)\Delta x$. 这表明, 虽然 $f(x)$ 本身不是概率, 但它的取值确定了 X 在点 x 附近 (充分小的区间 $(x, x + \Delta x]$ 上) 的概率大小, 这也是 $f(x)$ 称为概率密度的原因.

例 2　设连续型随机变量 X 具有概率密度

$$f(x) = \begin{cases} kx, & 0 \leqslant x < 3 \\ 2 - \dfrac{x}{2}, & 3 \leqslant x < 4 \\ 0, & \text{其他} \end{cases}.$$

(1) 确定常数 k; (2) 求 $F(x)$; (3) 求 $P\left\{1 < X \leqslant \dfrac{7}{2}\right\}$.

解　(1) 由 $\displaystyle\int_{-\infty}^{+\infty} f(x)\mathrm{d}x=1$, 有

$$\int_0^3 kx\mathrm{d}x + \int_3^4 \left(2 - \frac{x}{2}\right)\mathrm{d}x = 1,$$

得 $k = \dfrac{1}{6}$.

(2) X 的分布函数 $F(x) = \displaystyle\int_{-\infty}^{x} f(t)dt$. 当 $x < 0$ 时, $F(x) = P\{X \leqslant x\}=0$;

当 $0\leqslant x < 3$ 时, $F(x) = P\{X \leqslant x\}=\displaystyle\int_0^x \frac{t}{6}\mathrm{d}t = \frac{x^2}{12}$;

当 $3\leqslant x < 4$ 时, $F(x) = P\{X \leqslant x\}=\displaystyle\int_0^3 \frac{t}{6}\mathrm{d}t + \int_3^x \left(2 - \frac{t}{2}\right)\mathrm{d}t = -\frac{x^2}{4}+2x-3$;

当 $x \geqslant 4$ 时, $F(x) = 1$.

故 X 的分布函数为 $F(x) = \begin{cases} 0, & x < 0 \\ \dfrac{x^2}{12}, & 0 \leqslant x < 3 \\ -\dfrac{x^2}{4} + 2x - 3, & 3 \leqslant x < 4 \\ 1, & x \geqslant 4 \end{cases}$.

(3) $P\left\{1 < X \leqslant \dfrac{7}{2}\right\} = F\left(\dfrac{7}{2}\right) - F(1) = \dfrac{41}{48}$.

例 3　设随机变量 X 的分布函数为

$$F(x)=\begin{cases} a, & x \leqslant 1 \\ bx\ln x+cx+d, & 1<x\leqslant \mathrm{e}. \\ d, & x>\mathrm{e} \end{cases}$$

(1) 求常数 a,b,c,d;

(2) 求 X 的密度函数 $f(x)$.

解　(1) 由分布函数的性质, 有

$F(1+0)=F(1), F(\mathrm{e}+0)=F(\mathrm{e}), F(-\infty)=0, F(+\infty)=1$. 于是

$$\begin{cases} c+d=a \\ b\mathrm{e}+c\mathrm{e}+d=d \\ a=0 \\ d=1 \end{cases}.$$

解之得 $a=0$, $b=1$, $c=-1$, $d=1$.

(2) 因 $F(x)$ 连续, 且只有两个不可导点, 故为连续型随机变量的分布函数, 其密度为

$$f(x)=F'(x)=\begin{cases} \ln x, & 1<x<\mathrm{e} \\ 0, & \text{其他} \end{cases}.$$

例 4　设连续型随机变量 X 的密度函数为

$$f(x)=\begin{cases} 2x, & 0\leqslant x\leqslant \dfrac{1}{2} \\ 1, & \dfrac{1}{2}<x\leqslant 1 \\ 3-2x, & 1<x\leqslant \dfrac{3}{2} \\ 0, & \text{其他} \end{cases}.$$

试求 X 的分布函数 $F(x)$, 并画出 $f(x)$, $F(x)$ 的图形.

解　$F(x)=\displaystyle\int_{-\infty}^{x} f(t)\mathrm{d}t$. 由于被积函数 $f(t)$ 为分段函数, 因此需要对积分上限 x 进行讨论.

(1) 当 $x<0$ 时, $F(x)=0$;

(2) 当 $0\leqslant x<\dfrac{1}{2}$ 时, $F(x)=\displaystyle\int_{-\infty}^{x} f(t)\mathrm{d}t=\int_{0}^{x} 2t\mathrm{d}t=x^2$;

(3) 当 $\dfrac{1}{2}\leqslant x<1$ 时, $F(x)=\displaystyle\int_{-\infty}^{x} f(t)\mathrm{d}t=\int_{0}^{\frac{1}{2}} 2t\mathrm{d}t+\int_{\frac{1}{2}}^{x} 1\mathrm{d}t=x-\frac{1}{4}$;

(4) 当 $1\leqslant x<\dfrac{3}{2}$ 时, $F(x)=\int_{-\infty}^{x}f(t)\mathrm{d}t=\int_{0}^{\frac{1}{2}}2t\mathrm{d}t+\int_{\frac{1}{2}}^{1}1\mathrm{d}t+\int_{1}^{x}(3-2t)\mathrm{d}t$

$$=-x^2+3x-\frac{5}{4};$$

(5) 当 $x\geqslant\dfrac{3}{2}$ 时, $F(x)=1$.

故分布函数

$$F(x)=\begin{cases}0, & x<0\\ x^2, & 0\leqslant x<\dfrac{1}{2}\\ x-\dfrac{1}{4}, & \dfrac{1}{2}\leqslant x<1\\ -x^2+3x-\dfrac{5}{4}, & 1\leqslant x<\dfrac{3}{2}\\ 1, & x\geqslant\dfrac{3}{2}\end{cases}.$$

$f(x)$ 和 $F(x)$ 的图形分别如图 2-3 和图 2-4 所示.

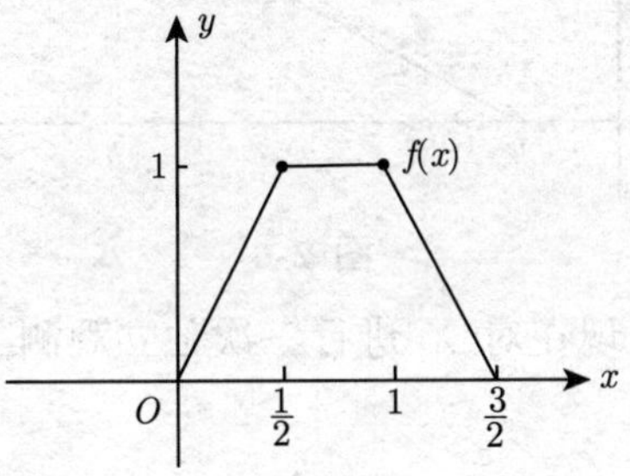

图 2-3

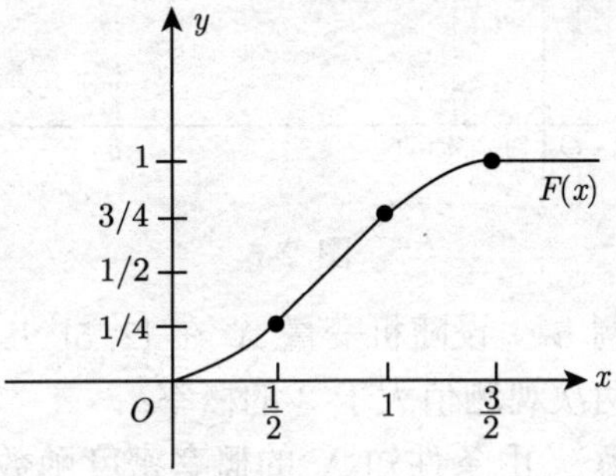

图 2-4

三、常见的连续型随机变量及其概率分布

1. 均匀分布

若随机变量 X 的概率密度函数为

$$f(x)=\begin{cases}\dfrac{1}{b-a}, & a<x<b\\ 0, & \text{其他}\end{cases},$$

则称 X 服从区间 (a,b) 上的**均匀分布**, 记为 $X\sim U(a,b)$. 因为连续型随机变量取一个值的概率为 0, 故也称 X 服从区间 $[a,b]$ 上的**均匀分布**, 记为 $X\sim U[a,b]$.

(1) 相应的分布函数为

$$F(x)=\begin{cases}0, & x<a\\ \dfrac{x-a}{b-a}, & a\leqslant x<b\\ 1, & x\geqslant b\end{cases}.$$

(2) 若 $(c,d)\subset(a,b)$, 则 $P\{c<X<d\}=\dfrac{d-c}{b-a}$.

(3) 若 (a, b) 的子区间 $[c_1, d_1]$, $[c_2, d_2]$ 的长度相等, 则

$$P\{c_1\leqslant X\leqslant d_1\}=P\{c_2\leqslant X\leqslant d_2\}.$$

这说明 X 在 (a,b) 上的任意一个子区间上取值的概率与该子区间的长度成正比, 而与该子区间的位置无关.

均匀分布的概率密度与分布函数的图形分别如图 2-5 和图 2-6 所示.

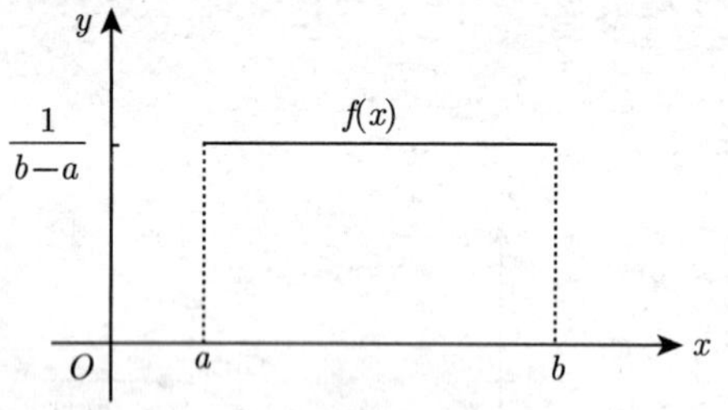

图 2-5

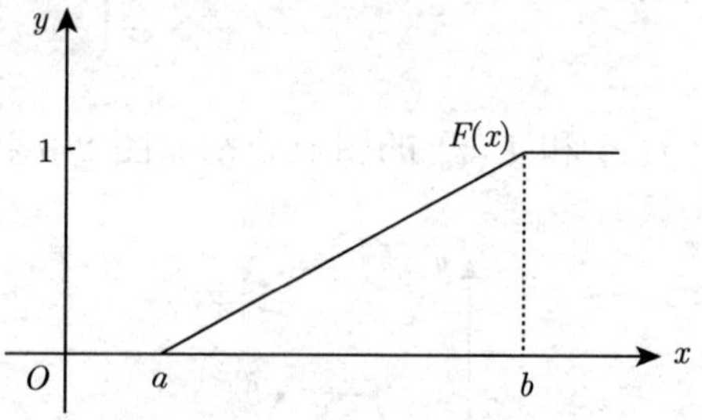

图 2-6

例 5　设随机变量 X 在 $[2, 5]$ 上服从均匀分布, 现在对 X 进行三次独立观测, 试求至少有两次观测值大于 3 的概率.

解　由条件知 X 的概率密度函数为

$$f(x)=\begin{cases}\dfrac{1}{3}, & 2\leqslant x\leqslant 5\\ 0, & \text{其他}\end{cases}.$$

设 $A=\{$对 X 的观测值大于 $3\}$, 则

$$P(A)=P\{X>3\}=\int_3^{+\infty}f(x)\mathrm{d}x=\int_3^5\frac{1}{3}\mathrm{d}x=\frac{2}{3}.$$

以 Y 表示 "三次独立观测中观测值大于 3 的次数", 即三次独立试验中事件 A 出现的次数. 显然, Y 服从参数为 $n=3,p=\dfrac{2}{3}$ 的二项分布, 所求概率为

$$P\{Y\geqslant 2\}=\mathrm{C}_3^2\left(\frac{2}{3}\right)^2\left(\frac{1}{3}\right)+\mathrm{C}_3^3\left(\frac{2}{3}\right)^3=\frac{20}{27}.$$

2. 指数分布

若随机变量 X 的概率密度函数为

$$f(x)=\begin{cases}\lambda e^{-\lambda x}, & x>0\\ 0, & 其他\end{cases},\lambda>0$$

则称 X 服从参数为λ的**指数分布**. 记作 $X\sim E(\lambda)$.

(1) 相应的分布函数 $F(x)=\begin{cases}1-e^{-\lambda x}, & x>0\\ 0, & 其他\end{cases}$.

(2) 典型模型: 机器、元件的使用寿命以及某些等待时间一般服从指数分布.

(3) 无记忆性: 若 X 服从指数分布, 则对任意 $s>0,t>0$, 有

$$P\{X>s+t|X>s\}=P\{X>t\}.$$

注 利用条件概率的定义即可得到此无记忆性, 反之, 一个连续型随机变量具有无记忆性, 则它一定服从指数分布, 详细证明留给读者.

指数分布的概率密度与分布函数的图形分别如图 2-7 和图 2-8 所示.

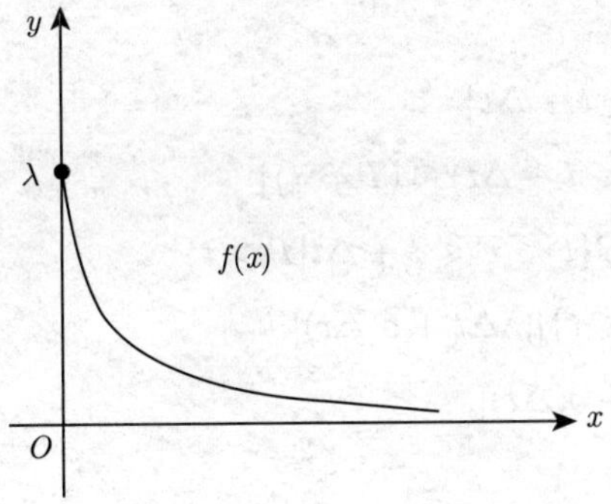

图 2-7

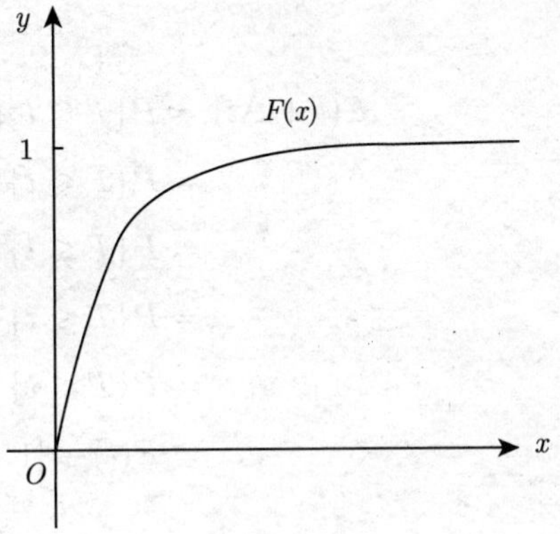

图 2-8

例 6 设随机变量 Y 服从参数为 1 的指数分布, a 为常数且大于零, 求条件概率

$$P\{Y\leqslant a+1|Y>a\}.$$

解 **方法 1:** Y 的分布函数为

$$F(y)=\begin{cases}1-e^{-y}, & y\geqslant 0\\ 0, & y<0\end{cases}.$$

由条件概率公式, 得

$$P\{Y\leqslant a+1|Y>a\}=\frac{P\{a<Y\leqslant a+1\}}{P\{Y>a\}}=\frac{F(a+1)-F(a)}{1-F(a)}=1-e^{-1}.$$

方法 2: 利用指数分布的无记忆性.

$$\begin{aligned}P\{Y\leqslant a+1|Y>a\}&=1-P\{Y>a+1|Y>a\}\\&=1-P\{Y>1\}=P\{Y\leqslant 1\}\\&=F(1)=1-\mathrm{e}^{-1}.\end{aligned}$$

例 7　设已使用了 t 小时的电子管在以后的 Δt 小时内损坏的概率等于 $\lambda\Delta t+o(\Delta t)$, 其中 $\lambda>0$ 为常数, $o(\Delta t)$ 表示 Δt 的高阶无穷小, 求电子管使用寿命的概率密度. 假定电子管使用寿命大于零的概率为 1.

解　先求分布函数, 通过求导得到概率密度. 设 T 表示电子管的使用寿命, $F(t)$ 为 T 的分布函数, 则计算随机变量 T 的分布函数 $F(t)=P\{T\leqslant t\}$就是求电子管的使用寿命 T 不超过 t 的概率, 即电子管在 t 小时内损坏的概率.

当 $t\leqslant 0$ 时, 显然, $F(t)=P\{T\leqslant t\}$=0;

当 $t>0$ 时, 利用概率性质与微分方程求解. 由题设条件, 有

$$P\{t<T\leqslant t+\Delta t|T>t\}=\lambda\Delta t+o(\Delta t).$$

于是

$$\begin{aligned}F(t+\Delta t)&=P\{T\leqslant t+\Delta t\}\\&=P\{T\leqslant t\}+P\{t<T\leqslant t+\Delta t\}\\&=P\{T\leqslant t\}+P\{(t<T\leqslant t+\Delta t)\cap(T>t)\}\\&=P\{T\leqslant t\}+P\{T>t\}P\{t<T\leqslant t+\Delta t|T>t\}\\&=P\{T\leqslant t\}+[1-P\{T\leqslant t\}][\lambda\Delta t+o(\Delta t)]\\&=F(t)+[1-F(t)][\lambda\Delta t+o(\Delta t)],\end{aligned}$$

从而

$$\frac{F(t+\Delta t)-F(t)}{\Delta t}=[1-F(t)]\left[\lambda+\frac{o(\Delta t)}{\Delta t}\right].$$

上式两边取极限 $\Delta t\to 0$, 得

$$F'(t)=\lambda[1-F(t)].$$

这是一个可分离变量的一阶线性微分方程, 解之得通解

$$F(t)=1-C\mathrm{e}^{-\lambda t},$$

其中 C 为任意常数. 由初始条件 $F(0)$=0 得 C=1, 特解为

$$F(t)=1-\mathrm{e}^{-\lambda t}.$$

所以, T 的分布函数为

$$F(t)=\begin{cases}1-\mathrm{e}^{-\lambda t}, & t>0\\ 0, & t\leqslant 0\end{cases},$$

概率密度为

$$f(t)=F'(t)=\begin{cases}\lambda\mathrm{e}^{-\lambda t}, & t>0\\ 0, & t\leqslant 0\end{cases}.$$

3. 正态分布

若随机变量 X 的概率密度函数为

$$f(x)=\frac{1}{\sqrt{2\pi}\sigma}\mathrm{e}^{-\frac{(x-\mu)^2}{2\sigma^2}},\ -\infty<x<+\infty,$$

其中 $\sigma>0,-\infty<\mu<+\infty$, 则称 X 服从参数为μ, σ^2 的**正态分布**, 或称为**高斯 (Gauss) 分布**, 记作 $X\sim N(\mu,\sigma^2)$, $f(x)$ 所确定的概率密度曲线叫作正态曲线.

正态分布 $N(\mu,\sigma^2)$ 的分布函数

$$F(x)=\int_{-\infty}^{x}\frac{1}{\sqrt{2\pi}\sigma}\mathrm{e}^{-\frac{(t-\mu)^2}{2\sigma^2}}\mathrm{d}t,\ -\infty<x<+\infty.$$

正态分布的概率密度与分布函数的图形分别如图 2-9 和图 2-10 所示.

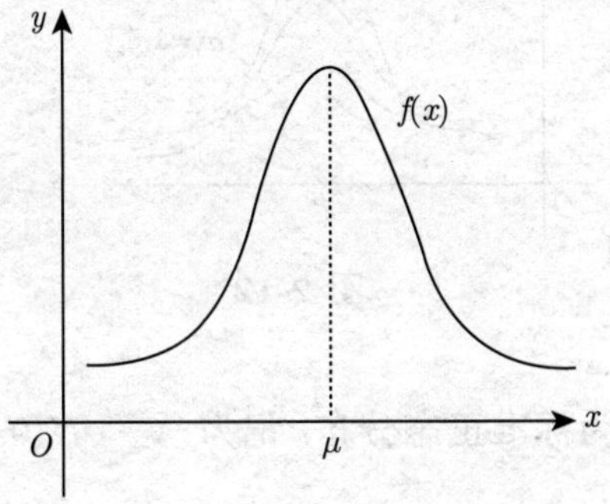

图 2-9

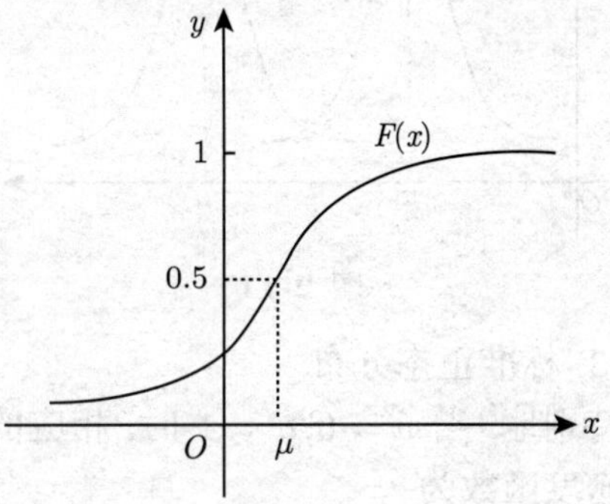

图 2-10

(1) 概率密度的基本性质.

显然, $f(x)\geqslant 0$; 只需证明 $\int_{-\infty}^{+\infty}f(x)\mathrm{d}x=1$.

事实上, 令 $t=\dfrac{x-\mu}{\sigma}$, 有

$$\int_{-\infty}^{+\infty}f(x)\mathrm{d}x=\int_{-\infty}^{+\infty}\frac{1}{\sqrt{2\pi}\sigma}\mathrm{e}^{-\frac{(x-\mu)^2}{2\sigma^2}}\mathrm{d}x=\int_{-\infty}^{+\infty}\frac{1}{\sqrt{2\pi}}\mathrm{e}^{-\frac{t^2}{2}}\mathrm{d}t.$$

又

$$\left(\int_{-\infty}^{+\infty}\frac{1}{\sqrt{2\pi}}\mathrm{e}^{-\frac{t^2}{2}}\mathrm{d}t\right)^2=\int_{-\infty}^{+\infty}\frac{1}{\sqrt{2\pi}}\mathrm{e}^{-\frac{x^2}{2}}\mathrm{d}x\cdot\int_{-\infty}^{+\infty}\frac{1}{\sqrt{2\pi}}\mathrm{e}^{-\frac{y^2}{2}}\mathrm{d}y$$

$$= \frac{1}{2\pi}\int_{-\infty}^{+\infty}\int_{-\infty}^{+\infty} \mathrm{e}^{-\frac{x^2+y^2}{2}}\mathrm{d}x\mathrm{d}y$$

$$= \frac{1}{2\pi}\int_{0}^{2\pi}\mathrm{d}\theta\int_{0}^{+\infty} \mathrm{e}^{-\frac{r^2}{2}}r\mathrm{d}r = 1.$$

故 $\int_{-\infty}^{+\infty}\frac{1}{\sqrt{2\pi}}\mathrm{e}^{-\frac{t^2}{2}}\mathrm{d}t=1$, 即 $\int_{-\infty}^{+\infty}f(x)\mathrm{d}x = 1$.

(2) 密度曲线的几何特征.

1° 密度曲线以$x=\mu$为对称轴, 并在 $x=\mu$处达到最大值 $f(\mu)=\frac{1}{\sqrt{2\pi}\,\sigma}$.

2° 在 $x=\mu\pm\sigma$处, 密度曲线 $y=f(x)$ 有拐点.

3° 密度曲线 $y=f(x)$ 向左右伸展时, 越来越贴近 x 轴, 即曲线以 x 轴为渐近线.

4° 若σ 固定, 改变 μ 的值, 则 $f(x)$ 的图形沿 x 轴平行移动, 但不改变其形状, 即μ 决定 $y=f(x)$ 图形的中心位置, 所以参数 μ 又称为位置参数. 如图 2-11 所示.

5° 若μ固定, 改变σ的值, 则密度曲线的位置不变, 但σ值越小, 曲线越陡峭, 即σ决定图形中峰的陡峭程度, 所以参数σ又称为尺度参数. 如图 2-12 所示.

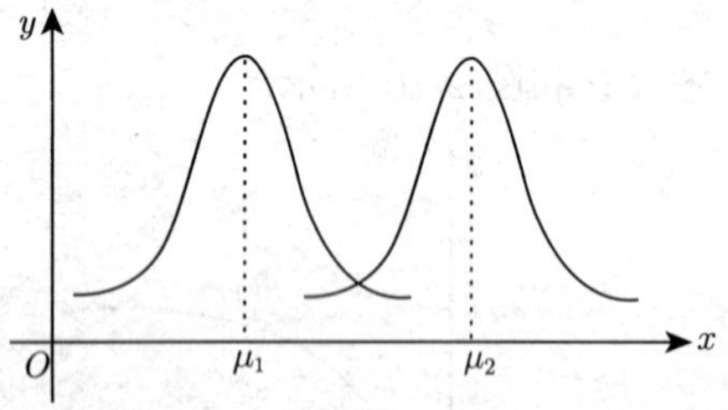

图 2-11

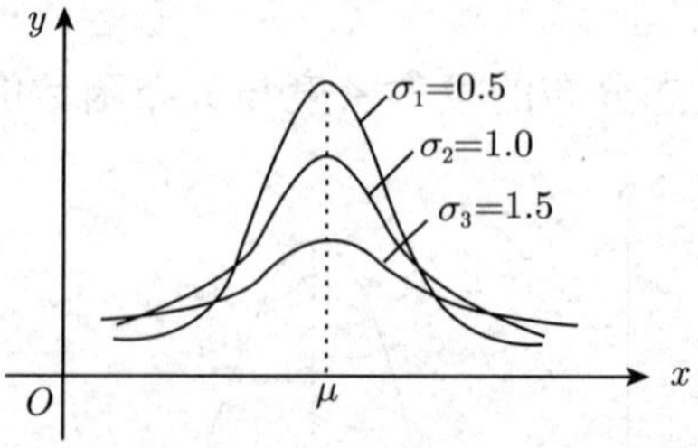

图 2-12

(3) 标准正态分布.

特别地, 当 $\mu=0,\sigma=1$ 时, 相应的正态分布称为**标准正态分布**, 记为 $X\sim N(0,\,1)$, 其概率密度函数为

$$\varphi(x)=\frac{1}{\sqrt{2\pi}}\mathrm{e}^{-\frac{x^2}{2}}, -\infty<x<+\infty,$$

分布函数为

$$\Phi(x)=\int_{-\infty}^{x}\frac{1}{\sqrt{2\pi}}\mathrm{e}^{-\frac{t^2}{2}}\mathrm{d}t,\ -\infty<x<+\infty.$$

易知

1° $\Phi(0)=0.5$, $\Phi(-x)=1-\Phi(x)$.

2° $P\{|X|\leqslant a\}=\Phi(a)-\Phi(-a)=2\Phi(a)-1, P\{a<X<b\}=\Phi(b)-\Phi(a)$.

3° 标准正态分布数值表.

当 $x\geqslant 0$ 时, 可以直接查标准正态分布数值表求得 $P\{X\leqslant x\}=\Phi(x)$;

当 $x<0$ 时, 利用 $\Phi(x)=1-\Phi(-x)$, 并查表进行计算.

(4) 一般正态分布与标准正态分布的关系.

定理 1　如果 $X \sim N(\mu, \sigma^2)$, 则 $Y = \dfrac{X-\mu}{\sigma} \sim N(0, 1)$.

证　随机变量 Y 的分布函数

$$F_Y(y) = P\{Y \leqslant y\} = P\left\{\frac{X-\mu}{\sigma} \leqslant y\right\} = P\{X \leqslant \mu + \sigma y\}$$
$$= \int_{-\infty}^{\mu+\sigma y} \frac{1}{\sqrt{2\pi}\sigma} \mathrm{e}^{-\frac{(x-\mu)^2}{2\sigma^2}} \mathrm{d}x.$$

令 $t = \dfrac{x-\mu}{\sigma}$, 得

$$F_Y(y) = \int_{-\infty}^{y} \frac{1}{\sqrt{2\pi}} \mathrm{e}^{-\frac{t^2}{2}} \mathrm{d}t.$$

所以, $Y = \dfrac{X-\mu}{\sigma} \sim N(0, 1)$. 此时, $Y = \dfrac{X-\mu}{\sigma}$ 也称为正态分布的标准化变换.

由上述定理可知, 一般正态分布的概率都可以转化为标准正态分布来表示或计算.

若 $X \sim N(\mu, \sigma^2)$, 则

$$F_X(x) = P\{X \leqslant x\} = P\left\{\frac{X-\mu}{\sigma} \leqslant \frac{x-\mu}{\sigma}\right\} = \Phi\left(\frac{x-\mu}{\sigma}\right)$$

对 $\forall x_1 < x_2$, $P\{x_1 < X < x_2\} = P\left\{\dfrac{x_1-\mu}{\sigma} < \dfrac{X-\mu}{\sigma} < \dfrac{x_2-\mu}{\sigma}\right\}$

$$= \Phi\left(\frac{x_2-\mu}{\sigma}\right) - \Phi\left(\frac{x_1-\mu}{\sigma}\right).$$

(5) 标准正态分布 $N(0,1)$ 的上侧 α 分位数.

为了学习后续数理统计内容的需要, 下面介绍 $N(0,1)$ 的上侧α分位数.

设 $X \sim N(0,1)$, 对给定的实数$\alpha(0 < \alpha < 1)$, 若存在实数 u_α, 使得

$$P\{X > u_\alpha\} = \alpha,$$

则称 u_α 为标准正态分布 $N(0,1)$ 的上侧α分位数. 如图 2-13 所示.

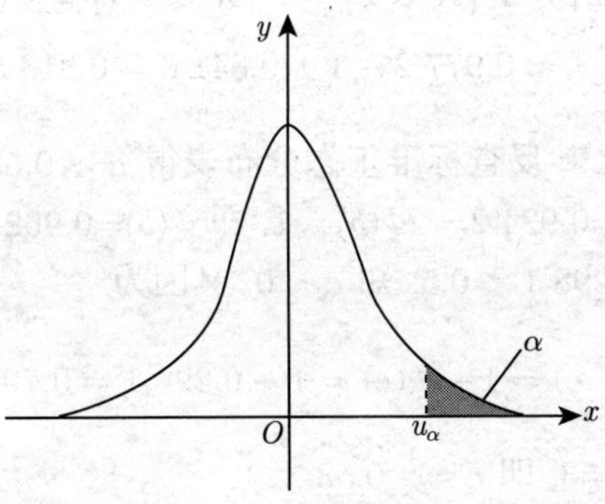

图 2-13

查表可知, $u_{0.05}=1.65$, $u_{0.025}=1.96$, $u_{0.01}=2.33$, $u_{0.005}=2.575$.

例 8　设 $X\sim N(\mu,\sigma^2)$, 则概率 $P(X\leqslant 1+\mu)$(　　).

(A) 随μ的增加而增大　　(B) 随μ的增加而减小

(C) 随σ的增加而增大　　(D) 随σ的增加而减小

解　因为 $P(X\leqslant 1+\mu)=\Phi\left(\dfrac{1+\mu-\mu}{\sigma}\right)=\Phi\left(\dfrac{1}{\sigma}\right)$, 而标准正态分布函数是严格增函数, 故选 (D).

例 9　假设某科统考的成绩 X 近似服从正态分布 $N(70,10^2)$, 已知第 100 名考生的成绩为 60 分, 问第 20 名考生的成绩约为多少分?

解　由题设, $P\{X\geqslant 60\}=1-P\{X<60\}=1-\Phi\left(\dfrac{60-70}{10}\right)\approx 0.841\ 3$.

这说明成绩在 60 分以上的考生在全体考生中占 84.13%, 因此, 考生总数大致为

$$\frac{100}{0.841\ 3}\approx 119(\text{名}).$$

故前 20 名考生在全体考生中的比例大致为 $\dfrac{20}{119}\approx 0.168\ 1$. 设 s 为第 20 名考生的成绩, 它满足

$$P\{X\geqslant s\}=1-\Phi\left(\frac{s-70}{10}\right)\approx 0.168\ 1,$$

即 $\Phi\left(\dfrac{s-70}{10}\right)\approx 0.831\ 9$, $\dfrac{s-70}{10}\approx 0.96$, $s\approx 79.6$. 所以, 第 20 名考生的成绩约为 79.6 分.

例 10　设随机变量 $X\sim N(0,1)$, 利用标准正态分布函数值表, 求下列事件的概率.

(1) 求 $P\{X\leqslant 1.96\}$, $P\{X\leqslant -1.96\}$, $P\{|X|\leqslant 1.96\}$, $P\{-1<X\leqslant 2\}$;

(2) 已知 $P\{X\leqslant a\}=0.701\ 9$, $P\{|X|<b\}=0.924\ 2$, $P\{X\leqslant c\}=0.298\ 1$, 求 a, b, c.

解　(1) $P\{X\leqslant 1.96\}=\Phi(1.96)\approx 0.975\ 0$,

$$\begin{aligned}P\{X\leqslant -1.96\}&=1-\Phi(1.96)\approx 1-0.975\ 0=0.025,\\P\{|X|\leqslant 1.96\}&=2\Phi(1.96)-1\approx 2\times 0.975-1=0.95,\\P\{-1<X\leqslant 2\}&=P\{X\leqslant 2\}-P\{X\leqslant -1\}=\Phi(2)-[1-\Phi(1)]\\&\approx 0.977\ 2-1+0.841\ 3=0.818\ 5.\end{aligned}$$

(2) 由 $P\{X\leqslant a\}=0.701\ 9$, 反查标准正态分布表得 $a\approx 0.53$.

类似地, 由 $P\{|X|<b\}=0.924\ 2=2\Phi(b)-1$, 即 $\Phi(b)=0.962\ 1$, 得 $b\approx 1.78$.

由 $\Phi(c)=P\{X\leqslant c\}=0.298\ 1<0.5$, 知 $c<0$. 又因为

$$\Phi(-c)=1-\Phi(c)=1-0.298\ 1=0.701\ 9,$$

查标准正态分布表得 $-c\approx 0.53$, 即 $c\approx -0.53$.

例 11　设 $X\sim N(2,9)$, 求:

(1) $P\{1\leqslant X<5\}$;
(2) $P\{X>0\}$;
(3) $P\{|X-2|>6\}$.

解 (1) $P\{1\leqslant X<5\}=P\left\{\frac{1-2}{3}<\frac{X-2}{3}<\frac{5-2}{3}\right\}=\Phi(1)-\Phi\left(-\frac{1}{3}\right)$

$$=\Phi(1)+\Phi\left(\frac{1}{3}\right)-1\approx 0.841\,3+0.629\,3-1=0.470\,6.$$

(2) $P\{X>0\}=1-P\{X\leqslant 0\}=1-\Phi\left(\frac{0-2}{3}\right)=\Phi\left(\frac{2}{3}\right)\approx 0.748\,6.$

(3) 因为 $P\{X-2<-6\}=P\{X-2>6\}$, 所以

$$P\{|X-2|>6\}=2P\{X-2>6\}=2[1-P\{X-2\leqslant 6\}]=2\left[1-P\left\{\frac{X-2}{3}\leqslant 2\right\}\right]$$
$$=2[1-\Phi(2)]\approx 2(1-0.977\,2)=0.045\,6.$$

例 12 设 $X\sim N(2,\sigma^2)$, 且 $P\{2<X<4\}=0.3$, 求 $P\{X<0\}$.

解 由 $X\sim N(2,\sigma^2)$, 知

$$P\{2<X<4\}=P\left\{\frac{2-2}{\sigma}<\frac{X-2}{\sigma}<\frac{4-2}{\sigma}\right\}=\Phi\left(\frac{2}{\sigma}\right)-\Phi(0)$$
$$=\Phi\left(\frac{2}{\sigma}\right)-0.5=0.3,$$

即 $\Phi\left(\frac{2}{\sigma}\right)=0.8$. 故

$$P\{X<0\}=\Phi\left(-\frac{2}{\sigma}\right)=1-\Phi\left(\frac{2}{\sigma}\right)=0.2.$$

例 13 设 $X\sim N(\mu,\sigma^2)$, 求
(1) $P\{|X-\mu|<\sigma\}$;
(2) $P\{|X-\mu|<2\sigma\}$;
(3) $P\{|X-\mu|<3\sigma\}$.

解 利用正态分布的标准化得

(1) $P\{|X-\mu|<\sigma\}=P\left\{\left|\frac{X-\mu}{\sigma}\right|<1\right\}=2\Phi(1)-1\approx 0.682\,6.$

(2) $P\{|X-\mu|<2\sigma\}=P\left\{\left|\frac{X-\mu}{\sigma}\right|<2\right\}=2\Phi(2)-1\approx 0.954\,4.$

(3) $P\{|X-\mu|<3\sigma\}=P\left\{\left|\frac{X-\mu}{\sigma}\right|<3\right\}=2\Phi(3)-1\approx 0.997\,3.$

注 上述例子说明, 若 $X\sim N(\mu,\sigma^2)$, 则在一次试验中, 随机变量 X 几乎总是落在区间 $(\mu-3\sigma,\mu+3\sigma)$ 之中. 在实际应用中, 这被称为 "3σ 原则", 即正态随机变量几乎总是落在 $(\mu-3\sigma,\mu+3\sigma)$ 之中, 虽然原则上它的取值范围是 $(-\infty,+\infty)$.

§2.4　随机变量函数的分布

在许多实际问题中, 某个随机变量 X 的分布容易通过观察得到, 而另一个随机变量 Y 很难直接得到, 但它可以表示成 X 的函数: $Y=g(X)$, 其中 $g(x)$ 为已知的连续函数或分段函数. 我们要研究的问题是如何由 X 的分布去求得随机变量 Y 的分布. 例如, 在测量圆轴的截面面积 S 时, 一般方便测量出圆轴的直径 X, 然后由 $S=\dfrac{\pi X^2}{4}$ 来讨论截面面积 S 的分布.

一、离散型随机变量函数的分布

设离散型随机变量 X 的分布律为 $P(X=x_i)=p_i$, i=1, 2, …, $g(x)$ 为单值函数. 令 $Y=g(X)$, 则 $Y=g(X)$ 仍然为离散型随机变量, 其分布律为

$$P\{Y=y_j\}=P\{g(X)=y_j\}=\sum_{g(x_i)=y_j}P\{X=x_i\}.$$

例 1　已知随机变量 X 的分布为

X	-1	0	1	2
P	0.1	0.2	0.3	0.4

试求随机变量 Y=$2X^2$+1 的分布律.

解　随机变量 Y 的可能取值为 1, 3, 9, 而且

$$P\{Y=1\}=P\{X=0\}=0.2,$$
$$P\{Y=3\}=P\{2X^2+1=3\}=P\{X=-1\}+P\{X=1\}=0.1+0.3=0.4,$$
$$P\{Y=9\}=P\{2X^2+1=9\}=P\{X=2\}=0.4.$$

故 Y 的分布律为

Y	1	3	9
P	0.2	0.4	0.4

例 2　已知随机变量 X 的分布律为 $P(X=n)=\dfrac{2}{3^n}$, n=1,2,3,$\cdots$, 试求 $Y=1+(-1)^X$ 的分布律.

解　Y 的可能取值为 0, 2, 而且

$$P(Y=0)=P(1+(-1)^X=0)=\sum_{k=1}^{\infty}P(X=2k-1)$$

$$=\sum_{k=1}^{\infty}\frac{2}{3^{2k-1}}=\frac{\frac{2}{3}}{1-\frac{1}{3^2}}=\frac{3}{4},$$

$$P(Y=2)=P(1+(-1)^X=2)=\sum_{k=1}^{\infty}P(X=2k)$$

$$=\sum_{k=1}^{\infty}\frac{2}{3^{2k}}=\frac{\frac{2}{3^2}}{1-\frac{1}{3^2}}=\frac{1}{4}.$$

故 Y 的分布律为

Y	0	2
P	$\frac{3}{4}$	$\frac{1}{4}$

注　已知离散型随机变量 X 的分布律 $P(X=x_i)=p_i$, 求 X 的函数 $Y=g(X)$ 的分布律可按下列步骤进行:

(1) 先确定 Y 的所有可能取值 $y_1, y_2, \ldots$;

(2) 由 $P\{Y=y_j\}=P\{g(X)=y_j\}=\sum\limits_{g(x_i)=y_j}P\{X=x_i\}$, $j=1,2,\ldots$, 得 Y 的分布律.

二、连续型随机变量函数的分布

设连续型随机变量 X 的概率密度函数为 $f_X(x)$,$Y=g(X)$, 其中 $g(x)$ 为单值函数 (通常为连续函数或分段函数), 则 $Y=g(X)$ 仍然为连续型随机变量吗? 如何求得它的分布?

例 3　已知随机变量 X 的概率密度为

$$f_X(x)=\begin{cases}\frac{x}{2}, & 0<x<2\\ 0, & \text{其他}\end{cases},$$

试求随机变量 $Y=2X+1$ 的概率密度.

解　先求 Y 的分布函数.

$$F_Y(y)=P\{Y\leqslant y\}=P\{2X+1\leqslant y\}$$
$$=P\left\{X\leqslant\frac{y-1}{2}\right\}.$$

当 $y<1$ 时, $F_Y(y)=0$;

当 $1\leqslant y<5$ 时, $F_Y(y)=P\left\{X\leqslant\frac{y-1}{2}\right\}=\int_{-\infty}^{\frac{y-1}{2}}f_X(x)\mathrm{d}x$

$$=\int_0^{\frac{y-1}{2}}\frac{x}{2}\mathrm{d}x=\frac{1}{16}(y-1)^2;$$

当 $y \geqslant 5$ 时, $F_Y(y)$=1.

故 Y 的分布函数为

$$F_Y(y)=\begin{cases}0, & y<1\\ \dfrac{1}{16}(y-1)^2, & 1\leqslant y<5,\\ 1, & y\geqslant 5\end{cases}$$

概率密度为

$$f_Y(y)=F'_Y(y)=\begin{cases}\dfrac{y-1}{8}, & 1<y<5\\ 0, & \text{其他}\end{cases}.$$

例 4　设随机变量 X 的概率密度为 $f_X(x)=\begin{cases}\mathrm{e}^{-x}, & x\geqslant 0\\ 0, & x<0\end{cases}$，求随机变量 $Y=\mathrm{e}^X$ 的概率密度 $f_Y(y)$.

解　Y 的分布函数

$$F_Y(y)=P\{Y\leqslant y\}=P\{\mathrm{e}^X\leqslant y\}.$$

当 $y<1$ 时, $F_Y(y)$ =0;

当 $y \geqslant 1$ 时, $F_Y(y)=P\{\mathrm{e}^X\leqslant y\}=P\{X\leqslant \ln y\}=\int_{-\infty}^{\ln y} f_X(x)\mathrm{d}x$

$$=\int_0^{\ln y}\mathrm{e}^{-x}\mathrm{d}x=1-\frac{1}{y}.$$

所以, 随机变量 $Y=\mathrm{e}^X$ 的分布函数为

$$F_Y(y)=\begin{cases}0, & y<1\\ 1-\dfrac{1}{y}, & y\geqslant 1\end{cases},$$

概率密度为

$$f_Y(y)=F'_Y(y)=\begin{cases}\dfrac{1}{y^2}, & y\geqslant 1\\ 0, & y<1\end{cases}.$$

1. 分布函数法

通过上面的例子可以得到如下用分布函数求解随机变量函数的分布的基本步骤:

(1) 由随机变量 X 的概率密度确定 Y 的分布函数的分段取值范围.

(2) 分段计算分布函数:

$$F_Y(y)=P\{Y\leqslant y\}=P\{g(X)\leqslant y\}=P\{X\in G_y\}=\int_{G_y} f_X(x)\mathrm{d}x,$$

其中 G_y=$\{x|g(x)\leqslant y\}$是一个实数集合, 一般是数轴上的一个区间或几个区间的并集.

(3) 对分布函数求导即得概率密度: $f_Y(y)=F'_Y(y)$.

注　若 $Y=g(X)$ 不再为连续型随机变量, 则只能求得 Y 的分布函数.

2. 公式法

定理 1 设连续型随机变量 X 的概率密度函数为 $f_X(x)$,$Y=g(X)$, 若 $y=g(x)$ 严格单调, 其反函数 $x=h(y)$ 有一阶连续导数, 则 $Y=g(X)$ 也是连续型随机变量, 且其概率密度为

$$f_Y(y)=\begin{cases} f_X(h(y))|h'(y)|, & \alpha<y<\beta \\ 0, & \text{其他} \end{cases},$$

其中 (α,β) 为由 X 的概率密度 $f_X(x)$ 与函数 $y=g(x)$ 共同确定的 Y 的概率密度不为零的定义域.

证 不失一般性. 设 $y=g(x)$ 为严格单调增函数, 且当 $x\in(a,b)$ 时, $f_X(x)\neq 0$, 相应的函数 $y=g(x)$ 的取值范围是 $y\in(\alpha,\beta)$, 则它的反函数 $x=h(y)$ 也是严格单调递增的可导函数, 而且 $h'(y)>0$. 于是, Y 的分布函数为

当 $y\leqslant\alpha$时, $F_Y(y)$=0;

当 $y\geqslant\beta$时, $F_Y(y)$=1;

当 $y\in(\alpha,\beta)$ 时,

$$F_Y(y)=P\{Y\leqslant y\}=P\{g(X)\leqslant y\}=P\{X\leqslant h(y)\}=\int_{-\infty}^{h(y)}f_X(x)\mathrm{d}x.$$

所以, Y 的概率密度为

$$f_Y(y)=F'_Y(y)=\begin{cases} f_X(h(y))h'(y), & \alpha<y<\beta \\ 0, & \text{其他} \end{cases}$$

$$=\begin{cases} f_X(h(y))|h'(y)|, & \alpha<y<\beta \\ 0, & \text{其他} \end{cases}.$$

完全类似地可以证明 $y=g(x)$ 严格单调递减的情形, 读者不妨作为练习.

例 5 设随机变量 $X\sim N(\mu,\sigma^2)$, 求随机变量 $Y=\mathrm{e}^X$ 的概率密度.

解 因 $y=\mathrm{e}^x$ 在区间 R(全体实数) 上单调增加, 其反函数为 $x=\ln y$, 在$y\in(0,+\infty)$ 上也单调增加, 且 $x'_y=\dfrac{1}{y}>0, y\in(0,+\infty)$. 于是, Y 的概率密度函数为

$$f_Y(y)=\begin{cases} f_X(\ln y)|(\ln y)'|, & y>0 \\ 0, & \text{其他} \end{cases}$$

$$=\begin{cases} \dfrac{1}{\sqrt{2\pi}\sigma}\mathrm{e}^{-\frac{(\ln y-\mu)^2}{2\sigma^2}}\cdot\dfrac{1}{y}, & y>0 \\ 0, & \text{其他} \end{cases}$$

$$=\begin{cases} \dfrac{1}{\sqrt{2\pi}\sigma y}\mathrm{e}^{-\frac{(\ln y-\mu)^2}{2\sigma^2}}, & y>0 \\ 0, & \text{其他} \end{cases}.$$

上面随机变量 $Y=\mathrm{e}^X$ 的分布又称为**对数正态分布**, 记为 $Y\sim LN(\mu,\sigma^2)$. 反过来, 随机变量 $X=\ln Y\sim N(\mu,\sigma^2)$.

例 6　设随机变量 X 的概率密度为

$$f_X(x)=\begin{cases}\dfrac{1}{x^2}, & x\geqslant 1\\ 0, & \text{其他}\end{cases}.$$

试求随机变量 $Y=\mathrm{e}^{-X}$ 的概率密度.

解　$y=\mathrm{e}^{-x}$ 在区间 R(全体实数) 上单调递减; 而且, 当 $x\in[1,+\infty)$ 时, X 的概率密度不为零, 此时函数 $y=\mathrm{e}^{-x}$ 的取值范围是 $y\in(0,\mathrm{e}^{-1}]$, 其反函数 $x=-\ln y$ 在区间 $(0,\mathrm{e}^{-1}]$ 上也单调递减, 且 $x'_y=-\dfrac{1}{y}<0,\ y\in(0,\mathrm{e}^{-1}]$. 于是, Y 的概率密度函数为

$$f_Y(y)=\begin{cases}f_X(-\ln y)|(-\ln y)'|, & 0<y\leqslant \mathrm{e}^{-1}\\ 0, & \text{其他}\end{cases}$$

$$=\begin{cases}\dfrac{1}{y\ln^2 y}, & 0<y\leqslant \mathrm{e}^{-1}\\ 0, & \text{其他}\end{cases}.$$

定理 2　设随机变量 $X\sim N(\mu,\sigma^2)$, 则 $Y=aX+b(a,b$ 为常数, $a\neq 0)$ 服从正态分布, 即 $Y=aX+b\sim N(a\mu+b,a^2\sigma^2)$, 特别地, $Y=\dfrac{X-\mu}{\sigma}\sim N(0,1)$.

证　不妨设 $a>0$, 则随机变量 Y 的分布函数

$$F_Y(y)=P\{Y\leqslant y\}=P\{aX+b\leqslant y\}=P\left\{X\leqslant \frac{y-b}{a}\right\}$$

$$=\int_{-\infty}^{\frac{y-b}{a}}\frac{1}{\sqrt{2\pi}\sigma}\mathrm{e}^{-\frac{(x-\mu)^2}{2\sigma^2}}\mathrm{d}x.$$

令 $x=\dfrac{u-b}{a}$, 得

$$F_Y(y)=\int_{-\infty}^{y}\frac{1}{\sqrt{2\pi}\sigma}\mathrm{e}^{-\frac{(u-a\mu-b)^2}{2a^2\sigma^2}}\cdot\frac{1}{a}\mathrm{d}u=\int_{-\infty}^{y}\frac{1}{\sqrt{2\pi}a\sigma}\mathrm{e}^{-\frac{(u-a\mu-b)^2}{2a^2\sigma^2}}\mathrm{d}u.$$

所以, $Y=aX+b\sim N(a\mu+b,a^2\sigma^2)$, 且令 $a=\dfrac{1}{\sigma},\ b=-\dfrac{\mu}{\sigma}$ 知 $Y=\dfrac{X-\mu}{\sigma}\sim N(0,1)$.

由上述定理可知, **正态随机变量的线性函数仍然服从正态分布**.

例 7　设随机变量 X 的概率密度为

$$f_X(x)=\begin{cases}\dfrac{1}{2}, & -1<x<0\\ \dfrac{1}{4}, & 0\leqslant x<2\\ 0, & \text{其他}\end{cases}.$$

令 $Y=X^2$, 求 Y 的概率密度 $f_Y(y)$.

解 设 Y 的分布函数为 $F_Y(y)$, 即 $F_Y(y)=P\{Y\leqslant y\}=P\{X^2\leqslant y\}$, 则

当 $y<0$ 时, $F_Y(y)=0$;

当 $0\leqslant y<1$ 时, $F_Y(y)=P\{X^2\leqslant y\}=P\{-\sqrt{y}\leqslant X\leqslant \sqrt{y}\}=\int_{-\sqrt{y}}^{\sqrt{y}} f_X(x)\mathrm{d}x$

$$=\int_{-\sqrt{y}}^{0}\frac{1}{2}\mathrm{d}x+\int_{0}^{\sqrt{y}}\frac{1}{4}\mathrm{d}x=\frac{3}{4}\sqrt{y};$$

当 $1\leqslant y<4$ 时, $F_Y(y)=P\{X^2\leqslant y\}=P\{-\sqrt{y}\leqslant X\leqslant \sqrt{y}\}=\int_{-\sqrt{y}}^{\sqrt{y}} f_X(x)\mathrm{d}x$

$$=\int_{-1}^{0}\frac{1}{2}\mathrm{d}x+\int_{0}^{\sqrt{y}}\frac{1}{4}\mathrm{d}x=\frac{1}{4}\sqrt{y}+\frac{1}{2};$$

当 $y\geqslant 4$ 时, $F_Y(y)=1$.

所以 $f_Y(y)=F_Y'(y)=\begin{cases}\dfrac{3}{8\sqrt{y}}, & 0<y<1\\ \dfrac{1}{8\sqrt{y}}, & 1\leqslant y<4\\ 0, & \text{其他}\end{cases}$.

注 求随机变量函数的分布时, 若函数具有单调性, 则可用公式法, 也可用分布函数法, 但若函数非单调, 则一般用分布函数法求解, 且一定要注意正确分段计算.

例 8 设随机变量 X 的概率密度为

$$f(x)=\begin{cases}\dfrac{1}{9}x^2, & 0<x<3\\ 0, & \text{其他}\end{cases}, \text{令随机变量} Y=\begin{cases}2, & X\leqslant 1\\ X, & 1<X<2\\ 1, & X\geqslant 2\end{cases}.$$

(1) 求 Y 的分布函数;

(2) 求概率 $P\{X\leqslant Y\}$.

解 (1) Y 的分布函数 $F_Y(y)=P\{Y\leqslant y\}$.

当 $y<1$ 时, $F_Y(y)=0$;

当 $y\geqslant 2$, 时 $F_Y(y)=1$;

当 $1\leqslant y<2$ 时, $F_Y(y)=P\{Y=1\}+P\{1<Y\leqslant y\}$

$$=P\{X\geqslant 2\}+P\{1<X\leqslant y\}$$
$$=\frac{1}{9}\int_2^3 x^2\,\mathrm{d}x+\frac{1}{9}\int_1^y x^2\,\mathrm{d}x=\frac{2}{3}+\frac{1}{27}y^3.$$

故 Y 的分布函数

$$F_Y(y)=\begin{cases}0, & y<1\\ \dfrac{2}{3}+\dfrac{1}{27}y^3, & 1\leqslant y<2.\\ 1, & y\geqslant 2\end{cases}$$

(2) $P\{X\leqslant Y\}=P\{X\leqslant 1\}+P\{1<X<2\}=P\{X<2\}=\dfrac{1}{9}\displaystyle\int_0^2 x^2\,\mathrm{d}x=\dfrac{8}{27}.$

注　随机变量 Y 是 X 的分段函数, 此时要用分布函数法求解, 并且 Y 不再是连续型随机变量, 也不是离散型随机变量.

三、非离散型也非连续型随机变量函数的分布

设随机变量 X 为既非离散型也非连续型随机变量, 此时 X 只有分布函数 $F_X(x)$,$Y=g(X)$, 其中 $g(x)$ 为单值函数 (通常为连续函数或分段函数), 则如何求得 $Y=g(X)$ 的分布? 我们看下面的例子.

例 9　已知随机变量 X 的分布函数为 $F(x)=\begin{cases}0, & x<-1\\ \dfrac{5}{16}x+\dfrac{7}{16}, & -1\leqslant x<1,\\ 1, & x\geqslant 1\end{cases}$ 试求 $Y=X^2$ 的分布函数.

解　Y 的分布函数 $F_Y(y)=P\{Y\leqslant y\}=P\{X^2\leqslant y\}$.

当 $y<0$ 时, $F_Y(y)=0$;

当 $0\leqslant y<1$ 时,

$$F_Y(y)=P\{X^2\leqslant y\}=P\{-\sqrt{y}\leqslant X\leqslant\sqrt{y}\}=F\{\sqrt{y}\}-F\{-\sqrt{y}-0\}=\frac{5}{8}\sqrt{y};$$

当 $y\geqslant 1$ 时, $F_Y(y)=1$.

所以 Y 的分布函数为

$$F_Y(y)=\begin{cases}0, & y<0\\ \dfrac{5}{8}\sqrt{y}, & 0\leqslant y<1.\\ 1, & y\geqslant 1\end{cases}$$

重要补充及扩展问题

一、关于分布函数

分布函数是概率论中的一个重要概念, 具有中心地位, 它使任何事件的概率都能用函数来表示, 从而能方便地利用微积分来研究概率问题. 为了更好地掌握分布函数, 需要注意以下几点:

1. 任何随机变量都存在分布函数. 但离散型随机变量的分布函数一般为阶梯函数 (当随机变量所取的有限个或可列个值能按由小到大的顺序排列时); 连续型随机变量的分布函数一定是连续函数, 而密度函数不一定连续, 且密度函数在某些点上的函数值可以改动.

2. 只有有概率密度的随机变量才称为连续型的, 虽然其分布函数是连续函数, 但不能错误地认为分布函数连续的随机变量就是连续型的.

3. 存在既非离散型也非连续型的随机变量. 例如下列分布函数

$$F(x)=\begin{cases}0, & x<0\\ \dfrac{1}{2}x, & 0\leqslant x<1\\ 1, & x\geqslant 1\end{cases}$$

所对应的随机变量不是离散型的, 也不是连续型的.

4. 分布函数不能唯一确定随机变量, 即不同的随机变量可以有相同的分布函数.

5. 若 $F_1(x), F_2(x), \ldots, F_n(x)$ 均是分布函数, 则 $\sum\limits_{i=1}^{n}a_iF_i(x)=a_1F_1(x)+a_2F_2(x)+\ldots+a_nF_n(x)$ $\left(\sum\limits_{i=1}^{n}a_i=1, a_i\geqslant 0, i=1,2,\ldots,n\right)$ 仍为分布函数, $\prod\limits_{i=1}^{n}F_i(x)=F_1(x)F_2(x)\ldots F_n(x)$ 仍为分布函数, $1-\prod\limits_{i=1}^{n}[1-F_i(x)]$ 仍为分布函数.

6. 若 $f_1(x), f_2(x), \ldots, f_n(x)$ 均是密度函数, 则 $\sum\limits_{i=1}^{n}a_if_i(x)$ $\left(\sum\limits_{i=1}^{n}a_i=1, a_i\geqslant 0, i=1,2,\ldots,n\right)$ 仍为密度函数, 但 $\prod\limits_{i=1}^{n}f_i(x)$ 不一定仍是密度函数.

二、关于正态分布

1. 设 $X\sim N(0,1)$, 则 $\varPhi(0)=P(X\leqslant 0)=\dfrac{1}{2}$, $\varPhi(-a)=1-\varPhi(a)$,

$$P(|X|\leqslant a)=2\varPhi(a)-1,\quad P(|X|>a)=2(1-\varPhi(a)).$$

2. 设 $X\sim N(\mu,\sigma^2)$, 则 $\dfrac{X-\mu}{\sigma}\sim N(0,1)$, 且

$$P(X\leqslant b)=\varPhi\left(\frac{b-\mu}{\sigma}\right),\quad P(a\leqslant X\leqslant b)=\varPhi\left(\frac{b-\mu}{\sigma}\right)-\varPhi\left(\frac{a-\mu}{\sigma}\right).$$

三、关于二项分布

1. 设 $X\sim B(n,p)$, 则使得概率 $P(X=k)$ 达到最大的 k 为

$$k=\begin{cases}(n+1)p\text{或}(n+1)p-1, & \text{当}(n+1)p\text{为正整数时}\\ [(n+1)p], & \text{当}(n+1)p\text{非正整数时}\end{cases},$$

其中 $[(n+1)p]$ 表示不超过 $(n+1)p$ 的最大整数. 事实上, 考虑比值

$$\frac{P(X=k)}{P(X=k-1)}=\frac{(n-k+1)p}{k(1-p)}=1+\frac{(n+1)p-k}{k(1-p)}\begin{cases}>1, & k<(n+1)p\\ =1, & k=(n+1)p\\ <1, & k>(n+1)p\end{cases}.$$

因此, 若 $(n+1)p$ 为正整数, 则当 $k=(n+1)p$ 或 $(n+1)p-1$ 时, $P(X=k)$ 达到最大; 若 $(n+1)p$ 不是正整数, 则当 $k=[(n+1)p]$ 时, $P(X=k)$ 达到最大.

2. 若$X\sim B(n,p)$, 则 $Y=n-X\sim B(n,1-p)$.

四、关于泊松分布

设 X 服从泊松分布 $P(\lambda)$, 则使得概率 $P(X=k)$ 达到最大的 k 为

$$k=\begin{cases}\lambda\text{或}\lambda-1, & \text{当}\lambda\text{为正整数时}\\ [\lambda], & \text{当}\lambda\text{非正整数时}\end{cases}.$$

事实上, 考虑比值

$$\frac{P(X=k)}{P(X=k-1)}=\frac{\lambda}{k}\begin{cases}>1, & k<\lambda\\ =1, & k=\lambda\\ <1, & k>\lambda\end{cases}.$$

因此随着 k 的增大, $P(X=k)$ 先单调增大, 后单调减小, 若λ为正整数, 则当$k=\lambda$时, $P(X=k)=P(X=k-1)$, 即此时$k=\lambda$或 $\lambda-1$ 均使得 $P(X=k)$ 为最大; 若λ不是正整数, 则当 $k=[\lambda]$, 即 k 为不超过λ的最大正整数时, $P(X=k)$ 达到最大.

五、关于超几何分布

1. 典型模型: 设 N 件产品中有 M 件次品, 现从中任取 n 件产品, 则所取的 n 件产品中所含的次品数 X 服从超几何分布 $H(N,M,n)$.

2. 超几何分布的二项分布逼近: 若 $\lim\limits_{N\to\infty}\dfrac{M}{N}=p$, 则对一切 $n\geqslant 1$, $k=0,1,\cdots,n$, 有

$$\lim_{N\to\infty}\frac{C_M^k C_{N-M}^{n-k}}{C_N^n}=C_n^k p^k(1-p)^{n-k}.$$

因此, 一般当 N 很大, 而 n 相对 N 较小时, 有下列近似计算公式:

$$\frac{C_M^k C_{N-M}^{n-k}}{C_N^n}\approx C_n^k p^k(1-p)^{n-k},$$

其中 $p=\dfrac{M}{N}$.

习 题 二

一、基础练习题

1. 设随机变量 X 的分布函数为

$$F(x)=\begin{cases}0, & x<0\\ A\sin x, & 0\leqslant x\leqslant\dfrac{\pi}{2},\\ 1, & x>\dfrac{\pi}{2}\end{cases}$$

求常数 A 与概率 $P\left(|X|<\dfrac{\pi}{6}\right)$.

2. 设函数 $F(x)=\begin{cases}0, & x<0\\ \dfrac{1}{2}, & 0\leqslant x<1.\\ 1-\mathrm{e}^{-x}, & x\geqslant 1\end{cases}$

(1) 验证 $F(x)$ 是某随机变量 X 的分布函数;

(2) 计算概率 $P\{X=0\}$, $P\{X=1\}$.

3. 一边长为 1 的正立方体容器盛有 $\dfrac{3}{4}$ 的液体, 假设一个小孔出现在容器 6 个侧面的任何一个部位是等可能的. 现容器侧面出现了一个小孔, 液体经此小孔流出, 试求:

(1) 容器中剩余液体液面的高度 X 的分布函数 $F(x)$;

(2) $P\left(X=\dfrac{3}{4}\right)$.

4. 设随机变量 X 的分布函数为

$$F(x)=\begin{cases}0, & x<-2\\ \dfrac{1}{5}, & -2\leqslant x<1\\ \dfrac{7}{10}, & 1\leqslant x<3\\ 1, & x\geqslant 3\end{cases}.$$

求 X 的分布律.

5. 设随机变量 X 只取正整数值 n, 且 $P(X=n)$ 与 n^2 成反比, 试求 X 的分布律.

6. 设 X 服从参数为 λ 的泊松分布, 试求 k 使得 $P(X=k)$ 最大.

7. 设 X 服从二项分布 $B(n,p)$, 试求 k 使得 $P\{X=k\}$最大.

8. 一个袋中有 5 只球, 编号 1, 2, 3, 4, 5, 在其中同时取 3 只, 以 X 表示取出的 3 个球中的最大号码, 求 X 的分布律.

9. 设某射手有五发子弹, 每次射击的命中率为 0.9. 求:

(1) 在对目标进行相互独立的 5 次射击下, 击中目标次数的分布律;

(2) 在命中目标就停止射击, 未命中就一直射到子弹用尽的条件下, 耗用子弹数的分布律.

10. 两名射手轮流射击一个目标, 第一名的命中率为 0.5, 第二名的命中率为 1/3, 为击中目标共射击了 X 次, 试求 X 的分布律.

11. 设某流水生产线上生产的每个产品为不合格品的概率为 p, 当生产出 k 个不合格品时即停止生产进行大修, 求在两次大修之间产品总数的分布律.

12. 设 10 件产品中有 7 件正品、3 件次品, 现随机地从中抽取产品, 每次抽取 1 件, 直到抽到正品为止, 求:

(1) 在有放回的抽取下, 抽取次数的分布律与分布函数;

(2) 在无放回的抽取下, 抽取次数的分布律与分布函数.

13. 一汽车站有大量汽车通过, 设每辆汽车在一天某段时间出事故的概率为 0.000 1. 若某天在该段时间内有 10 000 辆汽车通过, 试求事故次数不少于 2 的概率.

14. 口袋里装有 5 个白球和 3 个黑球, 任意取出 1 个, 若取出的是黑球, 则不放回而另外放入 1 个白球, 这样继续下去, 直到取出的球是白球为止. 试求抽取次数的分布律.

15. 将 n 个球随机地放入分别标有 $1, 2, \ldots, n$ 的 n 个盒子中, 设有球的盒子的最大标号为 X, 试求 X 的分布律.

16. 某生产线上生产的每件产品为不合格品的概率是 0.01, 且各件产品是否为不合格品相互独立.

(1) 求生产 160 件产品时出现的不合格品数的分布律;

(2) 问至少要生产多少件产品才能使至少出现一件不合格品的概率超过 0.95?

17. 假设运载火箭在飞行中进入仪器舱的宇宙线粒子数服从参数为 λ 的泊松分布, 而进入仪器舱的粒子到达仪器的要害部位的概率为 p, 试求到达要害部位的粒子数 Y 的分布律.

18. 设非负随机变量 X 的密度函数为

$$f(x)=\begin{cases} Ax^7\mathrm{e}^{-\frac{x^2}{2}}, & x>0 \\ 0, & \text{其他} \end{cases}.$$

试求 A 的值.

19. 设随机变量 X 的概率密度为

$$f(x)=\begin{cases} \dfrac{1}{2}x^3\mathrm{e}^{-\frac{x^2}{2}}, & x>0 \\ 0, & \text{其他} \end{cases}.$$

求 X 的分布函数 $F(x)$ 和概率 $P\{-2<X\leqslant 4\}$.

20. 假设随机变量 X 的概率密度为

$$f(x)=\begin{cases}\dfrac{1}{2}\cos\dfrac{x}{2}, & 0\leqslant x\leqslant \pi\\ 0, & 其他\end{cases}.$$

对 X 独立地重复观察 4 次, 用 Y 表示观察值大于 $\dfrac{\pi}{3}$ 的次数, 试求 Y 的分布律.

21. 对某地抽样调查的结果表明, 考生的外语成绩 (按百分制计) 近似服从正态分布, 平均分为 72 分, 且 96 分以上的考生占 2.3%, 求考生的外语成绩在 60 分至 84 分之间的概率.

22. 设某个系统由 6 个相同的元件两两串联再并联而成, 且各元件工作状态相互独立, 每个元件正常工作的时间服从参数为 $\lambda>0$ 的指数分布, 试求系统正常工作的时间 T 的分布函数.

23. 设顾客在某银行的窗口等待服务的时间 X(以分计) 服从指数分布, 其概率密度为

$$f_X(x)=\begin{cases}\dfrac{1}{5}\mathrm{e}^{-\frac{1}{5}x}, & x>0\\ 0, & 其他\end{cases},$$

某顾客在窗口等待服务, 若超过 10 分种, 他就离开, 他一个月要到银行 5 次, 以 Y 表示一个月内他未等到服务而离开窗口的次数, 试求 Y 的分布律以及概率 $P(Y\geqslant 1)$.

24. 设随机变量 Y 服从 $[a,5]$ 上的均匀分布, $a>0$, 且关于未知量 x 的方程 $x^2+Yx+\dfrac{3}{4}Y+1=0$ 没有实根的概率为 $\dfrac{1}{4}$, 试求 a 的值.

25. 设 X 的分布律为

$$P(X=k)=\left(\frac{1}{2}\right)^k,\quad k=1,2,\dots,$$

试求 $Y=\sin\left(\dfrac{\pi}{2}X\right)$ 的分布律.

26. 已知 $X\sim B(n,p)$, $Y=1+(-1)^X$, 试求 Y 的分布律.

27. 设 X 的密度函数为

$$f_X(x)=\begin{cases}\mathrm{e}^{-x}, & x>0\\ 0, & 其他\end{cases}.$$

试求 $Y=\mathrm{e}^X$ 的概率密度.

28. 设 $X\sim N(0,1)$, 试分别求 $Y=2X^2+1$ 和 $Z=|X|$ 的概率密度.

29. 设随机变量 X 的概率密度为

$$f_X(x)=\begin{cases}1+x, & -1\leqslant x<0\\ 1-x, & 0\leqslant x\leqslant 1\\ 0, & 其他\end{cases},$$

求 $Y=X^2+1$ 的分布函数.

30. 设随机变量 X 在区间 $(0,1)$ 上服从均匀分布.

(1) 求 $Y=\mathrm{e}^X$ 的概率密度;

(2) 求 $Y=-2\ln X$ 的概率密度.

二、综合提高题

1. 设随机变量 X 的密度函数为

$$f(x)=\begin{cases} C+x, & -1<x<0 \\ C-x, & 0<x<1 \\ 0, & \text{其他} \end{cases},$$

则常数 $C=$__________.

2. 设随机变量 X 的概率密度为

$$f(x)=\begin{cases} 4x^3, & 0<x<1 \\ 0, & \text{其他} \end{cases},$$

又 a 为 $(0,1)$ 中的一个实数, 且 $P(X>a)=P(X<a)$, 则 $a=$__________.

3. 设 X 服从参数为 $\sqrt{5}$ 的泊松分布, 则使得 $P(X=k)$ 达到最大的 $k=$__________.

4. 设随机变量 X 的概率密度为 $f(x)$, 分布函数为 $F(x)$, 且 $f(-x)=f(x)$, 则对于任意实数 a, 有 $F(-a)=$(　　).

(A) $F(a)$　　(B) $\dfrac{1}{2}-F(a)$

(C) $2F(a)-1$　　(D) $1-F(a)$

5. 设随机变量 X 服从指数分布, $Y=\min\{X,2\}$, 则随机变量 Y 的分布函数 (　　).

(A) 是连续函数　　(B) 恰好有一个间断点

(C) 是阶梯函数　　(D) 至少有两个间断点

6. 设随机变量 $X\sim N(\mu,\sigma^2)$, $f(x)$ 为其密度函数, 且 a, b, c 满足: $a<b<c$, $f(a)<f(c)<f(b)$, 则 (　　).

(A) $\dfrac{a+c}{2}<\mu<\dfrac{b+c}{2}$　　(B) $\dfrac{a+b}{2}<\mu<\dfrac{a+c}{2}$

(C) $a<\mu<b$　　(D) $b<\mu<c$

7. 已知随机变量 X 的概率密度 $f_X(x)$, 求随机变量 $Y=\min\{X,X^2\}$的概率密度 $f_Y(y)$.

8. 设随机变量 X 的概率密度为

$$f_X(x)=\begin{cases} \dfrac{1}{2}, & -1<x<0 \\ \dfrac{1}{8}, & 0<x<4 \\ 0, & \text{其他} \end{cases},$$

令 $Y=X^2-2X-5$. 求 Y 的概率密度 $f_Y(y)$.

9. 设随机变量 X 的概率分布为 $P\{X=1\}=P\{X=2\}=\frac{1}{2}$. 在给定 $X=i$ 的条件下, 随机变量 Y 服从均匀分布 $U(0,i)$ $(i=1,2)$. 求 Y 的分布函数 $F_Y(y)$.

10. 设随机变量 X 的分布函数 $F_X(x)$ 为严格单调增加的连续函数, Y 服从 $[0,1]$ 上的均匀分布, 证明随机变量 $Z=F_x^{-1}(Y)$ 的分布函数与 X 的分布函数相同.

11. 设 $F(x)$ 是连续型随机变量 X 的分布函数, $a>0$, 证明

$$\int_{-\infty}^{+\infty}[F(x+a)-F(x)]dx=a.$$

第三章　多维随机变量及其分布

在第二章中，我们已经知道在同一个样本空间上可以定义不同的随机变量. 对于这些随机变量，除了逐个分别研究其概率分布之外，有时我们还需要研究它们的联合性质，比如用 X_1 与 X_2 分别表示某人的身高和体重，我们常常需要研究 X_1 与 X_2 的关系. 因此，我们有必要将这些随机变量看作一个整体进行研究，这就是本章要讨论的多维随机变量或随机向量.

§3.1　多维随机变量

一、多维随机变量及其分布

定义 1　设 $X_1, X_2, \cdots, X_n$ 是定义在同一个样本空间 Ω 上的随机变量，则称 $(X_1, X_2, \cdots, X_n)$ 为 n 维随机变量或随机向量.

注　需要强调的是多维随机变量中作为分量的每个随机变量都定义在同一个样本空间上. 对于不同样本空间 Ω_1 和 Ω_2 上的两个随机变量，其形成的随机向量可以看作是 $\Omega_1 \times \Omega_2$ 上的随机变量.

定义 2　设 $(X_1, X_2, \cdots, X_n)$ 是 n 维随机变量. 对于任意的 n 个实数 $x_1, x_2, \cdots, x_n$，称 n 元函数 $F(x_1, \cdots, x_n) = P\{X_1 \leqslant x_1, \cdots, X_n \leqslant x_n\}$ 为 n 维随机变量的联合分布函数或分布函数.

注　上述定义中的事件 $\{X_1 \leqslant x_1, \cdots, X_n \leqslant x_n\} = \bigcap\limits_{i=1}^{n} \{X_i \leqslant x_i\}$.

由于 n 维随机变量与二维随机变量有很多共同之处，下面我们仅对二维随机变量给出相关的结论. 对于 n 维随机变量的情形，读者可以平行地给出相应结论.

定理 1　二维随机变量 (X, Y) 的分布函数 $F(x, y)$ 满足如下性质:

(1) 单调性. $F(x, y)$ 关于 x 和 y 都是单调非减函数.

(2) 有界性. $0 \leqslant F(x, y) \leqslant 1$ 且 $F(-\infty, y) = \lim\limits_{x \to -\infty} F(x, y) = 0$, $F(x, -\infty) = \lim\limits_{y \to -\infty} F(x, y) = 0$, $F(\infty, \infty) = \lim\limits_{\substack{x \to \infty \\ y \to \infty}} F(x, y) = 1$.

(3) 右连续性. $F(x, y)$ 关于 x 和 y 都是右连续的.

(4) 非负性. 对任意的 $a < b$, $c < d$ 有 $P\{a < X \leqslant b, c < Y \leqslant d\} = F(b, d) - F(a, d) - F(b, c) + F(a, c) \geqslant 0$.

证　(1) 设 $x_1 < x_2$，则 $\{X \leqslant x_1\} \subset \{X \leqslant x_2\}$，故 $\forall y \in \mathbf{R}$，有 $\{X \leqslant x_1, Y \leqslant y\} \subset \{X \leqslant x_2, Y \leqslant y\}$，且 $F(x_1, y) = P\{X \leqslant x_1, Y \leqslant y\} \leqslant P\{X \leqslant x_2, Y \leqslant y\} = F(x_2, y)$，即 $F(x, y)$ 关

于 x 单调非减. 类似地, 可以证明 $F(x,y)$ 关于 y 亦单调非减.

(2) 根据概率的定义, 显然有 $0 \leqslant F(x,y) \leqslant 1$. 又因为 $\forall n \in \mathbf{N}^+$, 有

$$\lim_{x\to-\infty}\{X \leqslant x\} = \lim_{n\to\infty}\bigcap_{m=1}^{n}\{X \leqslant -m\} = \varnothing,$$

$$\lim_{x\to+\infty}\{X \leqslant x\} = \lim_{n\to\infty}\bigcup_{m=1}^{n}\{X \leqslant m\} = \Omega.$$

对 $\{Y \leqslant y\}$, 同样, 利用概率的连续性, 可得结论.

(3) 证明过程完全类似于一维分布函数, 故略之.

(4) 对任意的 $a<b, c<d$ 有

$$\begin{aligned}
&P\{a<X\leqslant b, c<Y\leqslant d\}\\
=&P\{(X\leqslant b,Y\leqslant d)-[(X\leqslant a,Y\leqslant d)-(X\leqslant a,Y\leqslant c)]-[(X\leqslant b,Y\leqslant c)\\
&-(X\leqslant a,Y\leqslant c)]-(X\leqslant a,Y\leqslant c)\}\\
=&P\{(X\leqslant b,Y\leqslant d)\}-P\{(X\leqslant a,Y\leqslant d)-(X\leqslant a,Y\leqslant c)\}-P\{(X\leqslant b,Y\leqslant c)\\
&-(X\leqslant a,Y\leqslant c)\}-P\{(X\leqslant a,Y\leqslant c)\}\\
=&P\{(X\leqslant b,Y\leqslant d)\}-P\{(X\leqslant a,Y\leqslant d)\}-P\{(X\leqslant b,Y\leqslant c)\}+P\{(X\leqslant a,Y\leqslant c)\}\\
=&F(b,d)-F(a,d)-F(b,c)+F(a,c).
\end{aligned}$$

注 可以证明, 满足定理中四个性质的二元函数一定是某个二维随机变量的分布函数. 此外, 要想成为某个随机向量的分布函数, 上述四个性质缺一不可. 例如

$$G(x,y)=\begin{cases}0, & x+y<0\\ 1, & x+y\geqslant 0\end{cases},$$

容易验证 $G(x,y)$ 满足 (1), (2) 和 (3), 但 $G(x,y)$ 不满足 (4), 比如 $G(1,1)-G(1,-1)-G(-1,1)+G(-1,-1)=-1<0$, 故 $G(x,y)$ 不能作为分布函数.

二、离散型多维随机变量

1. 离散型多维随机变量的定义及描述

X \ Y	y_1	y_2	$\cdots$
x_1	p_{11}	p_{12}	$\cdots$
x_2	p_{21}	p_{22}	$\cdots$
$\vdots$	$\vdots$	$\vdots$	$\vdots$

定义 3 若二维随机变量 (X,Y) 只取有限或可列无穷对值, 则称 (X,Y) 是离散型二维随机变量, 称 $p_{ij}=P\{X=x_i,Y=y_j\}, i,j=1,2,\cdots$ 是 (X,Y) 的联合分布律, 简称分布律. (X,Y) 的联合分布律可以用上表表示.

定理 2　分布律具有如下基本性质:

(1) $p_{ij} \geqslant 0$;

(2) $\sum_{i=1}^{\infty}\sum_{j=1}^{\infty} p_{ij} = 1$.

证　略.

注　计算二维随机变量的分布律的关键是先确定随机变量的取值, 然后求出随机变量取每个值的概率, 这一点跟一维随机变量没有太大区别.

例 1　袋子中有 1 个红球、2 个黑球与 3 个白球. 现在有放回地依次从袋子中取两个球, 记 X 和 Y 分别表示所取出的红球和黑球的个数. 求二维随机变量 (X,Y) 的分布律.

解　易知 X,Y 的可能取值都是 $0,1,2$, 根据古典概型可得

$$P(X=0,Y=0)=\frac{3\times 3}{6\times 6}=\frac{1}{4};\quad P(X=0,Y=1)=\frac{\mathrm{C}_2^1\times 2\times 3}{6\times 6}=\frac{1}{3};$$

$$P(X=0,Y=2)=\frac{2\times 2}{6\times 6}=\frac{1}{9};\quad P(X=1,Y=0)=\frac{\mathrm{C}_2^1\times 1\times 3}{6\times 6}=\frac{1}{6};$$

$$P(X=1,Y=1)=\frac{\mathrm{C}_2^1\times 1\times 2}{6\times 6}=\frac{1}{9};\quad P(X=1,Y=2)=0;$$

$$P(X=2,Y=0)=\frac{1\times 1}{6\times 6}=\frac{1}{36};\quad P(X=2,Y=1)=P(X=2,Y=2)=0.$$

故二维随机变量 (X,Y) 的分布律为

X \ Y	0	1	2
0	$\frac{1}{4}$	$\frac{1}{3}$	$\frac{1}{9}$
1	$\frac{1}{6}$	$\frac{1}{9}$	0
2	$\frac{1}{36}$	0	0

例 2　将编号为 1, 2 的两个小球随机地放入三个编号为 1, 2, 3 的盒子中. 记 X_1 表示空盒的个数, 记 X_2 表示放有小球的盒子的最小编号, 求 (X_1,X_2) 的联合分布律.

解　X_1 的可能取值为 1, 2. X_2 的可能取值为 1, 2, 3.

$$p_{2j}=P\{X_1=2,X_2=j\}=\frac{1}{3^2}=\frac{1}{9}, j=1,2,3;$$

$$p_{11}=P\{X_1=1,X_2=1\}=\frac{\mathrm{C}_2^1\mathrm{C}_2^1}{3^2}=\frac{4}{9};$$

$$p_{12}=P\{X_1=1,X_2=2\}=\frac{\mathrm{C}_2^1}{3^2}=\frac{2}{9};$$

$$p_{13} = P\{X_1 = 1, X_2 = 3\} = 0.$$

因此, 分布律为

X_1 \ X_2	1	2	3
1	$\frac{4}{9}$	$\frac{2}{9}$	0
2	$\frac{1}{9}$	$\frac{1}{9}$	$\frac{1}{9}$

2. 多项分布

定理 3 进行 n 次独立重复试验, 设 $A_1, A_2, \cdots, A_r$ 是样本空间的一个完备事件组, 且 $P(A_j) = p_j, j = 1, 2, \cdots, r$, $p_1 + p_2 + \cdots + p_r = 1$. 记 X_i 为 n 次独立试验中 A_i 发生的次数, $i = 1, 2, \cdots, r$, 则

$$P\{X_1 = n_1, X_2 = n_2, \cdots, X_r = n_r\} = \frac{n!}{n_1!n_2!\cdots n_r!} p_1^{n_1} p_2^{n_2} \cdots p_r^{n_r},$$

其中 $n_1 + \cdots + n_r = n$, 此分布被称为 r 项分布或多项分布, 同时称 $(X_1, \cdots, X_{r-1})$ 服从 r 项分布, 记为 $(X_1, \cdots, X_{r-1}) \sim M(n, p_1, p_2, \cdots, p_r)$.

证 仅对 $r = 3$ 给出证明, 对于一般情况类似证明. 用数学归纳法证明. 当 $n = 1$ 时, 结果显然成立. 设结论对 $n - 1$ 成立. 设 $\overline{X}_i$ 表示前 $n - 1$ 次 A_i 发生的次数, B_i 表示第 n 次试验 A_i 发生, 则根据独立性有,

$$\begin{aligned} P\{X_1 = n_1, X_2 = n_2, X_3 = n_3 | B_1\} &= P\{\overline{X}_1 = n_1 - 1, \overline{X}_2 = n_2, \overline{X}_3 = n_3\} \\ &= \frac{(n-1)!}{(n_1 - 1)!n_2!n_3!} p_1^{n_1 - 1} p_2^{n_2} p_3^{n_3}, \\ P\{X_1 = n_1, X_2 = n_2, X_3 = n_3 | B_2\} &= P\{\overline{X}_1 = n_1, \overline{X}_2 = n_2 - 1, \overline{X}_3 = n_3\} \\ &= \frac{(n-1)!}{n_1!(n_2 - 1)!n_3!} p_1^{n_1} p_2^{n_2 - 1} p_3^{n_3}, \\ P\{X_1 = n_1, X_2 = n_2, X_3 = n_3 | B_3\} &= P\{\overline{X}_1 = n_1, \overline{X}_2 = n_2, \overline{X}_3 = n_3 - 1\} \\ &= \frac{(n-1)!}{n_1!n_2!(n_3 - 1)!} p_1^{n_1} p_2^{n_2} p_3^{n_3 - 1}. \end{aligned}$$

因此,

$$\begin{aligned} P\{X_1 = n_1, X_2 = n_2, X_3 = n_3\} &= \sum_{i=1}^{3} P\{X_1 = n_1, X_2 = n_2, X_3 = n_3 | B_i\} P\{B_i\} \\ &= \frac{(n-1)!(n_1 + n_2 + n_3)}{n_1!n_2!n_3!} p_1^{n_1} p_2^{n_2} p_3^{n_3} = \frac{n!}{n_1!n_2!n_3!} p_1^{n_1} p_2^{n_2} p_3^{n_3}. \end{aligned}$$

例 3 设有 100 件产品, 其中 60 件一等品、30 件二等品、10 件三等品. 现从该批产品中有放回地任取 3 件. 记 X, Y 分别表示所取出的 3 件产品中一等品和二等品的件数, 求 (X, Y) 的联合分布律.

解　X,Y 所有可能的取值均为 0, 1, 2, 3, 且当 $i+j>3$ 时, $p_{ij}=0$. 当 $i+j\leqslant 3$ 时,

$$p_{ij}=\frac{3!}{i!j!(3-i-j)!}\left(\frac{3}{5}\right)^i\left(\frac{3}{10}\right)^j\left(\frac{1}{10}\right)^{3-i-j}.$$

3. 多维超几何分布

定理 4　某个袋子里有 N 个球, 其中 N_i 个 i 号球, $i=1,2,\cdots,r$ 且 $N_1+\cdots+N_r=N$. 现从中任取 n 个, 记 X_i 表示取出的 n 个球中 i 号球的个数, $i=1,2,\cdots,r$, 则

$$P\{X_1=n_1,\cdots,X_r=n_r\}=\frac{\mathrm{C}_{N_1}^{n_1}\mathrm{C}_{N_2}^{n_2}\cdots\mathrm{C}_{N_r}^{n_r}}{\mathrm{C}_N^n},$$

其中 $n_1+\cdots+n_r=n$. 该分布称为多维超几何分布.

证　略.

例 4　将例 3 中的有放回改为无放回, 求 (X,Y) 的联合分布律.

解　同样当 $i+j>3$ 时, $p_{ij}=0$. 当 $i+j\leqslant 3$ 时, $p_{ij}=\dfrac{\mathrm{C}_{60}^i\mathrm{C}_{30}^j\mathrm{C}_{10}^{3-i-j}}{\mathrm{C}_{100}^3}$.

三、连续型多维随机变量

1. 定义及性质

定义 4　设 $F(x,y)$ 为二维随机变量 (X,Y) 的分布函数. 若存在非负可积函数 $f(x,y)$, 使得对 $\forall x,y$, 有

$$F(x,y)=\int_{-\infty}^{x}\int_{-\infty}^{y}f(u,v)\mathrm{d}v\mathrm{d}u,$$

则称 (X,Y) 为二维连续型随机变量, 称 $f(x,y)$ 为 (X,Y) 的联合概率密度函数, 简称密度函数.

定理 5　密度函数具有如下性质:

(1) 非负性: $f(x,y)\geqslant 0$;

(2) 规范性: $\displaystyle\int_{-\infty}^{+\infty}\int_{-\infty}^{+\infty}f(x,y)\mathrm{d}x\mathrm{d}y=F(+\infty,+\infty)=1$;

(3) 设 G 是平面区域, 则 $P\{(X,Y)\in G\}=\displaystyle\iint_G f(x,y)\mathrm{d}x\mathrm{d}y$;

(4) 若 $f(x,y)$ 在点 (x,y) 处连续, 则 $\dfrac{\partial^2F(x,y)}{\partial x\partial y}=f(x,y)$.

证　由微积分的知识易得, 故略之.

注　由定理 5(4) 知

$$\begin{aligned}f(x,y)&=\frac{\partial^2F(x,y)}{\partial x\partial y}\\&=\lim_{\substack{\Delta x\to 0^+\\ \Delta y\to 0^+}}\frac{F(x+\Delta x,y+\Delta y)-F(x+\Delta x,y)-F(x,y+\Delta y)+F(x,y)}{\Delta x\Delta y}\end{aligned}$$

$$= \lim_{\substack{\Delta x \to 0^+ \\ \Delta y \to 0^+}} \frac{P\{x < X \leqslant x + \Delta x, y < Y \leqslant y + \Delta y\}}{\Delta x \Delta y}.$$

故若 $f(x,y)$ 在点 (x,y) 处连续, 且 Δx, Δy 很小, 则

$$P\{x < X \leqslant x + \Delta x, y < Y \leqslant y + \Delta y\} \approx f(x,y)\Delta x \Delta y.$$

例 5 设二维随机变量 (X,Y) 的联合密度为

$$f(x,y) = \begin{cases} 2\mathrm{e}^{-(2x+y)}, & x > 0, y > 0 \\ 0, & \text{其他} \end{cases}.$$

(1) 求分布函数 $F(x,y)$;

(2) 求 $P\{X \geqslant Y\}$.

解 (1) 当 $x > 0, y > 0$ 时,

$$F(x,y) = \int_{-\infty}^{y}\int_{-\infty}^{x} f(x,y)\mathrm{d}x\mathrm{d}y = \int_{0}^{y}\int_{0}^{x} 2\mathrm{e}^{-(2x+y)}\mathrm{d}x\mathrm{d}y = (1-\mathrm{e}^{-2x})(1-\mathrm{e}^{-y}),$$

故 $F(x,y) = \begin{cases} (1-\mathrm{e}^{-2x})(1-\mathrm{e}^{-y}), & x > 0, y > 0 \\ 0, & \text{其他} \end{cases}.$

(2) $P\{X \geqslant Y\} = \displaystyle\iint_{x \geqslant y} f(x,y)\mathrm{d}x\mathrm{d}y = \int_{0}^{+\infty}\int_{y}^{+\infty} 2\mathrm{e}^{-(2x+y)}\mathrm{d}x\mathrm{d}y = \frac{1}{3}.$

2. 多维均匀分布

定义 5 设 $D \subset \mathbf{R}^n$ 为一有界区域, 其度量 (面积, 体积等) 为 S_D, 若 $(X_1, \cdots, X_n)$ 具有联合密度函数

$$f(x_1, \cdots, x_n) = \begin{cases} \dfrac{1}{S_D}, & (x_1, \cdots, x_n) \in D \\ 0, & \text{其他} \end{cases},$$

则称 $(X_1, \cdots, X_n)$ 服从 D 上的均匀分布, 记为 $(X_1, \cdots, X_n) \sim U(D)$.

注 若某个多维随机变量服从均匀分布, 则该多维随机变量落在区域 D 中任一子区域的概率仅与该子区域的度量有关, 而与其位置无关.

例 6 设 D 为平面内以原点为圆心、以 1 为半径的单位圆内的区域. (X,Y) 服从 D 上的二维均匀分布, 求 $P\left\{|X| \leqslant \dfrac{1}{2}\right\}$.

解 易知 (X,Y) 的联合密度为 $f(x,y) = \begin{cases} \dfrac{1}{\pi}, & x^2 + y^2 \leqslant 1 \\ 0, & \text{其他} \end{cases}.$

$$P\left\{|X| \leqslant \frac{1}{2}\right\} = \iint_{|x| \leqslant \frac{1}{2}} f(x,y)\mathrm{d}x\mathrm{d}y$$

$$=\int_{-\frac{1}{2}}^{\frac{1}{2}}\int_{-\sqrt{1-x^2}}^{\sqrt{1-x^2}}\frac{1}{\pi}\mathrm{d}y\mathrm{d}x=\frac{2}{\pi}\int_{-\frac{1}{2}}^{\frac{1}{2}}\sqrt{1-x^2}\mathrm{d}x$$

$$=\frac{2}{\pi}\int_{-\frac{\pi}{6}}^{\frac{\pi}{6}}\cos^2\theta\mathrm{d}\theta=\frac{2}{\pi}\int_{-\frac{\pi}{6}}^{\frac{\pi}{6}}\frac{1+\cos 2\theta}{2}\mathrm{d}\theta$$

$$=\frac{1}{\pi}\left(\frac{\pi}{3}+\frac{1}{2}\sin(2\theta)\Big|_{-\frac{\pi}{6}}^{\frac{\pi}{6}}\right)=\frac{1}{\pi}\left(\frac{\pi}{3}+\frac{\sqrt{3}}{2}\right).$$

3. 二维正态分布

定义 6　若二维连续型随机变量的概率密度为

$$f(x,y)=\frac{1}{2\pi\sigma_1\sigma_2(1-\rho^2)^{\frac{1}{2}}}\times\exp\left\{-\frac{1}{2(1-\rho^2)}\left[\frac{(x-\mu_1)^2}{\sigma_1^2}-2\rho\frac{(x-\mu_1)(x-\mu_2)}{\sigma_1\sigma_2}+\frac{(y-\mu_2)^2}{\sigma_2^2}\right]\right\},$$

其中 $x,y\in\mathbf{R}$, 则称 (X,Y) 服从二维正态分布, 记为 $(X,Y)\sim N(\mu_1,\mu_2,\sigma_1^2,\sigma_2^2,\rho)$, 其中 $\mu_1,\mu_2\in\mathbf{R}$, $\sigma_1,\sigma_2>0$, $\rho\in(-1,1)$. 二维正态分布的密度函数图像如下图所示:

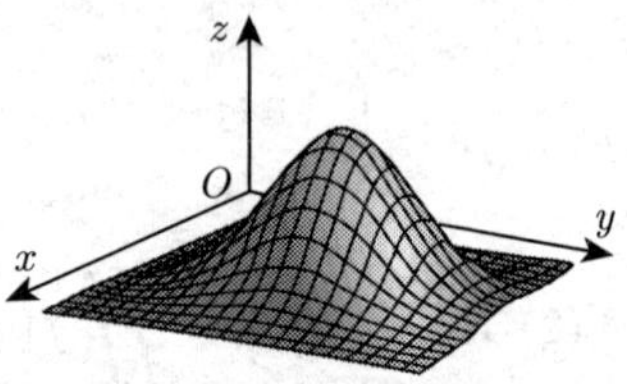

概率密度的验证:

令

$$u=\frac{x-\mu_1}{\sigma_1},v=\frac{y-\mu_2}{\sigma_2},$$

则

$$\int_{-\infty}^{+\infty}\int_{-\infty}^{+\infty}f(x,y)\mathrm{d}x\mathrm{d}y=\int_{-\infty}^{+\infty}\int_{-\infty}^{+\infty}\frac{1}{2\pi\sqrt{1-\rho^2}}\mathrm{e}^{-\frac{u^2-2\rho uv+v^2}{2(1-\rho^2)}}\mathrm{d}u\mathrm{d}v$$

$$=\frac{1}{2\pi\sqrt{1-\rho^2}}\int_{-\infty}^{+\infty}\int_{-\infty}^{+\infty}\mathrm{e}^{-\frac{1}{2}[(\frac{v-\rho u}{\sqrt{1-\rho^2}})^2+u^2]}\mathrm{d}v\mathrm{d}u$$

$$=\frac{1}{\sqrt{2\pi}}\int_{-\infty}^{+\infty}\mathrm{e}^{-\frac{u^2}{2}}\frac{1}{\sqrt{2\pi}}\int_{-\infty}^{+\infty}\mathrm{e}^{-\frac{t^2}{2}}\mathrm{d}t\mathrm{d}u$$

$$=\frac{1}{\sqrt{2\pi}}\int_{-\infty}^{+\infty}\mathrm{e}^{-\frac{u^2}{2}}\mathrm{d}u=1.$$

其中上面恒等变形中用到了变换 $t=\dfrac{v-\rho u}{\sqrt{1-\rho^2}}$.

例 7　设 $(X,Y)\sim N(\mu_1,\mu_2,\sigma_1^2,\sigma_2^2,\rho)$, 求 (X,Y) 落在 D 上的概率, 其中

$$D=\left\{(x,y)\left|\frac{(x-\mu_1)^2}{\sigma_1^2}-2\rho\frac{(x-\mu_1)(y-\mu_2)}{\sigma_1\sigma_2}+\frac{(y-\mu_2)^2}{\sigma_2^2}\leqslant r^2\right.\right\}.$$

解　令

$$\begin{cases} u = \dfrac{x-\mu_1}{\sigma_1} - \rho\dfrac{y-\mu_2}{\sigma_2} \\ v = \dfrac{y-\mu_2}{\sigma_2}\sqrt{1-\rho^2} \end{cases},$$

则

$$\frac{\partial(u,v)}{\partial(x,y)} = \begin{vmatrix} \dfrac{1}{\sigma_1} & 0 \\ -\dfrac{\rho}{\sigma_2} & \dfrac{\sqrt{1-\rho^2}}{\sigma_2} \end{vmatrix} = \frac{\sqrt{1-\rho^2}}{\sigma_1\sigma_2},$$

故

$$\left|\frac{\partial(x,y)}{\partial(u,v)}\right| = \frac{\sigma_1\sigma_2}{\sqrt{1-\rho^2}},$$

因此

$$\begin{aligned} P\{(X,Y)\in D\} &= \iint_D f(x,y)\mathrm{d}x\mathrm{d}y \\ &= \frac{1}{2\pi\sigma_1\sigma_2\sqrt{1-\rho^2}} \\ &\quad\times\iint_D \exp\left\{-\frac{1}{2(1-\rho^2)}\left[\left(\frac{x-\mu_1}{\sigma_1}\right)^2 - 2\rho\frac{(x-\mu_1)(y-\mu_2)}{\sigma_1\sigma_2} + \left(\frac{y-\mu_2}{\sigma_2}\right)^2\right]\right\}\mathrm{d}x\mathrm{d}y \\ &= \frac{1}{2\pi\sigma_1\sigma_2\sqrt{1-\rho^2}} \\ &\quad\times\iint_D \exp\left\{-\frac{1}{2(1-\rho^2)}\left[\left(\frac{x-\mu_1}{\sigma_1} - \rho\frac{y-\mu_2}{\sigma_2}\right)^2 + (1-\rho^2)\left(\frac{y-\mu_2}{\sigma_2}\right)^2\right]\right\}\mathrm{d}x\mathrm{d}y \\ &= \frac{1}{2\pi(1-\rho^2)}\iint_{u^2+v^2\leqslant r^2} \exp\left\{-\frac{u^2+v^2}{2(1-\rho^2)}\right\}\mathrm{d}u\mathrm{d}v. \end{aligned}$$

令 $\begin{cases} u = \lambda\sin\alpha \\ v = \lambda\cos\alpha \end{cases}$, 则

$$\begin{aligned} P\{(X,Y)\in D\} &= \frac{1}{2\pi(1-\rho^2)}\int_0^{2\pi}\mathrm{d}\alpha\int_0^r \lambda \mathrm{e}^{-\frac{\lambda^2}{2(1-\rho^2)}}\mathrm{d}\lambda \\ &= -\int_0^r \mathrm{e}^{-\frac{\lambda^2}{2(1-\rho^2)}}\mathrm{d}\left(-\frac{\lambda^2}{2(1-\rho^2)}\right) = 1 - \mathrm{e}^{-\frac{r^2}{2(1-\rho^2)}}. \end{aligned}$$

§3.2　边缘分布与条件分布

n 维随机变量是定义在同一个样本空间上的 n 个随机变量, 那么自然其中任意 $k(k<n)$ 个随机变量也构成 k 维随机变量, 称其为 n 维随机变量的 k 维边缘随机变量. 本节主要介绍二维随机变量的边缘分布与条件分布.

一、边缘分布

1. 边缘分布函数

定义 1　设 (X,Y) 为二维随机变量, 称 X 和 Y 的分布函数为 (X,Y) 关于 X 和 Y 的边缘分布函数, 通常记为 $F_X(x),F_Y(y)$.

注　根据分布函数的定义, 易知 $F_X(x)=F(x,+\infty),F_Y(y)=F(+\infty,y)$.

例 1 (二维指数分布)　设 (X,Y) 的联合分布为

$$F(x,y)=\begin{cases}1-\mathrm{e}^{-x}-\mathrm{e}^{-y}+\mathrm{e}^{-x-y-\lambda xy}, & x>0,y>0\\ 0, & \text{其他}\end{cases},$$

求 $F_X(x),F_Y(y)$.

解　$F_X(x)=\begin{cases}1-\mathrm{e}^{-x}, & x>0\\ 0, & x\leqslant 0\end{cases},F_Y(y)=\begin{cases}1-\mathrm{e}^{-y}, & y>0\\ 0, & y\leqslant 0\end{cases}.$

注　由上述例子可以看出, 尽管二维指数分布与 λ 有关, 但边缘分布函数都与 λ 无关. 一般来说, 由联合分布函数可以确定边缘分布函数, 但反之不然.

2. 边缘分布律

定义 2　设 (X,Y) 是二维离散型随机变量, 分布律为 $p_{ij}=P\{X=x_i,Y=y_j\},i,j=1,2,\cdots$, 则称 $p_{i\cdot}=P\{X=x_i\}=\sum\limits_{j=1}^{\infty}p_{ij},p_{\cdot j}=P\{Y=y_j\}=\sum\limits_{i=1}^{\infty}p_{ij}$ 分别为二维随机变量 (X,Y) 关于 X 和 Y 的边缘分布律.

边缘分布律可以用下表表示, 其恰好位于分布律表的边缘, 这也是边缘分布律名称的由来.

X \ Y	y_1	y_2	$\cdots$	$p_{i\cdot}$
x_1	p_{11}	p_{12}	$\cdots$	$p_{1\cdot}$
x_2	p_{21}	p_{22}	$\cdots$	$p_{2\cdot}$
$\vdots$	$\vdots$	$\vdots$		$\vdots$
$p_{\cdot j}$	$p_{\cdot 1}$	$p_{\cdot 2}$	$\cdots$	

例 2　设二维随机变量 (X,Y) 的联合分布律如下:

X \ Y	1	2	3
1	0.09	0.21	0.24
2	0.07	0.11	0.28

求边缘分布律.

解 分别将联合分布律表中的每一行和每一列相加即可得到边缘分布:

X \ Y	1	2	3	$p_{i\cdot}$
1	0.09	0.21	0.24	0.54
2	0.07	0.11	0.28	0.46
$p_{\cdot j}$	0.16	0.32	0.52	

例 3 设 $(X,Y)\sim M(n,p_1,p_2,p_3)$, 求 (X,Y) 的边缘分布.

解 显然

$$P\{X=i,Y=j\}=\frac{n!}{i!j!(n-i-j)!}p_1^ip_2^j(1-p_1-p_2)^{n-i-j},$$

其中 $i,j=1,2,\cdots,n,i+j\leqslant n$.

$$\begin{aligned}P\{X=i\}&=\sum_{j=0}^{n-i}P\{X=i,Y=j\}=\sum_{j=0}^{n-i}\frac{n!}{i!j!(n-i-j)!}p_1^ip_2^j(1-p_1-p_2)^{n-i-j}\\&=\frac{n!}{i!(n-i)!}p_1^i(1-p_1)^{n-i}\sum_{j=0}^{n-i}\frac{(n-i)!}{j!(n-i-j)!}\left(\frac{p_2}{1-p_1}\right)^j\left(1-\frac{p_2}{1-p_1}\right)^{n-i-j}\\&=\frac{n!}{i!(n-i)!}p_1^i(1-p_1)^{n-i}\sum_{j=0}^{n-i}\mathrm{C}_{n-i}^j\left(\frac{p_2}{1-p_1}\right)^j\left(1-\frac{p_2}{1-p_1}\right)^{n-i-j}\\&=\mathrm{C}_n^ip_1^i(1-p_1)^{n-i}\left[\left(\frac{p_2}{1-p_1}\right)+\left(1-\frac{p_2}{1-p_1}\right)\right]^{n-i}\\&=\mathrm{C}_n^ip_1^i(1-p_1)^{n-i},\end{aligned}$$

即 $X\sim B(n,p_1)$, 同理可得, $Y\sim B(n,p_2)$.

注 该例题说明三项分布的边缘分布是二项分布. 事实上, 多项分布的边缘分布都是相应维数的多项分布.

3. 边缘密度函数

定义 3 设 (X,Y) 是二维连续型随机变量, $f(x,y)$ 为其联合密度, 称

$$f_X(x)=\int_{-\infty}^{+\infty}f(x,y)\mathrm{d}y,\quad f_Y(y)=\int_{-\infty}^{+\infty}f(x,y)\mathrm{d}x$$

分别为二维随机变量 (X,Y) 关于 X 和 Y 的边缘密度函数.

注 由 $F_X(x)=F(x,+\infty)=\int_{-\infty}^{x}\left[\int_{-\infty}^{+\infty}f(x,y)\mathrm{d}y\right]\mathrm{d}x$ 可以看出, $f_X(x)$ 恰好是 X 作为一维随机变量的概率密度.

例 4　设 (X,Y) 服从单位圆 $D=\{(x,y)|x^2+y^2\leqslant 1\}$ 上的均匀分布, 求边缘密度函数.

解　显然 (X,Y) 的联合密度为

$$f(x,y)=\begin{cases}\dfrac{1}{\pi}, & x^2+y^2\leqslant 1\\ 0, & \text{其他}\end{cases},$$

且 X, Y 的取值范围都是 $[-1,1]$. 于是 $\forall x\in(-1,1)$, 有

$$f_X(x)=\int_{-\infty}^{+\infty}f(x,y)\mathrm{d}y=\int_{-\sqrt{1-x^2}}^{\sqrt{1-x^2}}\frac{1}{\pi}\mathrm{d}y=\frac{2}{\pi}\sqrt{1-x^2},$$

故

$$f_X(x)=\begin{cases}\dfrac{2}{\pi}\sqrt{1-x^2}, & -1<x<1\\ 0, & \text{其他}\end{cases}.$$

同理,

$$f_Y(y)=\begin{cases}\dfrac{2}{\pi}\sqrt{1-y^2}, & -1<y<1\\ 0, & \text{其他}\end{cases}.$$

例 5　设 $(X,Y)\sim N(\mu_1,\mu_2,\sigma_1^2,\sigma_2^2,\rho)$, 求边缘密度函数.

解　显然

$$\begin{aligned}f(x,y)=&\frac{1}{2\pi\sigma_1\sigma_2(1-\rho^2)^{\frac{1}{2}}}\\&\times\exp\left\{-\frac{1}{2(1-\rho^2)}\left[\frac{(x-\mu_1)^2}{\sigma_1^2}-2\rho\frac{(x-\mu_1)(y-\mu_2)}{\sigma_1\sigma_2}+\frac{(y-\mu_2)^2}{\sigma_2^2}\right]\right\}.\end{aligned}$$

由于

$$\frac{(y-\mu_2)^2}{\sigma_2^2}-2\rho\frac{(x-\mu_1)(y-\mu_2)}{\sigma_1\sigma_2}=\left(\frac{y-\mu_2}{\sigma_2}-\rho\frac{x-\mu_1}{\sigma_1}\right)^2-\rho^2\frac{(x-\mu_1)^2}{\sigma_1^2},$$

故

$$\begin{aligned}f_X(x)&=\int_{-\infty}^{+\infty}f(x,y)\mathrm{d}y\\&=\frac{1}{2\pi\sigma_1\sigma_2\sqrt{1-\rho^2}}\\&\quad\times\int_{-\infty}^{+\infty}\exp\left\{-\frac{1}{2(1-\rho^2)}\left[\left(\frac{y-\mu_2}{\sigma_2}-\rho\frac{x-\mu_1}{\sigma_1}\right)^2+(1-\rho^2)\frac{(x-\mu_1)^2}{\sigma_1^2}\right]\right\}\mathrm{d}y\\&=\frac{1}{2\pi\sigma_1\sigma_2\sqrt{1-\rho^2}}\end{aligned}$$

$$\times\mathrm{e}^{-\frac{(x-\mu_1)^2}{2\sigma_1^2}}\int_{-\infty}^{+\infty}\exp\left\{-\frac{1}{2(1-\rho^2)}\left(\frac{y-\mu_2}{\sigma_2}-\rho\frac{x-\mu_1}{\sigma_1}\right)^2\right\}\mathrm{d}y.$$

令

$$t=\frac{1}{\sqrt{1-\rho^2}}\left(\frac{y-\mu_2}{\sigma_2}-\rho\frac{x-\mu_1}{\sigma_1}\right),$$

则有

$$f_X(x)=\frac{1}{\sqrt{2\pi}\sigma_1}\mathrm{e}^{-\frac{(x-\mu_1)^2}{2\sigma_1^2}}\frac{1}{\sqrt{2\pi}}\int_{-\infty}^{+\infty}\mathrm{e}^{-\frac{t^2}{2}}\mathrm{d}t=\frac{1}{\sqrt{2\pi}\sigma_1}\mathrm{e}^{-\frac{(x-\mu_1)^2}{2\sigma_1^2}},$$

即 $X\sim N(\mu_1,\sigma_1^2)$, 同理可以得到, $Y\sim N(\mu_2,\sigma_2^2)$.

注　本例说明二维正态分布的边缘分布仍然是正态分布且边缘分布与参数 ρ 无关, 从而也进一步表明边缘分布不能完全决定联合分布.

二、条件分布

在第一章中, 我们已经知道对于两个事件 A, B, 且 $P(A)>0$, 则 A 发生的条件下 B 发生的条件概率为 $P(B|A)=\dfrac{P(AB)}{P(A)}$. 同样地, 对于二维随机变量 (X,Y), 在已知有关 Y 的某个事件发生的条件下 X 的分布就称为条件分布.

1. 离散型随机变量的条件分布

定义 4　设 (X,Y) 是二维离散型随机变量, 若 $P\{Y=y_j\}>0$, 则称

$$P\{X=x_i|Y=y_j\}=\frac{P\{X=x_i,Y=y_j\}}{P\{Y=y_j\}}=\frac{p_{ij}}{p_{\cdot j}},\ i=1,2,\cdots$$

为 $Y=y_j$ 条件下 X 的条件分布律.

类似地, 若 $P\{X=x_i\}>0$, 则称

$$P\{Y=y_j|X=x_i\}=\frac{p_{ij}}{p_{i\cdot}},j=1,2,\cdots$$

为 $X=x_i$ 条件下 Y 的条件分布律.

定理 1　条件分布律是分布律.

证　显然

$$\frac{p_{ij}}{p_{\cdot j}}\geqslant 0$$

且

$$\sum_{i=1}^{\infty}\frac{p_{ij}}{p_{\cdot j}}=\frac{1}{p_{\cdot j}}\sum_{i=1}^{\infty}p_{ij}=1,$$

即条件分布律满足分布律的两条性质, 故条件分布律是分布律.

注　由于条件分布律是分布律, 故可以定义相应的条件分布函数, 即由条件分布律所确定的分布函数.

例 6　某人向一目标独立重复射击, S_n 表示第 n 次击中目标时的射击次数, $n=1,2$. 设每次击中目标的概率为 $p(0<p<1)$, 求 $S_2=j$ 的条件下 S_1 的条件分布律, $j=2,3,\cdots$.

解　由题意知, (S_1,S_2) 的联合分布律为

$$P\{S_1=i,S_2=j\}=p^2(1-p)^{j-2},j>i\geqslant 1.$$

关于 S_2 的边缘分布律为

$$P(S_2=j)=\sum_{i=1}^{j-1}P(S_1=i,S_2=j)=(j-1)p^2(1-p)^{j-2},j=2,3,\cdots.$$

故 $S_2=j$ 的条件下 S_1 的条件分布律为

$$P\{S_1=i|S_2=j\}=\frac{p^2(1-p)^{j-2}}{(j-1)p^2(1-p)^{j-2}}=\frac{1}{j-1},1\leqslant i\leqslant j-1.$$

注　该例说明在第二次击中目标的情况已知的条件下, 第一次在哪一次击中目标是等可能的.

例 7　假设在某天内进入某商场的顾客数 X 服从泊松分布 $P(\lambda)$, 每位进入商城的顾客购买甲商品的概率为 p, 并且每位顾客是否购买该商品相互独立, 求商场中购买甲商品的顾客数 Y 的分布律.

解　显然

$$P\{X=m\}=\frac{\lambda^m}{m!}\mathrm{e}^{-\lambda},m=0,1,2,\cdots.$$

在 $X=m$ 的条件下, Y 的条件分布为二项分布 $B(m,p)$, 即

$$P\{Y=k|X=m\}=\mathrm{C}_m^k p^k(1-p)^{m-k},k=0,1,2,\cdots,m.$$

因此,

$$\begin{aligned}P\{Y=k\}&=\sum_{m=k}^{\infty}P\{X=m\}P\{Y=k|X=m\}=\sum_{m=k}^{\infty}\frac{\lambda^m}{m!}\mathrm{e}^{-\lambda}\frac{m!}{k!(m-k)!}p^k(1-p)^{m-k}\\&=\mathrm{e}^{-\lambda}\frac{(\lambda p)^k}{k!}\sum_{m=k}^{\infty}\frac{[\lambda(1-p)]^{m-k}}{(m-k)!}=\mathrm{e}^{-\lambda}\frac{(\lambda p)^k}{k!}\mathrm{e}^{\lambda(1-p)}=\frac{(\lambda p)^k}{k!}\mathrm{e}^{-\lambda p},\end{aligned}$$

即 $Y\sim P(\lambda p)$.

2. 连续型随机变量的条件分布

由于连续型随机变量在任何一点处取值的概率为 0, 故不能利用条件概率公式直接定义其条件分布. 我们的想法是在某点处取增量, 然后令增量趋于 0 取极限.

设 (X,Y) 是二维连续型随机变量, 密度函数为 $f(x,y)$, 定义

$$P\{X\leqslant x|Y=y\}=\lim_{\Delta y\to 0^+}P\{X\leqslant x|y<Y\leqslant y+\Delta y\}$$

$$
\begin{aligned}
&= \lim_{\Delta y \to 0^+} \frac{P\{X \leqslant x, y < Y \leqslant y + \Delta y\}}{P\{y < Y \leqslant y + \Delta y\}} \\
&= \lim_{\Delta y \to 0^+} \frac{F(x, y + \Delta y) - F(x, y)}{F_Y(y + \Delta y) - F_Y(y)} \\
&= \lim_{\Delta y \to 0^+} \frac{[F(x, y + \Delta y) - F(x, y)]/\Delta y}{[F_Y(y + \Delta y) - F_Y(y)]/\Delta y}.
\end{aligned}
$$

若 $f(x,y)$ 在 x, y 处连续, 则

$$
P\{X \leqslant x | Y = y\} = \frac{\partial F(x,y)/\partial y}{\mathrm{d}F_Y(y)/\mathrm{d}y} = \frac{\displaystyle\int_{-\infty}^{x} f(x,y)\mathrm{d}x}{f_Y(y)} = \int_{-\infty}^{x} \frac{f(x,y)}{f_Y(y)}\mathrm{d}x.
$$

受以上启发, 我们给出如下条件密度函数的定义.

定义 5 设 (X,Y) 是二维连续型随机变量, $f(x,y)$ 为其联合密度函数, $f_Y(y)$ 为关于 Y 的边缘密度函数. 若对于固定的 y, $f_Y(y) > 0$, 则称 $\dfrac{f(x,y)}{f_Y(y)}$ 为在 $Y = y$ 的条件下 X 的条件密度函数或条件概率密度, 记为

$$
f_{X|Y}(x|y) = \frac{f(x,y)}{f_Y(y)},
$$

称 $F_{X|Y}(x|y) = \displaystyle\int_{-\infty}^{x} f_{X|Y}(x|y)\mathrm{d}x$ 为在 $Y = y$ 的条件下 X 的条件分布函数. 同样可以定义, 在给定 $X = x$ 的条件下 Y 的条件密度函数 $f_{Y|X}(y|x)$ 和条件分布函数 $F_{Y|X}(y|x)$.

例 8 设 (X,Y) 在单位圆 $D = \{(x,y)|x^2 + y^2 \leqslant 1\}$ 内服从均匀分布, 求条件密度函数 $f_{X|Y}(x|y)$.

解 显然 (X,Y) 的联合密度为

$$
f(x,y) = \begin{cases} \dfrac{1}{\pi}, & x^2 + y^2 \leqslant 1 \\ 0, & \text{其他} \end{cases},
$$

并且, 对于 $-1 < y < 1$, 有

$$
f_Y(y) = \int_{-\infty}^{+\infty} f(x,y)\mathrm{d}x = \int_{-\sqrt{1-y^2}}^{\sqrt{1-y^2}} \frac{1}{\pi}\mathrm{d}x = \frac{2}{\pi}\sqrt{1-y^2}.
$$

因此, 当 $-\sqrt{1-y^2} < x < \sqrt{1-y^2}$ 时,

$$
f_{X|Y}(x|y) = \frac{f(x,y)}{f_Y(y)} = \frac{1}{2\sqrt{1-y^2}},
$$

即当 $-1 < y < 1$ 时

$$
f_{X|Y}(x|y) = \begin{cases} \dfrac{1}{2\sqrt{1-y^2}}, & -\sqrt{1-y^2} < x < \sqrt{1-y^2} \\ 0, & \text{其他} \end{cases}.
$$

例 9　设 $(X,Y)\sim N(\mu_1,\mu_2,\sigma_1^2,\sigma_2^2,\rho)$, 求 $f_{X|Y}(x|y)$.

解　由于

$$f(x,y)=\frac{1}{2\pi\sigma_1\sigma_2(1-\rho^2)^{\frac{1}{2}}}\\ \times\exp\left\{-\frac{1}{2(1-\rho^2)}\left[\frac{(x-\mu_1)^2}{\sigma_1^2}-2\rho\frac{(x-\mu_1)(y-\mu_2)}{\sigma_1\sigma_2}+\frac{(y-\mu_2)^2}{\sigma_2^2}\right]\right\}$$

$$f_Y(y)=\frac{1}{\sqrt{2\pi}\sigma_2}\mathrm{e}^{-\frac{(y-\mu_2)^2}{2\sigma_2^2}}.$$

故

$$\begin{aligned}f_{X|Y}(x|y)&=\frac{f(x,y)}{f_Y(y)}\\&=\frac{1}{\sqrt{2\pi}\sigma_1\sqrt{1-\rho^2}}\\&\quad\times\exp\left\{-\frac{1}{2(1-\rho^2)}\left[\frac{(x-\mu_1)^2}{\sigma_1^2}-2\rho\frac{(x-\mu_1)(y-\mu_2)}{\sigma_1\sigma_2}+\rho^2\frac{(y-\mu_2)^2}{\sigma_2^2}\right]\right\}\\&=\frac{1}{\sqrt{2\pi}\sigma_1\sqrt{1-\rho^2}}\exp\left\{-\frac{1}{2\sigma_1^2(1-\rho^2)}\left[(x-\mu_1)-\rho\frac{\sigma_1}{\sigma_2}(y-\mu_2)\right]^2\right\},\end{aligned}$$

即 $X|Y=y\sim N\left(\mu_1+\rho\frac{\sigma_1}{\sigma_2}(y-\mu_2),\sigma_1^2(1-\rho^2)\right)$.

注　这说明二维正态分布的条件分布仍然是正态分布.

例 10　从 $t=0$ 时刻开始, 一部手机收到第一条微信的时间 $X\sim E(\lambda)$, 已知在 $X=x$ 的条件下, 收到第二条微信的时间 Y 具有如下条件概率密度

$$f_{Y|X}(y|x)=\lambda\mathrm{e}^{-\lambda(y-x)},y>x.$$

求 Y 的概率密度 $f_Y(y)$.

解　依题意知 $f_X(x)=\lambda\mathrm{e}^{-\lambda x},x>0$, 故

$$f(x,y)=f_X(x)f_{Y|X}(y|x)=\lambda\mathrm{e}^{-\lambda x}\lambda\mathrm{e}^{-\lambda(y-x)}=\lambda^2\mathrm{e}^{-\lambda y},y>x>0.$$

因此,

$$f_Y(y)=\int_0^{\infty}f(x,y)\mathrm{d}x=\int_0^{y}\lambda^2\mathrm{e}^{-\lambda y}\mathrm{d}x=\lambda^2y\mathrm{e}^{-\lambda y},y>0.$$

注　由 $f(x,y)=f_X(x)f_{Y|X}(y|x)$ 可以得到,

$$f_Y(y)=\int_{-\infty}^{+\infty}f_X(x)f_{Y|X}(y|x)\mathrm{d}x,$$

该公式被称为全概率公式的密度函数形式. 进一步, 还可以得到

$$f_{X|Y}(x|y)=\frac{f_X(x)f_{Y|X}(y|x)}{\displaystyle\int_{-\infty}^{+\infty}f_X(x)f_{Y|X}(y|x)\mathrm{d}x},$$

该公式被称为贝叶斯公式的密度函数形式.

§3.3　随机变量的独立性

直观地来讲, 若两个随机事件相互独立, 则其中一个事件的发生不影响另外一个事件发生的概率. 利用事件的独立性, 我们可以定义随机变量的独立性.

一、独立性的定义

定义 1　设 $F(x_1,x_2,\cdots,x_n)$ 为 n 维随机变量 $(X_1,X_2,\cdots,X_n)$ 的联合分布函数, $F_{X_i}(x_i)$ 为 X_i 的边缘分布函数. 若对任意 n 个实数 $x_1,\cdots,x_n$, 都有

$$F(x_1,\cdots,x_n)=F_{X_1}(x_1)\cdots F_{X_n}(x_n),$$

则称随机变量 $X_1,X_2,\cdots,X_n$ 相互独立.

注　(1) 根据事件相互独立的定义及分布函数的性质可知, $X_1,\cdots,X_n$ 相互独立, 当且仅当对任何实数 $x_1,\cdots,x_n$, 事件 $\{X_1\leqslant x_1\},\cdots,\{X_n\leqslant x_n\}$ 相互独立.

(2) 对于二维随机变量 (X,Y), X 与 Y 相互独立等价于 $F(x,y)=F_X(x)F_Y(y)$, 还等价于 $\forall x,y\in\mathbf{R}$, 随机事件 $\{X\leqslant x\}$ 与 $\{Y\leqslant y\}$ 相互独立. 从而, 随机变量 X,Y 所确定的任何随机事件都相互独立.

二、离散型随机变量的独立性

定理 1　设离散型随机变量 (X,Y) 的取值为 $(x_i,y_j),i,j\geqslant 1$, 则 X 与 Y 相互独立, 当且仅当

$$P\{X=x_i,Y=y_j\}=P\{X=x_i\}P\{Y=y_j\},\forall i,j\geqslant 1.$$

证 *　若对任何 $i,j\geqslant 1$, 有

$$P\{X=x_i,Y=y_j\}=P\{X=x_i\}P\{Y=y_j\},$$

则 $\forall(x,y)\in\mathbf{R}$, 有

$$\begin{aligned}P\{X\leqslant x,Y\leqslant y\}&=\sum_{i:x_i\leqslant x,j:y_j\leqslant y}P\{X=x_i,Y=y_j\}=\sum_{i:x_i\leqslant x,j:y_j\leqslant y}P\{X=x_i\}P\{Y=y_j\}\\&=\sum_{i:x_i\leqslant x}P\{X=x_i\}\sum_{j:y_j\leqslant y}P\{Y=y_j\}=P\{X\leqslant x\}P\{Y\leqslant y\},\end{aligned}$$

即 X 与 Y 独立.

反之, 若 X 与 Y 独立, 则

$$\forall x, y, F(x,y) = F_X(x)F_Y(y).$$

而

$$\begin{aligned}&\{X = x_i, Y = y_j\}\\=&\{X \leqslant x_i, Y \leqslant y_j\} - \{X < x_i, Y < y_j\} - \{X = x_i, Y < y_j\} - \{X < x_i, Y = y_j\}.\end{aligned}$$

故

$$\begin{aligned}&P\{X = x_i, Y = y_j\}\\=&P\{X \leqslant x_i, Y \leqslant y_j\} - P\{X < x_i, Y < y_j\} - P\{X = x_i, Y < y_j\} - P\{X < x_i, Y = y_j\}\\=&P\{X \leqslant x_i\}P\{Y \leqslant y_j\} - F(x_i - 0, y_j - 0) - P\{X = x_i, Y < y_j\} - P\{X < x_i, Y = y_j\}.\end{aligned}$$

而

$$\begin{aligned}&P\{X = x_i, Y < y_j\}\\&= P\{X \leqslant x_i, Y < y_j\} - P\{X < x_i, Y < y_j\}\\&= F(x_i, y_j - 0) - F(x_i - 0, y_j - 0)\\&= F_X(x_i)F_Y(y_j - 0) - F_X(x_i - 0)F_Y(y_j - 0) = P\{X = x_i\}F_Y(y_j - 0).\end{aligned}$$

同理,

$$P\{X < x_i, Y = y_j\} = F_X(x_i - 0)P\{Y = y_j\}.$$

故

$$\begin{aligned}&P\{X = x_i, Y = y_j\}\\=&F_X(x_i)F_Y(y_j) - F_X(x_i - 0)F_Y(y_j - 0)\\&- P\{X = x_i\}F_Y(y_j - 0) - F_X(x_i - 0)P\{Y = y_j\}\\=&F_X(x_i)F_Y(y_j) - F_X(x_i)F_Y(y_j - 0) + F_X(x_i)F_Y(y_j - 0) - F_X(x_i - 0)F_Y(y_j - 0)\\&- P\{X = x_i\}F_Y(y_j - 0) - F_X(x_i - 0)P\{Y = y_j\}\\=&F_X(x_i)P\{Y = y_i\} + P\{X = x_i\}F_Y(y_j - 0)\\&- P\{X = x_i\}F_Y(y_j - 0) - F_X(x_i - 0)P\{Y = y_j\}\\=&P\{X = x_i\}P\{Y = y_j\}.\end{aligned}$$

注　该定理表明, 对于两个离散型随机变量而言, 其相互独立的充分必要条件是联合分布律等于边缘分布律的乘积. 这一结果对 n 维离散型随机变量仍然成立.

例 1 设 (X,Y) 是二维随机变量, 其中 X 和 Y 的取值都是 $0,1$. 已知 $P(X=0,Y=0)=0.4, P(X=1,Y=1)=0.1$, 并且随机事件 $\{X=0\}$ 与 $\{X+Y=1\}$ 相互独立, 试求 $P(X=0,Y=1)$ 以及 $P(X=1,Y=0)$.

解 设 $P(X=0,Y=1)=a$, $P(X=1,Y=0)=b$. 根据题意可知 $0.4+a+b+0.1=1$, 即 $a+b=0.5$. 又由于随机事件 $\{X=0\}$ 与 $\{X+Y=1\}$ 相互独立, 一方面,

$$\begin{aligned}&P(X=0,X+Y=1)=P(X=0)P(X+Y=1)\\&=(0.4+a)[P(X=0,Y=1)+P(X=1,Y=0)]=(0.4+a)(a+b);\end{aligned}$$

另一方面,

$$P(X=0,X+Y=1)=P(X=0,Y=1)=a,$$

因此, $(0.4+a)(a+b)=a$ 且 $a+b=0.5$. 解得 $a=0.4, b=0.1$.

例 2 设一部手机在 $[0,t]$ 内收到的短信数 Y 服从泊松分布 $P(\lambda)$. 每个短信是否为广告短信与其到达时间独立, 也与其他短信是否为广告短信独立. 假设每个收到的短信是广告短信的概率为 p, 证明 $[0,t]$ 内收到的广告短信数 X 与非广告短信数 Z 相互独立.

证 显然在 $Y=n$ 的条件下 X 的条件分布为二项分布, 故

$$\begin{aligned}P\{X=k\}&=\sum_{n=k}^{\infty}P\{Y=n\}P\{X=k|Y=n\}=\sum_{n=k}^{\infty}\frac{\lambda^n}{n!}\mathrm{e}^{-\lambda}\mathrm{C}_n^k p^k(1-p)^{n-k}\\&=\sum_{n=k}^{\infty}\frac{(\lambda p)^k(\lambda(1-p))^{n-k}}{k!(n-k)!}\mathrm{e}^{-\lambda}=\frac{(\lambda p)^k}{k!}\mathrm{e}^{-\lambda}\sum_{n=k}^{\infty}\frac{(\lambda(1-p))^{n-k}}{(n-k)!}\\&=\frac{(\lambda p)^k}{k!}\mathrm{e}^{-\lambda}\mathrm{e}^{\lambda(1-p)}=\frac{(\lambda p)^k}{k!}\mathrm{e}^{-\lambda p},\end{aligned}$$

即 $X\sim P(\lambda p)$, 同理可证 $Z\sim P(\lambda(1-p))$.

$$\begin{aligned}P\{X=k,Z=j\}&=P\{X=k,Y=j+k\}=P\{Y=j+k\}P\{X=k|Y=j+k\}\\&=\frac{\lambda^{j+k}}{(j+k)!}\mathrm{e}^{-\lambda}\mathrm{C}_{j+k}^k p^k(1-p)^j=\frac{(\lambda p)^k}{k!}\mathrm{e}^{-\lambda p}\frac{(\lambda(1-p))^j}{j!}\mathrm{e}^{-\lambda(1-p)}\\&=P\{X=k\}P\{Z=j\}\end{aligned}$$

因此, X 与 Z 独立.

三、连续型随机变量的独立性

前面已经知道离散型随机变量相互独立的充分必要条件是联合分布律等于边缘分布律的乘积. 相应地, 对于连续型随机变量而言, 其相互独立的充分必要条件是联合密度函数等于边缘密度函数的乘积.

定理 2 设 $f_X(x), f_Y(y)$ 分别是连续随机变量 X 和 Y 的边缘密度函数, 则 X 与 Y 独立, 当且仅当 (X,Y) 的联合密度满足如下条件：对几乎处处的 $(x,y)\in R^2$,

$$f(x,y)=f_X(x)f_Y(y).$$

证 * 若 $f(x,y)=f_X(x)f_Y(y)$, 则 (X,Y) 的联合分布函数

$$F(x,y)=P\{X\leqslant x,Y\leqslant y\}=\int_{-\infty}^{x}f_X(u)\mathrm{d}u\int_{-\infty}^{y}f_Y(v)\mathrm{d}v=F_X(x)F_Y(y),$$

故 X 与 Y 独立.

反之, 若 X 与 Y 独立, $\forall x,y\in\mathbf{R}$, 则有

$$\int_{-\infty}^{x}\int_{-\infty}^{y}f(u,v)\mathrm{d}v\mathrm{d}u=P\{X\leqslant x,Y\leqslant y\}=P\{X\leqslant x\}P\{Y\leqslant y\}$$
$$=\int_{-\infty}^{x}f_X(u)\mathrm{d}u\int_{-\infty}^{y}f_Y(v)\mathrm{d}v=\int_{-\infty}^{x}\int_{-\infty}^{y}f_X(u)f_Y(v)\mathrm{d}v\mathrm{d}u.$$

因此

$$f(x,y)=f_X(x)f_Y(y).$$

注 本定理表明, 对于两个连续型随机变量而言, 其相互独立的充分必要条件是联合密度函数等于边缘密度函数的乘积. 此外, 在本定理中, $f(x,y)=f_X(x)f_Y(y)$ 成立是指其在除一个面积为零的集合外成立.

例 3 设二维连续型随机变量 (X,Y) 的联合密度函数为

$$f(x,y)=\begin{cases}8xy, & 0\leqslant x\leqslant y\leqslant 1\\ 0, & \text{其他}\end{cases},$$

问随机变量 X 和 Y 是否独立?

解 当 $0<x<1$ 时,

$$f_X(x)=\int_{-\infty}^{+\infty}f(x,y)\mathrm{d}y=\int_{x}^{1}8xy\mathrm{d}y=4x(1-x^2),$$

即

$$f_X(x)=\begin{cases}4x(1-x^2), & 0<x<1\\ 0, & \text{其他}\end{cases}.$$

当 $0<y<1$ 时,

$$f_Y(y)=\int_{-\infty}^{+\infty}f(x,y)\mathrm{d}x=\int_{0}^{y}8xy\mathrm{d}x=4y^3,$$

即

$$f_Y(y)=\begin{cases}4y^3, & 0<y<1\\ 0, & \text{其他}\end{cases},$$

显然 $f(x,y)\neq f_X(x)f_Y(y)$, 故 X 与 Y 不独立.

例 4 两人在某天 8 点至 9 点间独立等可能地到达某地会面, 先到者等候 20 分钟后离去. 求这两个人能相遇的概率.

解 设 X, Y 分别表示两人到达的时间, 则 $X,Y \sim U(0,60)$. 由于

$$f_X(x)=\begin{cases}\dfrac{1}{60}, & 0<x<60\\ 0, & \text{其他}\end{cases},\quad f_Y(y)=\begin{cases}\dfrac{1}{60}, & 0<x<60\\ 0, & \text{其他}\end{cases},$$

故

$$f(x,y)=f_X(x)f_Y(y)=\begin{cases}\dfrac{1}{3\,600}, & (x,y)\in D\\ 0, & \text{其他}\end{cases},$$

其中 $D=\{(x,y)|0\leqslant x,y\leqslant 60\}$, 因此,

$$P\{\text{相遇}\}=\iint\limits_{|x-y|\leqslant 20} f(x,y)\mathrm{d}x\mathrm{d}y=\frac{5}{9}.$$

§3.4 随机变量函数的分布

与一维随机变量的函数类似, 本节重点讨论一下两个或多个随机变量的函数所形成的新的随机变量的分布.

一、随机变量的和

1. 离散情形

设 (X,Y) 是二维离散型随机变量, 它的可能取值为 (i,j), $i,j=0,1,2,\cdots$, 且 $P\{X=i,Y=j\}=p_{ij}$. 设 $Z=X+Y$, 则 Z 的取值为 $0, 1, 2, \cdots$, 且

$$P\{Z=k\}=P\{X+Y=k\}=\sum_{i=0}^{k}P\{X=i,Y=k-i\}=\sum_{i=0}^{k}p_{i,k-i}, k=0,1,2,\cdots.$$

特别地, 若 X 与 Y 相互独立且只取非负整数, 同时 $P\{X=i\}=a_i, P\{Y=j\}=b_j$, 则 $P\{Z=k\}=\sum\limits_{i=0}^{k}a_ib_{k-i}$, 称之为离散的卷积公式. 若 X 与 Y 同分布, 则称该卷积公式为自卷积.

例 1 设 $X\sim P(\lambda_1), Y\sim P(\lambda_2)$, 且 X 与 Y 独立, 证明 $Z=X+Y\sim P(\lambda_1+\lambda_2)$.

证 显然 Z 的可能取值为 $0,1,2,\cdots$, 且

$$\begin{aligned}P\{Z=k\}&=\sum_{i=0}^{k}P\{X=i,Y=k-i\}=\sum_{i=0}^{k}P\{X=i\}P\{Y=k-i\}\\&=\sum_{i=0}^{k}\left(\frac{\lambda_1^i}{i!}\mathrm{e}^{-\lambda_1}\right)\left(\frac{\lambda_2^{k-i}}{(k-i)!}\mathrm{e}^{-\lambda_2}\right)\end{aligned}$$

$$
\begin{aligned}
&= \frac{(\lambda_1+\lambda_2)^k}{k!}\mathrm{e}^{-(\lambda_1+\lambda_2)}\sum_{i=0}^{k}\frac{k!}{i!(k-i)!}\left(\frac{\lambda_1}{\lambda_1+\lambda_2}\right)^i\left(\frac{\lambda_2}{\lambda_1+\lambda_2}\right)^{k-i} \\
&= \frac{(\lambda_1+\lambda_2)^k}{k!}\mathrm{e}^{-(\lambda_1+\lambda_2)}\left(\frac{\lambda_1}{\lambda_1+\lambda_2}+\frac{\lambda_2}{\lambda_1+\lambda_2}\right)^k = \frac{(\lambda_1+\lambda_2)^k}{k!}\mathrm{e}^{-(\lambda_1+\lambda_2)},
\end{aligned}
$$

即 $Z=X+Y\sim P(\lambda_1+\lambda_2)$.

注　该例题说明泊松分布具有可加性, 该结论可以推广到任何有限个相互独立的泊松分布的和.

例 2　设 $X\sim B(n,p), Y\sim B(m,p)$, 且 X 与 Y 独立, 证明 $Z=X+Y\sim B(m+n,p)$.

证　显然 Z 的取值为 $0,1,2,\cdots,m+n$, 且

$$
P\{Z=k\}=\sum_{i=0}^{k}P\{X=i\}P\{Y=k-i\}.
$$

注意到, 当 $i>n$ 时, $\{X=i\}=\varnothing$; 当 $k-i>m$ 时, $\{Y=k-i\}=\varnothing$. 我们只考虑 $i\leqslant n$ 且 $i\geqslant k-m$ 的情形, 记 $a=\max\{0,k-m\}, b=\min\{n,k\}$, 则

$$
\begin{aligned}
P\{Z=k\} &= \sum_{i=a}^{b}P\{X=i\}P\{Y=k-i\} = \sum_{i=a}^{b}\mathrm{C}_n^i p^i(1-p)^{n-i}\mathrm{C}_m^{k-i}p^{k-i}(1-p)^{m-k+i} \\
&= p^k(1-p)^{m+n-k}\sum_{i=a}^{b}\mathrm{C}_n^i\mathrm{C}_m^{k-i} = p^k(1-p)^{m+n-k}\mathrm{C}_{m+n}^k,
\end{aligned}
$$

上面用到了公式 $\sum\limits_{i=a}^{b}\mathrm{C}_n^i\mathrm{C}_m^{k-i}=\mathrm{C}_{m+n}^k$. 因此, $Z=X+Y\sim B(m+n,p)$.

注　该例题说明相互独立的二项分布在参数 p 相同时, 其和仍为二项分布.

2. 连续情形

定理 1　设 (X,Y) 为二维连续型随机变量, $f(x,y)$ 为其联合概率密度, 则 $Z=X+Y$ 是连续型随机变量, 且其密度函数为

$$
f_Z(z)=\int_{-\infty}^{+\infty}f(x,z-x)\mathrm{d}x=\int_{-\infty}^{+\infty}f(z-y,y)\mathrm{d}y, \qquad z\in\mathbf{R}.
$$

证　Z 的分布函数为

$$
\begin{aligned}
F_Z(z) &= P\{X+Y\leqslant z\} = \iint\limits_{x+y\leqslant z}f(x,y)\mathrm{d}x\mathrm{d}y = \int_{-\infty}^{+\infty}\mathrm{d}x\int_{-\infty}^{z-x}f(x,y)\mathrm{d}y \\
&= \int_{-\infty}^{+\infty}\mathrm{d}x\int_{-\infty}^{z}f(x,v-x)\mathrm{d}v = \int_{-\infty}^{z}\left[\int_{-\infty}^{+\infty}f(x,v-x)\mathrm{d}x\right]\mathrm{d}v,
\end{aligned}
$$

故

$$
f_Z(z)=\int_{-\infty}^{+\infty}f(x,z-x)\mathrm{d}x.
$$

同理可证

$$f_Z(z)=\int_{-\infty}^{+\infty}f(z-y,y)\mathrm{d}y.$$

注 若 X 与 Y 相互独立, 且 $f_X(x),f_Y(y)$ 分别为 X 与 Y 的概率密度函数, 则

$$f_Z(z)=\int_{-\infty}^{+\infty}f_X(x)f_Y(z-x)\mathrm{d}x=\int_{-\infty}^{+\infty}f_X(z-y)f_Y(y)\mathrm{d}y,$$

称上式为 $f_X(x)$ 与 $f_Y(y)$ 的卷积公式.

例 3 设二维随机变量 (X,Y) 的概率密度函数为

$$f(x,y)=\begin{cases}2-x-y, & 0<x<1,\ 0<y<1\\ 0, & \text{其他}\end{cases}.$$

求 $Z=X+Y$ 的密度函数.

解 由于

$$f_Z(z)=\int_{-\infty}^{+\infty}f(x,z-x)\mathrm{d}x$$

而

$$f(x,z-x)=\begin{cases}2-x-(z-x), & 0<x<1,\ 0<z-x<1\\ 0, & \text{其他}\end{cases}$$
$$=\begin{cases}2-z, & 0<x<1,\ x<z<1+x\\ 0, & \text{其他}\end{cases}.$$

当 $z\leqslant 0$ 或 $z\geqslant 2$ 时, $f_Z(z)=0$; 当 $0<z<1$ 时,

$$f_Z(z)=\int_0^z(2-z)\mathrm{d}x=z(2-z);$$

当 $1\leqslant z<2$ 时,

$$f_Z(z)=\int_{z-1}^1(2-z)\mathrm{d}x=(2-z)^2.$$

因此, Z 的密度函数为

$$f_Z(z)=\begin{cases}2z-z^2, & 0<z<1\\ (z-2)^2, & 1\leqslant z<2\\ 0, & \text{其他}\end{cases}.$$

注 本例题还可以直接使用二重积分先计算 Z 的分布函数, 然后对其分布函数求导得到密度函数. 读者可以尝试一下.

例 4 设 $X\sim N(\mu_1,\sigma_1^2),Y\sim N(\mu_2,\sigma_2^2)$ 且 X 与 Y 独立, 证明 $Z=X+Y\sim N(\mu_1+\mu_2,\sigma_1^2+\sigma_2^2)$.

证　根据上述定理可知,

$$f_Z(z)=\frac{1}{2\pi\sigma_1\sigma_2}\int_{-\infty}^{+\infty}\exp\left\{-\frac{1}{2}\left[\frac{(z-y-\mu_1)^2}{\sigma_1^2}+\frac{(y-\mu_2)^2}{\sigma_2^2}\right]\right\}\mathrm{d}y.$$

由于

$$\frac{(z-y-\mu_1)^2}{\sigma_1^2}+\frac{(y-\mu_2)^2}{\sigma_2^2}=A\left(y-\frac{B}{A}\right)^2+\frac{(z-\mu_1-\mu_2)^2}{\sigma_1^2+\sigma_2^2}$$

其中

$$A=\frac{1}{\sigma_1^2}+\frac{1}{\sigma_2^2},B=\frac{z-\mu_1}{\sigma_1^2}+\frac{\mu_2}{\sigma_2^2}.$$

于是

$$f_Z(z)=\frac{1}{2\pi\sigma_1\sigma_2}\mathrm{e}^{-\frac{(z-\mu_1-\mu_2)^2}{2(\sigma_1^2+\sigma_2^2)}}\int_{-\infty}^{+\infty}\mathrm{e}^{-\frac{A}{2}\left(y-\frac{B}{A}\right)^2}\mathrm{d}y=\frac{1}{\sqrt{2\pi(\sigma_1^2+\sigma_2^2)}}\mathrm{e}^{-\frac{(z-\mu_1-\mu_2)^2}{2(\sigma_1^2+\sigma_2^2)}},$$

即

$$Z=X+Y\sim N(\mu_1+\mu_2,\sigma_1^2+\sigma_2^2).$$

注　本例题说明, 相互独立的正态分布之和仍然服从正态分布.

例 5　若随机变量 X 的密度函数为

$$f(x)=\begin{cases}\dfrac{\lambda^\alpha}{\Gamma(\alpha)}x^{\alpha-1}\mathrm{e}^{-\lambda x}, & x\geqslant 0\\ 0, & x<0\end{cases},$$

则称 X 服从参数为 α,λ 的伽玛分布, 记为 $X\sim\Gamma(\alpha,\lambda)$ 其中 $\alpha>0,\lambda>0$. 设 $X\sim\Gamma(\alpha_1,\lambda),Y\sim\Gamma(\alpha_2,\lambda)$ 且 X 与 Y 独立, 则 $Z=X+Y\sim\Gamma(\alpha_1+\alpha_2,\lambda)$.

证　显然 Z 的取值非负, 当 $z\leqslant 0$ 时 $f_Z(z)=0$, 当 $z>0$ 时非零区域为 $0<y<z$, 故

$$\begin{aligned}f_Z(z)&=\frac{\lambda^{\alpha_1+\alpha_2}}{\Gamma(\alpha_1)\Gamma(\alpha_2)}\int_0^z(z-y)^{\alpha_1-1}\mathrm{e}^{-\lambda(z-y)}y^{\alpha_2-1}\mathrm{e}^{-\lambda y}\mathrm{d}y\\&=\frac{\lambda^{\alpha_1+\alpha_2}\mathrm{e}^{-\lambda z}}{\Gamma(\alpha_1)\Gamma(\alpha_2)}\int_0^z(z-y)^{\alpha_1-1}y^{\alpha_2-1}\mathrm{d}y\\&=\frac{\lambda^{\alpha_1+\alpha_2}\mathrm{e}^{-\lambda z}}{\Gamma(\alpha_1)\Gamma(\alpha_2)}z^{\alpha_1+\alpha_2-1}\int_0^1(1-t)^{\alpha_1-1}t^{\alpha_2-1}\mathrm{d}t\\&=\frac{\lambda^{\alpha_1+\alpha_2}\mathrm{e}^{-\lambda z}}{\Gamma(\alpha_1)\Gamma(\alpha_2)}z^{\alpha_1+\alpha_2-1}B(\alpha_1,\alpha_2)\\&=\frac{\lambda^{\alpha_1+\alpha_2}}{\Gamma(\alpha_1+\alpha_2)}z^{\alpha_1+\alpha_2-1}\mathrm{e}^{-\lambda z},\end{aligned}$$

上面的计算过程中用到了变换 $y=zt$, 其中 $B(\alpha_1,\alpha_2)$ 为贝塔函数. 因此,

$$Z=X+Y\sim\Gamma(\alpha_1+\alpha_2,\lambda).$$

注 本例题说明, 独立的伽玛分布之和仍然是伽玛分布. 由于指数分布是 $\alpha=1$ 的伽玛分布, 因此, 若 $X\sim E(\lambda),Y\sim E(\lambda)$, 则 $X+Y\sim\Gamma(2,\lambda)$. 这说明指数分布的独立和不再是指数分布, 而是伽玛分布 (爱尔朗分布).

二、随机变量的最值

例 6 设 $X_1,X_2,\cdots,X_n$ 是相互独立的 n 个随机变量, 令 $Y=\max\{X_1,\cdots,X_n\}$. 试求以下情形下 Y 的分布.

(1) $X_i\sim F_i(x),i=1,2,\cdots,n$;

(2) $X_i\sim F(x),i=1,2,\cdots,n$;

(3) X_i 为连续型随机变量, 且 $f(x)$ 为其密度函数 (同分布), $i=1,2,\cdots,n$;

(4) $X\sim E(\lambda),\ i=1,2,\cdots,n$.

解 (1)

$$\begin{aligned}F_Y(y)&=P\{\max\{X_1,\cdots,X_n\}\leqslant y\}=P\{X_1\leqslant y,X_2\leqslant y,\cdots,X_n\leqslant y\}\\&=P\{X_1\leqslant y\}P\{X_2\leqslant y\},\cdots,P\{X_n\leqslant y\}=\prod_{i=1}^{n}F_i(y).\end{aligned}$$

(2)

$$F_Y(y)=[F(y)]^n.$$

(3)

$$f_Y(y)=F_Y'(y)=n[F(y)]^{n-1}f(y).$$

(4)

$$F_Y(y)=\begin{cases}(1-\mathrm{e}^{-\lambda y})^n, & y\geqslant 0\\0, & y<0\end{cases},f_Y(y)=\begin{cases}n(1-\mathrm{e}^{-\lambda y})^{n-1}\lambda\mathrm{e}^{-\lambda y}, & y>0\\0, & y\leqslant 0\end{cases}.$$

例 7 设 $X_1,X_2,\cdots,X_n$ 是 n 个相互独立的随机变量, 令 $Y=\min\{X_1,X_2,\cdots,X_n\}$, 试求以下情形下 Y 的分布.

(1) $X_i\sim F_i(x),i=1,2,\cdots,n$;

(2) $X_i\sim F(x),i=1,2,\cdots,n$;

(3) X_i 为连续型随机变量, 且 $f(x)$ 为其密度函数, $i=1,2,\cdots,n$;

(4) $X\sim E(\lambda),\ i=1,2,\cdots,n$.

解 (1)

$$\begin{aligned}F_Y(y)&=P\{\min\{X_1,\cdots,X_n\}\leqslant y\}=1-P\{\min\{X_1,\cdots,X_n\}>y\}\\&=1-P\{X_1>y,X_2>y,\cdots,X_n>y\}\\&=1-P\{X_1>y\}P\{X_2>y\}\cdots P\{X_n>y\}\end{aligned}$$

$$= 1 - \prod_{i=1}^{n} [1 - F_i(y)].$$

(2)

$$F_Y(y) = 1 - [1 - F(y)]^n.$$

(3)

$$f_Y(y) = n[1 - F(y)]^{n-1} f(y).$$

(4)

$$F_Y(y) = \begin{cases} 1 - \mathrm{e}^{-n\lambda y}, & y \geqslant 0 \\ 0, & y < 0 \end{cases}, \quad f_Y(y) = \begin{cases} n\lambda \mathrm{e}^{-n\lambda y}, & y > 0 \\ 0, & y \leqslant 0 \end{cases}.$$

例 8　设 n 个随机变量 $X_1, X_2, \cdots, X_n$ 独立同分布, 分布函数为 $F(x)$, Y_1 为其最小值, Y_2 为其最大值, 求 (Y_1, Y_2) 的联合分布.

解　$\forall x, y \in \mathbf{R}$, 当 $x \geqslant y$ 时, 有

$$F(x, y) = P\{Y_1 \leqslant x, Y_2 \leqslant y\} = P\{Y_2 \leqslant y\} = [F(y)]^n.$$

当 $x < y$ 时, 有

$$F(x, y) = P\{Y_1 \leqslant x, Y_2 \leqslant y\} = P\{Y_2 \leqslant y\} - P\{Y_1 > x, Y_2 \leqslant y\} = [F(y)]^n - [F(y) - F(x)]^n.$$

故 (Y_1, Y_2) 的联合分布为

$$F(x, y) = \begin{cases} [F(y)]^n - [F(y) - F(x)]^n, & x < y \\ [F(y)]^n, & x \geqslant y \end{cases}.$$

三、一般随机变量函数的分布

下面介绍几个利用一般方法计算的多维随机变量函数的分布的例子.

例 9　设 X 与 Y 均服从标准正态分布且相互独立, 求 $Z = \sqrt{X^2 + Y^2}$ 的密度函数.

解　显然 (X, Y) 的联合密度为

$$f(x, y) = \frac{1}{2\pi} \mathrm{e}^{-\frac{x^2 + y^2}{2}}.$$

Z 的取值范围为 $[0, +\infty)$, 因此, 对于 $\forall z > 0$, 有

$$F_Z(z) = P\{Z \leqslant z\} = P\{\sqrt{X^2 + Y^2} \leqslant z\} = \iint\limits_{x^2 + y^2 \leqslant z^2} \frac{1}{2\pi} \mathrm{e}^{-\frac{x^2 + y^2}{2}} \mathrm{d}x\mathrm{d}y$$

$$= \frac{1}{2\pi} \int_0^{2\pi} \mathrm{d}\theta \int_0^z \mathrm{e}^{-\frac{r^2}{2}} r\mathrm{d}r = \int_0^z \mathrm{e}^{-\frac{r^2}{2}} r\mathrm{d}r,$$

故 Z 的密度函数为

$$f_Z(z) = z\mathrm{e}^{-\frac{z^2}{2}}, \quad z \geqslant 0.$$

例 10 设 (X,Y) 是二维连续型随机变量, 联合密度函数为 $f(x,y)$, 则 $Z_1=\dfrac{Y}{X}, Z_2=XY$ 的密度函数分别为

$$f_{Z_1}(z)=\int_{-\infty}^{+\infty}|x|f(x,xz)\mathrm{d}x,\quad f_{Z_2}(z)=\int_{-\infty}^{+\infty}\frac{1}{|x|}f\left(x,\frac{z}{x}\right)\mathrm{d}x.$$

证

$$\begin{aligned}F_{Z_1}(z)=P\left\{\frac{Y}{X}\leqslant z\right\}&=\iint\limits_{\frac{y}{x}\leqslant z}f(x,y)\mathrm{d}x\mathrm{d}y\\&=\int_{-\infty}^{0}\int_{zx}^{+\infty}f(x,y)\mathrm{d}y\mathrm{d}x+\int_{0}^{+\infty}\int_{-\infty}^{zx}f(x,y)\mathrm{d}y\mathrm{d}x\\&=\int_{-\infty}^{0}\int_{z}^{-\infty}xf(x,xu)\mathrm{d}u\mathrm{d}x+\int_{0}^{+\infty}\int_{-\infty}^{z}xf(x,xu)\mathrm{d}u\mathrm{d}x\\&=\int_{-\infty}^{z}\int_{-\infty}^{+\infty}|x|f(x,xu)\mathrm{d}x\mathrm{d}u.\end{aligned}$$

故

$$f_{Z_1}(z)=\int_{-\infty}^{+\infty}|x|f(x,zx)\mathrm{d}x.$$

同理可得

$$f_{Z_2}(z)=\int_{-\infty}^{+\infty}\frac{1}{|x|}f\left(x,\frac{z}{x}\right)\mathrm{d}x.$$

注 在上例中, 若 X 与 Y 独立, 则

$$f_{Z_1}(z)=\int_{-\infty}^{+\infty}|x|f_X(x)f_Y(xz)\mathrm{d}x,\quad f_{Z_2}(z)=\int_{-\infty}^{+\infty}\frac{1}{|x|}f_X(x)f_Y\left(\frac{z}{x}\right)\mathrm{d}x.$$

注 本节所介绍的随机变量函数的分布主要针对多维连续型随机变量函数所形成的连续型随机变量以及多维离散型随机变量函数所形成的离散型随机变量的分布. 除此之外, 还有多维连续型随机变量函数所形成的离散型随机变量的分布. 这个问题相对比较简单, 我们只需要先确定所形成的离散型随机变量的取值, 然后计算出随机变量取每个值的概率 (也就是计算多维连续型随机变量在不同区域上的概率) 即可. 有兴趣的同学可以自己试着编一些题目, 然后讨论.

重要补充及扩展问题

本章主要介绍了多维随机变量及其函数的分布. 在运用多维随机变量建模解决实际问题的时候, 我们往往需要讨论多维随机变量的函数. 然而, 一方面, 这个多维随机变量的边缘分布可能不只包含单一的离散型分布或连续型分布; 另一方面, 这个函数也不一定是一维函数, 有可能是向量函数. 在本节, 我们主要针对这两种情况展开研究, 而且把我们的研究限定在

二维随机变量上. 当然, 这种思考问题的思想可以用于解决其他更复杂问题的情形. 希望本节的内容能够打开读者思考问题的一扇门, 给读者学习运用概率方法解决问题一点启发.

一、离散型与连续型混合随机变量函数的分布

除了使用联合分布函数描述之外, 对于连续型多维随机变量还可以使用联合密度函数描述, 对于离散型多维随机变量还可以使用联合分布律来描述. 然而, 如果一个多维随机变量的边缘分布中既包括连续型分布, 也包括离散型分布, 那么这个多维随机变量就只能使用联合分布函数来描述. 对于这种类型的多维随机变量的有关随机事件的概率计算问题, 我们常常可以利用全概率公式对其进行转化, 通过对离散型随机变量的取值情况取条件将其转化成连续型随机变量的有关概率计算问题. 下面举例进行说明.

例 1　设随机变量 X,Y 相互独立, 且 X 的概率分布为 $P(X=0)=P(X=2)=\dfrac{1}{2}$, Y 的密度函数为

$$f(y)=\begin{cases} 2y, & 0<y<1 \\ 0, & 其他 \end{cases}.$$

求 $Z=X+Y$ 的密度函数.

解　根据全概率公式, 有

$$\begin{aligned} F_Z(z) &= P(Z\leqslant z)=P(X+Y\leqslant z) \\ &= P(X=0)P(X+Y\leqslant z\mid X=0)+P(X=2)P(X+Y\leqslant z\mid X=2) \\ &= \frac{1}{2}P(Y\leqslant z)+\frac{1}{2}P(Y\leqslant z-2). \end{aligned}$$

于是, 当 $z<0$ 时, $F_Z(z)=0$. 当 $0\leqslant z<1$,

$$F_Z(z)=\frac{1}{2}P(Y\leqslant z)=\frac{1}{2}\int_0^z 2y\mathrm{d}y=\frac{z^2}{2}.$$

当 $1\leqslant z<2$ 时,

$$F_Z(z)=\frac{1}{2}.$$

当 $2\leqslant z<3$ 时,

$$F_Z(z)=\frac{1}{2}+\frac{1}{2}P(Y\leqslant z-2)=\frac{1}{2}+\frac{(z-2)^2}{2}.$$

当 $z\geqslant 3$ 时, $F_Z(z)=1$. 因此, Z 的密度函数为

$$f_Z(z)=\begin{cases} z, & 0<z<1 \\ z-2, & 2<z<3 \\ 0, & 其他 \end{cases}.$$

例 2　设 X_1,X_2 和 V 是定义在同一个样本空间上的三个相互独立的随机变量, 其中 X_1 和 X_2 的分布函数分别为 $F_1(x)$ 和 $F_2(x)$, $V\sim B(1,p)$, $0<p<1$. 令 $Y=VX_1+(1-V)X_2$,

$Z=VY_1+(1-V)Y_2$, 其中 $Y_1=\max\{X_1,X_2\}$, $Y_2=\min\{X_1,X_2\}$. 求随机变量 Y 和 Z 的分布函数.

解 根据全概率公式, 我们有

$$
\begin{aligned}
F_Y(y)=&P(Y\leqslant y)\\
=&P(VX_1+(1-V)X_2\leqslant y\mid V=1)P(V=1)\\
&+P(VX_1+(1-V)X_2\leqslant y\mid V=0)P(V=0)\\
=&P(X_1\leqslant y\mid V=1)P(V=1)+P(X_2\leqslant y\mid V=0)P(V=0)\\
=&P(X_1\leqslant y)P(V=1)+P(X_2\leqslant y)P(V=0)\\
=&pF_1(y)+(1-p)F_2(y).
\end{aligned}
$$

从而

$$
\begin{aligned}
F_Z(z)=&P(Z\leqslant z)\\
=&pF_{Y_1}(z)+(1-p)F_{Y_2}(z)\\
=&pF_1(z)F_2(z)+(1-p)[1-(1-F_1(z))(1-F_2(z))]\\
=&(1-p)F_1(z)+(1-p)F_2(z)+(2p-1)F_1(z)F_2(z).
\end{aligned}
$$

注 本例中的随机变量 Y 在数学上被称为随机变量 X_1 和 X_2 的随机加权平均. 当然, 这种方法可以推广到更一般的离散型随机变量的情形. 在研究随机网络上的动力学行为时, 这种技巧非常有帮助. 同时, 这也进一步展示了全概率公式的强大威力. 此外, 从随机变量 Z 的分布函数的形式来看, 虽然 $F_1(z),F_2(z)$ 和 $F_1(z)F_2(z)$ 都是分布函数, 但 $F_Z(z)$ 不一定是分布函数的凸组合, 比如 $0<p<1/2$ 时. 但是, 我们可以证明 $F_Z(z)$ 确实满足分布函数的四条性质.

二、二维随机变量函数的分布

在本章前几节的基础上, 我们来研究一下一般的二维随机变量函数所形成的新的二维随机变量的联合分布的情况. 在这里, 我们仅讨论连续型随机变量的情形, 离散型随机变量的讨论类似, 相对来说更容易一些, 请读者自行思考.

定理 1 设二维随机变量 (X,Y) 的联合密度为 $f(x,y)$, 若 $\begin{cases}u=g_1(x,y)\\v=g_2(x,y)\end{cases}$ 有连续偏导数, 且存在唯一的反函数 $\begin{cases}x=x(u,v)\\y=y(u,v)\end{cases}$, 并且其雅可比行列式 $J=\begin{vmatrix}\dfrac{\partial x}{\partial u}&\dfrac{\partial y}{\partial u}\\\dfrac{\partial x}{\partial v}&\dfrac{\partial y}{\partial v}\end{vmatrix}=\begin{vmatrix}\dfrac{\partial u}{\partial x}&\dfrac{\partial u}{\partial y}\\\dfrac{\partial v}{\partial x}&\dfrac{\partial v}{\partial y}\end{vmatrix}^{-1}\neq 0$, 令 $\begin{cases}U=g_1(X,Y)\\V=g_2(X,Y)\end{cases}$, 则 (U,V) 的联合密度为 $h(u,v)=f(x(u,v),$

$y(u,v))|J|$.

证　二维随机变量 (U,V) 的联合分布函数为

$$\begin{aligned}F(u,v)&=P(U\leqslant u,V\leqslant v)\\&=\iint_{g_1(x,y)\leqslant u,g_2(x,y)\leqslant v}f(x,y)\mathrm{d}x\mathrm{d}y\\&=\int_{-\infty}^{u}\int_{-\infty}^{v}f(x(u,v),y(u,v))\mid J\mid \mathrm{d}u\mathrm{d}v.\end{aligned}$$

因此, 根据联合密度函数的定义, 有 (U,V) 的联合密度为 $h(u,v)=f(x(u,v),y(u,v))|J|$.

例 3　设 X,Y 独立, 且均服从正态分布 $N(\mu,\sigma^2)$, 令 $\begin{cases}U=X+Y\\V=X-Y\end{cases}$, 求 (U,V) 的联合密度, 并判断 U,V 是否独立.

解　易知 $\begin{cases}u=x+y\\v=x-y\end{cases}$ 的反函数为 $\begin{cases}x=\dfrac{u+v}{2}\\y=\dfrac{u-v}{2}\end{cases}$ 且 $J=\begin{vmatrix}\dfrac{1}{2}&\dfrac{1}{2}\\\dfrac{1}{2}&-\dfrac{1}{2}\end{vmatrix}=-\dfrac{1}{2}$.

因此, (U,V) 的联合密度为

$$\begin{aligned}f(u,v)&=f_X\left(\frac{u+v}{2}\right)f_Y\left(\frac{u-v}{2}\right)|J|\\&=\frac{1}{2\sqrt{2\pi}\sigma}\exp\left\{-\frac{\left(\dfrac{u+v}{2}-\mu\right)^2}{2\sigma^2}\right\}\cdot\frac{1}{\sqrt{2\pi}\sigma}\exp\left\{-\frac{\left(\dfrac{u-v}{2}-\mu\right)^2}{2\sigma^2}\right\}\\&=\frac{1}{4\pi\sigma^2}\exp\left\{-\frac{(u-2\mu)^2+v^2}{4\sigma^2}\right\},\end{aligned}$$

即 $(U,V)\sim N(2\mu,0,2\sigma^2,2\sigma^2,0)$. 其边缘分布为 $U\sim N(2\mu,2\sigma^2)$, $V\sim N(0,2\sigma^2)$. 显然

$$f_U(u)f_V(v)=f(u,v),$$

故 U 与 V 独立.

注　本例题的方法可以进一步推广, 从而可以证明相互独立的正态分布的任意线性组合仍然服从相应维数的正态分布. 我们把这个结论留给读者自己证明.

例 4　在直角坐标平面内随机投点, 以 X 和 Y 分别表示该点的横纵坐标, 且假设 X 与 Y 相互独立. 如果 X 与 Y 都服从标准正态分布. 求该点极坐标 (ρ,θ) 的联合概率密度.

解　由于 $x=r\cos t, y=r\sin t$, 且

$$J=\begin{vmatrix}\dfrac{\partial x}{\partial r}&\dfrac{\partial x}{\partial t}\\\dfrac{\partial y}{\partial r}&\dfrac{\partial y}{\partial t}\end{vmatrix}=r,$$

又由于 (X,Y) 的密度函数为

$$f(x,y)=\frac{1}{2\pi}\mathrm{e}^{-\frac{x^2+y^2}{2}},$$

故 (ρ,θ) 的联合密度函数为

$$h(r,t)=\frac{1}{2\pi}r\mathrm{e}^{-\frac{r^2}{2}},\ r>0,t\in[0,2\pi).$$

习 题 三

一、基础练习题

1. 盒子中装有 3 个黑球、2 个红球、2 个白球, 从中任取 4 个. 记 X 表示取到的黑球的个数, Y 表示取到的红球的个数. 求 $P(X=Y)$.

2. 设 X_1,X_2 是离散型随机变量, 且 $P(X_i=-1)=P(X_i=1)=0.25$, $P(X_i=0)=0.5, i=1,2$. 若 $P(X_1X_2=0)=1$, 求 $P(X_1=X_2)$.

3. 设二维随机变量 (X,Y) 的联合密度为

$$f(x,y)=\begin{cases} k(6-x-y), & 0<x<2,\ 2<y<4 \\ 0, & \text{其他} \end{cases},$$

求: (1) k; (2) $P(X<1,Y<3)$; (3) $P(X<1.5)$; (4) $P(X+Y\leqslant 4)$.

4. 设二维随机变量 (X,Y) 的联合密度函数为

$$f(x,y)=\begin{cases} 4xy, & 0<x<1,\ 0<y<1 \\ 0, & \text{其他} \end{cases},$$

求: (1) $P(0<X<0.5, 0.25<Y<1)$; (2) $P(X=Y)$; (3) $P(X<Y)$; (4) (X,Y) 的联合分布函数.

5. 设二维随机变量 (X,Y) 在区域 $D=\{(x,y)\mid -1\leqslant x\leqslant 1,-1\leqslant y\leqslant 1\}$ 上服从均匀分布, 求 $P(X^2+Y^2\leqslant 1)$.

6. 设二维随机变量 (X,Y) 的联合密度函数为

$$f(x,y)=\begin{cases} 6(1-y), & 0<x<y<1 \\ 0, & \text{其他} \end{cases},$$

求: (1) $P(X>0.5,Y>0.5)$; (2) $P(X<0.5),P(Y<0.5)$; (3) $P(X+Y<1)$.

7. 设随机变量 $Y\sim E(1)$, 定义 X_k 如下:

$$X_k=\begin{cases} 0, & Y\leqslant k \\ 1, & \text{其他} \end{cases},\ k=1,2.$$

求 (X_1, X_2) 的联合分布律.

8. 设二维随机变量 (X,Y) 的联合密度函数为

$$f(x,y)=\begin{cases}\dfrac{1}{2}, & 0<x<1,\ 0<y<2\\ 0, & \text{其他}\end{cases},$$

求 X,Y 至少有一个小于 0.5 的概率.

9. 设二维离散随机变量 (X,Y) 的可能取值为 $(0,0),(-1,1),(-1,2),(1,0)$, 且取这些值的概率依次为 $\dfrac{1}{6},\dfrac{1}{3},\dfrac{1}{12},\dfrac{5}{12}$, 求 X 与 Y 的边缘分布律.

10. 设平面区域 D 由曲线 $y=\dfrac{1}{x}$ 以及直线 $y=0,x=1,x=\mathrm{e}^2$ 所围成, 二维随机变量 (X,Y) 在 D 上服从均匀分布, 试求 X 的边缘密度.

11. 设 (X,Y) 的联合密度为

$$f(x,y)=\begin{cases}\dfrac{5}{4}(x^2+y), & 0<y<1-x^2\\ 0, & \text{其他}\end{cases},$$

求 X,Y 的边缘密度函数.

12. 已知 (X,Y) 的联合分布律如下: $P(X=1,Y=1)=P(X=2,Y=1)=\dfrac{1}{8},P(X=1,Y=2)=\dfrac{1}{4},P(X=2,Y=2)=\dfrac{1}{2}$. 求: (1) 已知 $Y=i$ 的条件下, X 的条件分布律, $i=1,2$; (2) X,Y 是否独立.

13. 设二维连续型随机变量 (X,Y) 的联合密度函数为

$$f(x,y)=\begin{cases}3x, & 0<x<1,\ 0<y<x\\ 0, & \text{其他}\end{cases},$$

求条件密度 $f_{Y|X}(y\mid x)$.

14. 设二维连续型随机变量 (X,Y) 的联合密度为

$$f(x,y)=\begin{cases}\dfrac{21}{4}x^2y, & x^2\leqslant y\leqslant 1\\ 0, & \text{其他}\end{cases},$$

求 $P\left(Y\geqslant\dfrac{3}{4}\mid X=\dfrac{1}{2}\right)$.

15. 已知随机变量 Y 的密度函数为

$$f_Y(y)=\begin{cases}5y^4, & 0<y<1\\ 0, & \text{其他}\end{cases},$$

在给定 $Y=y$ 的条件下, 随机变量 X 的条件密度函数为

$$f_{X|Y}(x \mid y)=\begin{cases}\dfrac{3x^2}{y^3}, & 0<x<y<1\\ 0, & 其他\end{cases},$$

求 $P(X>0.5)$.

16. 已知二维随机变量 (X,Y) 在 D 上服从均匀分布, D 由直线 $x-y=0, x+y=2, y=0$ 围成. 求: (1) 边缘密度函数 $f_X(x), f_Y(y)$; (2) 条件密度函数 $f_{X|Y}(x \mid y)$.

17. 设随机变量 X 和 Y 独立同分布, 且 $P(X=-1)=P(Y=-1)=P(X=1)=P(Y=1)=\dfrac{1}{2}$. 求 $P(X=Y)$.

18. 甲, 乙两人独立地进行两次射击, 假设甲的命中率为 0.2, 乙的命中率 0.5. 记 X 和 Y 分别表示甲, 乙的命中次数, 求 $P(X \leqslant Y)$.

19. 设 X,Y 是两个相互独立的随机变量, $X \sim U(0,1), Y \sim E(1)$. 求: (1) X,Y 的联合密度函数; (2) $P(Y \leqslant X)$; (3) $P(X+Y \leqslant 1)$.

20. 设二维随机变量 (X,Y) 的联合密度函数为

$$f(x,y)=\begin{cases}3x, & 0<x<1,\ 0<y<x\\ 0, & 其他\end{cases},$$

求: (1) 边缘密度函数 $f_X(x), f_Y(y)$; (2) X,Y 是否独立.

21. 设二维随机变量 (X,Y) 服从区域 D 上的均匀分布, 其中 $D=\{(x,y) \mid a \leqslant x \leqslant b, c \leqslant y \leqslant d\}$. 试证: X,Y 独立.

22. 设二维连续型随机变量 (X,Y) 的密度函数为

$$f(x,y)=A\mathrm{e}^{-ax^2+bxy-cy^2}, \quad x,y \in \mathbf{R},$$

其中 $A>0, a>0, c>0$. 问在上面的条件下 X,Y 是否相互独立?

23. 设随机变量 X,Y 相互独立, 且 $X \sim E(\lambda), Y \sim E(\mu)$. 记

$$Z=\begin{cases}1, & X \leqslant Y\\ 0, & 其他\end{cases},$$

求 Z 的分布律.

24. 设 X 和 Y 为两个随机变量, 且 $P(X \geqslant 0, Y \geqslant 0)=\dfrac{3}{7}, P(X \geqslant 0)=P(Y \geqslant 0)=\dfrac{4}{7}$. 求 $P(\max\{X,Y\} \geqslant 0)$.

25. 设 (X,Y) 的联合密度函数为

$$f(x,y)=\begin{cases}\mathrm{e}^{-(x+y)}, & x>0,\ y>0\\ 0, & 其他\end{cases},$$

求下列随机变量的密度函数: (1) $Z=(X+Y)/2$; (2) $Z=X-Y$.

26. 设 $X\sim U(0,1), Y\sim E(1)$, 且 X,Y 相互独立, 求 $Z=X+Y$ 的密度函数.

27. 设 X_1,X_2,X_3 为相互独立的随机变量, 且都服从 $(0,1)$ 上的均匀分布, 求三者中最大者大于其他两者之和的概率.

28. 设随机变量 X_1,X_2 相互独立, 且分布相同, 其密度函数为

$$f(x)=\begin{cases}2x, & 0<x<1\\ 0, & \text{其他}\end{cases},$$

求 $Z=\max\{X_1,X_2\}-\min\{X_1,X_2\}$ 的密度函数.

29. 设随机变量 X,Y 独立同分布, 其密度函数为

$$f(x)=\begin{cases}\mathrm{e}^{-x}, & x>0\\ 0, & \text{其他}\end{cases},$$

求 $U=X+Y, V=X/(X+Y)$ 的联合密度函数.

30. 设随机变量 X 与 Y 独立同分布, 且都服从标准正态分布. 试证: $U=X^2+Y^2$ 与 $V=X/Y$ 相互独立.

31. 设随机变量 $X_1,X_2,\cdots,X_n$ 相互独立, 且 $X_i\sim E(\lambda_i)$. 试证:

$$P(X_i=\min\{X_1,X_2,\cdots,X_n\})=\frac{\lambda_i}{\lambda_1+\cdots+\lambda_n}.$$

32. 已知随机变量 X 的概率密度函数为

$$f_X(x)=\begin{cases}x\mathrm{e}^{-x}, & x>0\\ 0, & \text{其他}\end{cases},$$

在 $X=x, x>0$ 的条件下, 随机变量 Y 在区间 $(0,x)$ 上服从均匀分布. 求:

(1) 二维随机变量 (X,Y) 的联合密度函数 $f(x,y)$, 并判断 X,Y 是否独立;

(2) $P\left(X+Y<1\mid X>\dfrac{1}{2}\right), P\left(Y<\dfrac{1}{4}\mid X=\dfrac{1}{2}\right)$;

(3) $Z_1=X-Y$ 与 $Z_2=X+Y$ 的联合密度函数.

二、综合提高题

1. 设随机变量 X,Y 相互独立, 且都服从区间 $[0,3]$ 上的均匀分布, 则 $P(\max\{X,Y\}\leqslant 1)=$ ________.

2. 设二维随机变量 $(X,Y)\sim N(1,0,1,1,0)$, 则 $P(XY-Y<0)=$ ________.

3. 设随机变量 X,Y 相互独立, 且都服从区间 $(0,1)$ 上的均匀分布, 则 $P(X^2+Y^2\leqslant 1)=$ (　　).

A. $\dfrac{1}{4}$　　B. $\dfrac{1}{2}$　　C. $\dfrac{\pi}{8}$　　D. $\dfrac{\pi}{4}$

4. 设随机变量 X 和 Y 相互独立, 且 $X \sim N(0,1), Y \sim B\left(1, \dfrac{1}{2}\right)$. 记 $F_Z(z)$ 为随机变量 $Z = XY$ 的分布函数, 则函数 $F_Z(z)$ 的间断点个数为 (　　).

A. 0　　B. 1　　C. 2　　D. 3

5. 设随机变量 $X \sim B\left(1, \dfrac{2}{3}\right)$, $P(Y=-1) = P(Y=0) = P(Y=1) = \dfrac{1}{3}$, 且 $P(X^2 = Y^2) = 1$. (1) 求二维随机变量 (X, Y) 的联合分布律; (2) 求 $Z = XY$ 的分布律.

6. 设二维随机变量 (X, Y) 的密度函数为

$$f(x,y) = \begin{cases} \mathrm{e}^{-x}, & 0 < y < x \\ 0, & \text{其他} \end{cases}.$$

(1) 求条件概率密度 $f_{Y|X}(y \mid x)$; (2) 求条件概率 $P(X \leqslant 1 \mid Y \leqslant 1)$.

7. 设二维随机变量 (X, Y) 的密度函数为

$$f(x,y) = A\mathrm{e}^{-2x^2+2xy-y^2},\ x, y \in \mathbf{R},$$

求常数 A 以及条件密度 $f_{Y|X}(y \mid x)$.

8. 设二维随机变量 (X, Y) 服从区域 D 上的均匀分布, 其中 D 是由 $x - y = 0, x + y = 2$ 以及 $y = 0$ 所围成的三角形区域. (1) 求 X 的边缘密度函数 $f_X(x)$; (2) 求条件概率密度 $f_{X|Y}(x \mid y)$.

9. 设 (X, Y) 是二维随机变量, X 的边缘密度函数为

$$f_X(x) = \begin{cases} 3x^2, & 0 < x < 1 \\ 0, & \text{其他} \end{cases},$$

在给定 $X = x(0 < x < 1)$ 的条件下 Y 的条件概率密度为

$$f_{Y|X}(y \mid x) = \begin{cases} \dfrac{3y^2}{x^3}, & 0 < y < x \\ 0, & \text{其他} \end{cases},$$

(1) 求 (X, Y) 的联合概率密度 $f(x, y)$; (2) 求 Y 的边缘密度函数 $f_Y(y)$; (3) 求 $P(X > 2Y)$.

10. 设随机变量 X 与 Y 相互独立, X 的概率分布为 $P(X = i) = \dfrac{1}{3}, i = -1, 0, 1$, Y 的密度函数为 $f_Y(y) = \begin{cases} 1, & 0 < y < 1 \\ 0, & \text{其他} \end{cases}$, 记 $Z = X + Y$. (1) 求 $P\left(Z \leqslant \dfrac{1}{2}\right)$; (2) 求 Z 的密度函数 $f_Z(z)$.

11. 设随机变量 X 与 Y 独立, 且服从参数为 1 的指数分布. 记 $V = \min\{X, Y\}$. 求 V 的密度函数 $f_V(v)$.

12. 设二维随机变量(X, Y) 在区域 $D = \{(x, y) \mid 0 < x < 1, x^2 < y < \sqrt{x}\}$ 上服从均匀

分布. 令 $U = \begin{cases} 1, & X \leqslant Y \\ 0, & 其他 \end{cases}$, (1) 求 (X,Y) 的联合密度函数; (2) 判断 U 与 X 是否独立; (3) 求 $Z = U + X$ 的分布函数.

13. 设随机变量 X 与 Y 相互独立, 且 X 的概率分布为 $P(X=1) = P(X=-1) = \dfrac{1}{2}$, Y 服从参数为 λ 的泊松分布. 令 $Z = XY$. 求 Z 的概率分布.

14. 设二维随机变量 (X,Y) 的联合密度函数为

$$f(x,y) = \begin{cases} 1, & 0 < x < 1, 0 < y < 2x \\ 0, & 其他 \end{cases},$$

求: (1) (X,Y) 的边缘密度函数 $f_X(x), f_Y(y)$; (2) $Z = 2X - Y$ 的密度函数 $f_Z(z)$; (3) $P\left(Y \leqslant \dfrac{1}{2} \middle| X \leqslant \dfrac{1}{2}\right)$.

第四章　随机变量的数字特征

在前两章的学习中, 我们已经知道, 随机变量的分布函数、分布律或概率密度函数都可以完全描述随机变量的概率特征. 本章主要介绍描述随机变量统计特征的几个量, 包括期望、方差、协方差等.

§4.1　随机变量的数学期望

一、引例

设一个班有 n 名同学, 概率论考试后, 第 i 名同学的成绩为 $x_i\ (i=1,2,\cdots,n)$ 分. 假设有 n_j 名同学的成绩是 $j(j=0,1,\cdots,100)$ 分. 显然 $n=n_0+n_1+\cdots+n_{100}$, 则全班的平均分为

$$\mu=\frac{1}{n}\sum_{i=1}^{n}x_i=\frac{1}{n}\sum_{j=0}^{100}jn_j=\sum_{j=0}^{100}j\left(\frac{n_j}{n}\right).$$

现随机从班里选一名同学, 用 X 表示该同学的成绩, 则 X 的分布律为

$$p_j=P\{X=j\}=\frac{n_j}{n},j=0,1,\cdots,100,$$

平均来看, 该同学的分数为

$$\mu=\sum_{j=0}^{100}j\frac{n_j}{n}=\sum_{j=0}^{100}jp_j.$$

我们称之为 X 的数学期望.

假设在班里有放回地独立重复选取 N 次, 则当 N 比较大时, 得 j 分的学生被选到的次数大约为 Np_j, 且这 N 次选择所得到的平均分大约为

$$\frac{1}{N}\sum_{j=0}^{100}j\cdot Np_j=\sum_{j=0}^{100}jp_j,$$

该平均分恰好为 X 的期望.

二、数学期望的定义

定义 1　设离散型随机变量 X 的分布律为 $p_i=P\{X=x_i\},i=1,2,\cdots$, 若 $\sum\limits_{i=1}^{\infty}|x_i|p_i<+\infty$, 即 $\sum\limits_{i=1}^{\infty}x_ip_i$ 绝对收敛, 则称 X 的数学期望存在, 并称 $E(X)=\sum\limits_{i=1}^{\infty}x_ip_i$ 为 X 的数学期

望, 简称期望或均值. 否则称 X 的期望不存在.

注　(1) 在数学期望的定义中, 要求 $\sum\limits_{i=1}^{\infty} x_i p_i$ 绝对收敛是为了保证交换加和的顺序之后, 期望的值不发生改变, 这在实际中是很有意义的.

(2) 数学期望的物理意义表示概率的几何中心.

对于连续型随机变量, 也有完全类似的定义:

定义 2　设 $f(x)$ 为连续型随机变量 X 的概率密度, 若

$$\int_{-\infty}^{+\infty} |x| f(x) \mathrm{d}x < +\infty,$$

则称

$$E(X) = \int_{-\infty}^{+\infty} x f(x) \mathrm{d}x$$

为 X 的数学期望, 简称期望或均值.

注　(1) 上述两个定义是分别针对连续型和离散型随机变量给出的, 对于一般随机变量的数学期望需要用到勒贝格积分理论, 本课程略去, 有兴趣的同学可以参阅其他概率论的教材.

(2) 在定义中的绝对可积也是很必要的. 有些随机变量的期望不存在, 但是其相应的积分可能存在.

例 1　设随机变量 X 的概率密度为

$$f(x)=\frac{1}{\pi(1+x^2)}, x \in (-\infty, +\infty),$$

易知

$$\int_{-\infty}^{+\infty} |x| \frac{1}{\pi(1+x^2)} \mathrm{d}x = +\infty.$$

因此, $E(X)$ 不存在, 但

$$\int_{-\infty}^{+\infty} x \frac{1}{\pi(1+x^2)} \mathrm{d}x = 0.$$

例 2　17 世纪, 一位赌徒向帕斯卡请教如下问题: 两个赌博水平相当的赌徒同出 50 法郎的赌注, 并约定五局三胜者获得这 100 法郎, 当赌博进行了三局时, 甲胜了两局, 乙胜了一局, 因故要中止赌博, 现问这 100 法郎如何分配?

解　帕斯卡的回答如下, 假设赌博继续下去, 再赌两局必可结束, 这两局的结果只能是如下四个事件: 甲乙, 乙甲, 甲甲, 乙乙. 设 X 表示甲获得的赌资, 则 X 的可能取值为 0, 100, 且 $P\{X=0\}=\frac{1}{4}, P\{X=100\}=\frac{3}{4}$. 于是 $E(X)=0\times\frac{1}{4}+100\times\frac{3}{4}=75$ 法郎, 即甲应该获得 75 法郎, 乙应该获得 25 法郎.

三、常见随机变量的期望

1. X $\sim B(n,p)$, 则 $E(X)=np$.

证　设 $q=1-p$, 由于

$$p_j=P\{X=j\}=\mathrm{C}_n^j p^j q^{n-j},$$

故

$$\begin{aligned}E(X)&=\sum_{j=0}^{n} j\mathrm{C}_n^j p^j q^{n-j}=\sum_{j=1}^{n} j\frac{n!}{j!(n-j)!}p^j q^{n-j}\\&=\sum_{j=1}^{n}\frac{n!}{(j-1)!(n-j)!}p^j q^{n-j}\\&=np\sum_{j=1}^{n}\frac{(n-1)!}{(j-1)![(n-1)-(j-1)]!}p^{j-1}q^{(n-1)-(j-1)}\\&=np\sum_{j=0}^{n-1}\mathrm{C}_{n-1}^j p^j q^{(n-1)-j}=np(p+q)^{n-1}=np.\end{aligned}$$

注　若 $X\sim B(1,p)$, 则 $E(X)=p$.

2. 若 $X\sim P(\lambda)$, 则 $E(X)=\lambda$.

证　由于

$$P\{X=k\}=\frac{\lambda^k}{k!}\mathrm{e}^{-\lambda},\quad k=0,1,2,\cdots,$$

故

$$E(X)=\sum_{k=0}^{\infty}k\frac{\lambda^k}{k!}\mathrm{e}^{-\lambda}=\mathrm{e}^{-\lambda}\sum_{k=1}^{\infty}\frac{\lambda^k}{(k-1)!}=\lambda\mathrm{e}^{-\lambda}\sum_{k=0}^{\infty}\frac{\lambda^k}{k!}=\lambda\mathrm{e}^{-\lambda}\mathrm{e}^{\lambda}=\lambda.$$

3. 若 $X\sim H(N,M,n)$, 则 $E(X)=n\dfrac{M}{N}$.

证　由于

$$P\{X=k\}=\frac{\mathrm{C}_M^k\mathrm{C}_{N-M}^{n-k}}{\mathrm{C}_N^n},k=0,1,2,\cdots,r,r=\min\{M,n\},$$

故

$$\begin{aligned}E(X)&=\sum_{k=0}^{r}k\frac{\mathrm{C}_M^k\mathrm{C}_{N-M}^{n-k}}{\mathrm{C}_N^n}=\sum_{k=1}^{r}k\frac{\dfrac{M!}{k!(M-k)!}\dfrac{(N-M)!}{(n-k)!(N-M-n+k)!}}{\dfrac{N!}{n!(N-n)!}}\\&=\frac{M}{N}n\sum_{k=1}^{r}\frac{\mathrm{C}_{M-1}^{k-1}\mathrm{C}_{N-M}^{n-k}}{\mathrm{C}_{N-1}^{n-1}}=n\frac{M}{N}\sum_{k=0}^{r-1}\frac{\mathrm{C}_{M-1}^{k}\mathrm{C}_{(N-1)-(M-1)}^{(n-1)-k}}{\mathrm{C}_{N-1}^{n-1}}=n\frac{M}{N}.\end{aligned}$$

4. 若 $X \sim G(p)$, 则 $E(X)=\frac{1}{p}$.

证　由于

$$P\{X=k\}=pq^{k-1}, k=1,2,\cdots, q=1-p,$$

故

$$E(X)=\sum_{k=0}^{\infty}kpq^{k-1}=p\left(\sum_{k=0}^{\infty}q^k\right)'=p\left(\frac{1}{1-q}\right)'=\frac{1}{p}.$$

5. 若 $X \sim E(\lambda)$, 则 $E(X)=\frac{1}{\lambda}$.

证　由于 X 的密度函数为 $f(x)=\lambda \mathrm{e}^{-\lambda x}, x>0$, 故

$$\begin{aligned}E(X)&=\int_0^{+\infty}x\lambda \mathrm{e}^{-\lambda x}\mathrm{d}x=-\int_0^{+\infty}x\mathrm{d}\mathrm{e}^{-\lambda x}=-\left(x\mathrm{e}^{-\lambda x}\Big|_0^{+\infty}-\int_0^{+\infty}\mathrm{e}^{-\lambda x}\mathrm{d}x\right)\\&=\int_0^{+\infty}\mathrm{e}^{-\lambda x}\mathrm{d}x=-\frac{1}{\lambda}\mathrm{e}^{-\lambda x}\Big|_0^{+\infty}=\frac{1}{\lambda}.\end{aligned}$$

6. 若 $X \sim N(\mu,\sigma^2)$, 则 $E(X)=\mu$.

证　由于 X 的密度函数为

$$f(x)=\frac{1}{\sqrt{2\pi}\sigma}\mathrm{e}^{-\frac{(x-\mu)^2}{2\sigma^2}}, -\infty<x<+\infty,$$

故

$$\begin{aligned}E(X)&=\int_{-\infty}^{+\infty}xf(x)\mathrm{d}x=\int_{-\infty}^{+\infty}\mu f(x)\mathrm{d}x+\int_{-\infty}^{+\infty}(x-\mu)f(x)\mathrm{d}x\\&=\mu+\int_{-\infty}^{+\infty}tf(t+\mu)\mathrm{d}t=\mu+\int_{-\infty}^{+\infty}\frac{t}{\sqrt{2\pi}\sigma}\mathrm{e}^{-\frac{t^2}{2\sigma^2}}\mathrm{d}t=\mu.\end{aligned}$$

7. 若 $X \sim U(a,b)$, 则 $E(X)=\frac{a+b}{2}$.

证　由于 X 的密度函数为 $f(x)=\frac{1}{b-a}, a<x<b$, 故

$$E(X)=\int_a^b x\frac{1}{b-a}\mathrm{d}x=\frac{x^2}{2(b-a)}\Big|_a^b=\frac{a+b}{2}.$$

8. 若 $X \sim \Gamma(\alpha,\lambda)$, 则 $E(X)=\frac{\alpha}{\lambda}$.

证　由于 X 的密度函数为

$$f(x)=\frac{\lambda^\alpha}{\Gamma(\alpha)}x^{\alpha-1}\mathrm{e}^{-\lambda x}, x>0,$$

故

$$E(X)=\int_0^{+\infty}x\frac{\lambda^\alpha}{\Gamma(\alpha)}x^{\alpha-1}\mathrm{e}^{-\lambda x}\mathrm{d}x=\frac{\lambda^\alpha}{\Gamma(\alpha)}\int_0^{+\infty}x^\alpha\mathrm{e}^{-\lambda x}\mathrm{d}x=\frac{\lambda^\alpha}{\Gamma(\alpha)}\int_0^{+\infty}\left(\frac{t}{\lambda}\right)^\alpha\mathrm{e}^{-t}\frac{1}{\lambda}\mathrm{d}t$$
$$=\frac{\lambda^\alpha}{\Gamma(\alpha)}\frac{1}{\lambda}\frac{1}{\lambda^\alpha}\int_0^{+\infty}t^\alpha\mathrm{e}^{-t}\mathrm{d}t=\frac{1}{\lambda}\frac{\Gamma(\alpha+1)}{\Gamma(\alpha)}=\frac{\alpha}{\lambda}.$$

四、数学期望的性质

定理 1 设 X 是离散型随机变量, 其分布律为 $P\{X=x_i\}=p_i, i=1,2,\cdots$, $g(x)$ 是 x 的函数且

$$\sum_{i=1}^{\infty}|g(x_i)|p_i<\infty,$$

则

$$E[g(X)]=\sum_{i=1}^{\infty}g(x_i)p_i.$$

证 令 $Y=g(X)$, 则 Y 是离散型随机变量, 设 Y 的所有可能取值为 $b_j, j=1,2,\cdots$, 则

$$P\{Y=b_j\}=\sum_{i:g(x_i)=b_j}p_i,$$

故

$$E[g(X)]=E(Y)=\sum_{j=1}^{\infty}b_jP\{Y=b_j\}=\sum_{j=1}^{\infty}b_j\sum_{i:g(x_i)=b_j}p_i=\sum_{j=1}^{\infty}\sum_{i:g(x_i)=b_j}g(x_i)p_i=\sum_{i=1}^{\infty}g(x_i)p_i.$$

完全类似地, 可以证明下面的定理.

定理 2 设 (X,Y) 是二维离散型随机变量, 其联合分布律为

$$P\{X=x_i,Y=y_j\}=p_{ij}, i,j=1,2,\cdots,$$

$g(x,y)$ 是 x,y 的二元函数, 若

$$\sum_{i=1}^{\infty}\sum_{j=1}^{\infty}|g(x_i,y_j)|p_{ij}<+\infty,$$

则

$$E[g(X,Y)]=\sum_{i=1}^{\infty}\sum_{j=1}^{\infty}g(x_i,y_j)p_{ij}.$$

对于连续型随机变量, 我们有类似的结论, 由于这两个定理的严格证明需要用到实变函数论中的积分变换定理, 故本书将其证明省略.

定理 3 设 X 是连续型随机变量, 其密度函数为 $f(x), g(x)$ 是 x 的函数, 且满足

$$\int_{-\infty}^{+\infty}|g(x)|f(x)\mathrm{d}x<+\infty,$$

则

$$E[g(X)] = \int_{-\infty}^{+\infty} f(x)g(x)\mathrm{d}x.$$

对于二维情形, 也有类似的结论.

定理 4　设 (X,Y) 是二维连续型随机变量, 其联合密度为 $f(x,y), g(x,y)$ 为 (x,y) 的二元函数. 若

$$\int_{-\infty}^{+\infty}\int_{-\infty}^{+\infty} |g(x,y)|f(x,y)\mathrm{d}x\mathrm{d}y < +\infty,$$

则

$$E[g(X,Y)] = \int_{-\infty}^{+\infty}\int_{-\infty}^{+\infty} g(x,y)f(x,y)\mathrm{d}x\mathrm{d}y.$$

注　上述几个定理的用途在于在不求随机变量函数的分布的前提下可以直接计算随机变量函数的数学期望. 当然, 若相应的积分不易计算, 我们可以先求其分布, 然后计算期望.

例 3　设 $X \sim B(n,p)$, 则 $E[X(X-1)]$.

解　由于

$$P\{X=k\} = \mathrm{C}_n^k p^k q^{n-k}, k=0,1,2,\cdots,n, q=1-p,$$

故

$$\begin{aligned} E[X(X-1)] &= \sum_{k=0}^{n} k(k-1)\mathrm{C}_n^k p^k q^{n-k} = p^2\left(\sum_{k=0}^{n}\mathrm{C}_n^k x^k q^{n-k}\right)''_{x=p} \\ &= p^2[(x+q)^n]''_{x=p} = n(n-1)p^2. \end{aligned}$$

例 4　设 X, Y 独立同分布, 且都服从标准正态分布, 求 $E(X^2+Y^2)$.

解　(X,Y) 的联合分布为

$$f(x,y) = \frac{1}{2\pi}\mathrm{e}^{-\frac{x^2+y^2}{2}},$$

故

$$\begin{aligned} E(X^2+Y^2) &= \int_{-\infty}^{+\infty}\int_{-\infty}^{+\infty}(x^2+y^2)f(x,y)\mathrm{d}x\mathrm{d}y = \frac{1}{2\pi}\int_0^{2\pi}\mathrm{d}\theta\int_0^{+\infty} r^3\mathrm{e}^{-\frac{r^2}{2}}\mathrm{d}r \\ &= 2\int_0^{+\infty} t\mathrm{e}^{-t}\mathrm{d}t = 2\Gamma(2) = 2. \end{aligned}$$

例 5　设 X, Y 独立同分布, 且都服从指数分布 $E(\lambda)$, 求 $Z = \max\{X,Y\}$ 的数学期望.

解　由于 Z 的密度函数为

$$f_Z(z) = 2(1-\mathrm{e}^{-\lambda z})\lambda\mathrm{e}^{-\lambda z}, z>0,$$

故

$$E(Z) = \int_0^{+\infty} z\cdot 2(1-\mathrm{e}^{-\lambda z})\lambda\mathrm{e}^{-\lambda z}\mathrm{d}z = 2\int_0^{+\infty} z\mathrm{e}^{-\lambda z}\mathrm{d}(\lambda z) - \int_0^{+\infty} z\mathrm{e}^{-2\lambda z}\mathrm{d}(2\lambda z)$$

$$= \frac{2}{\lambda}\int_0^{+\infty} u\mathrm{e}^{-u}\mathrm{d}u - \frac{1}{2\lambda}\int_0^{+\infty} u\mathrm{e}^{-u}\mathrm{d}u = \frac{2}{\lambda}\Gamma(2) - \frac{1}{2\lambda}\Gamma(2) = \frac{3}{2\lambda}.$$

下面利用上述的几个定理, 证明随机变量数学期望的一些基本性质.

定理 5 设 $E(|X_i|) < \infty, i = 1, 2, c_0, c_1, c_2$ 为常数, 则

(1) $E(c_0 + c_1X_1 + c_2X_2) = c_0 + c_1E(X_1) + c_2E(X_2)$.

(2) 若 X_1, X_2 独立, 则 $E(X_1X_2) = E(X_1)E(X_2)$.

(3) 若 $P\{X_1 \leqslant X_2\} = 1$, 则 $E(X_1) \leqslant E(X_2)$.

证 下面仅对 (X_1, X_2) 有联合概率密度 $f(x_1, x_2)$ 的情况给出证明.

(1)

$$\begin{aligned}
&E(|c_0 + c_1X_1 + c_2X_2|)\\
&= \int_{-\infty}^{+\infty}\int_{-\infty}^{+\infty} |c_0 + c_1x_1 + c_2x_2| f(x_1, x_2)\mathrm{d}x_1\mathrm{d}x_2\\
&\leqslant |c_0| + |c_1|\int_{-\infty}^{+\infty}\int_{-\infty}^{+\infty} |x_1| f(x_1, x_2)\mathrm{d}x_1\mathrm{d}x_2 + |c_2|\int_{-\infty}^{+\infty}\int_{-\infty}^{+\infty} |x_2| f(x_1, x_2)\mathrm{d}x_1\mathrm{d}x_2\\
&= |c_0| + |c_1|E(|X_1|) + |c_2|E(|X_2|) < +\infty.
\end{aligned}$$

故

$$\begin{aligned}
&E(c_0 + c_1X_1 + c_2X_2)\\
&= \int_{-\infty}^{+\infty}\int_{-\infty}^{+\infty} (c_0 + c_1x_1 + c_2x_2) f(x_1, x_2)\mathrm{d}x_1\mathrm{d}x_2\\
&= c_0 + c_1\int_{-\infty}^{+\infty} x_1 f_{X_1}(x_1)\mathrm{d}x_1 + c_2\int_{-\infty}^{+\infty} x_2 f_{X_2}(x_2)\mathrm{d}x_2 = c_0 + c_1E(X_1) + c_2E(X_2).
\end{aligned}$$

(2) 由于

$$\begin{aligned}
E(|X_1X_2|) &= \int_{-\infty}^{+\infty}\int_{-\infty}^{+\infty} |x_1x_2| f(x_1, x_2)\mathrm{d}x_1\mathrm{d}x_2\\
&= \int_{-\infty}^{+\infty} |x_1| f_{X_1}(x_1)\mathrm{d}x_1 \cdot \int_{-\infty}^{+\infty} |x_2| f_{X_2}(x_2)\mathrm{d}x_2 = E(|X_1|)E(|X_2|) < +\infty.
\end{aligned}$$

故

$$\begin{aligned}
E(X_1X_2) &= \int_{-\infty}^{+\infty}\int_{-\infty}^{+\infty} x_1x_2 f(x_1, x_2)\mathrm{d}x_1\mathrm{d}x_2\\
&= \int_{-\infty}^{+\infty} x_1 f_{X_1}(x_1)\mathrm{d}x_1 \int_{-\infty}^{+\infty} x_2 f_{X_2}(x_2)\mathrm{d}x_2 = E(X_1)E(X_2).
\end{aligned}$$

(3)

$$E(X_2 - X_1) = \int_{-\infty}^{+\infty}\int_{-\infty}^{+\infty} (x_2 - x_1) f(x_1, x_2)\mathrm{d}x_1\mathrm{d}x_2$$

$$
\begin{aligned}
&=\iint\limits_{x_2\geqslant x_1}(x_2-x_1)f(x_1,x_2)\mathrm{d}x_1\mathrm{d}x_2+\iint\limits_{x_2<x_1}(x_2-x_1)f(x_1,x_2)\mathrm{d}x_1\mathrm{d}x_2\\
&=\iint\limits_{x_2\geqslant x_1}(x_2-x_1)f(x_1,x_2)\mathrm{d}x_1\mathrm{d}x_2+\iint\limits_{x_2<x_1}(x_2-x_1)\cdot 0\mathrm{d}x_1\mathrm{d}x_2\\
&=\iint\limits_{x_2\geqslant x_1}(x_2-x_1)f(x_1,x_2)\mathrm{d}x_1\mathrm{d}x_2\geqslant 0.
\end{aligned}
$$

故 $E(X_1)\leqslant E(X_2)$.

注 (1) 由 (1) 知 $E(c_0)=c_0, E(X_1+X_2)=E(X_1)+E(X_2)$, 并且该性质可以推广到有限个随机变量的情形, 即若 $E(|X_i|)<\infty(i=1,2,\cdots,n), c_i(i=0,1,\cdots,n)$ 为常数, 则

$$E(c_0+c_1X_1+\cdots+c_nX_n)=c_0+c_1E(X_1)+c_2E(X_2)+\cdots+c_nE(X_n).$$

(2) 若 n 个随机变量 $X_1,X_2,\cdots,X_n$ 相互独立, 则 $E(X_1X_2\cdots X_n)=E(X_1)E(X_2)\cdots E(X_n)$.

例 6 设随机变量 X 的分布函数为

$$F(x)=\begin{cases}0, & x<-1\\ 0.2, & -1\leqslant x<0\\ 0.8, & 0\leqslant x<1\\ 1, & x\geqslant 1\end{cases},$$

求 $E(X),E(2X+5),E(X^2)$.

解 根据题意, 易知 X 的分布律为

$$X\sim\begin{pmatrix}-1 & 0 & 1\\ 0.2 & 0.6 & 0.2\end{pmatrix}.$$

因此,

$$E(X)=-1\times 0.2+0\times 0.6+1\times 0.2=0;$$

$$E(2X+5)=2E(X)+5=5;$$

$$E(X^2)=(-1)^2\times 0.2+0^2\times 0.6+1^2\times 0.2=0.4.$$

例 7 某超市销售某种产品, 假设每销售一单位该产品可获利 a 元, 积压一单位该产品损失 b 元, 设市场的销量 $X\sim U(c,d)$ 上的均匀分布. 问超市采购多少该产品可获得最大的平均利润?

解 设超市采购该产品的数量为 x, 则 $c\leqslant x\leqslant d$, 且此时的获利为

$$g(X)=\begin{cases}ax, & X\geqslant x\\ aX-b(x-X), & X<x\end{cases},$$

$$E[g(X)] = \int_c^d g(t)\frac{1}{d-c}\mathrm{d}t = \left[\int_c^x [at - b(x-t)]\mathrm{d}t + \int_x^d ax\mathrm{d}t\right]\frac{1}{d-c}$$
$$= \left[\frac{1}{2}(a+b)(x^2-c^2) - bx(x-c) + ax(d-x)\right]\frac{1}{d-c}$$
$$= \left[-\frac{1}{2}(a+b)x^2 + (ad+bc)x - \frac{1}{2}(a+b)c^2\right]\frac{1}{d-c}.$$

故当 $x = \dfrac{ad+bc}{a+b} \in (c,d)$ 时, 超市平均获利最大.

例 8 设一个盒子中装有 m 个颜色不相同的球, 每次任取一个, 有放回地摸 n 次, 记 X 为 n 次摸球中摸到球的颜色的数目, 求 $E(X)$.

解 令

$$X_i = \begin{cases} 1, & \text{第}i\text{种颜色的球至少被摸到一次} \\ 0, & \text{第}i\text{种颜色的球没有被摸到} \end{cases}, \quad i = 1, 2, \cdots, m,$$

则 $X = \sum\limits_{i=1}^m X_i$, 且

$$E(X) = \sum_{i=1}^m E(X_i) = m\left[1 - \left(1 - \frac{1}{m}\right)^n\right].$$

在本节结束之前, 我们介绍一个非负随机变量的数学期望的常用结论.

定理 6 (1) 若 X 是取非负整数值的随机变量, 则

$$E(X) = \sum_{k=1}^{+\infty} P\{X \geqslant k\} = \sum_{k=0}^{+\infty} P\{X > k\};$$

(2) 若 X 是非负连续型随机变量, 则

$$E(X) = \int_0^{+\infty} P\{X > x\}\mathrm{d}x.$$

证 (1) 设 $p_j = P\{X = j\}$, 则

$$E(X) = \sum_{j=1}^{+\infty} jp_j = \sum_{j=1}^{+\infty}\sum_{k=1}^{j} p_j = \sum_{k=1}^{+\infty}\sum_{j=k}^{+\infty} p_j = \sum_{k=1}^{+\infty} P\{X \geqslant k\}.$$

(2) 注意到 $x = \int_0^x dy$, 我们有

$$E(X) = \int_0^{+\infty} xf(x)\mathrm{d}x = \int_0^{+\infty}\int_0^x f(x)\mathrm{d}y\mathrm{d}x = \int_0^{+\infty}\int_y^{+\infty} f(x)\mathrm{d}x\mathrm{d}y = \int_0^{+\infty} P\{X > y\}\mathrm{d}y.$$

例 9 某医生为社区的 n 个人看病, 假设每次前来看病的人等可能地是其中任何一个, 求该医生在有人第二次看病前平均看过病的人数.

解　设有人第二次看病前共看过 X 个病人, 则

$$P\{X \geqslant k\} = \frac{\mathrm{C}_n^k k!}{n^k}, 0 \leqslant k \leqslant n,$$

故

$$E(X) = \sum_{k=1}^{n} P\{X \geqslant k\} = \sum_{k=1}^{n} \frac{\mathrm{C}_n^k k!}{n^k}.$$

例 10　某播线员负责三部电话, 每部电话等待下一个来电的时间服从参数为 λ 的指数分布, 求该接线员等待第一个电话的平均时间.

解　设 X_1, X_2, X_3 分别表示 3 部电话来电的时间间隔, 则 $X_i \sim E(\lambda), i = 1, 2, 3$. 令

$$Y = \min\{X_1, X_2, X_3\},$$

则 Y 表示等待第一个电话的时间. 易知

$$P\{X_i > y\} = \int_y^{+\infty} \lambda \mathrm{e}^{-\lambda t} \mathrm{d}t = \mathrm{e}^{-\lambda y}, i = 1, 2, 3.$$

故

$$P\{Y > y\} = P\{X_1 > y, X_2 > y, X_3 > y\} = P\{X_1 > y\}P\{X_2 > y\}P\{X_3 > y\} = \mathrm{e}^{-3\lambda y}.$$

因此,

$$E(Y) = \int_0^{+\infty} \mathrm{e}^{-3\lambda y} \mathrm{d}y = \frac{1}{3\lambda}.$$

注　应用这个定理求随机变量的期望可以避免计算随机变量的分布律或密度函数.

§4.2　随机变量的方差

数学期望反映了随机变量的平均取值情况, 本节介绍的方差反映了随机变量取值的离散程度, 是刻画随机变量统计特征的又一个重要的量.

一、方差的定义及性质

定义 1　设 $E(X) = \mu$, 若 $E[(X-\mu)^2] < \infty$, 则称 $E[(X-\mu)^2]$ 为 X 的方差, 记为 $D(X)$ 或 $\mathrm{Var}(X)$, 即 $D(X) = \mathrm{Var}(X) = E[(X - E(X))^2]$. 称 $\sigma(X) = \sqrt{D(X)}$ 为 X 的标准差.

注　(1) 方差与标准差都描述了随机变量的离散程度, 但是它们的量纲不同. 标准差与随机变量的量纲一致, 方差不然.

(2) $E(|X - E(X)|)$ 同样可以描述随机变量的离散程度, 但由于取绝对值在数学上处理起来不方便, 因此, 一般都采用方差或标准差来描述随机变量的离散程度.

例 1　现有两个投资项目, 根据未来市场的优劣, 可以获得不同的收益. 若未来市场为优, 则甲项目可获益 11 万元, 乙项目可获益 6 万元; 若未来市场为中, 则甲项目可获益 3 万

元, 乙项目可获益 4 万元; 若未来市场差, 则甲项目赔 3 万元, 乙项目赔 1 万元. 假设市场呈现优、中、差的概率分别为 0.2, 0.7, 0.1, 问哪个投资项目好?

解 设甲项目的收益为 X 万元, 乙项目的收益为 Y 万元, 则 X,Y 的分布律分别为

X	11	3	-3
P	0.2	0.7	0.1

Y	6	4	-1
P	0.2	0.7	0.1

易知

$$E(X)=11\times 0.2+3\times 0.7-3\times 0.1=4,$$

$$E(Y)=6\times 0.2+4\times 0.7-1\times 0.1=3.9,$$

$$D(X)=(11-4)^2\times 0.2+(3-4)^2\times 0.7+(-3-4)^2\times 0.1=15.4,$$

$$D(Y)=(6-3.9)^2\times 0.2+(4-3.9)^2\times 0.7+(-1-3.9)^2\times 0.1=3.29;$$

且 $\sigma(X)=\sqrt{15.4}\approx 3.92, \sigma(Y)=\sqrt{3.29}\approx 1.81$. 由于 $E(X)>E(Y)$, 故甲项目的平均收益比乙项目多 0.1 万元, 但 $\sigma(Y)<\sigma(X)$, 即乙项目的风险比甲项目小得多. 因此, 建议投资者选乙项目.

定理 1 设 X,Y 的方差都存在, $a,b\in\mathbf{R}$ 为任意实数, 则

(1) $D(X)=E(X^2)-(E(X))^2$;

(2) $D(a+bX)=b^2D(X)$;

(3) 若 $c\neq E(X)$, 则 $D(X)<E[(X-c)^2]$;

(4) 若 X_1 与 X_2 独立, 则 $D(X_1+X_2)=D(X_1)+D(X_2)$.

证 (1)

$$\begin{aligned}D(X)&=E(X-E(X))^2=E(X^2-2XE(X)+(E(X))^2)\\&=E(X^2)-2(E(X))^2+(E(X))^2=E(X^2)-(E(X))^2.\end{aligned}$$

(2)

$$D(a+bX)=E(a+bX-a-bE(X))^2=E(b(X-E(X)))^2=b^2D(X).$$

(3) 由 $E(X-E(X))=0$, 可得

$$\begin{aligned}E(X-c)^2&=E(X-E(X)+E(X)-c)^2\\&=E[(X-E(X))^2+2(X-E(X))(E(X)-c)+(E(X)-c)^2]\\&=E(X-E(X))^2+(EX-c)^2>E(X-E(X))^2=D(X).\end{aligned}$$

(4) 若 X_1 与 X_2 独立, 则 $E(X_1X_2)=E(X_1)E(X_2)$. 因此,

$$\begin{aligned}D(X_1+X_2)&=E(X_1+X_2-E(X_1)-E(X_2))^2\\&=E[(X_1-E(X_1))^2+2(X_1-E(X_1))(X_2-E(X_2))+(X_2-E(X_2))^2]\\&=E(X_1-E(X_1))^2+2E[(X_1-E(X_1))(X_2-E(X_2))]+E(X_2-E(X_2))^2\\&=D(X_1)+2E(X_1X_2-X_1E(X_2)-E(X_1)X_2+E(X_1)E(X_2))+D(X_2)\\&=D(X_1)+2[E(X_1X_2)-E(X_1)E(X_2)]+D(X_2)=D(X_1)+D(X_2).\end{aligned}$$

注　(1) 由于 $D(X)\geqslant 0$, 故 $E(X)\leqslant\sqrt{E(X^2)}$;

(2) 常数的方差为 0;

(3) 随机变量在均方意义下与期望最接近;

(4) 若 $X_1,X_2,\cdots,X_n$ 相互独立, 则 $D\left(\sum\limits_{i=1}^{n}X_i\right)=\sum\limits_{i=1}^{n}D(X_i)$, 且从 (4) 的证明过程可知对于任何随机变量都有

$$D(X_1+X_2)=D(X_1)+D(X_2)+2[E(X_1X_2)-E(X_1)E(X_2)].$$

例 2　设随机变量 X 的密度函数为

$$f(x)=\begin{cases}0, & x\leqslant 0\\ \dfrac{1}{2}, & 0<x<1\\ \dfrac{1}{2x^2}, & x\geqslant 1\end{cases}.$$

令随机变量

$$Y=\begin{cases}0, & X\leqslant\dfrac{1}{2}\\ 1, & \dfrac{1}{2}\leqslant X<2\\ 2, & X\geqslant 2\end{cases}.$$

求 $D(Y)$.

解　由连续型随机变量数学期望的性质, 有

$$E(Y)=\int_{-\infty}^{+\infty}y(x)f(x)\mathrm{d}x=\int_{\frac{1}{2}}^{1}\frac{1}{2}\mathrm{d}x+\int_{1}^{2}\frac{1}{2x^2}\mathrm{d}x+\int_{2}^{+\infty}\frac{1}{x^2}\mathrm{d}x=1,$$

$$E(Y^2)=\int_{-\infty}^{+\infty}y(x)^2f(x)\mathrm{d}x=\int_{\frac{1}{2}}^{1}\frac{1}{2}\mathrm{d}x+\int_{1}^{2}\frac{1}{2x^2}\mathrm{d}x+\int_{2}^{+\infty}\frac{2}{x^2}\mathrm{d}x=\frac{3}{2},$$

因此,

$$D(Y)=E(Y^2)-(E(Y))^2=\frac{3}{2}-1=\frac{1}{2}.$$

例 3 设 $X_1, X_2, \cdots, X_n$ 独立同分布且方差为 $\sigma^2 < +\infty$, 求 $D\left(\frac{1}{n}\sum_{i=1}^{n} X_i\right)$.

解

$$D\left(\frac{1}{n}\sum_{i=1}^{n} X_i\right) = \frac{1}{n^2}\sum_{i=1}^{n} D(X_i) = \frac{1}{n^2}\sum_{i=1}^{n} \sigma^2 = \frac{1}{n}\sigma^2.$$

二、常见随机变量的方差

1. 若 $X \sim B(n,p)$, 则 $D(X) = np(1-p)$.

证 由于

$$\begin{aligned} E(X^2) &= \sum_{k=0}^{n} k^2 \mathrm{C}_n^k p^k (1-p)^{n-k} = \sum_{k=1}^{n} (k-1+1) k \mathrm{C}_n^k p^k (1-p)^{n-k} \\ &= \sum_{k=1}^{n} k(k-1)\mathrm{C}_n^k p^k (1-p)^{n-k} + \sum_{k=1}^{n} k \mathrm{C}_n^k p^k (1-p)^{n-k} \\ &= \sum_{k=2}^{n} k(k-1)\mathrm{C}_n^k p^k (1-p)^{n-k} + E(X) \\ &= n(n-1)\sum_{k=2}^{n} \mathrm{C}_{n-2}^{k-2} p^{k-2} (1-p)^{n-k} p^2 + np \\ &= n(n-1)p^2 (p + (1-p))^{n-2} + np = n(n-1)p^2 + np, \end{aligned}$$

故

$$D(X) = E(X^2) - (E(X))^2 = n(n-1)p^2 + np - n^2p^2 = np(1-p).$$

注 若 $X \sim B(1,p)$, 则 $D(X) = p(1-p)$.

2. 若 $X \sim P(\lambda)$, 则 $D(X) = \lambda$.

证 由于

$$\begin{aligned} E(X^2) &= \sum_{k=0}^{\infty} k^2 \frac{\lambda^k}{k!} \mathrm{e}^{-\lambda} = \sum_{k=1}^{\infty} k \frac{\lambda^k}{(k-1)!} \mathrm{e}^{-\lambda} = \sum_{k=1}^{\infty} (k-1+1) \frac{\lambda^k}{(k-1)!} \mathrm{e}^{-\lambda} \\ &= \sum_{k=1}^{\infty} (k-1) \frac{\lambda^k}{(k-1)!} \mathrm{e}^{-\lambda} + \sum_{k=1}^{\infty} \frac{\lambda^k}{(k-1)!} \mathrm{e}^{-\lambda} \\ &= \sum_{k=2}^{\infty} \frac{\lambda^k}{(k-2)!} \mathrm{e}^{-\lambda} + \sum_{k=1}^{\infty} \frac{\lambda^k}{(k-1)!} \mathrm{e}^{-\lambda} = \lambda^2 + \lambda, \end{aligned}$$

故

$$D(X) = E(X^2) - (E(X))^2 = \lambda^2 + \lambda - \lambda^2 = \lambda.$$

3. 若 $X \sim H(N,M,n)$, 则

$$D(X)=\frac{nM(N-M)(N-n)}{N^2(N-1)}=n\frac{M}{N}\left(1-\frac{M}{N}\right)\frac{N-n}{N-1}.$$

证

$$\begin{aligned}E(X^2)&=\sum_{k=1}^{r}k^2\frac{\mathrm{C}_M^k\mathrm{C}_{N-M}^{n-k}}{\mathrm{C}_N^n}=\sum_{k=1}^{r}k(k-1)\frac{\mathrm{C}_M^k\mathrm{C}_{N-M}^{n-k}}{\mathrm{C}_N^n}+E(X)\\&=M(M-1)\frac{1}{\mathrm{C}_N^n}\sum_{k=2}^{r}\mathrm{C}_{M-2}^{k-2}\mathrm{C}_{N-M}^{n-k}+n\frac{M}{N}=\frac{M(M-1)}{\mathrm{C}_N^n}\mathrm{C}_{N-2}^{n-2}+n\frac{M}{N}\\&=\frac{M(M-1)n!(N-n)!(N-2)!}{N!(n-2)!(N-n)!}+n\frac{M}{N}=\frac{M(M-1)n(n-1)}{N(N-1)}+n\frac{M}{N}.\end{aligned}$$

故

$$D(X)=E(X^2)-(E(X))^2=\frac{M(M-1)n(n-1)}{N(N-1)}+n\frac{M}{N}-n^2\frac{M^2}{N^2}=\frac{nM(N-n)(N-M)}{N^2(N-1)}.$$

4. 若 $X \sim G(p)$, 则 $D(X)=\dfrac{1-p}{p^2}$.

证

$$\begin{aligned}E(X^2)&=\sum_{k=1}^{\infty}k^2p(1-p)^{k-1}=p\left[\sum_{k=1}^{\infty}k(k-1)(1-p)^{k-1}+\sum_{k=1}^{\infty}k(1-p)^{k-1}\right]\\&=p(1-p)\sum_{k=2}^{\infty}k(k-1)(1-p)^{k-2}+\frac{1}{p}=p(1-p)\left(\sum_{k=0}^{\infty}(1-p)^k\right)''_{1-p}+\frac{1}{p}\\&=p(1-p)\left(\frac{1}{1-(1-p)}\right)''_{1-p}+\frac{1}{p}=p(1-p)\frac{2}{p^3}+\frac{1}{p}=\frac{2(1-p)}{p^2}+\frac{1}{p}.\end{aligned}$$

$$D(X)=E(X^2)-(E(X))^2=\frac{2(1-p)}{p^2}+\frac{1}{p}-\frac{1}{p^2}=\frac{1-p}{p^2}.$$

5. 若 $X \sim U(a,b)$, 则 $D(X)=\dfrac{(b-a)^2}{12}$.

证

$$E(X^2)=\int_a^b\frac{x^2}{b-a}\mathrm{d}x=\frac{b^3-a^3}{3(b-a)}=\frac{a^2+ab+b^2}{3},$$

故

$$D(X)=E(X^2)-(E(X))^2=\frac{a^2+ab+b^2}{3}-\left(\frac{a+b}{2}\right)^2=\frac{(b-a)^2}{12}.$$

6. 若 $X \sim E(\lambda)$, 则 $D(X)=\dfrac{1}{\lambda^2}$.

证

$$\begin{aligned}E(X^2)&=\int_0^{+\infty}x^2\lambda\mathrm{e}^{-\lambda x}\mathrm{d}x=-\int_0^{+\infty}x^2\mathrm{d}\mathrm{e}^{-\lambda x}=-\left(x^2\mathrm{e}^{-\lambda x}\Big|_0^{+\infty}-\int_0^{+\infty}2x\mathrm{e}^{-\lambda x}\mathrm{d}x\right)\\&=2\int_0^{+\infty}x\mathrm{e}^{-\lambda x}\mathrm{d}x=-\frac{2}{\lambda}\int_0^{+\infty}x\mathrm{d}\mathrm{e}^{-\lambda x}=-\frac{2}{\lambda}\left(x\mathrm{e}^{-\lambda x}\Big|_0^{+\infty}-\int_0^{+\infty}\mathrm{e}^{-\lambda x}\mathrm{d}x\right)\\&=\frac{2}{\lambda}\int_0^{+\infty}\mathrm{e}^{-\lambda x}\mathrm{d}x=-\frac{2}{\lambda^2}\mathrm{e}^{-\lambda x}\Big|_0^{+\infty}=\frac{2}{\lambda^2},\end{aligned}$$

故

$$D(X)=E(X^2)-(E(X))^2=\frac{2}{\lambda^2}-\left(\frac{1}{\lambda}\right)^2=\frac{1}{\lambda^2}.$$

7. 若 $X \sim N(\mu,\sigma^2)$, 则 $D(X)=\sigma^2$.

证 设 $Y=\dfrac{X-\mu}{\sigma}$, 则 $Y\sim N(0,1)$, 且 $X=\sigma Y+\mu$,

$$\begin{aligned}E(Y^2)&=\frac{1}{\sqrt{2\pi}}\int_{-\infty}^{+\infty}y^2\mathrm{e}^{-\frac{y^2}{2}}\mathrm{d}y=-\frac{1}{\sqrt{2\pi}}\int_{-\infty}^{+\infty}y\mathrm{d}(\mathrm{e}^{-\frac{y^2}{2}})\\&=-\frac{1}{\sqrt{2\pi}}\left(y\mathrm{e}^{-\frac{y^2}{2}}\Big|_{-\infty}^{+\infty}-\int_{-\infty}^{+\infty}\mathrm{e}^{-\frac{y^2}{2}}\mathrm{d}y\right)=\frac{1}{\sqrt{2\pi}}\int_{-\infty}^{+\infty}\mathrm{e}^{-\frac{y^2}{2}}\mathrm{d}y=1.\end{aligned}$$

故

$$D(Y)=E(Y^2)-(E(Y))^2=1-0=1.$$

因此,

$$D(X)=D(\sigma Y+\mu)=\sigma^2D(Y)=\sigma^2.$$

8. 若 $X\sim\Gamma(\alpha,\lambda)$, 则 $D(X)=\dfrac{\alpha}{\lambda^2}$.

证

$$E(X^2)=\frac{\lambda^\alpha}{\Gamma(\alpha)}\int_0^{+\infty}x^{\alpha+1}\mathrm{e}^{-\lambda x}\mathrm{d}x=\frac{\lambda^\alpha}{\Gamma(\alpha)}\frac{1}{\lambda^{\alpha+2}}\int_0^{+\infty}t^{\alpha+1}\mathrm{e}^{-t}\mathrm{d}t=\frac{\Gamma(\alpha+2)}{\lambda^2\Gamma(\alpha)}=\frac{\alpha(\alpha+1)}{\lambda^2}.$$

故

$$D(X)=E(X^2)-(E(X))^2=\frac{\alpha(\alpha+1)}{\lambda^2}-\left(\frac{\alpha}{\lambda}\right)^2=\frac{\alpha}{\lambda^2}.$$

三、切比雪夫不等式

定理 2 设随机变量 X 的期望和方差都存在, 则 $\forall\varepsilon>0$, 有 $P\{|X-E(X)|\geqslant\varepsilon\}\leqslant\dfrac{D(X)}{\varepsilon^2}$.

证 我们仅对 X 为连续型随机变量的情况给出证明, 设 X 的密度函数为 $f(x)$, 则

$$P\{|X-E(X)|\geqslant\varepsilon\}=\int_{|x-E(X)|\geqslant\varepsilon}f(x)\mathrm{d}x$$

$$
\begin{aligned}
&\leqslant \int_{|x-E(X)|\geqslant\varepsilon} \frac{(x-E(X))^2}{\varepsilon^2} f(x)\mathrm{d}x \\
&\leqslant \frac{1}{\varepsilon^2}\int_{-\infty}^{+\infty} (x-E(X))^2 f(x)\mathrm{d}x = \frac{D(X)}{\varepsilon^2}.
\end{aligned}
$$

注　由该定理还可以知道 $P\{|X-E(X)|<\varepsilon\}\geqslant 1-\dfrac{D(X)}{\varepsilon^2}$. 本定理给出了随机变量偏离其均值的一种概率估计.

例 4　设 X 的方差存在, 则 $D(X)=0$ 当且仅且 $P\{X=E(X)\}=1$.

证　若 $P\{X=E(X)\}=1$, 则 $D(X)=E(X-E(X))^2=0$. 反之, 若 $D(X)=0$, 此时,

$$
\{|X-E(X)|>0\}=\bigcup_{n=1}^{+\infty}\left\{|X-E(X)|\geqslant\frac{1}{n}\right\},
$$

故

$$
\begin{aligned}
P\{|X-E(X)|>0\} &= P\left\{\bigcup_{n=1}^{+\infty}\left\{|X-E(X)|\geqslant\frac{1}{n}\right\}\right\} \\
&\leqslant \sum_{n=1}^{+\infty} P\left\{|X-E(X)|\geqslant\frac{1}{n}\right\} \leqslant \sum_{n=1}^{+\infty}\frac{D(X)}{\left(\dfrac{1}{n}\right)^2}=0.
\end{aligned}
$$

因此, $P\{X=E(X)\}=1$.

例 5　设种子的良种率为 $\dfrac{1}{6}$, 任选 600 粒, 试用切比雪夫不等式估计这 600 粒种子中良种所占比例与 $\dfrac{1}{6}$ 之差的绝对值不超过 0.02 的概率.

解　设 X 表示 600 粒种子中的良种数, 则 $X\sim B\left(600,\dfrac{1}{6}\right)$, 且 $E(X)=100, D(X)=\dfrac{250}{3}$. 利用切比雪夫不等式, 得

$$
P\left(\left|\frac{X}{600}-\frac{1}{6}\right|\leqslant 0.02\right)=P(|X-100|\leqslant 12)\geqslant 1-\frac{D(X)}{12^2}\approx 0.421\,3.
$$

§4.3　协方差与相关系数

前两节介绍的期望和方差主要反映了单个随机变量的统计特征, 不同随机变量之间的相互关系需要用协方差和相关系数来描述.

一、协方差

定义 1　设 (X,Y) 是二维随机变量, 且 $E(X)$ 与 $E(Y)$ 都存在. 若 $E[(X-E(X))(Y-E(Y))]$ 存在, 则称该期望为 X 与 Y 的协方差, 记为 $\mathrm{Cov}(X,Y)=E[(X-E(X))(Y-E(Y))]$.

注 若 $X=Y$, 则 $\mathrm{Cov}(X,Y)=D(X)=D(Y)$.

定理 1 设二维随机变量 (X,Y) 且 $D(X)$ 与 $D(Y)$ 都存在, 则 $|\mathrm{Cov}(X,Y)|\leqslant\sqrt{D(X)D(Y)}$.

证 若 $D(X)=0$, 则 $P\{X=E(X)\}=1$, 从而 $|\mathrm{Cov}(X,Y)|=0=\sqrt{D(X)D(Y)}$. 若 $D(X)\neq 0$, 则构造如下二次函数

$$g(t)=E[t(X-E(X))+(Y-E(Y))]^2=t^2D(X)+2t\mathrm{Cov}(X,Y)+D(Y).$$

由于 $D(X)>0$ 且 $g(t)\geqslant 0$ 对一切 $t\in\mathbf{R}$ 成立, 因此

$$\Delta=4[\mathrm{Cov}(X,Y)]^2-4D(X)D(Y)\leqslant 0.$$

即 $|\mathrm{Cov}(X,Y)|\leqslant\sqrt{D(X)D(Y)}$.

注 该定理表明, 若 X,Y 的方差存在, 则 X 与 Y 的协方差一定存在.

定理 2 设 X,Y,Z 的方差均存在, $a,b\in\mathbf{R}$ 为常数, 则

(1) $\mathrm{Cov}(X,Y)=E(XY)-E(X)E(Y)$;

(2) 若 X 与 Y 独立, 则 $\mathrm{Cov}(X,Y)=0$;

(3) $D(X\pm Y)=D(X)+D(Y)\pm 2\mathrm{Cov}(X,Y)$;

(4) $\mathrm{Cov}(X,Y)=\mathrm{Cov}(Y,X)$;

(5) $\mathrm{Cov}(a,X)=0$;

(6) $\mathrm{Cov}(aX,bY)=ab\mathrm{Cov}(X,Y)$;

(7) $\mathrm{Cov}(X+Y,Z)=\mathrm{Cov}(X,Z)+\mathrm{Cov}(Y,Z)$.

证 (1)

$$\begin{aligned}\mathrm{Cov}(X,Y)&=E[(X-E(X))(Y-E(Y))]\\&=E[XY-XE(Y)-YE(X)+E(X)E(Y)]=E(XY)-E(X)E(Y).\end{aligned}$$

(2) 若 X 与 Y 独立, 则 $E(XY)=E(X)E(Y)$, 故 $\mathrm{Cov}(X,Y)=0$.

(3)

$$\begin{aligned}D(X\pm Y)&=E[(X\pm Y)-E(X\pm Y)]^2=E[(X-E(X))\pm(Y-E(Y))]^2\\&=E(X-E(X))^2\pm 2E[(X-E(X))(Y-E(Y))]+E(Y-E(Y))^2\\&=D(X)\pm 2\mathrm{Cov}(X,Y)+D(Y).\end{aligned}$$

(4)

$$\mathrm{Cov}(X,Y)=E[(X-E(X))(Y-E(Y))]=E[(Y-E(Y))(X-E(X))]=\mathrm{Cov}(Y,X).$$

(5)

$$\mathrm{Cov}(a,X)=E[(a-E(a))(X-E(X))]=0.$$

(6)

$$\begin{aligned}\mathrm{Cov}(aX,bY)&=E[(aX-aE(X))(bY-bE(Y))]\\&=abE[(X-E(X))(Y-E(Y))]=ab\mathrm{Cov}(X,Y).\end{aligned}$$

(7)

$$\begin{aligned}\mathrm{Cov}(X+Y,Z)&=E[(X+Y-E(X+Y))(Z-E(Z))]\\&=E[((X-E(X))+(Y-E(Y)))(Z-E(Z))]\\&=E[(X-E(X))(Z-E(Z))+(Y-E(Y))(Z-E(Z))]\\&=\mathrm{Cov}(X,Z)+\mathrm{Cov}(Y,Z).\end{aligned}$$

注　该定理中的几个性质在协方差的计算中经常使用, 由 (2) 知相互独立的随机变量的协方差为 0, 但反之不成立, 例如 $X\sim N(0,1),Y=X^2$, 显然 X,Y 不独立, 但

$$\mathrm{Cov}(X,Y)=E(X^3)-E(X)E(X^2)=0.$$

此外, 性质 (3) 可以推广到 n 个随机变量的情形, 即

$$D\left(\sum_{i=1}^{n}X_i\right)=\sum_{i=1}^{n}D(X_i)+2\sum_{i=1}^{n}\sum_{j=1}^{i-1}\mathrm{Cov}(X_i,X_j).$$

例 1　设随机变量$X_1,X_2,\cdots,X_n$ $(n>1)$ 独立同分布, 其方差 $\sigma^2>0$, 令 $Y=\dfrac{1}{n}\sum\limits_{i=1}^{n}X_i$, 求 $\mathrm{Cov}(X_1,Y)$.

解　由题意知, $\mathrm{Cov}(X_i,X_1)=0,i=2,3,\cdots,n$. 从而

$$\mathrm{Cov}(X_1,Y)=\frac{1}{n}\sum_{i=1}^{n}\mathrm{Cov}(X_1,X_i)=\frac{1}{n}\mathrm{Cov}(X_1,X_1)=\frac{\sigma^2}{n}.$$

例 2　设 (X,Y) 是二维随机变量, 且其联合概率密度为

$$f(x,y)=\begin{cases}\dfrac{1}{3}(x+y), & 0<x<1,0<y<2\\ 0, & \text{其他}\end{cases}.$$

求 $D(2X-Y+1)$.

解　易知

$$f_X(x)=\int_0^2 f(x,y)\mathrm{d}y=\int_0^2\frac{1}{3}(x+y)\mathrm{d}y=\frac{2}{3}(x+1),0<x<1.$$

$$f_Y(y)=\int_0^1\frac{1}{3}(x+y)\mathrm{d}x=\frac{1}{3}\left(\frac{1}{2}+y\right),0<y<2.$$

故

$$E(X)=\int_0^1 xf_X(x)\mathrm{d}x=\frac{5}{9},\ E(Y)=\int_0^2 yf_Y(y)\mathrm{d}y=\frac{11}{9},$$

$$E(X^2)=\int_0^1 x^2\frac{2}{3}(x+1)\mathrm{d}x=\frac{7}{18},\ E(Y^2)=\int_0^2 y^2\frac{1}{3}\left(\frac{1}{2}+y\right)\mathrm{d}y=\frac{16}{9}.$$

因此,

$$D(X)=E(X^2)-(E(X))^2=\frac{13}{162},\ D(Y)=E(Y^2)-(E(Y))^2=\frac{23}{81},$$

$$E(XY)=\frac{1}{3}\int_0^1\int_0^2 xy(x+y)\mathrm{d}y\mathrm{d}x=\frac{2}{3},\ \mathrm{Cov}(X,Y)=E(XY)-E(X)E(Y)=-\frac{1}{81}.$$

所以,

$$\begin{aligned}D(2X-Y+1)&=D(2X)+D(-Y)+2\mathrm{Cov}(2X,-Y)\\&=4D(X)+D(Y)-4\mathrm{Cov}(X,Y)=\frac{53}{81}.\end{aligned}$$

二、相关系数

尽管协方差在一定程度上反映了两个随机变量间的相关性, 但它是一个有量纲的量. 为了横向比较不同随机变量间的相关性, 我们需要引入相关系数的概念, 它是一个无量纲的量.

定义 2 设 (X,Y) 是二维随机变量, 且 $D(X)>0, D(Y)>0$, 则称 $\rho_{XY}=\dfrac{\mathrm{Cov}(X,Y)}{\sqrt{D(X)}\sqrt{D(Y)}}$ 为 X 与 Y 的相关系数. 若 $\rho_{XY}>0$, 则称 X 与 Y 正相关; 若 $\rho_{XY}<0$, 则称 X 与 Y 负相关; 若 $\rho_{XY}=0$, 则称 X 与 Y 不相关.

注 (1) 若 X 与 Y 正相关, 则 X 与 Y 的取值有同时增加或减少的趋势.

(2) 若 X 与 Y 独立, 则 X 与 Y 不相关, 反之不然.

(3) 由于 $|\mathrm{Cov}(X,Y)|\leqslant\sqrt{D(X)}\sqrt{D(Y)}$, 故 $|\rho_{XY}|\leqslant 1$.

(4) 注意到

$$\rho_{XY}=E\left(\frac{X-E(X)}{\sqrt{D(X)}}\frac{Y-E(Y)}{\sqrt{D(Y)}}\right)=\mathrm{Cov}\left(\frac{X-E(X)}{\sqrt{D(X)}},\frac{Y-E(Y)}{\sqrt{D(Y)}}\right),$$

故相关系数是标准化后随机变量的协方差.

例 3 若 $(X,Y)\sim N(\mu_1,\mu_2,\sigma_1^2,\sigma_2^2,\rho)$, 则 $\rho_{XY}=\rho$.

证

$$\begin{aligned}\mathrm{Cov}(X,Y)&=E[(X-E(X))(Y-E(Y))]\\&=\frac{1}{2\pi\sigma_1\sigma_2\sqrt{1-\rho^2}}\int_{-\infty}^{+\infty}\int_{-\infty}^{+\infty}(x-\mu_1)(y-\mu_2)\\&\quad\times\exp\left\{-\frac{1}{2(1-\rho^2)}\left[\frac{(x-\mu_1)^2}{\sigma_1^2}-2\rho\frac{(x-\mu_1)(y-\mu_2)}{\sigma_1\sigma_2}+\frac{(y-\mu_2)^2}{\sigma_2^2}\right]\right\}\mathrm{d}x\mathrm{d}y\end{aligned}$$

$$= \frac{1}{2\pi\sigma_1\sigma_2\sqrt{1-\rho^2}}\int_{-\infty}^{+\infty}\int_{-\infty}^{+\infty}(x-\mu_1)(y-\mu_2)$$
$$\times \exp\left\{-\frac{1}{2(1-\rho^2)}\left[\left(\frac{x-\mu_1}{\sigma_1}-\rho\frac{y-\mu_2}{\sigma_2}\right)^2+(1-\rho^2)\frac{(y-\mu_2)^2}{\sigma_2^2}\right]\right\}\mathrm{d}x\mathrm{d}y.$$

令

$$\begin{cases} u=\dfrac{1}{\sqrt{1-\rho^2}}\left(\dfrac{x-\mu_1}{\sigma_1}-\rho\dfrac{y-\mu_2}{\sigma_2}\right) \\ v=\dfrac{y-\mu_2}{\sigma_2} \end{cases},$$

则

$$|J|=\left|\frac{\partial(x,y)}{\partial(u,v)}\right|=\sigma_1\sigma_2\sqrt{1-\rho^2},$$

且

$$\begin{aligned}\mathrm{Cov}(X,Y)&=\frac{\sigma_1\sigma_2}{2\pi}\int_{-\infty}^{+\infty}\int_{-\infty}^{+\infty}(uv\sqrt{1-\rho^2}+\rho v^2)\exp\left\{-\frac{1}{2}(u^2+v^2)\right\}\mathrm{d}u\mathrm{d}v\\&=\frac{\sigma_1\sigma_2}{2\pi}\left[\sqrt{1-\rho^2}\int_{-\infty}^{+\infty}u\mathrm{e}^{-\frac{u^2}{2}}\mathrm{d}u\int_{-\infty}^{+\infty}v\mathrm{e}^{-\frac{v^2}{2}}\mathrm{d}v\right.\\&\quad\left.+\rho\int_{-\infty}^{+\infty}\mathrm{e}^{-\frac{u^2}{2}}\mathrm{d}u\int_{-\infty}^{+\infty}v^2\mathrm{e}^{-\frac{v^2}{2}}\mathrm{d}v\right]=\sigma_1\sigma_2\rho,\end{aligned}$$

故

$$\rho_{XY}=\frac{\mathrm{Cov}(X,Y)}{\sigma_1\sigma_2}=\rho.$$

注　由本例可知, 若 $(X,Y)\sim N(\mu_1,\mu_2,\sigma_1^2,\sigma_2^2,\rho)$, 则当 X,Y 独立时, $\rho=0$, 反之, 当 $\rho=0$ 时, 联合密度等于边缘密度的乘积, 从而独立, 这说明对于服从二维正态分布的二维随机变量的边缘分布而言, 不相关与独立等价. 然而, 如果两个随机变量都服从正态分布, 但它们的联合分布不是二维正态分布, 则这两个随机变量的独立性与不相关性不再等价 (请读者举例说明).

定理 3　$|\rho_{XY}|=1$ 的充要条件是存在 $a,b\in\mathbf{R}$ 且 $a\neq 0$, 使得 $P\{Y=aX+b\}=1$, 并且, 当 $\rho_{XY}=1$ 时 $a>0$, 当 $\rho_{XY}=-1$ 时 $a<0$.

证　若 $\exists a\neq 0, b$ 使得 $P\{Y=aX+b\}=1$, 则

$$D(Y)=a^2D(X),\mathrm{Cov}(X,Y)=a\mathrm{Cov}(X,X)=aD(X),$$

故

$$\rho_{XY}=\frac{\mathrm{Cov}(X,Y)}{\sqrt{D(X)}\sqrt{D(Y)}}=\frac{aD(X)}{\sqrt{D(X)}|a|\sqrt{D(X)}}=\begin{cases}1, & a>0\\ -1, & a<0\end{cases}.$$

反之, 若 $|\rho_{XY}|=1$, 则

$$D\left(\frac{X}{\sqrt{D(X)}}\pm\frac{Y}{\sqrt{D(Y)}}\right)=2\pm 2\rho_{XY}.$$

当 $\rho_{XY}=1$ 时,

$$D\left(\frac{X}{\sqrt{D(X)}}-\frac{Y}{\sqrt{D(Y)}}\right)=0,$$

故

$$P\left\{\frac{X}{\sqrt{D(X)}}-\frac{Y}{\sqrt{D(Y)}}=c\right\}=1,$$

其中

$$c=\frac{E(X)}{\sqrt{D(X)}}-\frac{E(Y)}{\sqrt{D(Y)}}.$$

即

$$P\left\{Y=\frac{\sqrt{D(Y)}}{\sqrt{D(X)}}X-c\sqrt{D(Y)}\right\}=1,$$

此时, 取 $a=\dfrac{\sqrt{D(Y)}}{\sqrt{D(X)}},b=-c\sqrt{D(Y)}$ 即可.

当 $\rho_{XY}=-1$ 时,

$$D\left(\frac{X}{\sqrt{D(X)}}+\frac{Y}{\sqrt{D(Y)}}\right)=0,$$

故

$$P\left\{\frac{X}{\sqrt{D(X)}}+\frac{Y}{\sqrt{D(Y)}}=d\right\}=1,$$

其中

$$d=\frac{E(X)}{\sqrt{D(X)}}+\frac{E(Y)}{\sqrt{D(Y)}},$$

即

$$P\left\{Y=-\frac{\sqrt{D(Y)}}{\sqrt{D(X)}}X+d\sqrt{D(Y)}\right\}=1,$$

此时, 取 $a=-\dfrac{\sqrt{D(Y)}}{\sqrt{D(X)}},b=d\sqrt{D(Y)}$ 即可.

注　(1)ρ_{XY} 刻画了随机变量 X 与 Y 的线性关系的强弱, 故常称为线性相关系数.

(2) 当 $\rho_{XY}=0$ 时, 称 X 与 Y 不相关, 而不相关说明 X 与 Y 之间没有线性关系, 但 X 与 Y 之间可能存在非线性关系.

(3) 当 $\rho_{XY}=1$ 时, 称 X 与 Y 完全正相关; 当 $\rho_{XY}=-1$ 时, 称 X 与 Y 完全负相关.

(4) 若 $0<|\rho_{XY}|<1$, 则称 X 与 Y 有一定的线性关系.

例 4　设 (X,Y) 在单位圆 $D=\{(x,y)|x^2+y^2\leqslant 1\}$ 内服从均匀分布, 问 X 与 Y 是否独立? 是否不相关?

解　(X,Y) 的联合密度为 $f(x,y)=\frac{1}{\pi},(x,y)\in D$, 且

$$E(X)=\int_{-\infty}^{+\infty}\int_{-\infty}^{+\infty}xf(x,y)\mathrm{d}x\mathrm{d}y=\int_{-1}^{1}\int_{-\sqrt{1-y^2}}^{\sqrt{1-y^2}}\frac{x}{\pi}\mathrm{d}x\mathrm{d}y=0.$$

同理, $E(Y)=0$. 又因为

$$E(XY)=\int_{-\infty}^{+\infty}\int_{-\infty}^{+\infty}xyf(x,y)\mathrm{d}x\mathrm{d}y=\frac{1}{\pi}\int_{-1}^{1}\int_{-\sqrt{1-y^2}}^{\sqrt{1-y^2}}xy\mathrm{d}x\mathrm{d}y=0,$$

故

$$\mathrm{Cov}(X,Y)=E(XY)-E(X)E(Y)=0,$$

即 X 与 Y 不相关. 又

$$f_X(x)=\int_{-\sqrt{1-y^2}}^{\sqrt{1-y^2}}\frac{1}{\pi}\mathrm{d}y=\frac{2}{\pi}\sqrt{1-x^2},-1<x<1,$$

$$f_Y(y)=\frac{2}{\pi}\sqrt{1-y^2},-1<y<1,$$

显然 $f(x,y)\neq f_X(x)f_Y(y)$, 故 X 与 Y 不独立.

注　本例再次验证了两个随机变量不相关, 不能推出它们独立.

例 5　设 (X,Y) 的联合概率密度为 $f(x,y)=\begin{cases}\frac{8}{3}, & 0<x-y<0.5,0<x,y<1\\ 0, & 其他\end{cases}$,

求 ρ_{XY}.

解　容易算得

$$f_X(x)=\begin{cases}\frac{8}{3}x, & 0<x<0.5\\ \frac{4}{3}, & 0.5<x<1\\ 0, & 其他\end{cases},f_Y(y)=\begin{cases}\frac{4}{3}, & 0<y<0.5\\ \frac{8}{3}(1-y), & 0.5<y<1\\ 0, & 其他\end{cases},$$

$$E(X)=\int_0^{0.5}\frac{8}{3}x^2\mathrm{d}x+\int_{0.5}^{1}\frac{4}{3}x\mathrm{d}x=\frac{11}{18},E(Y)=\int_0^{0.5}\frac{4}{3}y\mathrm{d}y+\int_{0.5}^{1}\frac{8}{3}(1-y)y\mathrm{d}y=\frac{7}{18},$$

$$E(X^2)=\int_0^{0.5}\frac{8}{3}x^3\mathrm{d}x+\int_{0.5}^{1}\frac{4}{3}x^2\mathrm{d}x=\frac{31}{72},E(Y^2)=\int_0^{0.5}\frac{4}{3}y^2\mathrm{d}y+\int_{0.5}^{1}\frac{8}{3}y^2(1-y)\mathrm{d}y=\frac{15}{72},$$

故

$$D(X)=E(X^2)-(E(X))^2=\frac{37}{648},D(Y)=E(Y^2)-(E(Y))^2=\frac{37}{648},$$

$$E(XY)=\int_0^{0.5}\int_0^{x}\frac{8}{3}xy\mathrm{d}y\mathrm{d}x+\int_{0.5}^{1}\int_{x-0.5}^{x}\frac{8}{3}xy\mathrm{d}y\mathrm{d}x=\frac{41}{144},$$

$$\mathrm{Cov}(X,Y)=E(XY)-E(X)E(Y)=0.047\ 1,$$
$$\rho_{XY}=\frac{\mathrm{Cov}(X,Y)}{\sqrt{D(X)}\sqrt{D(Y)}}=0.824\ 9.$$

注 该例子说明, 尽管 X 与 Y 的协方差很小, 但 X 与 Y 的相关系数可能比较大.

三、协方差矩阵

定义 3 设 $X=(X_1,X_2,\cdots,X_n)$ 是一个 n 维随机向量, 且每个 X_i 的方差都存在, 定义

$$\sigma_{ij}=E[(X_i-E(X_i))(X_j-E(X_j))],1\leqslant i,j\leqslant n,$$

称 n 阶方阵 $\Sigma=[\sigma_{ij}]_{n\times n}$ 为 n 维随机变量 $(X_1,X_2,\cdots,X_n)$ 的协方差矩阵. 称

$$E(X)=[E(X_1),E(X_2),\cdots,E(X_n)]$$

为 $(X_1,X_2,\cdots,X_n)$ 的数学期望.

注 由协方差矩阵的定义可知 $\sum=E[(X-E(X))^{\mathrm{T}}(X-E(X))]$ 且 $\sigma_{ii}=D(X_i)$.

定理 4 若 n 维随机变量 $(X_1,X_2,\cdots,X_n)$ 的每个分量的方差均存在, 则它的协方差矩阵 Σ 半正定.

证 任取 $x=(x_1,x_2,\cdots,x_n)^{\mathrm{T}}\in\mathbf{R}^n$, 有

$$\begin{aligned}x^{\mathrm{T}}\Sigma x&=\sum_{i=1}^{n}\sum_{j=1}^{n}x_ix_j\sigma_{ij}=\sum_{i=1}^{n}\sum_{j=1}^{n}x_ix_j[E(X_i-E(X_i))(X_j-E(X_j))]\\&=E\left[\sum_{i=1}^{n}\sum_{j=1}^{n}(x_i(X_i-E(X_i)))(x_j(X_j-E(X_j)))\right]=E\left[\sum_{i=1}^{n}x_i(X_i-E(X_i))\right]^2\geqslant 0,\end{aligned}$$

故 Σ 是半正定矩阵.

注 由该定理的证明过程可以看出, Σ 为退化矩阵等价于存在 $x\neq 0$, 使

$$x^{\mathrm{T}}\Sigma x=0,\ \ E\left[\sum_{i=1}^{n}x_i(X_i-E(X_i))\right]^2=0,$$

即

$$P\left\{\sum_{i=1}^{n}x_i(X_i-E(X_i))=0\right\}=1.$$

例 6 设 $(X,Y)\sim N(\mu_1,\mu_2,\sigma_1^2,\sigma_2^2,\rho)$, 求 (X,Y) 的协方差矩阵.

解 易知

$$\sigma_{11}=D(X)=\sigma_1^2,\sigma_{22}=D(Y)=\sigma_2^2,\sigma_{12}=\mathrm{Cov}(X,Y)=\sigma_1\sigma_2\rho,$$

故

$$\Sigma=\begin{bmatrix}\sigma_1^2&\rho\sigma_1\sigma_2\\\rho\sigma_1\sigma_2&\sigma_2^2\end{bmatrix}.$$

四、矩

定义 4　设 X 是随机变量, k 为正整数, 若 $E(X^k), E[(X-E(X))^k]$ 都存在, 则称 $\mu_k = E(X^k)$ 为 X 的 k 阶原点矩, 称 $v_k = E[(X-E(X))^k]$ 为 X 的 k 阶中心矩.

注　(1) 由定义可知, 一阶原点矩是随机变量的期望, 二阶中心矩是随机变量的方差.

(2) 若 X 的 k 阶矩存在, 则 X 的 $k-1$ 阶矩一定存在, 这一点由 $|x|^{k-1} \leqslant |x|^k + 1$ 可得.

(3) $v_k = E[(X-E(X))^k] = E[(X-\mu_1)^k] = E\left(\sum_{i=0}^{k} \mathrm{C}_k^i X^i (-\mu_1)^{k-i}\right) = \sum_{i=0}^{k} \mathrm{C}_k^i \mu_i (-\mu_1)^{k-i}$.

例 7　设 $X \sim N(0,1)$, 求 $\mu_k, k=1,2,3,4$.

解　已知,

$$\mu_k = E(X^k) = \frac{1}{\sqrt{2\pi}} \int_{-\infty}^{+\infty} x^k \mathrm{e}^{-\frac{x^2}{2}} \mathrm{d}x.$$

当 k 为奇数时, $\mu_k = 0$. 当 k 为偶数时, 令 $t = \dfrac{x^2}{2}$, 则 $x\mathrm{d}x = \mathrm{d}t$,

$$\begin{aligned}\mu_k &= \frac{2}{\sqrt{2\pi}} \int_0^{+\infty} (2t)^{\frac{k-1}{2}} \mathrm{e}^{-t} \mathrm{d}t = \frac{2 \cdot 2^{\frac{k-1}{2}}}{\sqrt{2\pi}} \int_0^{+\infty} t^{\frac{k-1}{2}} \mathrm{e}^{-t} \mathrm{d}t \\ &= \frac{2^{\frac{k+1}{2}}}{\sqrt{2\pi}} \Gamma\left(\frac{k+1}{2}\right) = \frac{2^{\frac{k}{2}}}{\sqrt{\pi}} \Gamma\left(\frac{k+1}{2}\right).\end{aligned}$$

因此,

$$\begin{aligned}&\mu_1 = \mu_3 = 0, \\ &\mu_2 = \frac{2}{\sqrt{\pi}} \Gamma\left(\frac{3}{2}\right) = \frac{2}{\sqrt{\pi}} \frac{1}{2} \Gamma\left(\frac{1}{2}\right) = 1, \\ &\mu_4 = \frac{4}{\sqrt{\pi}} \Gamma\left(\frac{5}{2}\right) = \frac{4}{\sqrt{\pi}} \frac{3}{2} \Gamma\left(\frac{3}{2}\right) = \frac{4}{\sqrt{\pi}} \frac{3}{2} \frac{1}{2} \Gamma\left(\frac{1}{2}\right) = 3.\end{aligned}$$

重要补充及问题扩展

在这一部分, 我们主要利用数学期望的定义及性质研究三个问题: 一是随机变量序列的随机和问题; 二是如何构造合适的随机变量并利用数学期望解决一些具体问题; 三是一个随机变量关于另一个随机变量的条件期望.

一、随机个随机变量和的期望

在解决实际问题时, 我们常常会碰到求随机变量序列的随机和的数学期望. 比如, 每天进入一个商场的顾客数是一个随机变量, 同时进入商场的每个顾客在该商场的消费额也是一个随机变量. 如果要计算一天内商场的总的平均收入, 这就需要计算随机个随机变量和的数学期望.

定理 1 设 $X_1, X_2, \cdots$ 是定义在样本空间 S 上的独立同分布的随机变量序列, N 是 S 上的取正整数值的随机变量, 且 N 与 X_i 独立. 假设 $E(X_1)=a$, $E(N)=b$, 则 $E(S_N)=ab$, 其中 $S_N=\sum\limits_{k=1}^{N} X_k$.

证法一 假设 X_1 是连续型随机变量 (其他类型的随机变量可以类似讨论). 根据全概率公式, 可得

$$\begin{aligned}F_N(s)&=P(S_N \leqslant s)\\&=\sum_{n=1}^{\infty} P(S_N \leqslant s \mid N=n)P(N=n)\\&=\sum_{n=1}^{\infty} P\left(\sum_{k=1}^{n} X_k \leqslant s\right) P(N=n).\end{aligned}$$

因此,

$$\begin{aligned}E(S_N)&=\int_{-\infty}^{+\infty} s\mathrm{d}F_N(s)\\&=\sum_{n=1}^{\infty} P(N=n)\int_{-\infty}^{+\infty} s\mathrm{d}P\left(\sum_{k=1}^{n} X_k \leqslant s\right)\\&=a\sum_{n=1}^{\infty} P(N=n)n\\&=ab.\end{aligned}$$

证法二 设 $1_{\{N=n\}}$ 表示事件 $\{N=n\}$ 的示性函数. 根据条件中的独立性可知随机变量 S_n 与 $1_{\{N=n\}}$ 是独立的. 注意到 $S_N=\sum\limits_{n=1}^{\infty} S_n 1_{\{N=n\}}$, 我们可得

$$\begin{aligned}E(S_N)&=\sum_{n=1}^{\infty} E(S_N 1_{\{N=n\}})\\&=\sum_{n=1}^{\infty} E(S_n)E(1_{\{N=n\}})\\&=a\sum_{n=1}^{\infty} nP(N=n)\\&=ab.\end{aligned}$$

二、数学期望的应用

从本章的前面几节内容可以看出, 随机变量的数学期望可以表示随机变量取值的平均情况. 除此之外, 通过构造一些特殊的随机变量, 利用随机变量的数学期望还可以解决一些其

他问题, 甚至可以有效地解决看似跟概率不相关的问题. 在这一部分, 我们通过几个具体的例子做一个简单的介绍, 希望可以对读者有所启发.

例 1　沿着一个圆周等间距地分布着 52 棵树, 有 15 只喜鹊生活在这些树上. 证明一定存在相连的 7 棵树, 这 7 棵树上至少生活着 3 只喜鹊.

解　将 15 只喜鹊分别编号为 $1,2,\cdots,15$. 随机选取某相连的 7 棵树, 如果第 i 只喜鹊生活在选取的这 7 棵树上, 则定义 $X_i=1$, 否则定义 $X_i=0$, $i=1,2,\cdots,15$. 设 X 表示这 7 棵树上共生活着的喜鹊数, 则 $X=\sum\limits_{i=1}^{15}X_i$. 显然

$$P(X_i=1)=\frac{7}{52},\quad i=1,2,\cdots,15.$$

因此,

$$E(X)=\sum_{i=1}^{15}E(X_i)=\frac{105}{52}>2.$$

这说明一定存在某相连的 7 棵树上至少生活着 3 只喜鹊.

例 2　设 $A_1,A_2,\cdots,A_n$ 是同一个样本空间上的任意 n 个事件, B_m 表示事件 $A_1,A_2,\cdots,A_n$ 中恰好有 m 个事件发生. 证明

$$P(B_m)=\sum_{k=0}^{n-m}(-1)^k\mathrm{C}_{m+k}^m\sum_{1\leqslant i_1<i_2<\cdots<i_k\leqslant n}P(A_{i_1}A_{i_2}\cdots A_{i_k}).$$

证　令 $X_j=1_{A_j}$, $j=1,2,\cdots,n$, 其中 1_{A_j} 是事件 A_j 的示性函数. 定义

$$Y=\sum_{1\leqslant j_1<j_2<\cdots<j_m\leqslant n}X_{j_1}X_{j_2}\cdots X_{j_m}(1-X_{i_1})\cdots(1-X_{i_{n-m}}).$$

显然 $Y=1_{B_m}$. 因此,

$$\begin{aligned}P(B_m)&=E(Y)\\&=E\left[\sum_{1\leqslant j_1<j_2<\cdots<j_m\leqslant n}X_{j_1}X_{j_2}\cdots X_{j_m}(1-X_{i_1})\cdots(1-X_{i_{n-m}})\right]\\&=\sum_{m}^{n}(-1)^{k-m}\mathrm{C}_k^m\sum_{1\leqslant i_1<i_2<\cdots<i_k\leqslant n}E(X_{i_1}X_{i_2}\cdots X_{i_k})\\&=\sum_{m}^{n}(-1)^{k-m}\mathrm{C}_k^m\sum_{1\leqslant i_1<i_2<\cdots<i_k\leqslant n}P(A_{i_1}A_{i_2}\cdots A_{i_k}).\end{aligned}$$

例 3　设 $A_1,A_2,\cdots,A_n$ 是同一个概率空间上的任意 n 个随机事件, 且 $P\left(\bigcup\limits_{k=1}^{n}A_k\right)>0$.

证明

$$P\left(\bigcup_{k=1}^{n}A_k\right)\geqslant\frac{\left(\sum\limits_{i=1}^{n}P(A_i)\right)^2}{\sum\limits_{i=1}^{n}P(A_i)+2\sum\limits_{1\leqslant i<j\leqslant n}P(A_iA_j)}.$$

证 令 $X_j=1_{A_j},j=1,2,\cdots,n$. 根据施瓦茨不等式, 得

$$\begin{aligned}\left(\sum_{i=1}^{n}P(A_i)\right)^2&=\left(E\left(\sum_{i=1}^{n}X_i\right)\right)^2=\left(E[(1_{\sum_{i=1}^{n}X_i>0}\sum_{i=1}^{n}X_i)]\right)^2\\&\leqslant P\left(\sum_{i=1}^{n}X_i>0\right)E\left(\sum_{i=1}^{n}X_i\right)^2=P(\bigcup_{k=1}^{n}A_k)E\left(\sum_{k=1}^{n}X_k\right)^2\end{aligned}$$

且

$$E\left(\sum_{i=1}^{n}X_i\right)^2=\sum_{i=1}^{n}E(X_i^2)+2\sum_{1\leqslant i<j\leqslant n}E(X_iX_j)=\sum_{i=1}^{n}P(A_i)+2\sum_{1\leqslant i<j\leqslant n}P(A_iA_j).$$

因此

$$P\left(\bigcup_{k=1}^{n}A_k\right)\geqslant\frac{\left(\sum\limits_{i=1}^{n}P(A_i)\right)^2}{\sum\limits_{i=1}^{n}P(A_i)+2\sum\limits_{1\leqslant i<j\leqslant n}P(A_iA_j)}.$$

三、条件期望

定义 1 设 (X,Y) 是二维随机变量, 若 (X,Y) 为连续型随机变量, $f_{X|Y}(x|y)$ 为在 $Y=y$ 的条件下 X 的条件密度, 如果

$$\int_{-\infty}^{+\infty}|x|f_{X|Y}(x|y)\mathrm{d}x<+\infty,$$

则称

$$E(X|Y=y)=\int_{-\infty}^{+\infty}xf_{X|Y}(x|y)\mathrm{d}x$$

为在 $Y=y$ 的条件下 X 的条件期望.

若 (X,Y) 是离散型随机变量, $\dfrac{p_{ij}}{p_{\cdot j}}$ 为在 $Y=y_j$ 的条件下 X 的条件分布律, 如果

$$\sum_{i=1}^{\infty}|x_i|\frac{p_{ij}}{p_{\cdot j}}<+\infty,$$

则称

$$E(X|Y=y_j)=\sum_{i=1}^{\infty}x_i\frac{p_{ij}}{p_{\cdot j}}$$

为在 $Y=y_j$ 的条件下 X 的条件期望.

令 $g(y)=E(X|Y=y)$, $g(y)$ 是 y 的函数, 称 $g(Y)$ 为在已知随机变量 Y 的条件下随机变量 X 的条件期望, 记为 $E(X|Y)$.

注　$g(Y)=E(X|Y)$ 是随机变量 Y 的函数形成的新的随机变量, 在计算 $E(X|Y)$ 时, 可以先计算 $g(y)=E(X|Y=y)$, 然后再将 y 换成 Y 即可.

例 4　设 $(X,Y)\sim N(\mu_1,\mu_2,\sigma_1^2,\sigma_2^2,\rho)$, 求 $E(X|Y)$ 及 $E(Y|X)$.

解　由于在 $Y=y$ 的条件下 X 的条件分布为 $N\left(\mu_1+\rho\frac{\sigma_1}{\sigma_2}(y-\mu_2),(1-\rho^2)\sigma_1^2\right)$, 故

$$E(X|Y=y)=\mu_1+\rho\frac{\sigma_1}{\sigma_2}(y-\mu_2),$$

由于在 $X=x$ 的条件下 Y 的条件分布为 $N(\mu_2+\rho\frac{\sigma_2}{\sigma_1}(x-\mu_1),(1-\rho^2)\sigma_2^2)$, 故

$$E(Y|X=x)=\mu_2+\rho\frac{\sigma_2}{\sigma_1}(x-\mu_1).$$

因此,

$$E(X|Y)=\mu_1+\rho\frac{\sigma_1}{\sigma_2}(Y-\mu_2),E(Y|X)=\mu_2+\rho\frac{\sigma_2}{\sigma_1}(X-\mu_1).$$

下面的定理给出了条件期望的一个重要性质, 称之为全期望公式, 这个公式可以看作全概率公式的推广形式.

定理 2　设 X,Y 是两个随机变量, 且其方差都存在, 则 $E(E(X|Y))=E(X)$.

证　仅对连续情形给出证明.

$$E(X|Y=y)=\int_{-\infty}^{+\infty}x\frac{f(x,y)}{f_Y(y)}\mathrm{d}x.$$

$$E(E(X|Y))=\int_{-\infty}^{+\infty}E(X|Y=y)f_Y(y)\mathrm{d}y=\int_{-\infty}^{+\infty}\int_{-\infty}^{+\infty}x\frac{f(x,y)}{f_Y(y)}\mathrm{d}xf_Y(y)\mathrm{d}y$$

$$=\int_{-\infty}^{+\infty}\int_{-\infty}^{+\infty}xf(x,y)\mathrm{d}x\mathrm{d}y=\int_{-\infty}^{+\infty}xf_X(x)\mathrm{d}x=E(X).$$

注　该定理中的公式称为全期望公式. 若 Y 为离散型, 则

$$E(X)=\sum_{j=1}^{\infty}E(X|Y=y_j)P(Y=y_j);$$

若 Y 为连续型, 则

$$E(X)=\int_{-\infty}^{+\infty}E(X|Y=y)f_Y(y)\mathrm{d}y.$$

例 5 设 $Y\sim\Gamma(\alpha,\lambda)(\alpha>1)$, 且在已知 $Y=y$ 时, $X\sim E(y)$, 求 $E(X)$.

解 由于

$$f_Y(y)=\frac{\lambda^\alpha}{\Gamma(\alpha)}y^{\alpha-1}\mathrm{e}^{-\lambda y},y>0$$

且

$$f_{X|Y}(x|y)=y\mathrm{e}^{-yx},x>0,$$

故

$$E(X|Y=y)=\int_0^{+\infty}xf_{X|Y}(x|y)\mathrm{d}x=\int_0^{+\infty}xy\mathrm{e}^{-yx}\mathrm{d}x=\frac{1}{y}.$$

因此,

$$\begin{aligned}E(E(X|Y))&=\int_0^{+\infty}E(X|Y=y)f_Y(y)\mathrm{d}y=\int_0^{+\infty}\frac{1}{y}\frac{\lambda^\alpha}{\Gamma(\alpha)}y^{\alpha-1}\mathrm{e}^{-\lambda y}\mathrm{d}y\\&=\frac{\lambda^\alpha}{\Gamma(\alpha)}\int_0^{+\infty}y^{\alpha-2}\mathrm{e}^{-\lambda y}\mathrm{d}y=\frac{\lambda}{\Gamma(\alpha)}\int_0^{+\infty}(\lambda y)^{\alpha-2}\mathrm{e}^{-\lambda y}\mathrm{d}(\lambda y)\\&=\frac{\lambda}{\Gamma(\alpha)}\Gamma(\alpha-1)=\frac{\lambda}{\alpha-1}.\end{aligned}$$

例 6 一名矿工被困在有三个门的矿井里, 每个门有一坑道, 通过第一个门, 走 3 小时可以到达安全区; 通过第二个门, 走 5 小时回到原地; 通过第三个门, 走 7 小时亦回到原地. 假设矿工每次等可能地在三个门中任意选择, 试问该矿工到达安全区的平均时间.

解 设该矿工花 X 小时可以到达安全区, Y 表示第一次选择的门, 则

$$E(X|Y=1)=3,E(X|Y=2)=5+E(X),E(X|Y=3)=7+E(X).$$

故

$$\begin{aligned}E(X)&=E(E(X|Y))\\&=E(X|Y=1)P\{Y=1\}+E(X|Y=2)P\{Y=2\}+E(X|Y=3)P\{Y=3\}\\&=\frac{1}{3}(3+5+E(X)+7+E(X))=5+\frac{2}{3}E(X),\end{aligned}$$

解得 $E(X)=15$.

例 7 盒子中有 a 个白球和 b 个黑球, 从中随机不放回地取球, 直到取出一个白球为止, 求所取出的黑球个数的数学期望.

解 令 $Y=\begin{cases}1, & \text{第一次取到白球}\\0, & \text{第一次取到黑球}\end{cases}$, 记 $M_{a,b}=E(X)$, X 表示取出的黑球数, 则

$$\begin{aligned}M_{a,b}&=E(X)=E(X|Y=0)P\{Y=0\}+E(X|Y=1)P\{Y=1\}\\&=(1+M_{a,b-1})\frac{b}{a+b}+0\cdot\frac{a}{a+b}=\frac{b}{a+b}(1+M_{a,b-1}).\end{aligned}$$

易知 $M_{a,0}=0$, 故

$$
\begin{aligned}
M_{a,1}&=\frac{1}{a+1}(1+M_{a,0})=\frac{1}{a+1},\\
M_{a,2}&=\frac{2}{a+2}(1+M_{a,1})=\frac{2}{a+2}\left(1+\frac{1}{a+1}\right)=\frac{2}{a+1},\\
M_{a,3}&=\frac{3}{a+3}(1+M_{a,2})=\frac{3}{a+3}\left(1+\frac{2}{a+1}\right)=\frac{3}{a+1}.
\end{aligned}
$$

由数学归纳法可得 $M_{a,b}=\dfrac{b}{a+1}$, 即 $E(X)=\dfrac{b}{a+1}$.

习 题 四

一、基础练习题

1. 设 X 为离散型随机变量, 且 $P(X=-2)=0.4, P(X=0)=P(X=2)=0.3$. 求 $E(X), E(3X+5)$.

2. 对一批产品进行检查, 如果查到第 a 件全为合格品, 就认为这批产品合格; 若在前 a 件中发现不合格品, 则停止检查, 且认为这批产品不合格. 设产品数量很多, 且每次查到不合格品的概率为 p. 问每批产品平均要查多少件?

3. 某人想用 10 000 元投资某种股票, 该股票当前的价格是每股 2 元, 假设一年后该股票等可能为每股 1 元或 4 元. 而理财顾问给他的建议是: 若期望一年后所拥有的股票市值达到最大, 则现在就购买; 若期望一年后所拥有的股票数量达到最大, 则一年后购买. 试问理财顾问的建议是否正确?

4. 某产品在未来市场上的占有率 X 的密度函数为

$$
f(x)=\begin{cases} 4(1-x)^3, & 0<x<1 \\ 0, & \text{其他} \end{cases},
$$

求其平均市场占有率.

5. 设随机变量 X 的分布函数为

$$
F(x)=\begin{cases} \dfrac{\mathrm{e}^x}{2}, & x<0 \\ \dfrac{1}{2}, & 0\leqslant x<1 \\ 1-\dfrac{1}{2}\mathrm{e}^{-\frac{1}{2}(x-1)}, & x\geqslant 1 \end{cases},
$$

求 $E(X)$.

6. 设随机变量 X 的密度函数为

$$f(x)=\begin{cases}\frac{1}{2}\cos\frac{x}{2}, & 0\leqslant x<\pi\\ 0, & 其他\end{cases},$$

现在对 X 独立重复观察 4 次, Y 表示观察值大于 $\frac{\pi}{3}$ 的次数, 求 $E(Y^2)$.

7. 设连续型随机变量 X 的分布函数为 $F(x)$, 且数学期望存在, 证明:

$$E(X)=\int_0^{+\infty}[1-F(x)]\mathrm{d}x-\int_{-\infty}^0 F(x)\mathrm{d}x.$$

8. 掷一颗骰子两次, 其最小点数为 X, 求 $E(X)$.

9. 求掷 n 颗骰子所出现的点数之和的数学期望.

10. 盒子中有 n 个不同的球, 其中分别写有数字 $1,2,\cdots,n$. 每次抽出一个, 记下其号码, 放回去再抽, 直至抽到有两个不同的数字为止, 求平均抽取次数.

11. 已知 $E(X)=-2, E(X^2)=5$. 求 $D(1-3X)$.

12. 设 $P(X=0)=1-P(X=1)$, 若 $E(X)=3D(X)$, 求 $P(X=0)$.

13. 设随机变量的分布函数为

$$F(x)=\begin{cases}\frac{\mathrm{e}^x}{2}, & x<0\\ \frac{1}{2}, & 0\leqslant x<1\\ 1-\frac{1}{2}\mathrm{e}^{-\frac{1}{2}(x-1)}, & x\geqslant 1\end{cases},$$

求 $D(X)$.

14. 设随机变量 X 的密度函数为

$$f(x)=\begin{cases}ax+bx^2, & 0<x<1\\ 0, & 其他\end{cases},$$

若 $E(X)=0.5$, 求 $D(X)$.

15. 设随机变量 X 取值 $x_1\leqslant x_2\leqslant\cdots\leqslant x_n$ 的概率分别是 $p_1,p_2,\cdots,p_n$, 且 $\sum\limits_{i=1}^n p_i=1$. 证明:

$$D(X)\leqslant\left(\frac{x_n-x_1}{2}\right)^2.$$

16. 设二维随机变量 (X,Y) 在以点 $(0,0),(1,0),(1,1)$ 为顶点的三角形区域 D 上服从均匀分布, 求 $D(X+Y)$.

17. 设 X 与 Y 是独立同分布的, 且 $P(X=i)=\frac{1}{m}, i=1,2,\cdots,m$. 试证:

$$E(\mid X-Y\mid)=\frac{(m-1)(m+1)}{3m}.$$

18. 设 $X_1, X_2, \cdots, X_5$ 是独立同分布的随机变量, 其共同的密度函数为

$$f(x) = \begin{cases} 2x, & 0 < x < 1 \\ 0, & \text{其他} \end{cases},$$

求 $Y = \max\{X_1, X_2, \cdots, X_5\}$ 的密度函数、期望和方差.

19. 设随机变量 $U \sim U(-2, 2)$, 定义如下随机变量

$$X = \begin{cases} -1, & U < -1 \\ 1, & \text{其他} \end{cases}, \quad Y = \begin{cases} -1, & U < 1 \\ 1, & \text{其他} \end{cases},$$

求 $D(X + Y)$.

20. 独立地掷一颗骰子 n 次, 求 1 点出现的次数与 6 点出现的次数的协方差及相关系数.

21. 某箱装有 100 件产品, 其中一、二、三等品分别为 80, 10 和 10 件. 现在从中随机取一件, 定义随机变量 X_1, X_2, X_3 如下:

$$X_i = \begin{cases} 1, & \text{抽到 } i \text{ 等品} \\ 0, & \text{其他} \end{cases}, \ i = 1, 2, 3.$$

求 X_1 和 X_2 的相关系数.

22. 将一枚硬币掷 n 次, 记 X 和 Y 分别表示正面向上和反面向上的次数, 试求 X 与 Y 的协方差及相关系数.

23. 设 X, Y 独立且都服从参数为 λ 的泊松分布. 令 $U = 2X + Y, V = 2X - Y$, 求 U 与 V 的相关系数.

24. 设随机变量 X 和 Y 的数学期望分别是 -2 和 2, 方差分别为 1 和 4, 且 $\rho_{XY} = -0.5$. 试用切比雪夫不等式估计 $P(|X + Y| \geqslant 6)$ 的上界.

25. 设二维随机变量 (X, Y) 的联合密度函数为

$$f(x, y) = \begin{cases} 3x, & 0 < y < x < 1 \\ 0, & \text{其他} \end{cases},$$

求 X 和 Y 的相关系数.

26. 设 $(X, Y) \sim N(0, 0, 1, 1, \rho)$, 求: (1) $E(\max\{X, Y\})$; (2) $X - Y$ 与 Y 的协方差.

27. 设 (X, Y) 服从矩形区域 G 上的均匀分布, 其中 $G = \{(x, y) \mid 0 \leqslant x \leqslant 2, 0 \leqslant y \leqslant 1\}$. 记

$$U = \begin{cases} 1, & X > Y \\ 0, & X \leqslant Y \end{cases}, \quad V = \begin{cases} 1, & X > 2Y \\ 0, & X \leqslant 2Y \end{cases},$$

求 ρ_{UV}.

28. 设随机变量 $X \sim B(1, p_1), Y \sim B(1, p_2)$. 试证: X 与 Y 独立等价于 X 与 Y 不相关.

29. 设 $(X, Y) \sim N(0, 0, \sigma_1^2, \sigma_2^2, \rho)$, 且 $\rho < 0$. 证明: 对于任意的常数 a, b, 有

$$P(X \geqslant a, Y \geqslant b) \leqslant P(X \geqslant a)P(Y \geqslant b).$$

二、综合提高题

1. 连续型随机变量 X 的概率密度函数为

$$f(x)=\frac{1}{\sqrt{\pi}}\mathrm{e}^{-x^2+2x-1},\ -\infty<x<+\infty,$$

则 $E(X)=$ __________, $\sqrt{D(X)}=$ __________.

2. 已知随机变量 $(X,Y)\sim N(0,0,1,1,0.5)$, $U=\max\{X,Y\}$, $V=\min\{X,Y\}$, 则 $E(U+V)=$ __________, $E(U-V)=$ __________, $E(UV)=$ __________.

3. 设 X 是随机变量, $E(X)=\mu, D(X)=\sigma^2$, 其中 $\mu,\sigma>0$ 是常数, 则对任意常数 C, (　　).

A. $E[(X-C)^2]=E(X)-C^2$　　B. $E[(X-C)^2]=E[(X-\mu)^2]$

C. $E[(X-C)^2]\leqslant E[(X-\mu)^2]$　　D. $E[(X-C)^2]\geqslant E[(X-\mu)^2]$

4. 设随机变量 X 与 Y 都服从正态分布, 且 X 与 Y 不相关, 则 (　　).

A. X 与 Y 一定相互独立　　B. (X,Y) 服从二维正态分布

C. X 与 Y 未必相互独立　　D. $X+Y$ 服从一维正态分布

5. 设随机变量 X 服从标准正态分布, 求 $E(X\mathrm{e}^{2X})$.

6. 设随机变量 X 的概率密度为

$$f(x)=\begin{cases}2^{-x}\ln 2, & x>0\\ 0, & x\leqslant 0\end{cases},$$

对 X 进行独立重复观察, 直到第 2 个大于 3 的观测值出现时停止, 记 Y 为观察次数, 求 $E(Y)$.

7. 箱子中装有 6 个球, 其中红、白、黑球数分别为 1, 2, 3, 现在从箱子中随机取出两个球, 记 X 为取出的红球个数, Y 为取出的白球个数. 求 $\mathrm{Cov}(X,Y)$.

8. 设 A,B 为两个随机事件, 且 $P(A)=\frac{1}{4}, P(B\mid A)=\frac{1}{3}, P(A\mid B)=\frac{1}{2}$. 令 $X=1_A, Y=1_B$ 分别表示 A,B 的示性函数. 求 X 与 Y 的相关系数.

9. 设随机变量 X 的概率密度为

$$f_X(x)=\begin{cases}\frac{1}{2}, & -1<x<0\\ \frac{1}{4}, & 0\leqslant x<2\\ 0, & \text{其他}\end{cases},$$

令 $Y=X^2$, 求 X 与 Y 的协方差 $\mathrm{Cov}(X,Y)$.

10. 设连续型随机变量 X 的概率密度为

$$f(x)=\frac{1}{\pi(1+x^2)},\quad x\in\mathbf{R},$$

求 $E(\min\{|X|,1\})$.

11. 设随机变量 X,Y 都服从两点分布, $X\sim B\left(1,\dfrac{3}{4}\right)$, $Y\sim B\left(1,\dfrac{1}{2}\right)$, 且 $\mathrm{Cov}(X,Y)=\dfrac{1}{8}$, 求 X 与 Y 的联合分布.

12. 设随机变量 X 和 Y 的数学期望都等于 1, 方差都等于 2, 其相关系数为 0.25, 求随机变量 $U=X+2Y$ 与 $V=X-2Y$ 的相关系数.

13. 设随机变量 X 的密度函数为

$$f(x)=\frac{1}{2}\mathrm{e}^{-|x|},\ x\in\mathbf{R}.$$

证明: (1) X 与 $|X|$ 不相关;

(2) X 与 $|X|$ 不独立.

14. (1) 设 X,Y 为随机变量, 数学期望都是 2, 方差分别为 1 和 4, 相关系数为 0.5, 试用切比雪夫不等式估计 $P(|X-Y|\geqslant 6)$;

(2) 设随机变量 X 的密度函数为

$$f(x)=\begin{cases}\dfrac{x^2\mathrm{e}^{-x}}{2}, & x>0\\ 0, & \text{其他}\end{cases},$$

试用切比雪夫不等式证明: $P(0<X<6)\geqslant\dfrac{2}{3}$.

第五章　大数定律与中心极限定理

本章主要介绍概率论中的两类极限定理：大数定律与中心极限定理. 它们在概率论与数理统计的理论研究和实际应用中都发挥着重要作用, 为许多随机现象的解释提供了坚实的理论支撑.

§5.1　大数定律

随机现象的统计规律性是在相同条件下, 进行大量的重复试验时才呈现出来的. 概率的统计定义指出, 当试验次数 n 增大时, 事件 A 发生的频率 $f_n(A)$ 呈现出某种稳定性, 即它在某一常数 p 附近波动, 且 n 越大, 波动的幅度一般越小, 则称 p 为事件 A 发生的概率. 这里的"稳定性"即为频率的收敛性, 也就是说, 随着试验次数的增多, 在某种收敛意义下, 频率的极限是概率, 这就是下面要介绍的大数定律. 为了方便, 先引入两个概念.

定义 1　设有随机变量序列 $X_1, X_2, \cdots, X_n, \cdots$. 若对于任意 $n>1$, 有 $X_1, X_2, \cdots, X_n$ 相互独立, 则称随机变量序列 $X_1, X_2, \cdots, X_n, \cdots$ 独立.

定义 2　对于随机变量序列 $X_1, X_2, \cdots, X_n, \cdots$, 以及常数 a, 如果对于任意正数 $\varepsilon>0$, 有

$$\lim_{n\to\infty} P\{|X_n-a|<\varepsilon\}=1, \quad \text{即} \lim_{n\to\infty} P\{|X_n-a|\geqslant\varepsilon\}=0,$$

则称随机变量序列 $X_1, X_2, \cdots, X_n, \cdots$ 依概率收敛于 a, 记为 $X_n \xrightarrow{P} a$. 历史上最早的极限定理是由瑞士数学家雅各布 · 伯努利 (Jocob Bernoulli, 1654—1705) 提出的伯努利大数定律, 它的出现使得频率稳定于概率有了理论依据.

定理 1 (**伯努利大数定律**)　设随机变量序列 X_1, X_2, $\cdots$, X_n, $\cdots$ 相互独立, 同服从 0–1 分布 $B(1, p)$, 则对任意正数 $\varepsilon>0$, 有

$$\lim_{n\to\infty} P\left\{\left|\frac{1}{n}\sum_{i=1}^{n} X_i - p\right| < \varepsilon\right\}=1,$$

即

$$\lim_{n\to\infty} P\left\{\left|\frac{1}{n}\sum_{i=1}^{n} X_i - p\right| \geqslant \varepsilon\right\}=0.$$

证 令 $Y_n = \sum_{i=1}^{n} X_i$, 则 $Y_n \sim B(n,p)$, $E(Y_n) = np$, $D(Y_n) = np(1-p)$. 于是

$$E\left(\frac{Y_n}{n}\right) = \frac{1}{n}E(Y_n) = p,\ D\left(\frac{Y_n}{n}\right) = \frac{1}{n^2}D(Y_n) = \frac{p(1-p)}{n}.$$

对任意正数 ε, 由切比雪夫不等式, 得

$$P\left\{\left|\frac{1}{n}\sum_{i=1}^{n} X_i - p\right| < \varepsilon\right\} = P\left\{\left|\frac{Y_n}{n} - E\left(\frac{Y_n}{n}\right)\right| < \varepsilon\right\} \geqslant 1 - \frac{D\left(\frac{Y_n}{n}\right)}{\varepsilon^2} = 1 - \frac{p(1-p)}{n\varepsilon^2},$$

所以

$$\lim_{n\to\infty} P\left\{\left|\frac{1}{n}\sum_{i=1}^{n} X_i - p\right| < \varepsilon\right\} = 1,$$

即

$$\lim_{n\to\infty} P\left\{\left|\frac{1}{n}\sum_{i=1}^{n} X_i - p\right| \geqslant \varepsilon\right\} = 0.$$

注 在 n 重伯努利试验中, 若事件 A 发生的概率为 p, 令

$$X_i = \begin{cases} 1, & \text{在第 } i \text{ 次试验中事件 } A \text{ 出现} \\ 0, & \text{否则} \end{cases},$$

则事件 A 发生的频率为 $\frac{1}{n}\sum_{i=1}^{n} X_i$. 定理 1 表明, 当试验次数趋于无穷时, 事件 A 发生的频率 $\frac{1}{n}\sum_{i=1}^{n} X_i$ 依概率收敛于事件 A 发生的概率 p, 即

$$\frac{1}{n}\sum_{i=1}^{n} X_i \xrightarrow{P} p.$$

这样, 频率接近于概率或频率有稳定性这些直观经验就有了严格的数学意义.

对于数学期望和方差存在, 但分布可以不同的随机变量序列, 我们介绍下列大数定律, 它是由俄国数学家切比雪夫 (Chebyshev, 1821—1894) 给出的.

定理 2 (**切比雪夫大数定律**) 设随机变量序列 $X_1, X_2, \cdots, X_n, \cdots$ 相互独立, 而且存在常数 C, 使得 $D(X_i) \leqslant C (i = 1, 2, \cdots)$, 则对任意正数 $\varepsilon > 0$, 有

$$\lim_{n\to\infty} P\left\{\left|\frac{1}{n}\sum_{i=1}^{n} X_i - \frac{1}{n}\sum_{i=1}^{n} E(X_i)\right| < \varepsilon\right\} = 1,$$

即

$$\lim_{n\to\infty} P\left\{\left|\frac{1}{n}\sum_{i=1}^{n} X_i - \frac{1}{n}\sum_{i=1}^{n} E(X_i)\right| \geqslant \varepsilon\right\} = 0.$$

证 由数学期望与方差的性质, 有

$$E\left(\frac{1}{n}\sum_{i=1}^{n}X_i\right)=\frac{1}{n}\sum_{i=1}^{n}E(X_i),\ D\left(\frac{1}{n}\sum_{i=1}^{n}X_i\right)=\frac{1}{n^2}\sum_{i=1}^{n}D(X_i)\leqslant\frac{C}{n}.$$

对任意正数 ε, 由切比雪夫不等式, 得

$$P\left\{\left|\frac{1}{n}\sum_{i=1}^{n}X_i-\frac{1}{n}\sum_{i=1}^{n}E(X_i)\right|<\varepsilon\right\}\geqslant 1-\frac{1}{\varepsilon^2}D\left(\frac{1}{n}\sum_{i=1}^{n}X_i\right)\geqslant 1-\frac{C}{n\varepsilon^2}.$$

所以

$$\lim_{n\to\infty}P\left\{\left|\frac{1}{n}\sum_{i=1}^{n}X_i-\frac{1}{n}\sum_{i=1}^{n}E(X_i)\right|<\varepsilon\right\}=1,$$

即

$$\lim_{n\to\infty}P\left\{\left|\frac{1}{n}\sum_{i=1}^{n}X_i-\frac{1}{n}\sum_{i=1}^{n}E(X_i)\right|\geqslant\varepsilon\right\}=0.$$

对于数学期望存在, 但方差可能不存在的随机变量序列, 我们介绍下列大数定律, 它是由俄国数学家辛钦 (Khinchin, 1894—1959) 给出的. 由于其证明超出了本课程的要求, 故略去. 有兴趣的读者可查阅其他参考书.

定理 3 (辛钦大数定律) 设随机变量序列 $X_1,X_2,\cdots,X_n,\cdots$ 相互独立同分布, 数学期望 $E(X_i)=\mu\,(i=1,2,\cdots)$, 则对任意正数 $\varepsilon>0$, 有

$$\lim_{n\to\infty}P\left\{\left|\frac{1}{n}\sum_{i=1}^{n}X_i-\mu\right|<\varepsilon\right\}=1,$$

即

$$\lim_{n\to\infty}P\left\{\left|\frac{1}{n}\sum_{i=1}^{n}X_i-\mu\right|\geqslant\varepsilon\right\}=0.$$

注 概率论中满足大数定律的随机变量序列 $X_1,X_2,\cdots,X_n,\cdots$ 也称为服从大数定律.

例 1 设随机变量 $X_1,X_2,\cdots,X_n,\cdots$ 相互独立同服从参数为 2 的指数分布, 则当 $n\to\infty$ 时, $Y_n=\dfrac{1}{n}\sum_{i=1}^{n}X_i^2$ 依概率收敛于__________.

解 因为随机变量 $X_1,X_2,\cdots,X_n$ 相互独立同分布, 所以 $X_1^2,X_2^2,\cdots,X_n^2$ 也相互独立同分布.

$$E(X_i)=\frac{1}{2},\ D(X_i)=\frac{1}{4},\ E(X_i^2)=D(X_i)+E^2(X_i)=\frac{1}{2}.$$

于是

$$E(Y_n)=E\left(\frac{1}{n}\sum_{i=1}^{n}X_i^2\right)=\frac{1}{n}\sum_{i=1}^{n}E(X_i^2)=\frac{1}{2}.$$

由辛钦大数定律知, 当 $n\to\infty$ 时,$Y_n=\dfrac{1}{n}\sum_{i=1}^{n}X_i^2$ 依概率收敛于其数学期望 $\dfrac{1}{2}$. 应填 $\dfrac{1}{2}$.

§5.2　中心极限定理

在自然界中, 许多随机现象往往服从正态分布, 如测量误差、大规模考试的成绩、人的身高, 等等. 为什么正态分布如此广泛存在, 从而在概率统计中占有如此重要的地位? 数学家们从关于独立随机变量和的极限分布的研究中找到了答案, 即找到了独立随机变量和的极限分布为正态分布的条件, 并把这方面的定理统称为中心极限定理. 研究发现, 如果一个随机现象可以看作是许多随机因素的独立影响的综合结果, 而每一个因素对该随机现象的影响都是微小的, 那么, 描述该随机现象的随机变量可以看作许多相互独立的描述各因素的随机变量之和, 并且近似服从正态分布. 下面给出两个最基本的中心极限定理: 棣莫弗-拉普拉斯 (De Moivre-Laplace) 中心极限定理和林德伯格-列维 (Lindeberg-Levy) 中心极限定理. 棣莫弗 (1667—1754)、拉普拉斯 (1749—1827) 和列维 (1886—1971) 都是法国数学家, 林德伯格 (1876—1932) 是芬兰数学家.

定理 1 (**林德伯格-列维中心极限定理**)　设随机变量序列 $X_1, X_2, \cdots, X_n, \cdots$ 相互独立同分布, 并且具有有限的数学期望和方差 $E(X_i)=\mu$, $D(X_i)=\sigma^2>0\,(i=1,2,\cdots)$, 则对任意实数 x, 有

$$\lim_{n\to\infty} P\left\{\frac{\sum\limits_{i=1}^{n} X_i - n\mu}{\sqrt{n}\sigma} \leqslant x\right\} = \int_{-\infty}^{x} \frac{1}{\sqrt{2\pi}} \mathrm{e}^{-\frac{t^2}{2}}\,\mathrm{d}t.$$

定理证明超出了本课程的要求, 故略去.

林德伯格-列维中心极限定理告诉我们, 不管 $X_i (i=1,2,\cdots)$ 服从什么分布, 随机变量 $Y_n = \dfrac{\sum\limits_{i=1}^{n} X_i - n\mu}{\sqrt{n}\sigma}$ 的极限分布都是标准正态分布 $N(0,1)$, 所以, 当 n 充分大时, 近似地有

$$\frac{\sum\limits_{i=1}^{n} X_i - n\mu}{\sqrt{n}\sigma} \sim N(0,1), \quad \sum_{i=1}^{n} X_i \sim N(n\mu, n\sigma^2).$$

由此可以推出, 当 n 充分大时, 有

$$P\left\{\sum_{i=1}^{n} X_i \leqslant b\right\} = P\left\{\frac{\sum\limits_{i=1}^{n} X_i - n\mu}{\sqrt{n}\sigma} \leqslant \frac{b-n\mu}{\sqrt{n}\sigma}\right\} \approx \varPhi\left(\frac{b-n\mu}{\sqrt{n}\sigma}\right),$$

$$P\left\{a<\sum_{i=1}^{n}X_i\leqslant b\right\}=P\left\{\frac{a-n\mu}{\sqrt{n}\sigma}<\frac{\sum\limits_{i=1}^{n}X_i-n\mu}{\sqrt{n}\sigma}\leqslant\frac{b-n\mu}{\sqrt{n}\sigma}\right\}$$

$$\approx\Phi\left(\frac{b-n\mu}{\sqrt{n}\sigma}\right)-\Phi\left(\frac{a-n\mu}{\sqrt{n}\sigma}\right).$$

定理 2 (棣莫弗-拉普拉斯中心极限定理) 设随机变量 $\eta_n\sim B(n,p)(n=1,2,\cdots)(0<p<1)$, 则对任意实数 x, 有

$$\lim_{n\to\infty}P\left\{\frac{\eta_n-np}{\sqrt{np(1-p)}}\leqslant x\right\}=\int_{-\infty}^{x}\frac{1}{\sqrt{2\pi}}\mathrm{e}^{-\frac{t^2}{2}}\mathrm{d}t=\Phi(x).$$

显然 $\eta_n=\sum\limits_{i=1}^{n}X_i$, 其中 $X_1,X_2,\cdots,X_n$ 相互独立同服从 $B(1,p)$ 分布, 从而, 定理 2 为定理 1 的特殊情况.

棣莫弗-拉普拉斯中心极限定理告诉我们, 随机变量 $Y_n=\dfrac{\eta_n-np}{\sqrt{np(1-p)}}$ 的极限分布是标准正态分布 $N(0,1)$, 所以, 当 n 充分大时, 近似地有

$$Y_n=\frac{\eta_n-np}{\sqrt{np(1-p)}}\sim N(0,1),\quad \eta_n\sim N(np,np(1-p)).$$

由此可以推出, 当 n 充分大时, 有

$$P\{\eta_n\leqslant b\}=P\left\{\frac{\eta_n-np}{\sqrt{np(1-p)}}\leqslant\frac{b-np}{\sqrt{np(1-p)}}\right\}\approx\Phi\left(\frac{b-np}{\sqrt{np(1-p)}}\right),$$

$$P\{a<\eta_n\leqslant b\}=P\left\{\frac{a-np}{\sqrt{np(1-p)}}<\frac{\eta_n-np}{\sqrt{np(1-p)}}\leqslant\frac{b-np}{\sqrt{np(1-p)}}\right\}$$

$$\approx\Phi\left(\frac{b-np}{\sqrt{np(1-p)}}\right)-\Phi\left(\frac{a-np}{\sqrt{np(1-p)}}\right).$$

例 1 设随机变量 $X_1,X_2,\cdots$ 相互独立同服从参数为 λ 的指数分布, 则 (　　).

(A) $\lim\limits_{n\to+\infty}P\left\{\dfrac{\lambda\sum\limits_{i=1}^{n}X_i-n}{\sqrt{n}}\leqslant x\right\}=\Phi(x)$ (B) $\lim\limits_{n\to+\infty}P\left\{\dfrac{\sum\limits_{i=1}^{n}X_i-n}{\sqrt{n}\,\lambda}\leqslant x\right\}=\Phi(x)$

(C) $\lim\limits_{n\to+\infty}P\left\{\dfrac{\sum\limits_{i=1}^{n}X_i-\lambda}{\sqrt{n}\,\lambda}\leqslant x\right\}=\Phi(x)$ (D) $\lim\limits_{n\to+\infty}P\left\{\dfrac{\sum\limits_{i=1}^{n}X_i-\lambda}{n\,\lambda}\leqslant x\right\}=\Phi(x)$

其中 $\Phi(x)=\int_{-\infty}^{x}\frac{1}{\sqrt{2\pi}}\mathrm{e}^{-\frac{t^2}{2}}\mathrm{d}t$.

解 因为随机变量 $X_1,X_2,\cdots$ 相互独立同服从参数为 λ 的指数分布, 所以

$$E(X_i)=\frac{1}{\lambda},\quad D(X_i)=\frac{1}{\lambda^2},\quad E\left(\frac{1}{n}\sum_{i=1}^{n}X_i\right)=\frac{1}{\lambda},\quad D\left(\frac{1}{n}\sum_{i=1}^{n}X_i\right)=\frac{1}{n\lambda^2},$$

于是, 由林德伯格-列维中心极限定理, 得

$$\lim_{n\to+\infty}P\left\{\frac{\frac{1}{n}\sum\limits_{i=1}^{n}X_i-\frac{1}{\lambda}}{\sqrt{\frac{1}{n\lambda^2}}}\leqslant x\right\}=\lim_{n\to+\infty}P\left\{\frac{\lambda\sum\limits_{i=1}^{n}X_i-n}{\sqrt{n}}\leqslant x\right\}=\Phi(x).$$

因此, 选 (A).

例 2 (1) 设系统由 100 个相互独立的部件组成, 运行期间每个部件损坏的概率为 0.1, 至少有 85 个部件是完好的时系统才能正常工作, 求系统正常工作的概率.

(2) 若上述系统由 n 个部件组成, 至少有 80%的部件完好时系统才能正常工作, 问 n 至少多大才能使系统正常工作的概率不小于 0.95?

解 设 n 个相互独立起作用的部件组成的系统中正常工作的部件个数为 X, 则 $X\sim B(100,0.9)$, 由棣莫弗-拉普拉斯中心极限定理知

(1) $$P\{X\geqslant 85\}=1-P\{X<85\}=1-P\left\{\frac{X-100\times 0.9}{\sqrt{100\times 0.9\times 0.1}}<\frac{85-100\times 0.9}{\sqrt{100\times 0.9\times 0.1}}\right\}$$
$$=1-P\left\{\frac{X-90}{3}<-\frac{5}{3}\right\}\approx 1-\Phi\left(-\frac{5}{3}\right)=\Phi\left(\frac{5}{3}\right)=0.952\ 5.$$

(2) $$P\{X\geqslant 0.8n\}=1-P\{X<0.8n\}=1-P\left\{\frac{X-0.9n}{\sqrt{n\times 0.9\times 0.1}}<\frac{0.8n-0.9n}{\sqrt{n\times 0.9\times 0.1}}\right\}$$
$$\approx 1-\Phi\left(-\frac{\sqrt{n}}{3}\right)=\Phi\left(\frac{\sqrt{n}}{3}\right)\geqslant 0.95.$$

于是 $\frac{\sqrt{n}}{3}\geqslant 1.645$, 即 $n\geqslant 24.35$. 所以 n 至少为 25 才能使系统的可靠性不低于 0.95.

注 虽然作为服从二项分布的随机变量 X, 有事件 $\{X\geqslant 85\}=\{85\leqslant X\leqslant n\}$, 但在用中心极限定理做近似计算时, 不能将 $P\{X\geqslant 85\}$ 写成 $P\{85\leqslant X\leqslant n\}$ 来计算, 因为后者一般会产生更大的误差.

例 3 银行为支付某日即将到期的债券须准备一笔现金, 已知这批债券共发放了 500 张, 每张须付本息 1 000 元, 设到期时持券人 (1 人 1 券) 到银行领取本息的概率为 0.4. 问银行于该日应准备多少现金才能以 99.9%的把握满足客户的兑换?

解 设 X 为该日到银行领取本息的总人数, 则 $X\sim B(500,0.4)$, 所需支付现金为 $1\ 000X$. 设银行该日应准备现金 x 元, 为使银行能以 99.9%的把握满足客户的兑换, 那么

$P\{1\ 000X \leqslant x\} \geqslant 0.999$. 由棣莫弗-拉普拉斯中心极限定理知

$$P\{1\ 000X \leqslant x\} = P\left\{X \leqslant \frac{x}{1\ 000}\right\} = P\left\{\frac{X - 500 \times 0.4}{\sqrt{500 \times 0.4 \times 0.6}} \leqslant \frac{\frac{x}{1\ 000} - 500 \times 0.4}{\sqrt{500 \times 0.4 \times 0.6}}\right\}$$

$$= P\left\{\frac{X - 200}{\sqrt{120}} \leqslant \frac{x - 200\ 000}{2\ 000\sqrt{30}}\right\} \approx \Phi\left(\frac{x - 200\ 000}{2\ 000\sqrt{30}}\right) \geqslant 0.999 = \Phi(3.1),$$

即 $\dfrac{x - 200\ 000}{2\ 000\sqrt{30}} \geqslant 3.1$, 得 $x \geqslant 233\ 958.799$.

因此, 银行于该日应准备 234 000 元现金才能以 99.9%的把握满足客户的兑换.

例 4 一生产线生产的产品成箱包装, 每箱的重量是随机的. 假设每箱平均重 50 千克, 标准差为 5 千克. 若用最大载重量为 5 吨的汽车承运, 试利用中心极限定理说明每辆汽车最多装多少箱, 才能保证不超载的概率大于 0.977. ($\Phi(2) = 0.977$, 其中 $\Phi(x)$ 是标准正态分布函数.)

解 设 X_i 表示 “装运的第 i 箱的重量”(单位: 千克), n 为所求箱数, 则 $X_1, X_2, \cdots, X_n$ 相互独立同分布, n 箱的总重量 $T_n = X_1 + X_2 + \cdots + X_n = \sum\limits_{i=1}^{n} X_i$, 且 $E(X_i) = 50$, $\sqrt{D(X_i)} = 5$.

由林德伯格-列维中心极限定理知

$$P\{T_n \leqslant 5\ 000\} = P\left\{\sum_{i=1}^{n} X_i \leqslant 5\ 000\right\} = P\left\{\frac{\sum\limits_{i=1}^{n} X_i - 50n}{5\sqrt{n}} \leqslant \frac{5\ 000 - 50n}{5\sqrt{n}}\right\}$$

$$= P\left\{\frac{\sum\limits_{i=1}^{n} X_i - 50n}{5\sqrt{n}} \leqslant \frac{1\ 000 - 10n}{\sqrt{n}}\right\} \approx \Phi\left(\frac{1\ 000 - 10n}{\sqrt{n}}\right)$$

$$> 0.977 = \Phi(2).$$

即 $\dfrac{1\ 000 - 10n}{\sqrt{n}} > 2$, 解得 $n < 98.019\ 9$. 故最多可装 98 箱.

习 题 五

一、基础练习题

1. 设随机变量 X 有有限的期望 $E(X)$ 和方差 $D(X) = \sigma^2$, 用切比雪夫不等式估计 $P\{E(X) - 3\sigma < X < E(X) + 3\sigma\}$.

2. 设随机变量 X 的方差为 2.5, 试用切比雪夫不等式估计概率 $P\{|X - E(X)| \geqslant 5\}$.

3. 设随机变量 $X_1, X_2, \cdots, X_n, \cdots$ 相互独立同服从正态分布 $N(1,9)$, 则当 $n \to \infty$ 时, $Y_n = \frac{1}{n}\sum_{i=1}^{n} X_i^2$ 依概率收敛于 A, 试求出 A 的值.

4. 某计算机系统有 120 个终端, 各终端使用与否相互独立, 如果每个终端有 20%的时间在使用, 求使用的终端在 $30 \sim 50$ 的概率.

5. 计算机做加法运算时, 要对每个加数取整 (即取最接近它的整数), 设所有取整误差是相互独立的, 且它们都服从均匀分布 $U[-0.5, 0.5]$, 如果将 1 500 个数相加, 求误差总和的绝对值超过 15 的概率.

6. 历史上皮尔逊曾进行过掷硬币的试验, 当年皮尔逊掷硬币 12 000 次, 正面出现 6 019 次. 现在如果我们重复皮尔逊的试验, 求正面出现的频率与概率之差的绝对值不大于皮尔逊试验中发生的偏差的概率.

7. 设一家大旅馆有 500 间客房, 每间客房装有一台 2 千瓦的空调机, 若开房率为 80%, 问: 需要多少千瓦的电力才能有 99%的把握保证有足够的电力使用空调机?

二、综合提高题

1. 设随机变量 X 的数学期望 $E(X) = 11$, 方差 $D(X) = 9$, 则根据切比雪夫不等式估计 $P\{2 < X < 20\} \geqslant$ ________.

2. 设随机变量 X 和 Y 的数学期望分别为 -2 和 2, 方差分别为 1 和 4, 而相关系数为 -0.5, 则根据切比雪夫不等式 $P\{|X+Y| \geqslant 6\} \leqslant$________.

3. 设随机变量序列 $X_1, X_2, \cdots, X_n, \cdots$ 相互独立, $S_n = X_1 + X_2 + \cdots + X_n$, 则根据林德伯格-列维中心极限定理, 当 n 充分大时, S_n 近似服从正态分布, 只要 $X_1, X_2, \cdots, X_n, \cdots$ (　　).

(A) 有相同的期望与方差　　(B) 服从同一离散型分布

(C) 服从同一均匀分布　　(D) 服从同一连续型分布

4. 下列命题正确的是 (　　).

(A) 由辛钦大数定律可以得出切比雪夫大数定律

(B) 由切比雪夫大数定律可以得出辛钦大数定律

(C) 由切比雪夫大数定律可以得出伯努利大数定律

(D) 由伯努利大数定律可以得出切比雪夫大数定律

5. 设 $X_1, X_2, \cdots$ 是相互独立的随机变量序列, 且 $P(X_n = n^\alpha) = P(X_n = -n^\alpha) = \frac{1}{2}(n \geqslant 1, 0 < \alpha < 1)$, 证明: 当 $\alpha < \frac{1}{2}$ 时, 序列 $\{X_n, n \geqslant 1\}$ 满足大数定律.

6. 假设 $X_1, X_2, \cdots, X_n$ 为来自总体 X 的简单随机样本, 已知 $E(X^k) = a_k (k = 1, 2, 3, 4)$. 证明当 n 充分大时, $Z_n = \frac{1}{n}\sum_{i=1}^{n} X_i^2$ 近似服从正态分布, 并指出其分布参数.

7. 某保险公司多年的统计资料表明, 在索赔户中被盗户占 20%. 以 X 表示在随机抽查的 100 个索赔户中因被盗向保险公司索赔的户数.

(1) 写出 X 的概率分布;

(2) 利用棣莫弗–拉普拉斯定理, 求被盗索赔户不少于 14 户且不多于 30 户的概率的近似值.

附表是标准正态分布函数.

x	0	0.5	1.0	1.5	2.0	2.5	3.0
$\Phi(x)$	0.500	0.692	0.841	0.933	0.977	0.994	0.999

8. 用概率论方法证明:

$$\lim_{n\to\infty}\left(1+n+\frac{n^2}{2!}+\cdots+\frac{n^n}{n!}\right)\mathrm{e}^{-n}=\frac{1}{2}.$$

第六章　数理统计的基本概念

在前面的章节中, 我们学习了概率论的基本内容. 从本章开始, 我们将进入数理统计的学习, 介绍数理统计中的基本概念和常用方法.

数理统计的发展始于 19 世纪末 20 世纪初. 在此之前, 描述性统计一直占据主导地位. 1835 年, 凯特莱 (L. A. Quételet) 在著作《社会物理学》中正式将概率论和大数定律引入了人口统计研究; 之后, 最小二乘法、误差理论和正态分布理论等工作使得统计学摆脱了单纯的描述性质, 而强调了推断的地位; 三大抽样分布理论、参数估计、置信区间和假设检验理论等相继成为数理统计的主要内容; 1946 年, 克拉美 (H. Cramér) 的《统计学数学方法》标志着数理统计学进入了成熟阶段.

数理统计是利用概率论的基本理论和其他数学方法, 研究随机试验或随机现象并对所得数据进行收集、整理, 进而通过分析、研究数据, 对研究对象的规律性进行分析和推断. 其中, 对数据的收集、整理构成了数理统计的一个重要分支 —— 抽样理论和试验设计; 而对数据的分析, 进而对研究问题进行估计推断构成了数理统计的另一个重要分支 —— 统计推断. 在本书中, 我们将重点介绍统计推断的相关知识; 而对抽样理论和试验设计, 本书不做介绍.

在概率论中, 我们总是假定所研究的随机试验的分布是已知的, 但是在现实生活中, 很多问题的分布是未知的, 或者只知道分布类型, 但参数未知. 人们是通过对所研究的随机试验进行多次重复, 对得到的数据进行分析和研究, 进而对所研究问题的分布进行推断的. 下面看一个例子.

引例　某手表厂生产了一批手表, 假设这批手表走时误差 X (单位: 秒/日) 服从正态分布 $N(\mu, \sigma^2)$, 其中 μ 和 σ 未知.

(1) 平均走时误差 μ 大概是多少?

(2) 根据规定, 手表的走时误差不超过 30 秒/日为合格. 那么, 这批手表是否合格? 或者说, “$\mu \leqslant 30$” 这个假设能否接受?

为了解决这两个问题, 我们的做法是: 从这批产品中随机抽取部分产品, 对抽取的产品测量其走时误差, 然后利用概率论的理论, 通过对这些数据的分析来推断所考虑的问题. 由于我们抽取的随机性, 这种推断也具有一定的不确定性. 像这种利用部分研究对象的数据, 通过概率理论对全体研究对象的分布或性质进行推断的方法, 我们称之为统计推断.

在本例中, 我们已知分布类型为正态分布, 只是有两个未知参数. 第一个问题就是对其中的一个未知参数 μ 进行估计, 当然我们也可以对另一个参数 σ 或着它的函数 σ^2 进行估计. 像这种对分布中的未知参数本身或其函数进行估计, 甚至直接对分布进行估计的问题, 我们称之为估计问题. 这是统计推断中一个重要的研究内容.

接下来我们分析本例的第二个问题. 我们当然可以用问题 (1) 中 μ 的估计 $\hat{\mu}$ 来判断, 若 $\hat{\mu} \leqslant 30$, 则认为产品合格, 否则认为产品不合格. 但是这样合理吗? 注意我们的估计 $\hat{\mu}$ 是用部分产品的数据得到的, 并不是这批产品真实的平均走时误差, 二者之间很有可能具有一定的差异. 也就是说, 有可能我们的估计 $\hat{\mu} \leqslant 30$ 但是真实的平均 $\mu > 30$, 或者估计 $\hat{\mu} > 30$ 而 $\mu \leqslant 30$. 因此, 我们需要根据实际对这个界限进行调整, 比如选一个比 30 大的数 l, 只要 $\hat{\mu} \leqslant l$, 我们就认为合格 (当然我们也可以选择一个比 30 小的数). 像这样对某个假设作出接受还是否定的问题, 我们称之为假设检验问题. 这是统计推断中另一个重要的研究内容.

关于估计和假设检验问题的相关内容, 我们将在第七、八章中介绍. 本章中, 我们将介绍数理统计的一些基本概念与基本理论.

§6.1　总体与样本

一、总体

在数理统计中, 我们通常把所研究对象的全体称为总体 (也称为母体), 而把总体中包含的每一个成员称为个体. 总体中所包含的个体的数目称为总体的容量. 当容量有限时, 称总体为有限总体; 当容量无限时, 称总体为无限总体. 比如引例中, 总体就是这批手表, 而每一个手表就是一个个体. 这是一个有限总体, 容量就是这批手表的数目.

在大多数情况下, 总体的个体都是人或者物, 但实际上我们研究的并不是个体本身, 而是这些个体的某个指标. 比如引例中, 我们关心的是手表的走时误差, 因此可以用每块手表的走时误差代替这块手表. 这样个体就变成了一堆数, 而总体就是这些数构成的集合. 如果把总体只看作一堆杂乱无章的数的集合, 而不添加任何数学或者概率的性质, 这样就没有太多意义. 在数理统计中, 我们会赋予这些指标一个概率分布, 对总体的研究其实就是对这一指标的概率分布的研究. 因此, 可以把总体与指标的概率分布等同起来. 也就是说, 总体就是一个概率分布, 或者说是服从这一概率分布的某个随机变量 X. 比如引例中, 总体就是一个正态分布, 也叫作正态总体, 记作总体 X. 其中 X 为服从正态分布的随机变量.

当总体 X 为离散型随机变量时, 我们称该总体为离散型总体; 当总体 X 为连续型随机变量时, 我们称该总体为连续型总体.

注意, 当多个总体都具有同一概率分布时, 即使所含个体的性质不一样, 也可以视为同类总体. 例如, 假设某班学生的学习成绩服从正态分布, 手表走时误差也是正态分布, 则这两个总体就可以看作同一类总体, 可以用同样的统计方法处理.

最后我们举一个例子, 说明将总体看作是概率分布而不是具体的人或者物的重要性.

例 1　设某一物体的真实重量 a 未知, 要通过多次测量的结果去估计. 问这个问题中的总体和个体分别是什么?

本例中, 研究对象就是这个物体, 如果将总体看作是研究对象的全体, 则总体就是这个物体或者这个物体的重量 a. 这是不对的. 这个问题的实质是 "通过测量的结果去估计物体的重量", 所以个体其实是每一次测量的结果, 总体是由所有测量结果构成的. 显然这个总体是想象中的一个集合, 因为我们不可能无限次地测量, 将所有测量结果都列出来. 因此, 如果我们将总体看作是一个概率分布, 则只需要说 "测量结果服从某种分布 (如正态分布)" 就行了.

二、样本

样本是随机地从总体中抽出的一部分个体. 所谓 "随机" 指的是总体中每一个个体被抽中的机会都相同. 显然对于一个具体的问题, 抽出的这些个体都是一些具体的数. 比如在引例中, 我们随机抽取五块手表, 其结果是: 28,35,40,20,25. 注意, 抽取是随机的, 当重新抽取五块手表时, 其结果可能就变为: 24,31,30,28,30. 结果随每次抽取而改变, 具有随机性. 因此当不确定特定的抽取时, 结果是一列随机变量: $X_1, X_2, \cdots, X_n$, 因为抽到哪些个体是随机的.

假设在总体 X 中, 我们逐个抽取个体. 第一次抽取时是从总体中随机抽取一个, 因而 X_1 的分布和总体 X 的分布相同. 如果第一次抽取的个体不放回, 则第二次抽取时, 剩下的个体构成的分布发生了变化, 此时 X_2 的分布与新的分布相同, 与 X 的分布有了差异. 但如果总体的容量很大, 或包含无限个个体, 则抽掉一个或几个个体, 对总体的分布基本没有影响, 也就是说 X_2 与 X_1 近似独立, 且 X_2 的分布可以近似地看作 X 的分布. 依此类推, 当抽取 n 个个体时, 得到一列独立同分布的随机变量 $X_1, X_2, \cdots, X_n$, 其公共分布即总体分布 X. 在数理统计中, 把这样的随机变量序列 $X_1, X_2, \cdots, X_n$ 称为来自总体 X 的简单随机样本, 简称样本. 这种抽取方法称为简单随机抽样, n 称为样本容量. 对于抽样的具体结果: $x_1, x_2, \cdots, x_n$, 称为样本 $X_1, X_2, \cdots, X_n$ 的观察值, 简称样本值.

注　上述简单随机样本是在无限总体或者总体容量很大的情况下得到的, 这时样本中的每个分量 X_i 与总体的分布是一样的 (或近似一样). 但在总体容量不是很大时, 还需要考虑抽样的方法, 只有在可放回的情况下才能得到简单随机样本.

例 2　设一批产品共 N 个, 欲通过抽样检验来了解其不合格品率 p. 现从其中抽出 n 个产品, 逐一检查它们是否为不合格品, 据此来估计 p.

如果把合格品记为 0, 不合格品记为 1, 则总体服从两点分布:

$$P(X=1)=p, \qquad P(X=0)=1-p.$$

假设这些产品是逐个抽取的, 结果记为 $X_1, X_2, \cdots, X_n$. 如果采取的是放回抽样, 即每次抽取一个检查后放回去, 下次仍有同等机会被抽中, 则 $X_1, X_2, \cdots, X_n$ 是独立同分布的, 且其分布与总体分布相同, 都是两点分布. 因此 $X_1, X_2, \cdots, X_n$ 为简单随机样本. 如果采取的是不放回抽样, 即抽取一个检查后不放回, 下次就不会抽到这个产品了. 此时第二次抽到不合格品的概率是依赖于第一次抽取的结果的: 如果第一次抽取到不合格品, 则第二次抽到不合格品的概率为

$$P(X_2=1|X_1=1)=\frac{Np-1}{N-1};$$

如果第一次抽取到合格品, 则第二次抽到不合格品的概率为

$$P(X_2=1|X_1=0)=\frac{Np}{N-1}.$$

显然 X_2 与 X_1 不独立, $X_1,X_2,\cdots,X_n$ 不是简单随机样本. 只有当 N 很大且 n 不大时 (一个经验法则是 $n/N\leqslant 0.1$), 该样本才可以近似看作一个简单随机样本.

从简单随机样本的定义可以看出, 样本必然满足两个条件:

(1) $X_1,X_2,\cdots,X_n$ 是相互独立的;

(2) $X_1,X_2,\cdots,X_n$ 与总体 X 具有相同的分布.

因此若设总体 X 的分布函数为 $F(x)$, 则样本 $X_1,X_2,\cdots,X_n$ 的联合分布函数为

$$F(x_1,x_2,\cdots,x_n)=\prod_{i=1}^{n}F(x_i)=F(x_1)F(x_2)\cdots F(x_n);$$

若总体 X 具有概率密度函数 $f(x)$, 则样本 $X_1,X_2,\cdots,X_n$ 的联合概率密度函数为

$$f(x_1,x_2,\cdots,x_n)=\prod_{i=1}^{n}f(x_i)=f(x_1)f(x_2)\cdots f(x_n);$$

若总体 X 具有分布律 $\{p_i\}$, 则样本 $X_1,X_2,\cdots,X_n$ 的联合分布律为

$$\begin{aligned}P(X_1=x_1,X_2=x_2,\cdots,X_n=x_n)&=\prod_{i=1}^{n}P(X_i=x_i)\\&=P(X=x_1)P(X=x_2)\cdots P(X=x_n).\end{aligned}$$

例如, 设总体 X 服从参数为 p 的两点分布 $B(1,p)$, $X_1,X_2,\cdots,X_n$ 为来自总体 X 的简单随机样本. 总体 X 的分布律可以写成

$$P(X=x_i)=p^{x_i}(1-p)^{1-x_i},\qquad x_i=0\text{ 或 }1,$$

则样本 $X_1,X_2,\cdots,X_n$ 的联合分布律为

$$\begin{aligned}P(X_1=x_1,\ X_2=x_2,\cdots,X_n=x_n)&=\prod_{i=1}^{n}P(X_i=x_i)\\&=\prod_{i=1}^{n}p^{x_i}(1-p)^{1-x_i}=p^{\sum\limits_{i=1}^{n}x_i}(1-p)^{n-\sum\limits_{i=1}^{n}x_i}.\end{aligned}\tag{6.1.1}$$

最后, 我们将总体与样本的定义概括如下:

定义 1 (a) 称随机变量 X 为总体, X 的分布称为总体的分布;

(b) 设总体 X 的分布函数为 $F(x)$, 若 $X_1,X_2,\cdots,X_n$ 为相互独立且具有同一分布函数 $F(x)$ 的随机变量序列, 则称 $X_1,X_2,\cdots,X_n$ 为从总体 X 得到的容量为 n 的简单随机样本, 简称样本, 它们的观察值 $x_1,x_2,\cdots,x_n$ 为样本值.

§6.2　频率直方图与经验分布函数

为了研究总体的性质, 我们会抽取很多样本, 通过观察得到一堆样本值, 而这些数是杂乱无章的. 为了利用它们进行统计分析, 需要对这些数据进行整理. 样本值的整理是统计研究的基础, 最常用的方法是给出其频率直方图和经验分布函数. 事实上, 我们常常用频率直方图与经验分布函数来近似总体的概率密度函数和分布函数.

一、频率直方图

下面我们通过一个例子来介绍频率直方图.

例 1　为了了解某地区某专业应届毕业生的薪资情况, 随机调查了该专业当年 30 名应届毕业生, 获得了他们的周薪 (单位: 元), 数据如下:

909	1 086	1 120	999	1 320	1 091
1 071	1 081	1 130	1 336	967	1 572
825	914	992	1 232	950	775
1 203	1 025	1 096	808	1 224	1 044
871	1 164	971	950	866	738

接下来, 我们对这组数据进行整理, 具体步骤为:

(1) **对样本分组**. 首先确定组数 k、组距 d 和组限. 组数一般需要根据调查数据的数量确定, 本例中我们设定 $k=5$ ①. 每组间的长度可以相同也可以不同, 一般选用相同长度, 称为组距, 计算公式为

$$组距d = (样本最大观察值 - 样本最小观察值)/组数.$$

本例中, 最大观察值为 1 572, 最小观察值为 738, 故组距为 $d=(1\ 572-738)/5=166.8$, 为了方便, 我们取组距 $d=167$. 组限为 $a_0, a_0+d=a_1, \cdots, a_0+kd=a_k$. 本例中取 $a_0=737.5$, $a_5=1\ 572.5$ ②. 由这些组限得到分组区间为 $(737.5, 904.5]$, $(904.5, 1\ 071.5]$, $(1\ 071.5, 1\ 238.5]$, $(1\ 238.5, 1\ 405.5]$, $(1\ 405.5, 1\ 572.5]$.

(2) **列出频数频率表**. 统计样本值落入每个分组区间内的个数 —— 频数 n_i, 计算出相应的频率 $n_i/n (n=30, i=1,2,3,4,5)$, 并列出频数频率表 (见表 6-1).

① 作为一般性原则, 组数通常为 5 ~ 20 个. 容量较小的样本, 通常分为 5 组或 6 组, 容量为 100 左右的样本可分为 7~10 组, 容量为 200 左右的样本可分为 9~13 组, 容量为 300 及以上的样本可分为 12~20 组, 其目的是为了用足够的组来表示数据的差异.

② 作直方图时, 其下限 a_0 略小于最小观察值, 上限 a_k 略大于最大观察值, 组限取小数可以避免数据落在组限上. 以这些组限为端点构造左开右闭区间, 可得分组区间.

表 6-1　例 1 的频数频率表

组序	分组区间	频数 n_i	频率 n_i/n
1	(737.5, 904.5]	6	0.20
2	(904.5, 1 071.5]	11	0.37
3	(1 071.5, 1 238.5]	10	0.33
4	(1 238.5, 1 405.5]	2	0.07
5	(1 405.5, 1 572.5]	1	0.03
合计		30	1

(3) **画频率直方图**. 以每一个分组区间 $(a_i, a_{i+1}]$ 为底, $n_i/(nd)$ 为高作矩形, 得到频率直方图 (见图 6-1).

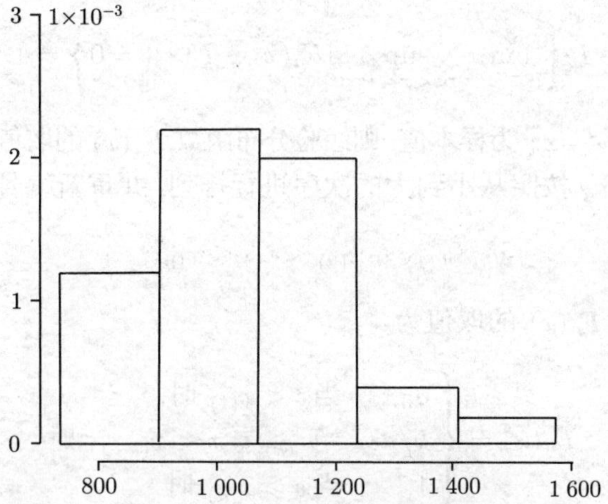

图 6-1　例 1 的频率直方图

当样本容量 n 和分组数 k 足够大时, 我们可以用样本的频率直方图来近似总体 X 的概率密度函数 $f(x)$. 事实上, 根据伯努利大数定律, 事件的频率会依概率收敛到事件的概率. 因此当 n 足够大时, 有

$$n_i/n \approx P\{a_{i-1} < X \leqslant a_i\} = \int_{a_{i-1}}^{a_i} f(x)\mathrm{d}x, \qquad i = 1, \cdots, k.$$

若 $f(x)$ 为连续函数, 则有 $n_i/n \approx (a_i - a_{i-1})f(a_i) = d \cdot f(a_i)$, 等价于 $f(a_i) \approx n_i/(nd)$. 因此概率密度函数 $f(x)$ 在 a_i 处的值近似等于频率直方图中分组区间 $(a_{i-1}, a_i]$ 对应的矩形高度. 当组距充分小时, 则频率直方图就近似于概率密度函数 $f(x)$.

二、经验分布函数

频率直方图可以用来近似估计总体的概率密度函数, 同样地, 我们也可以用经验分布函数对总体的分布函数进行近似估计.

设 $X_1, X_2, \cdots, X_n$ 为来自总体 X 的简单随机样本. 对于任意实数 x, 定义

$$F_n(x)=\frac{1}{n}\sum_{i=1}^{n}I_i(x),\quad 其中\ I_i(x)=\begin{cases}1, & X_i\leqslant x\\0, & X_i>x\end{cases},$$

我们称 $F_n(x)$ 为样本 $X_1,X_2,\cdots,X_n$ 的经验分布函数. 显然经验分布函数 $F_n(x)$ 为由样本构成的一个随机变量. 注意, 给定实数 x, $I_i(x)$ 是独立同分布的随机变量, 其分布为 $B(1,F(x))$, 由伯努利大数定律, 只要 n 充分大, 就有 $F_n(x)$ 依概率收敛到 $F(x)$. 因此, 当 n 充分大时, 经验分布函数 $F_n(x)$ 就是总体分布函数 $F(x)$ 的一个近似, 在实际中经常用来代替 $F(x)$. 事实上, 格里汶科在 1933 年得到了更深刻的结果:

定理 1(**格里汶科定理**)　设总体 X 的分布函数为 $F(x)$. 设 $X_1,X_2,\cdots,X_n$ 为来自总体 X 的简单随机样本, $F_n(x)$ 为其经验分布函数. 则对于任意实数 x, 当 $n\to\infty$ 时, $F_n(x)$ 以概率 1 一致收敛到 $F(x)$, 即

$$P\left\{\lim_{n\to\infty}\sup_{-\infty<x<+\infty}|F_n(x)-F(x)|=0\right\}=1.$$

一般地, 设 $x_1,x_2,\cdots,x_n$ 为样本值, 则经验分布函数 $F_n(x)$ 的取值可以通过如下方法得到:

(1) 将 $x_1,x_2,\cdots,x_n$ 按照从小到大的次序进行排列, 并重新编号, 记为

$$x_{(1)}\leqslant x_{(2)}\leqslant\cdots\leqslant x_{(n)};$$

(2) 经验分布函数 $F_n(x)$ 的取值为

$$F_n(x)=\begin{cases}0, & 当x<x_{(1)}\ 时\\k/n, & 当x_{(k)}\leqslant x<x_{(k+1)}\ 时.\\1, & 当x\geqslant x_{(n)}\ 时\end{cases}$$

例 2　某食品厂生产听装饮料, 现从生产线上随机抽取 5 听饮料, 称得其净重 (单位: 克) 为

351　347　355　344　351

样本容量为 $n=5$, 对样本值按从小到大的顺序排列:

$$x_{(1)}=344,\quad x_{(2)}=347,\quad x_{(3)}=x_{(4)}=351,\quad x_{(5)}=355,$$

其经验分布函数为

$$F_5(x)=\begin{cases}0, & x<344\\0.2, & 344\leqslant x<347\\0.4, & 347\leqslant x<351\\0.8, & 351\leqslant x<355\\1, & x\geqslant 355\end{cases}.$$

其图形表示见图 6-2。

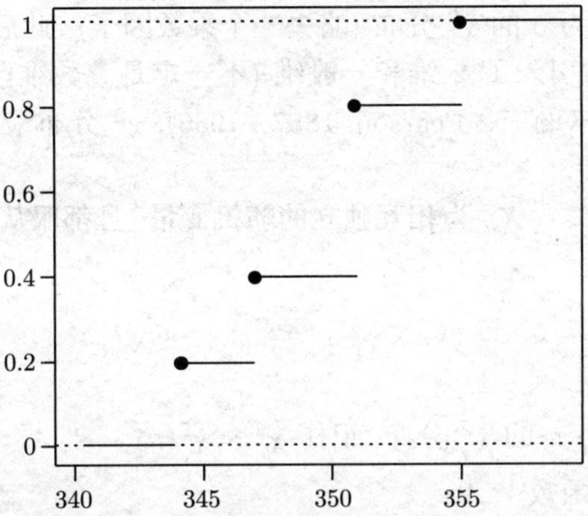

图 6-2　例 2 的经验分布函数

图 6-3 为例 1 中 30 名毕业生的周薪构成的经验分布函数的图形, 可以用它来近似该地区该专业应届毕业生的周薪这个总体的分布函数.

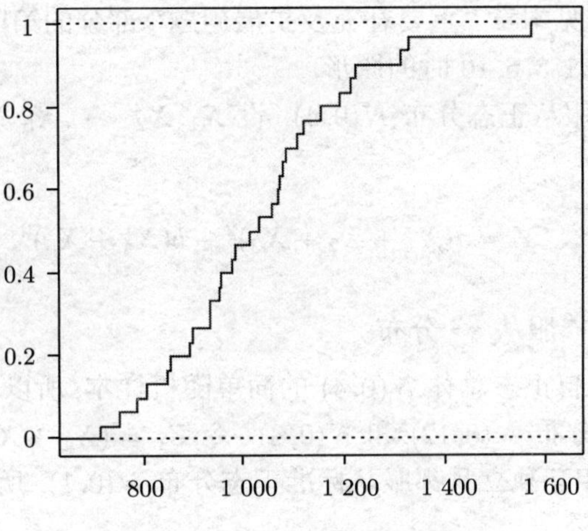

图 6-3　例 1 的经验分布函数

§6.3　χ^2 分布、t 分布和 F 分布

在本节中, 我们将介绍数理统计中三个著名的分布: χ^2 分布、t 分布和 F 分布. 这三个分布不仅有着明确的背景, 而且其概率密度函数有着显式的表达式, 在实际中有着非常广泛的应用, 在后续的统计推断部分将被大量应用.

一、χ^2 分布 (卡方分布)

χ^2 分布最早是由物理学家麦克斯韦 (J. C. Maxwell, 1831—1879) 引入的. 他在推导气体分子运动速度中发现, 若运动速度在 3 个正交轴上的投影是独立的正态分布, 则速度 v 的模

的平方 $\|v\|^2$ 服从自由度为 3 的 χ^2 分布 (略去一个乘数因子). 此后物理学家玻尔兹曼 (L. E. Boltzmann, 1844—1906) 引入了 2 维和一般维 (不一定是整数维) 的 χ^2 分布. 而真正将 χ^2 分布完善并推广的是皮尔逊 (K. Pearson, 1857—1936), χ^2 分布最初的重要应用就是皮尔逊 1900 年的 χ^2 拟合度检验.

定义 1　设 $X_1, X_2, \cdots, X_n$ 为相互独立的随机变量, 且都服从标准正态分布 $N(0,1)$. 定义随机变量

$$\chi^2 = X_1^2 + X_2^2 + \cdots + X_n^2,$$

则称 χ^2 服从自由度③ 为 n 的 χ^2 分布, 记作 $\chi^2 \sim \chi^2(n)$.

χ^2 分布的概率密度函数④ 为

$$k_n(y) = \begin{cases} \dfrac{1}{2^{n/2}\Gamma(n/2)} y^{\frac{n}{2}-1} \mathrm{e}^{-\frac{y}{2}}, & y > 0 \\ 0, & \text{其他} \end{cases}. \tag{6.3.1}$$

该概率密度函数的证明见本章“重要补充及扩展问题”部分的第四小节. 图 6-4 为 χ^2 分布的概率密度函数在 $n = 1, 3, 6, 10$ 时的图形.

例 1　设总体 X 服从正态分布 $N(0,4)$. 设 $X_1, X_2, \cdots, X_5$ 为来自总体 X 的简单随机样本, 令

$$Y = a(X_1 + X_2 + X_3)^2 + b(X_4 + X_5)^2,$$

确定常数 a 和 b, 使得 Y 服从 χ^2 分布.

解　由于 X_i 为来自正态总体 $N(0,4)$ 的简单随机样本, 所以 $X_1 + X_2 + X_3$ 与 $X_4 + X_5$ 相互独立, 且分别具有分布 $N(0,12)$ 和 $N(0,8)$. 令 $Z_1 = (X_1 + X_2 + X_3)/\sqrt{12}$, $Z_2 = (X_4 + X_5)/\sqrt{8}$, 则 Z_1 与 Z_2 相互独立且都服从标准正态分布 $N(0,1)$. 所以由 χ^2 分布的定义,

$$\chi^2 = Z_1^2 + Z_2^2 = \frac{1}{12}(X_1 + X_2 + X_3)^2 + \frac{1}{8}(X_4 + X_5)^2 \sim \chi^2(2).$$

因此, 取 $a = \dfrac{1}{12}$ 和 $b = \dfrac{1}{8}$ 时, $Y = \chi^2$ 服从 $\chi^2(2)$ 分布.

---

③ 自由度指包含的独立随机变量的个数.

④ 式中的 $\Gamma(\cdot)$ 表示伽马函数, 定义为

$$\Gamma(s) = \int_0^{+\infty} x^{s-1} \mathrm{e}^{-x} \mathrm{d}x, \qquad s > 0.$$

容易证明, $\Gamma(1/2) = \sqrt{\pi}$, $\Gamma(s+1) = s\Gamma(s)$.

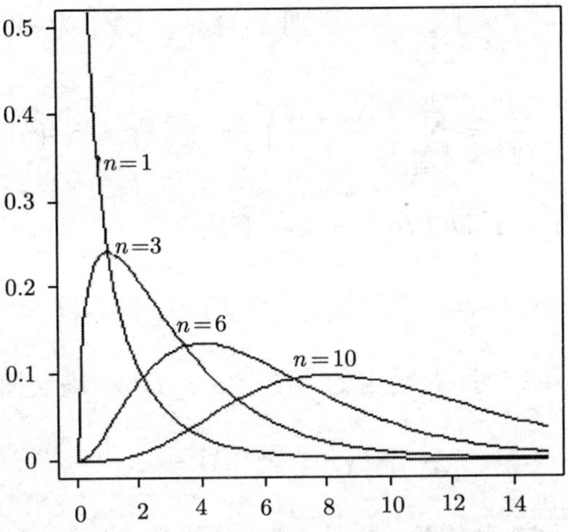

图 6-4　$\chi^2(n)$ 的概率密度函数

定理 1　(1) (可加性) 设 X_1 与 X_2 相互独立, 且 $X_1 \sim \chi^2(m)$, $X_2 \sim \chi^2(n)$, 则 $X_1+X_2 \sim \chi^2(m+n)$.

(2) 设 $\chi^2 \sim \chi^2(n)$, 则 $E(\chi^2)=n$, $D(\chi^2)=2n$.

证　(1) 设 $Y_1, Y_2, \cdots, Y_{m+n}$ 为 $m+n$ 个相互独立且服从标准正态分布的随机变量, 则 X_1 与 $\sum\limits_{i=1}^{m} Y_i^2$ 都服从 $\chi^2(m)$ 分布, X_2 与 $\sum\limits_{i=m+1}^{m+n} Y_i^2$ 都服从 $\chi^2(n)$ 分布, 且 $\sum\limits_{i=1}^{m} Y_i^2$ 与 $\sum\limits_{i=m+1}^{m+n} Y_i^2$ 相互独立. 因此, X_1+X_2 与 $\sum\limits_{i=1}^{m} Y_i^2 + \sum\limits_{i=m+1}^{m+n} Y_i^2$ 具有相同的分布. 而 $Y_1^2+\cdots+Y_{m+n}^2$ 为 $m+n$ 个相互独立的标准正态变量的平方和, 由 χ^2 分布的定义, 其服从 $\chi^2(m+n)$. 因此 $X_1+X_2 \sim \chi^2(m+n)$.

(2) 由 χ^2 分布的定义, $\chi^2 = X_1^2+X_2^2+\cdots+X_n^2$, 其中 X_i 为相互独立的标准正态变量. 由于 $X_i \sim N(0,1)$, 所以 $E(X_i^2)=D(X_i)=1$, $D(X_i^2)=E(X_i^4)-(E(X_i^2))^2=3-1=2$. 于是

$$E(\chi^2)=E\left(\sum_{i=1}^{n} X_i^2\right)=\sum_{i=1}^{n} E(X_i^2)=n,$$

$$D(\chi^2)=D\left(\sum_{i=1}^{n} X_i^2\right)=\sum_{i=1}^{n} D(X_i^2)=2n.$$

例 2　设总体 X 服从正态分布 $N(\mu,\sigma^2)$, 其中 μ 和 $\sigma^2>0$ 均已知. 设 $X_1, X_2, \cdots, X_n$ 为来自总体 X 的简单随机样本. 求随机变量 T 的期望和方差, 其中

$$T=\sum_{i=1}^{n}(X_i-\mu)^2.$$

解　令 $Y_i = \dfrac{X_i - \mu}{\sigma}$, $i = 1, 2, \cdots, n$, 则 $Y_1, Y_2, \cdots, Y_n$ 为相互独立的标准正态变量. 根据 χ^2 分布的定义,

$$\frac{T}{\sigma^2} = \sum_{i=1}^{n} \left(\frac{X_i - \mu}{\sigma}\right)^2 = \sum_{i=1}^{n} Y_i^2 \sim \chi^2(n).$$

由定理 1(2), 有 $E(T/\sigma^2) = n$, $D(T/\sigma^2) = 2n$. 于是

$$E(T) = \sigma^2 \cdot E(T/\sigma^2) = n\sigma^2, \qquad D(T) = \sigma^4 \cdot D(T/\sigma^2) = 2n\sigma^4.$$

当随机变量 $\chi^2 \sim \chi^2(n)$ 时, 对给定的 $\alpha(0 < \alpha < 1)$, 称满足概率等式

$$P\{\chi^2 > \chi^2_\alpha(n)\} = \alpha$$

的数 $\chi^2_\alpha(n)$ 为 $\chi^2(n)$ 的上 α 分位数 (见图 6-5). 分位数 $\chi^2_\alpha(n)$ 可以通过附表 2 进行查找, 譬如 $\chi^2_{0.05}(10) = 18.307$, $\chi^2_{0.1}(25) = 34.382$. 可以证明, 当 n 充分大 ($n \geqslant 40$) 时, 近似地有

$$\chi^2_\alpha(n) \approx \frac{1}{2}(z_\alpha + \sqrt{2n-1})^2,$$

其中 z_α 为标准正态分布的上 α 分位数. 譬如 $\chi^2_{0.05}(50) \approx \dfrac{1}{2}(z_{0.05} + \sqrt{99})^2 = 67.221$(事实上 $\chi^2_{0.05}(50) = 67.505$).

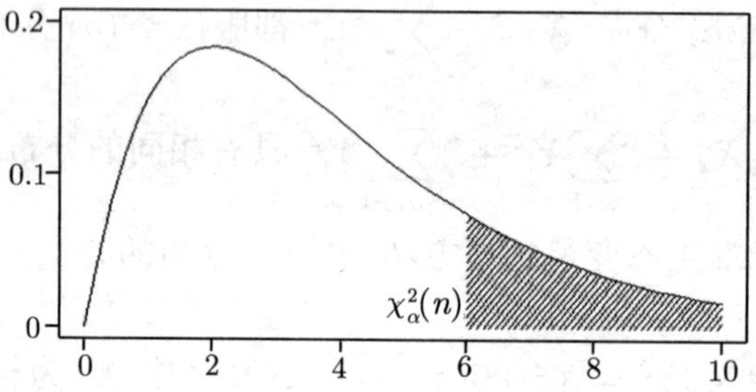

图 6-5　$\chi^2(n)$ 的上 α 分位数

二、t 分布

t 分布是戈塞特 (W. S. Gosset, 1876—1937) 在其 1908 年发表的论文《均值的或然误差》中提出的, 在小样本理论中发挥着重要作用. 由于戈塞特的笔名是学生氏 (Student), 所以 t 分布也称为学生氏 t-分布.

定义 2　设随机变量 X 与 Y 相互独立, 且 $X \sim N(0, 1)$, $Y \sim \chi^2(n)$, 则称随机变量

$$t = \frac{X}{\sqrt{Y/n}}$$

服从自由度为 n 的 t 分布, 也称为学生氏 t-分布, 记作 $t(n)$.

t 分布的概率密度函数为

$$t_n(t)=\frac{\Gamma\left(\dfrac{n+1}{2}\right)}{\sqrt{n\pi}\,\Gamma\left(\dfrac{n}{2}\right)}\left(1+\frac{t^2}{n}\right)^{-\frac{n+1}{2}},\quad -\infty<t<+\infty\ . \tag{6.3.2}$$

该概率密度函数的证明见本章"重要补充及扩展问题"的第四小节. 图 6-6 为 t 分布的概率密度函数当 $n=1, 3, 10$ 时的图形.

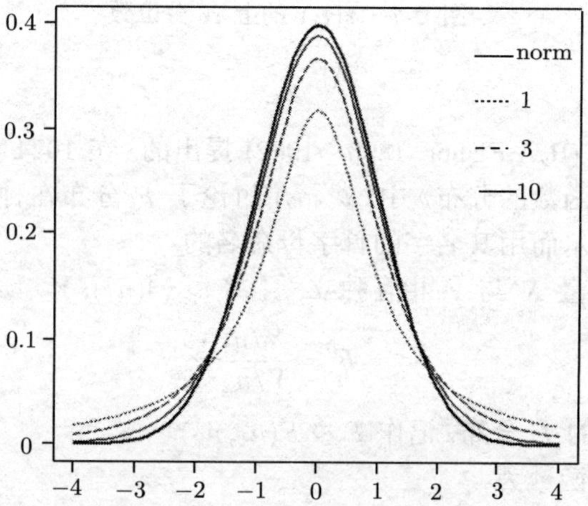

图 6-6 $t(n)$ 的概率密度函数

t 分布具有如下性质:

(1) 自由度为 1 的 t 分布为标准的柯西分布, 不存在均值;

(2) 当 $n>1$ 时, t 分布的数学期望存在且均为 0;

(3) 当 $n>2$ 时, t 分布的方差存在且为 $n/(n-2)$;

(4) t 分布的概率密度函数关于纵轴对称, 与标准正态分布的概率密度函数相似, 当自由度较大 $(n\geqslant 30)$ 时可用 $N(0,1)$ 近似.

当随机变量 $t\sim t(n)$ 时, 对给定的 $\alpha(0<\alpha<1)$, 称满足概率等式

$$P\{t>t_\alpha(n)\}=\alpha$$

的数 $t_\alpha(n)$ 为 $t(n)$ 的上 α 分位数 (见图 6-7). 分位数 $t_\alpha(n)$ 可以通过附表 3 查到, 譬如 $t_{0.05}(10)=1.812\ 5$, $t_{0.01}(12)=2.681\ 0$.

由于 t 分布的概率密度函数关于纵轴对称, $P\{t>-t_\alpha(n)\}=P\{t<t_\alpha(n)\}=1-P\{t\geqslant t_\alpha(n)\}=1-\alpha$, 所以

$$t_\alpha(n)=-t_{1-\alpha}(n).$$

譬如 $t_{0.95}(10)=-t_{0.05}(10)=-1.812\ 5$. 而且因为当 n 充分大时, t 分布收敛到标准正态分布, 所以当 $n>45$ 时, $t_\alpha(n)\approx z_\alpha$, 其中 z_α 为标准正态分布的上 α 分位数. 譬如 $t_{0.05}(50)\approx z_{0.05}=1.645$(事实上 $t_{0.05}(50)=1.676$).

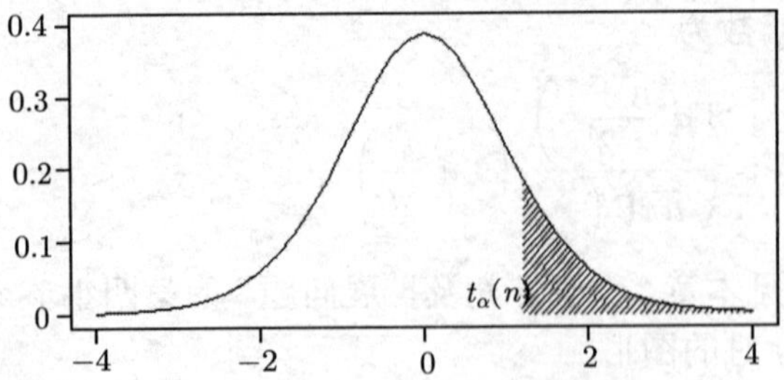

图 6-7　$t(n)$ 的上 α 分位数

三、F 分布

F 分布是由费希尔 (R.A.Fisher, 1890—1962) 提出的. 在 1924 年的报告《关于一个引出若干周知统计量的误差函数的分布》中, 费希尔讨论了 F 分布在种种检验问题中的应用. F 分布就是为了纪念费希尔而用其名字的首字母命名的.

定义 3　设随机变量 X 与 Y 相互独立, 且 $X\sim\chi^2(n_1)$, $Y\sim\chi^2(n_2)$, 则称随机变量

$$F=\frac{X/n_1}{Y/n_2}$$

服从自由度为 (n_1,n_2) 的 F 分布, 记作 $F\sim F(n_1,n_2)$.

F 分布的概率密度函数为

$$f_{n_1,n_2}(u)=\begin{cases}\dfrac{\Gamma\left(\dfrac{n_1+n_2}{2}\right)}{\Gamma\left(\dfrac{n_1}{2}\right)\Gamma\left(\dfrac{n_2}{2}\right)}\left(\dfrac{n_1}{n_2}\right)^{\frac{n_1}{2}}u^{\frac{n_1}{2}-1}\left(1+\dfrac{n_1}{n_2}u\right)^{-\frac{n_1+n_2}{2}}, & u>0\\ 0, & \text{其他}\end{cases}. \tag{6.3.3}$$

该概率密度函数的证明见本章“重要补充及扩展问题”部分的第四小节. 图 6-8 为 F 分布的概率密度函数当 $(n_1,n_2)=(11,3)$ 和 $(10,40)$ 时的图形.

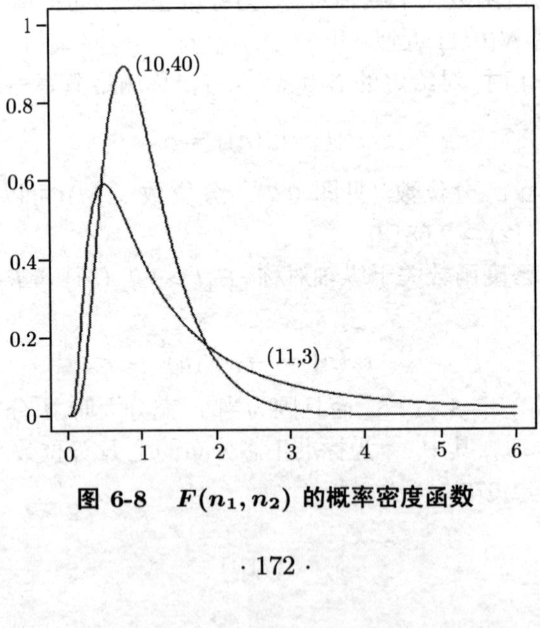

图 6-8　$F(n_1,n_2)$ 的概率密度函数

例 3 设随机变量 $X \sim t(n)$. 令 $Y = X^2$, 求 Y 的分布.

解 因为 $X \sim t(n)$, 所以存在相互独立的随机变量 $U \sim N(0,1)$ 和 $V \sim \chi^2(n)$, 使得 $X = \dfrac{U}{\sqrt{V/n}}$. 于是根据 F 分布的定义

$$Y = X^2 = \frac{U^2}{V/n} = \frac{U^2/1}{V/n} \sim F(1,n),$$

即 Y 服从 $F(1,n)$ 分布.

当随机变量 $F \sim F(n_1,n_2)$ 时, 对给定的 $\alpha(0<\alpha<1)$, 称满足概率等式

$$P\{F > F_\alpha(n_1,n_2)\} = \alpha$$

的数 $F_\alpha(n_1,n_2)$ 为 F 分布的上 α 分位数 (见图 6-9). 分位数 $F_\alpha(n_1,n_2)$ 可以通过附表 4 查到, 譬如 $F_{0.10}(10,3) = 5.23$, $F_{0.05}(3,5) = 5.41$.

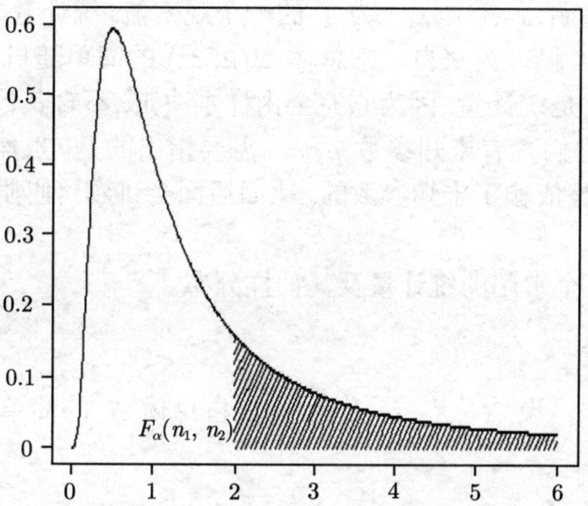

图 6-9 $F(n_1,n_2)$ 的上 α 分位数

由 F 分布的定义, 若 $F \sim F(n_1,n_2)$, 则 $1/F$ 也服从 F 分布, 且 $1/F \sim F(n_2,n_1)$. 故对于给定的 α,

$$\begin{aligned} P\left\{F > \frac{1}{F_\alpha(n_2,n_1)}\right\} &= P\left\{\frac{1}{F} < F_\alpha(n_2,n_1)\right\} \\ &= 1 - P\left\{\frac{1}{F} \geqslant F_\alpha(n_2,n_1)\right\} = 1-\alpha, \end{aligned}$$

即 $\dfrac{1}{F_\alpha(n_2,n_1)}$ 为 $F(n_1,n_2)$ 的上 $1-\alpha$ 分位数, 故

$$F_{1-\alpha}(n_1,n_2) = \frac{1}{F_\alpha(n_2,n_1)}.$$

譬如 $F_{0.10}(3,10)=1/F_{0.90}(10,3)=2.73$.

事实上, 这三大分布都是基于线性模型 $y=x\beta+e$ 导出的, 其中 e 服从正态分布 $N(0,\sigma^2)$. χ^2 分布最初是由该线性模型的最小二乘法的残差平方和分布问题导出的, t 分布与 $y=\beta+e$ 密切关联, 而 F 分布则是源于该线性模型中变量 x 的离散化.

§6.4　统计量及抽样分布

数理统计的任务是利用样本推断总体, 因为样本来自总体, 包含总体的信息. 但是, 样本中包含了总体的多方面信息, 很多情况下这些信息是杂乱无章的. 为了将这些信息集中起来反映总体的特征, 需要对样本进行加工, 即构造样本的函数, 利用样本函数推断总体特征. 显然样本的函数仍是随机变量, 我们称之为统计量.

定义 1　设 $X_1,X_2,\cdots,X_n$ 为来自总体 X 的简单随机样本, $x_1,x_2,\cdots,x_n$ 为其样本值. 若 $T=T(X_1,X_2,\cdots,X_n)$ 为样本的一个连续函数, 而且不包含其他未知参数, 则称随机变量 T 为统计量, 而数 $T(x_1,x_2,\cdots,x_n)$ 为 T 的一个观察值. 统计量的分布称为抽样分布.

例如, 设 $X_1,X_2,\cdots,X_n$ 为来自正态总体 $N(\mu,\sigma^2)$ 的简单随机样本, 其中 μ,σ 未知, 则 $\overline{X}=(X_1+\cdots+X_n)/n$ 是统计量, 因为它完全由样本决定, 不含其他未知参数; 但是 $X_1-\mu$, X_1/σ 都不是统计量, 它们含有未知参数 μ, σ. 需要指出的是, 虽然统计量中不包含未知参数, 但它的分布一般还是依赖于未知参数的, 比如后面会讲到, 刚刚提到的统计量 $\overline{X}$ 的分布就是 $N(\mu,\sigma^2/n)$.

接下来我们介绍几个常用的统计量及其抽样分布.

一、常用统计量

定义 2 (样本均值)　设 $X_1,X_2,\cdots,X_n$ 为来自总体 X 的简单随机样本, $x_1,x_2,\cdots,x_n$ 为样本值, 则统计量

$$\overline{X}=\frac{1}{n}\sum_{i=1}^{n}X_i$$

称为样本均值, 而 $\overline{x}=(x_1+\cdots+x_n)/n$ 称为样本均值的观察值.

定义 3 (样本方差)　设 $X_1,X_2,\cdots,X_n$ 为来自总体 X 的简单随机样本, $x_1,x_2,\cdots,x_n$ 为样本值, 则统计量

$$S^2=\frac{1}{n-1}\sum_{i=1}^{n}(X_i-\overline{X})^2=\frac{1}{n-1}\left(\sum_{i=1}^{n}X_i^2-n\overline{X}^2\right)$$

称为样本方差, $S=\sqrt{S^2}$ 称为样本标准差. 而 $s^2=\dfrac{1}{n-1}\displaystyle\sum_{i=1}^{n}(x_i-\overline{x})^2$ 和 $s=\sqrt{s^2}$ 分别为样本方差和样本标准差的观察值.

注　在样本方差的定义中, $\displaystyle\sum_{i=1}^{n}(X_i-\overline{X})^2$ 称为偏差平方和, $n-1$ 称为偏差平方和的自

由度. 其含义是: 当 $\overline{X}$ 给定后, n 个偏差 $X_1-\overline{X}, X_2-\overline{X}, \cdots, X_n-\overline{X}$ 中只有 $n-1$ 个偏差可以自由变动, 而第 n 个不能自由变动, 因为 $X_n = n\overline{X}-(X_1+\cdots+X_{n-1})$.

下面的定理给出了样本均值 $\overline{X}$ 和样本方差 S^2 的数字特征, 它们只依赖于总体的数字特征, 而不依赖于总体的分布形式.

定理 1 设 $X_1, X_2, \cdots, X_n$ 为来自总体 X 的简单随机样本. 若总体 X 的期望 μ 和方差 σ^2 都存在, 则

$$E(\overline{X}) = \mu, \qquad D(\overline{X}) = \frac{\sigma^2}{n}, \qquad E(S^2) = \sigma^2. \tag{6.4.1}$$

证 由于 $X_1, \cdots, X_n$ 相互独立且 $E(X_i)=\mu, D(X_i)=\sigma^2$, 则根据期望与方差的性质有

$$E(\overline{X}) = E\left(\frac{1}{n}\sum_{i=1}^{n} X_i\right) = \frac{1}{n}\sum_{i=1}^{n} E(X_i) = \frac{n\mu}{n} = \mu,$$

$$D(\overline{X}) = D\left(\frac{1}{n}\sum_{i=1}^{n} X_i\right) = \frac{1}{n^2}\sum_{i=1}^{n} D(X_i) = \frac{n\sigma^2}{n^2} = \frac{\sigma^2}{n}.$$

又因为 $E(X_i^2) = D(X_i) + (E(X_i))^2 = \sigma^2+\mu^2$, $E(\overline{X}^2) = D(\overline{X}) + (E(\overline{X}))^2 = \sigma^2/n+\mu^2$, 于是

$$E(S^2) = E\left(\frac{1}{n-1}\left(\sum_{i=1}^{n} X_i^2 - n\overline{X}^2\right)\right) = \frac{1}{n-1}\sum_{i=1}^{n} E(X_i^2) - \frac{n}{n-1}E(\overline{X}^2)$$

$$= \frac{n}{n-1}\left[(\sigma^2+\mu^2) - (\sigma^2/n+\mu^2)\right] = \sigma^2.$$

定义 4 (**样本矩**) 设 $X_1, X_2, \cdots, X_n$ 为来自总体 X 的简单随机样本, $x_1, x_2, \cdots, x_n$ 为样本值, k 为正整数, 则统计量

$$A_k = \frac{1}{n}\sum_{i=1}^{n} X_i^k \qquad \text{和} \qquad B_k = \frac{1}{n}\sum_{i=1}^{n}(X_i-\overline{X})^k$$

分别称为样本 k 阶原点矩和样本 k 阶中心矩, 而

$$a_k = \frac{1}{n}\sum_{i=1}^{n} x_i^k \qquad \text{和} \qquad b_k = \frac{1}{n}\sum_{i=1}^{n}(x_i-\overline{x})^k$$

分别称为样本 k 阶原点矩和样本 k 阶中心矩的观察值.

显然, 样本均值就是样本一阶原点矩, 常用来估计总体的均值; 样本方差与样本二阶中心矩就差一个系数, 常用来估计总体的方差.

注 在 6.2 节中定义的经验分布函数 $F_n(x)$ 也是一个统计量, 可以用来估计总体 X 的分布函数. 如果计算经验分布函数 $F_n(x)$ 的 k 阶原点矩和 k 阶中心矩, 则其正好就是样本 k 阶原点矩和样本 k 阶中心矩, 即样本矩其实就是经验分布函数的矩.

通过样本三阶中心矩和四阶中心矩, 我们可以定义两个新的统计量

$$Sk = \frac{B_3}{B_2^{3/2}} \qquad \text{和} \qquad Ku = \frac{B_4}{B_2^2} - 3,$$

分别为样本偏度和样本峰度. 这两个统计量都是用来刻画分布形状的统计量, 其中样本偏度 Sk 反映了样本数据与对称性的偏离程度和偏离方向, 样本峰度 Ku 反映了总体分布密度曲线在其峰值附近的陡峭程度和尾部粗细程度.

定义 5 (次序统计量)　设 $X_1, X_2, \cdots, X_n$ 为来自总体 X 的简单随机样本, $x_1, x_2, \cdots, x_n$ 为样本值, 将它们按大小次序排列, 得到

$$x_{(1)} \leqslant x_{(2)} \leqslant \cdots \leqslant x_{(n)}.$$

称 $X_{(i)}$ 为该样本的第 i 个次序统计量, 其取值是样本观察值中的 $x_{(i)}$. 其中, 第 1 个次序统计量 $X_{(1)} = \min\{X_1, \cdots, X_n\}$ 也被称为该样本的最小次序统计量, 第 n 个次序统计量 $X_{(n)} = \max\{X_1, \cdots, X_n\}$ 也被称为该样本的最大次序统计量.

例 1　设总体 X 的分布列为

X	0	1	2
p_k	1/3	1/3	1/3

现从中抽取一个容量 $n=3$ 的样本 X_1, X_2, X_3. 则该样本的次序统计量 $X_{(1)}, X_{(2)}, X_{(3)}$ 的分布列分别为

$X_{(1)}$	0	1	2
p_k	$\frac{19}{27}$	$\frac{7}{27}$	$\frac{1}{27}$

$X_{(2)}$	0	1	2
p_k	$\frac{7}{27}$	$\frac{13}{27}$	$\frac{7}{27}$

$X_{(3)}$	0	1	2
p_k	$\frac{1}{27}$	$\frac{7}{27}$	$\frac{19}{27}$

显然次序统计量的分布是不相同的. 事实上容易验证, 它们也不是相互独立的.

若 $X_1, X_2, \cdots, X_n$ 为连续型总体 X 的容量为 n 的简单随机样本, 则第 k 个次序统计量 $X_{(k)}$ 的概率密度函数 $f_k(x)$ 为

$$f_k(x) = \frac{n!}{(k-1)!(n-k)!}[F(x)]^{k-1}[1-F(x)]^{n-k}f(x), \tag{6.4.2}$$

其中 $F(x)$ 为总体 X 的分布函数, $f(x)$ 为总体 X 的概率密度函数. 证明见本章"重要补充及扩展问题"部分的第五小节. 特别地, 最小次序统计量 $X_{(1)}$ 和最大次序统计量 $X_{(n)}$ 的概率密度函数分别为

$$f_1(x) = n[1-F(x)]^{n-1}f(x), \qquad f_n(x) = n[F(x)]^{n-1}f(x).$$

样本中位数和样本极差也是两个很常见的统计量, 它们都是次序统计量的函数. 设 $X_{(1)}, X_{(2)}, \cdots, X_{(n)}$ 为总体 X 的一个次序统计量, 则统计量

$$M_{0.5} = \begin{cases} X_{(\frac{n+1}{2})}, & n\text{为奇数} \\ \frac{1}{2}\left[X_{(\frac{n}{2})} + X_{(\frac{n}{2}+1)}\right], & n\text{为偶数} \end{cases} \tag{6.4.3}$$

称为样本中位数, 而统计量 $R = X_{(n)} - X_{(1)}$ 称为样本极差. 样本中位数常用来估计对称总体的均值, 而样本极差用来估计总体分布的分散程度.

二、抽样分布

当我们用统计量推断总体时，需要知道统计量的抽样分布. 但是一般来说，统计量的抽样分布很难用简单的表达式表示出来. 所幸对于正态总体，常用统计量的分布都已给出. 接下来我们将介绍正态总体中样本均值与样本方差的分布，这些分布大多与之前介绍的三大分布 ——χ^2 分布, t 分布, F 分布有关.

定理 2 (**样本均值的分布**) 设 $X_1, X_2, \cdots, X_n$ 为来自正态总体 $N(\mu, \sigma^2)$ 的简单随机样本, $\overline{X}$ 为样本均值, 则有

$$\overline{X} \sim N\left(\mu, \frac{\sigma^2}{n}\right). \tag{6.4.4}$$

证 由于 $X_1, X_2, \cdots, X_n$ 相互独立且都服从正态分布 $N(\mu, \sigma^2)$，根据正态分布的性质，独立正态随机变量的线性组合仍为正态随机变量，所以 $\overline{X}$ 服从正态分布. 又由式 (6.4.1),

$$E(\overline{X}) = \mu, \qquad D(\overline{X}) = \frac{\sigma^2}{n},$$

得 $\overline{X} \sim N(\mu, \sigma^2/n)$.

定理 3 (**样本方差的分布**) 设 $X_1, X_2, \cdots, X_n$ 为来自正态总体 $N(\mu, \sigma^2)$ 的简单随机样本, $\overline{X}$ 和 S^2 分别为样本均值和样本方差, 则

(1) $\overline{X}$ 与 S^2 相互独立;

(2) $\dfrac{(n-1)S^2}{\sigma^2} \sim \chi^2(n-1)$.

该定理的证明见本章“重要补充及扩展问题”部分的第六小节.

定理 4 设 $X_1, X_2, \cdots, X_n$ 为来自正态总体 $N(\mu, \sigma^2)$ 的简单随机样本, $\overline{X}$ 和 S^2 分别为样本均值和样本方差, 则

$$\frac{\overline{X} - \mu}{S/\sqrt{n}} \sim t(n-1). \tag{6.4.5}$$

证 由定理 2 可以推出

$$\frac{\overline{X} - \mu}{\sigma/\sqrt{n}} \sim N(0,1).$$

由定理 3(2) 有

$$\frac{(n-1)S^2}{\sigma^2} \sim \chi^2(n-1).$$

由于 $\overline{X}$ 与 S^2 相互独立, 所以根据 t 分布的定义,

$$\frac{\overline{X} - \mu}{S/\sqrt{n}} = \frac{\dfrac{\overline{X} - \mu}{\sigma/\sqrt{n}}}{\sqrt{\dfrac{(n-1)S^2/\sigma^2}{n-1}}} \sim t(n-1).$$

定理 5 设 $X_1, X_2, \cdots, X_{n_1}$ 为来自正态总体 $N(\mu_1, \sigma_1^2)$ 的简单随机样本, $Y_1, \cdots, Y_{n_2}$ 为来自正态总体 $N(\mu_2, \sigma_2^2)$ 的简单随机样本, 且两个样本独立. 设 $\overline{X}$ 和 $\overline{Y}$ 分别为两个样本的样本均值, S_1^2 和 S_2^2 分别为两个样本的样本方差, 则

(1)

$$\frac{S_1^2/\sigma_1^2}{S_2^2/\sigma_2^2} \sim F(n_1-1, n_2-1). \tag{6.4.6}$$

(2) 若 $\sigma_1^2=\sigma_2^2=\sigma^2$ 未知, 则

$$\frac{(\overline{X}-\overline{Y})-(\mu_1-\mu_2)}{S_w\sqrt{\dfrac{1}{n_1}+\dfrac{1}{n_2}}} \sim t(n_1+n_2-2), \tag{6.4.7}$$

其中

$$S_w=\sqrt{\frac{(n_1-1)S_1^2+(n_2-1)S_2^2}{n_1+n_2-2}}.$$

证　(1) 由于两个样本独立, S_1^2 与 S_2^2 相互独立. 由定理 3(2) 可知

$$\frac{(n_1-1)S_1^2}{\sigma_1^2} \sim \chi^2(n_1-1), \qquad \frac{(n_2-1)S_2^2}{\sigma_2^2} \sim \chi^2(n_2-1). \tag{6.4.8}$$

根据 F 分布的定义, 有

$$\frac{S_1^2/\sigma_1^2}{S_2^2/\sigma_2^2}=\frac{\dfrac{(n_1-1)S_1^2}{\sigma_1^2}\Big/(n_1-1)}{\dfrac{(n_2-1)S_2^2}{\sigma_2^2}\Big/(n_2-1)} \sim F(n_1-1, n_2-1).$$

(2) 由定理 2 可知, $\overline{X} \sim N(\mu_1, \sigma^2/n_1)$, $\overline{Y} \sim N(\mu_2, \sigma^2/n_2)$, 故

$$\overline{X}-\overline{Y} \sim N\left(\mu_1-\mu_2, \left(\frac{1}{n_1}+\frac{1}{n_2}\right)\sigma^2\right),$$

即

$$\frac{(\overline{X}-\overline{Y})-(\mu_1-\mu_2)}{\sigma\sqrt{\dfrac{1}{n_1}+\dfrac{1}{n_2}}} \sim N(0,1).$$

由于 $\dfrac{(n_1-1)S_1^2}{\sigma^2}$ 和 $\dfrac{(n_2-1)S_2^2}{\sigma^2}$ 分别服从参数为 n_1-1 和 n_2-1 的 χ^2 分布, 且二者独立, 根据 χ^2 分布的可加性, 得

$$\frac{(n_1+n_2-2)S_w^2}{\sigma^2}=\frac{(n_1-1)S_1^2}{\sigma^2}+\frac{(n_2-1)S_2^2}{\sigma^2} \sim \chi^2(n_1+n_2-2).$$

根据 t 分布的定义, 有

$$\frac{(\overline{X}-\overline{Y})-(\mu_1-\mu_2)}{S_w\sqrt{\dfrac{1}{n_1}+\dfrac{1}{n_2}}}=\frac{\dfrac{(\overline{X}-\overline{Y})-(\mu_1-\mu_2)}{\sigma\sqrt{\dfrac{1}{n_1}+\dfrac{1}{n_2}}}}{\sqrt{\dfrac{(n_1+n_2-2)S_w^2}{\sigma^2}\Big/(n_1+n_2-2)}} \sim t(n_1+n_2-2).$$

例 2 设 $X_1, X_2, \cdots, X_n$ 是来自正态总体 $X \sim N(\mu, \sigma^2)$ 的简单随机样本, 其中 μ 未知, $\sigma^2 > 0$ 已知. 求统计量 $T = \sum\limits_{i=1}^{n}(X_i - \overline{X})^2$ 的期望和方差.

解 由样本方差 S^2 的定义和定理 3(2) 有

$$\frac{T}{\sigma^2} = \frac{1}{\sigma^2}\sum_{i=1}^{n}(X_i - \overline{X})^2 = \frac{(n-1)S^2}{\sigma^2} \sim \chi^2(n-1),$$

所以根据 6.3 节定理 1(2), $E(T/\sigma^2) = n-1$, $D(T/\sigma^2) = 2(n-1)$, 即

$$\begin{aligned} E(T) &= \sigma^2 E(T/\sigma^2) = (n-1)\sigma^2, \\ D(T) &= \sigma^4 D(T/\sigma^2) = 2(n-1)\sigma^4. \end{aligned}$$

注 上例中 T 的期望和方差与 6.3 节中例 2 的结论不同, 原因就在于 μ 是否已知. 当 μ 未知时, 6.3 节的例 2 中定义的 T 就不再是统计量了, 只能按上例中的方式定义 T.

例 3 设 $X_1, X_2, \cdots, X_n$ 和 $Y_1, Y_2, \cdots, Y_n$ 都是来自正态总体 $X \sim N(\mu, \sigma^2)$ 的容量均为 n 的独立样本, 其中 μ 和 σ^2 均未知. $\overline{X}$ 和 $\overline{Y}$ 分别为两个样本的样本均值, S_1^2 和 S_2^2 分别为两个样本的样本方差. 求当 $n = 15$ 时, 这两个样本均值的差超过 $\sqrt{(S_1^2 + S_2^2)/2}$ 的概率.

解 由于两个样本独立, 且来自同一个总体, 总体的期望和方差相同, 所以由定理 5 可知

$$\frac{\overline{X} - \overline{Y}}{S_w\sqrt{2/n}} \sim t(2n-2),$$

其中 $S_w = \sqrt{\dfrac{(n-1)S_1^2 + (n-1)S_2^2}{(2n-2)}} = \sqrt{(S_1^2 + S_2^2)/2}$. 根据题意,

$$P\left\{|\overline{X} - \overline{Y}| > \sqrt{(S_1^2 + S_2^2)/2}\right\} = 2P\left\{\frac{\overline{X} - \overline{Y}}{S_w\sqrt{2/n}} > \sqrt{\frac{n}{2}}\right\}.$$

通过查 t 分布的分布表 (附表 3) 可知, $t_{0.005}(28) = 2.763\,3 \approx \sqrt{15/2}$, 故

$$P\left\{|\overline{X} - \overline{Y}| > \sqrt{(S_1^2 + S_2^2)/2}\right\} \approx 2 \times 0.005 = 0.01.$$

重要补充及扩展问题

一、指数分布与 χ^2 分布的关系

在 6.3 节中, 我们介绍了 χ^2 分布. 这里, 我们将介绍指数分布与 χ^2 分布的关系, 或者说, 介绍如何利用服从指数分布的随机变量来构造服从 χ^2 分布的随机变量.

定理 1 设总体 X 服从参数为 λ 的指数分布 $E(\lambda)$, 其中 $\lambda>0$ 未知. 设 $X_1,X_2,\cdots,X_n$ 为来自总体 X 的简单随机样本. 则统计量 $T=2\lambda(X_1+\cdots+X_n)$ 服从自由度为 $2n$ 的 χ^2 分布, 即

$$T=2\lambda(X_1+\cdots+X_n)\sim\chi^2(2n).$$

事实上, 记 $Y_i=2\lambda X_i$. 由于 X_i 服从指数分布 $E(\lambda)$, 计算得 Y_i 的概率密度函数为

$$f_{Y_i}(y)=\begin{cases}\dfrac{1}{2}\mathrm{e}^{-\frac{y}{2}}, & y>0\\ 0, & y\leqslant 0\end{cases}=k_2(y),$$

其中 $k_n(y)$ 为 $\chi^2(n)$ 分布的概率密度函数. 因此 $Y_i\sim\chi^2(2)$. 又由于 $X_1,X_2,\cdots,X_n$ 相互独立, 所有 $Y_1,Y_2,\cdots,Y_n$ 也相互独立, 根据 6.3 节的定理 1 可知, $T=\sum\limits_{i=1}^{n}Y_i\sim\chi^2(2n)$.

二、充分统计量

在 6.4 节中我们介绍了统计量的概念. 构造统计量其实就是对样本进行加工, 以便于统计推断. 显然对样本进行加工不可能增加更多信息, 只可能使得样本信息减少. 比如为了研究某个运动员的打靶命中率 θ, 我们对该运动员进行测试, 观察其 10 次射击结果, 发现有第 3 次和第 8 次未命中, 其余 8 次都命中了. 那么这样的观测结果包含了两层信息:

(1) 射击 10 次命中了 8 次,

(2) 第 3 次和第 8 次没有命中.

记该运动员的测试结果为样本 $X_1,\cdots,X_{10}$, 其中每个 X_i 的取值非 0 即 1, 命中记为 1, 不命中记为 0. 构造统计量 $T=X_1+\cdots+X_{10}$. 显然统计量 T 仅保留了第一层信息 (10 次射击中命中的次数), 而第二层信息丢失了 (从 T 中并不能知道第几次没有命中). 但是如果我们只是为了了解该运动员的打靶命中率 θ, 则第二层信息并没有什么用, 所以即使统计量 T 损失了这层信息, 对我们推断 θ 也没有任何影响. 也就是说, 统计量 T 所包含的关于 θ 的信息和样本 $X_1,\cdots,X_{10}$ 所包含的关于 θ 的信息是一样多的. 像这样对样本加工但不损失信息的统计量, 我们称之为充分统计量.

怎样用数学的语言来描述"不损失信息"呢? 我们设总体 X 的分布为 $F(x;\theta)$, $X_1,\cdots,X_n$ 为来自该总体的简单随机样本, 其分布为 $F_\theta(x_1,\cdots,x_n)$, 这个分布包含了样本中关于 θ 的所有信息. 设 T 为该样本的一个统计量 $T=T(X_1,\cdots,X_n)$, 它的分布记为 $F_\theta^T(t)$. 若我们说统计量 T 不损失关于 θ 的信息, 也就是说 T 的分布 $F_\theta^T(t)$ 像样本 $X_1,X_2,\cdots,X_n$ 的分布 $F_\theta(x_1,\cdots,x_n)$ 一样包含有关 θ 的一切信息. 换句话说, 在统计量 T 的取值为 t 的条件下, θ 的信息就完全已知, 样本在该条件下的条件分布 $F_\theta(x_1,\cdots,x_n|T=t)$ 不再依赖 θ. 这就是统计量具有充分性的含义.

例 1 设总体服从两点分布 $B(1,p)$, 其中 $0<p<1$ 未知. 设 $X_1,X_2,\cdots,X_n$ 为来自总体 X 的简单随机样本. 定义统计量 $T=X_1+\cdots+X_n$. 则当给定 $T=t$ 的条件时, 对于任

意的一组数 $(x_1,\cdots,x_n)$(满足 $x_i\in\{0,1\}$ 且 $\sum\limits_{i=1}^{n}x_i=t$), 有

$$P\{X_1=x_1,\cdots,X_n=x_n|T=t\}=\frac{P\left\{X_1=x_1,\cdots,X_{n-1}=x_{n-1},X_n=t-\sum\limits_{i=1}^{n-1}x_i\right\}}{P\left\{\sum\limits_{i=1}^{n}X_i=t\right\}}$$

$$=\frac{\prod\limits_{i=1}^{n-1}p^{x_i}(1-p)^{1-x_i}\cdot p^{t-\sum\limits_{i=1}^{n-1}x_i}(1-p)^{1-t+\sum\limits_{i=1}^{n-1}x_i}}{\mathrm{C}_n^t p^t(1-p)^{n-t}}$$

$$=\frac{p^t(1-p)^{n-t}}{\mathrm{C}_n^t p^t(1-p)^{n-t}}=\frac{1}{\mathrm{C}_n^t},$$

该条件分布与 p 无关, 这说明样本中关于 p 的信息完全包含在统计量 T 中, 即统计量 T 是不损失信息的, 因此是一个充分统计量. 若我们定义另一个统计量 $S=X_1+X_2(n>2)$, 则当给定 $S=s$ 的条件时, 对于任意的一组数 $(x_1,\cdots,x_n)$(满足 $x_i\in\{0,1\}$ 且 $x_1+x_2=s$), 有

$$P\{X_1=x_1,\cdots,X_n=x_n|S=s\}$$

$$=\frac{P\{X_1=x_1,X_2=s-x_1,\cdots,X_n=x_n\}}{P\{X_1+X_2=s\}}$$

$$=\frac{p^{x_1}(1-p)^{1-x_1}\cdot p^{s-x_1}(1-p)^{1-s+x_1}\cdot\prod\limits_{i=3}^{n}p^{x_i}(1-p)^{1-x_i}}{\mathrm{C}_2^s p^s(1-p)^{2-s}}$$

$$=\frac{p^{s+\sum\limits_{i=3}^{n}x_i}(1-p)^{n-s-\sum\limits_{i=3}^{n}x_i}}{\mathrm{C}_2^s p^s(1-p)^{2-s}}=\frac{p^{\sum\limits_{i=3}^{n}x_i}(1-p)^{n-2-\sum\limits_{i=3}^{n}x_i}}{\mathrm{C}_2^s},$$

该条件分布与 p 有关, 这说明样本中关于 p 的信息并没有完全包含在统计量 S 中, 即统计量 S 是损失了信息的, 因此不是一个充分统计量.

通过上述例子可以看出, 通过条件分布是否与未知参数 θ 有关来判断统计量是否有信息损失是合理的, 因此我们给出充分统计量的如下定义:

定义 1 设总体 X 的分布函数为 $F(x;\theta)$, θ 为未知参数. 设 $X_1,X_2,\cdots,X_n$ 为来自总体 X 的简单随机样本, 其分布函数为 $F_\theta(x_1,\cdots,x_n)$. $T=T(X_1,\cdots,X_n)$ 为一个统计量. 如果在给定 T 的任意取值 t 的条件下, 样本 $X_1,\cdots,X_n$ 的条件分布与 θ 无关, 即对于一切 $T=t$,

$$F_\theta(x_1,\cdots,x_n|T=t)=F(x_1,\cdots,x_n|T=t), \qquad ①$$

则称统计量 T 为充分统计量. 其中 $F(x_1,\cdots,x_n|T=t)$ 为不依赖于 θ 的一个分布函数.

注 当总体为离散型总体时, 条件分布可以用条件分布列表示; 当总体为连续型总体时, 条件分布可以用条件概率密度函数表示. 在连续型总体中, 我们只需要对 $t \in A$, 有式① 成立即可. 其中 A 满足条件 $P(T \notin A) = 0$.

充分统计量是数理统计中最重要的概念之一, 它是费希尔在 1922 年提出来的, 而严格的叙述和证明是 Halmos 和 Savage⑤ 在 1949 年完成的. 在充分统计量存在的场合, 任何统计推断都可以基于充分统计量进行, 这可以简化统计推断的程序, 通常称之为充分性原则.

通过充分统计量, 我们还可以恢复样本. 比如在例 1 中, 利用 $T=t$, 我们可以设计一个不依赖于 p 的随机试验, 生成一个与原样本 $X_1, X_2, \cdots, X_n$ 具有相同分布的新样本 $X_1', X_2', \cdots, X_n'$. 事实上, 在 $T=t$ 的条件下, 对 t 个 1 和 $n-t$ 个 0 进行随机排列, 记 X_i' 表示 i 这个位置上的数 (显然 X_i' 的取值为 0 和 1), x_i' 为相应的观察值. 则样本 $X_1', X_2', \cdots, X_n'$ 在 $T=t$ 条件下的条件概率为 $P(X_1'=x_1', \cdots, X_n'=x_n'|T=t) = \dfrac{1}{\mathrm{C}_n^t}$. 注意, 给定 $T=t$ 的条件下, 原样本的条件概率 $P(X_1=x_1, \cdots, X_n=x_n|T=t)$ 和新样本的条件概率相同, 也是 $\dfrac{1}{\mathrm{C}_n^t}$. 因此利用全概率公式,

$$
\begin{aligned}
&P_\theta(X_1'=x_1', \cdots, X_n'=x_n') \\
=&\sum_{t=0}^{n} P(X_1'=x_1', \cdots, X_n'=x_n'|T=t) \cdot P_\theta(T=t) \\
=&\sum_{t=0}^{n} P(X_1=x_1, \cdots, X_n=x_n|T=t) \cdot P_\theta(T=t) \\
=&P_\theta(X_1=x_1, \cdots, X_n=x_n).
\end{aligned}
$$

由此推出, 尽管新样本和原样本不同, 但它们具有相同的分布.

尽管我们可以利用定义 1 来验证一个统计量是否为充分统计量, 但很多情况下条件分布的计算并不容易. 事实上, 对于离散型总体或连续型总体, 我们经常利用下面的因子分解定理来验证统计量的充分性. 为了统一, 我们引入一个概念 —— 概率函数 $f(x)$: 当总体为离散型时, $f(x)$ 表示概率分布列; 当总体为连续型时, $f(x)$ 表示概率密度函数.

定理 2 (因子分解定理) 设总体 X 的概率函数为 $f(x;\theta)$, $X_1, X_2, \cdots, X_n$ 为来自总体 X 的简单随机样本, $T=T(X_1, \cdots, X_n)$ 为样本的统计量. 则 T 为充分统计量的充分必要条件为: 存在两个函数 $g(t,\theta)$ 和 $h(x_1, \cdots, x_n)$, 使得对于任意的 θ 和任一组样本值 $x_1, \cdots, x_n$, 有

$$
f(x_1, \cdots, x_n;\theta) = g(T(x_1, \cdots, x_n), \theta) \cdot h(x_1, \cdots, x_n). \quad ②
$$

该定理的证明超出了本课程的范围, 因此略去.

注 因子分解定理对于一般类型的总体也成立, 只是概率函数为概率 P 的 Radon-Nikodym 导数.

⑤ Halmos, P. R., Savage, L. J. Application of the Radon-Nikodym theorem to sufficient statistics. Ann. Math. Statistics, 1949, 20: 225-241.

例 2 设总体 X 服从 $(0,\theta)$ 上的均匀分布 $U(0,\theta)$, 其中 $\theta>0$ 未知. 设 $X_1,X_2,\cdots,X_n$ 为来自总体 X 的简单随机样本. 则样本的联合概率密度函数为

$$f(x_1,\cdots,x_n;\theta)=\begin{cases}\theta^{-n}, & 0<\min\limits_{1\leqslant i\leqslant n} x_i\leqslant\max\limits_{1\leqslant i\leqslant n} x_i<\theta\\ 0, & 其他\end{cases}.$$

由于每个 $x_i>0$, 故联合概率密度函数可以改写为

$$f(x_1,\cdots,x_n;\theta)=\theta^{-n}\mathbf{1}_{\{x_{(n)}<\theta\}},$$

其中 $x_{(n)}$ 为最大次序统计量 $X_{(n)}$ 的观察值. 取统计量 $T=X_{(n)}$. 令 $g(t,\theta)=\theta^{-n}\mathbf{1}_{\{t<\theta\}}$, $h(x_1,\cdots,x_n)=1$, 则由因子分解定理可知, $T=X_{(n)}$ 为 θ 的充分统计量.

例 3 设总体 X 服从正态分布 $N(\mu,\sigma^2)$, 其中 μ 和 $\sigma^2>0$ 未知. 设 $X_1,X_2,\cdots,X_n$ 为来自总体 X 的简单随机样本. 该样本的联合概率密度函数为

$$\begin{aligned}f(x_1,\cdots,x_n;\mu,\sigma^2)&=\frac{1}{(2\pi\sigma^2)^{\frac{n}{2}}}\exp\left\{-\frac{1}{2\sigma^2}\sum_{i=1}^{n}(x_i-\mu)^2\right\}\\&=\frac{1}{(2\pi\sigma^2)^{\frac{n}{2}}}\exp\left\{-\frac{1}{2\sigma^2}\left(\sum_{i=1}^{n}x_i^2-2\mu\sum_{i=1}^{n}x_i+n\mu^2\right)\right\}.\end{aligned}$$

取统计量 $T_1=\sum\limits_{i=1}^{n}X_i$, $T_2=\sum\limits_{i=1}^{n}X_i^2$. 令

$$g(t_1,t_2,\mu,\sigma)=\frac{1}{(2\pi\sigma^2)^{\frac{n}{2}}}\exp\left\{-\frac{1}{2\sigma^2}\left(t_2-2\mu t_1+n\mu^2\right)\right\},$$

$h(x_1,\cdots,x_n)=1$, 则由因子分解定理可知, $(T_1,T_2)=\left(\sum\limits_{i=1}^{n}X_i,\sum\limits_{i=1}^{n}X_i^2\right)$ 为 (μ,σ^2) 的充分估计量.

注 上例中, 单独说 T_1(或 T_2) 是 μ(或 σ^2) 的充分估计量是不对的, 因为在估计 σ^2 时, 仅有 T_2 是不够的; 同样地, 在估计 μ 时, 仅有 T_1 也是不够的.

当 μ 已知时, $\sum\limits_{i=1}^{n}(X_i-\mu)^2$ 为 σ^2 的充分统计量. 当 σ 已知时, $\overline{X}$ 为 μ 的充分统计量.

最后, 我们不加证明地给出一个结论:

定理 3 次序统计量是充分统计量.

三、箱线图

在 6.2 节中, 我们介绍了频率直方图, 可以很直观地看出样本观察值的分布. 这里, 我们再介绍一种描述样本观察值的方法 —— 箱线图.

在介绍箱线图之前, 我们先引入一个统计量 —— 样本分位数.

样本分位数是次序统计量的一个函数. 设 $X_1, X_2, \cdots, X_n$ 为来自总体 X 的简单随机样本, $0 < p < 1$. 定义样本 p 分位数为

$$M_p = \begin{cases} X_{([np+1])}, & \text{若}np\text{不是整数} \\ \dfrac{1}{2}(X_{(np)} + X_{(np+1)}), & \text{若}np\text{是整数} \end{cases},$$

其中 $X_{(i)}$ 为样本的第 i 个次序统计量, $[x]$ 表示对 x 进行取整运算. 譬如, 若 $n = 10, p = 0.35$, 则 $np = 3.5$ 不是整数, 因此 $M_{0.35} = X_{([3.5+1])} = X_{(4)}$; 若 $n = 20, p = 0.35$, 则 $np = 7$ 是整数, 因此 $M_{0.35} = \dfrac{1}{2}(X_{(7)} + X_{(8)})$.

样本 p 分位数 M_p 的观察值一般记为 m_p.

注　通过定义容易看出, 样本 0.5 分位数正好是样本中位数.

样本分位数的分布一般比较难计算, 但是根据中心极限定理, 我们可以得到它的一个渐近分布. 当 $n \to \infty$ 时, 样本 p 分位数 M_p 的分布近似于正态分布 $N\left(x_p, \dfrac{p(1-p)}{n \cdot f^2(x_p)}\right)$. 其中, $f(x)$ 为总体的概率函数, x_p 为总体 X 的上 p 分位数.

在得到样本观察值后, 我们经常用到如下五个数: 最小观察值 $Min = x_{\min}$, 最大观察值 $Max = x_{\max}$, 中位数 $M = m_{0.5}$, 第一四分位数 $Q_1 = m_{0.25}$ 和第三四分位数 $Q_3 = m_{0.75}$. 利用这五个数, 我们就可以画出箱线图. 所谓的箱线图, 其实就是由箱子和线段组成的图形, 其做法如下:

(1) 画一条水平的坐标轴, 在坐标轴上依次标出 Min, Q_1, M, Q_3, Max.

(2) 在坐标轴的上方画一个矩形箱子, 其左右两边分别对应坐标轴上的第一四分位数 Q_1 和第三四分位数 Q_3. 在箱内画一条竖线, 这条竖线对应坐标轴上的中位数 M.

(3) 在箱子左侧引出一条线, 至最小值 Min; 同时在箱子右侧引出一条线, 至最大值 Max. 这样箱线图就做好了.

注　箱线图也可以沿着垂直坐标轴画.

例 4　将 6.2 节例 1 中的数值按从小到大的顺序进行排列, 得有序的观察值如下:

738	775	808	825	866	871
909	914	950	950	967	971
992	999	1 025	1 044	1 071	1 081
1 086	1 091	1 096	1 120	1 130	1 164
1 203	1 224	1 232	1 320	1 336	1 572

显然, $Min = 738$, $Q_1 = 914$, $M = 1\,034.5$, $Q_3 = 1\,130$, $Max = 1\,572$. 图 6-10 为其箱线图.

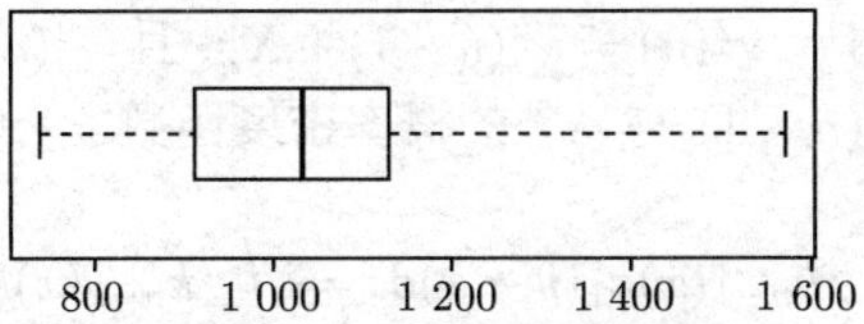

图 6-10　例 4 的箱线图

从箱线图上, 我们可以很容易地看出数据的如下性质:

(1) 中位数为数据集的中心位置, 而且该样本观察值中有 50% 落在箱内.

(2) Q_1, M, Q_3 将数据集分成了四个区间: $[Min, Q_1]$, $[Q_1, M]$, $[M, Q_3]$, $[Q_3, Max]$. 每个区间包含的数据个数约占 1/4, 而且区间长度越小, 说明落在该区间的点越集中, 反之则比较分散.

(3) 若中位数位于箱子的中间位置, 则数据分布较为对称; 若中位数 M 与最小值 Min 的距离比它与最大值 Max 的距离小, 则表明数据右偏分布; 反之则表示数据左偏分布.

箱线图不仅可以对一组数据进行描述, 而且有利于多组数据之间的对比.

例 5　下表数据是 12 个家庭在某项节油措施实施前后一个月内汽油的使用情况 (单位: 升).

实施前	55	43	51	62	35	48	58	45	48	54	56	32
实施后	48	38	53	58	36	42	55	40	49	50	58	25

容易计算得, 措施实施前的五个数值分别为: $Min = 32$, $Q_1 = 44$, $M = 49.5$, $Q_3 = 55.5$, $Max = 62$; 措施实施后的五个数值分别为: $Min = 25$, $Q_1 = 39$, $M = 48.5$, $Q_3 = 54$, $Max = 58$. 图 6-11 为相应的箱线图. 从图 6-11 中可以看出, 措施实施后汽油使用量确实减少了.

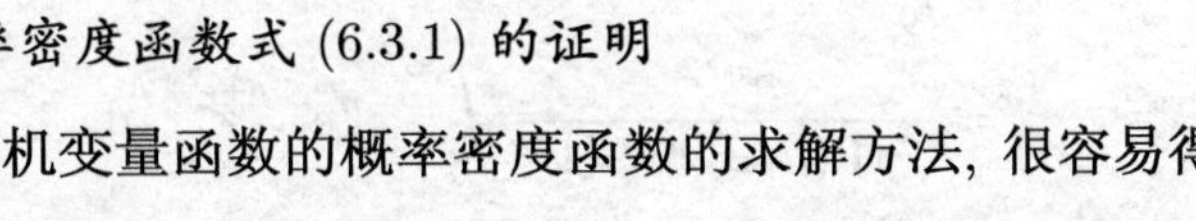

图 6-11　例 5 的箱线图

四、三个抽样分布的概率密度函数的证明

1. χ^2 分布的概率密度函数式 (6.3.1) 的证明

通过第二章中随机变量函数的概率密度函数的求解方法, 很容易得出 $\chi^2(1) = X_1^2$ 的概率密度函数

$$f(y) = \begin{cases} \dfrac{1}{\sqrt{2\pi}} y^{-1/2} \mathrm{e}^{-y/2}, & y > 0 \\ 0, & y \leqslant 0 \end{cases}$$

正好是式 (6.3.1) 中 $n = 1$ 的情形. 对于 $n > 1$ 的情形, 我们用归纳法证明. 假设 $\chi^2(n-1)$ 的

概率密度函数为 $k_{n-1}(y)$. 由于 $\chi^2(n)=\chi^2(n-1)+X_n^2$, 且 $\chi^2(n-1)$ 与 X_n^2 独立, 因此 $\chi^2(n)$ 的概率密度函数 $f(y)$ 为 $\chi^2(n-1)$ 与 X_n^2 的概率密度函数 $k_{n-1}(x)$ 与 $k_1(x)$ 的卷积, 即

$$\begin{aligned}f(y)&=\int_{-\infty}^{+\infty}k_{n-1}(x)k_1(y-x)\mathrm{d}x=\int_0^y k_{n-1}(x)k_1(y-x)\mathrm{d}x\\&=\left[\Gamma\left(\frac{n-1}{2}\right)\Gamma\left(\frac{1}{2}\right)2^{\frac{n}{2}}\right]^{-1}\mathrm{e}^{-\frac{y}{2}}\int_0^y x^{\frac{n-3}{2}}(y-x)^{-\frac{1}{2}}\mathrm{d}x.\end{aligned} \qquad ③$$

在上式的积分中作变量代换 $x=yt$, 得⑥

$$\begin{aligned}\int_0^y x^{\frac{n-3}{2}}(y-x)^{-\frac{1}{2}}\mathrm{d}x&=y^{\frac{n-2}{2}}\int_0^1 t^{\frac{n-3}{2}}(1-t)^{-\frac{1}{2}}\mathrm{d}t\\&=y^{\frac{n-2}{2}}B\left(\frac{n-1}{2},\frac{1}{2}\right)\\&=y^{\frac{n-2}{2}}\Gamma\left(\frac{n-1}{2}\right)\Gamma\left(\frac{1}{2}\right)\Big/\Gamma\left(\frac{n}{2}\right).\end{aligned}$$

将此代入式③, 得 $f(y)=k_n(y)$, 即 $\chi^2(n)$ 的概率密度函数为 $k_n(y)$. 这就完成了归纳证明.

2. t 分布的概率密度函数式 (6.3.2) 的证明

记 $Z=\sqrt{Y/n}$. 先计算 Z 的概率密度函数 $f_Z(z)$. 由于 $Y\sim\chi^2(n)$,

$$P(Z\leqslant z)=P(\sqrt{Y/n}\leqslant z)=P(Y\leqslant nz^2)=\int_0^{nz^2}k_n(x)\mathrm{d}x,$$

其中 $k_n(x)$ 为自由度为 n 的 χ^2 分布的概率密度函数 (如式 (6.3.1) 所定义的). 两边对 z 求导, 得 Z 的概率密度函数

$$f_Z(z)=2nzk_n(nz^2).$$

由于 $X\sim N(0,1)$, X 的概率密度函数 $f_X(x)=(\sqrt{2\pi})^{-1}\mathrm{e}^{-x^2/2}$. 应用独立随机变量相除的概率密度函数公式, 得 $t=X/Z$ 的概率密度函数

$$\begin{aligned}t_n(t)&=\int_0^{\infty}zf_Z(z)f_X(zt)\mathrm{d}z\\&=\frac{n^{n/2}}{\sqrt{\pi}\Gamma(n/2)2^{(n-1)/2}}\int_0^{\infty}z^n\mathrm{e}^{-\frac{n+t^2}{2}z^2}\mathrm{d}z.\end{aligned} \qquad ④$$

---

⑥ 式中的 $B(\cdot,\cdot)$ 表示 Beta 函数, 定义为

$$B(x,y)=\int_0^1 t^{x-1}(1-t)^{y-1}\mathrm{d}t,\qquad x>0,y>0.$$

可以证明, $B(x,y)=\Gamma(x)\Gamma(y)/\Gamma(x+y)$.

作变量代换 $w=(n+t^2)z^2/2$, 则上式中的积分化为

$$\frac{1}{2}\left(\frac{2}{n+t^2}\right)^{\frac{n+1}{2}}\int_0^{\infty}w^{\frac{n-1}{2}}\mathrm{e}^{-w}\mathrm{d}w=\frac{1}{2}\left(\frac{2}{n+t^2}\right)^{\frac{n+1}{2}}\Gamma\left(\frac{n+1}{2}\right).$$

将此代入式④中, 整理得式 (6.3.2).

3. F 分布的概率密度函数式 (6.3.3) 的证明

记 $Z=\dfrac{X}{Y}$. 由于 $X\sim\chi^2(n_1), Y\sim\chi^2(n_2)$, 它们的概率密度函数分别为 $k_{n_1}(y)$ 和 $k_{n_2}(y)$. 又 X 与 Y 相互独立, 根据随机变量相除的概率密度函数公式, 则 Z 的概率密度函数为

$$\begin{aligned}f_Z(z)&=\int_0^{\infty}yk_{n_2}(y)k_{n_1}(yz)\mathrm{d}y\\&=\frac{z^{\frac{n_1}{2}-1}}{\Gamma\left(\frac{n_1}{2}\right)\Gamma\left(\frac{n_2}{2}\right)2^{\frac{n_1+n_2}{2}}}\int_0^{\infty}\mathrm{e}^{-\frac{y(1+z)}{2}}y^{\frac{n_1+n_2}{2}-1}\mathrm{d}y.\end{aligned}\tag{⑤}$$

作变量代换 $w=y(1+z)/2$, 则上式中的积分化为

$$\left(\frac{2}{1+z}\right)^{\frac{n_1+n_2}{2}}\int_0^{\infty}\mathrm{e}^{-w}w^{\frac{n_1+n_2}{2}-1}\mathrm{d}w=\left(\frac{2}{1+z}\right)^{\frac{n_1+n_2}{2}}\Gamma\left(\frac{n_1+n_2}{2}\right).$$

将此代入式⑤, 得 Z 的概率密度函数为

$$f_Z(z)=\frac{\Gamma\left(\frac{n_1+n_2}{2}\right)}{\Gamma\left(\frac{n_1}{2}\right)\Gamma\left(\frac{n_2}{2}\right)}z^{\frac{n_1}{2}-1}(1+z)^{-\frac{n_1+n_2}{2}},\quad z\geqslant 0.$$

因此 $F=\dfrac{n_2}{n_1}Z$ 的概率密度函数为

$$\begin{aligned}f_{n_1,n_2}(u)&=f_Z\left(\frac{n_1}{n_2}u\right)\cdot\frac{n_1}{n_2}\\&=\frac{\Gamma\left(\frac{n_1+n_2}{2}\right)}{\Gamma\left(\frac{n_1}{2}\right)\Gamma\left(\frac{n_2}{2}\right)}\left(\frac{n_1}{n_2}u\right)^{\frac{n_1}{2}-1}\left(1+\frac{n_1}{n_2}u\right)^{-\frac{n_1+n_2}{2}}\cdot\frac{n_1}{n_2}\\&=\frac{\Gamma\left(\frac{n_1+n_2}{2}\right)}{\Gamma\left(\frac{n_1}{2}\right)\Gamma\left(\frac{n_2}{2}\right)}\left(\frac{n_1}{n_2}\right)^{\frac{n_1}{2}}u^{\frac{n_1}{2}-1}\left(1+\frac{n_1}{n_2}u\right)^{-\frac{n_1+n_2}{2}},\quad u>0.\end{aligned}$$

五、次序统计量的概率密度函数式 (6.4.2) 的证明

对任意实数 x, 考虑样本的第 k 个次序统计量 $X_{(k)}$ 的取值落在小区间 $(x,x+\Delta x]$ 内这一事件, 它等价于 “容量为 n 的样本中有一个观察值落在区间 $(x,x+\Delta x]$ 内, 而有 $k-1$ 个观

察值落在区间 $(-\infty, x]$ 内, 有 $n-k$ 个观察值落在区间 $(x+\Delta x, \infty)$ 内". 样本中每个分量的观察值落在区间 $(-\infty, x]$ 内的概率为 $F(x)$, 落在区间 $(x, x+\Delta x]$ 内的概率为 $F(x+\Delta x)-F(x)$, 落在区间 $(x+\Delta x, \infty)$ 内的概率为 $1-F(x+\Delta x)$. 将 n 个观察值分成这样的 3 组, 则其总的分法共有

$$\binom{n}{k-1}\binom{n-k+1}{1}\binom{n-k}{n-k}=\frac{n!}{(k-1)!1!(n-k)!}$$

种. 若记 $F_k(x)$ 为 $X_{(k)}$ 的分布函数, 则由多项分布可得

$$\begin{aligned}F_k(x+\Delta x)-F_k(x)&=P(X_{(k)}\in(x, x+\Delta x])\\&=\frac{n!}{(k-1)!1!(n-k)!}[F(x)]^{k-1}[F(x+\Delta x)-F(x)]\\&\quad\cdot[1-F(x+\Delta x)]^{n-k}.\end{aligned}$$

两边同时除以 Δx, 并令 $\Delta x\to 0$, 则有 $X_{(k)}$ 的概率密度函数为

$$\begin{aligned}f_k(x)&=\lim_{\Delta x\to 0}\frac{F_k(x+\Delta x)-F_k(x)}{\Delta x}\\&=\frac{n![F(x)]^{k-1}}{(k-1)!(n-k)!}\lim_{\Delta x\to 0}\frac{F(x+\Delta x)-F(x)}{\Delta x}[1-F(x+\Delta x)]^{n-k}\\&=\frac{n!}{(k-1)!(n-k)!}[F(x)]^{k-1}f(x)[1-F(x)]^{n-k}.\end{aligned}$$

因此样本的次序统计量的概率密度函数为式 (6.4.2).

六、样本方差的分布 (6.4 节定理 3) 的证明

由于 $X_1, X_2, \cdots, X_n$ 相互独立且具有共同的分布 $N(\mu, \sigma^2)$, 所以其联合概率密度函数为

$$\begin{aligned}f(x_1,\cdots,x_n)&=\frac{1}{(2\pi\sigma^2)^{n/2}}\exp\left\{-\frac{1}{2\sigma^2}\left[\sum_{i=1}^{n}(x_i-\mu)^2\right]\right\}\\&=\frac{1}{(2\pi\sigma^2)^{n/2}}\exp\left\{-\frac{1}{2\sigma^2}\left(\sum_{i=1}^{n}x_i^2-2n\overline{x}\mu+n\mu^2\right)\right\},\end{aligned}$$

其中 $\overline{x}=\dfrac{x_1+\cdots+x_n}{n}$ 为样本均值的观察值.

记 $X=(X_1,\cdots,X_n)'$, $Y=(Y_1,\cdots,Y_n)'=AX$, 其中 " $'$ " 表示向量或矩阵的转置, A 为

n 维正交矩阵, 其定义为

$$A=\begin{pmatrix}\frac{1}{\sqrt{n}} & \frac{1}{\sqrt{n}} & \frac{1}{\sqrt{n}} & \cdots & \frac{1}{\sqrt{n}}\\ \frac{1}{\sqrt{2\cdot 1}} & -\frac{1}{\sqrt{2\cdot 1}} & 0 & \cdots & 0\\ \frac{1}{\sqrt{3\cdot 2}} & \frac{1}{\sqrt{3\cdot 2}} & -\frac{2}{\sqrt{3\cdot 2}} & \cdots & 0\\ \vdots & \vdots & \vdots & & \vdots\\ \frac{1}{\sqrt{n(n-1)}} & \frac{1}{\sqrt{n(n-1)}} & \frac{1}{\sqrt{n(n-1)}} & \cdots & -\frac{n-1}{\sqrt{n(n-1)}}\end{pmatrix}.$$

则该变换的雅克比行列式为 1, 且

$$\overline{X}=\frac{1}{\sqrt{n}}Y_1,$$

$$\sum_{i=1}^{n}Y_i^2=Y'Y=X'A'AX=\sum_{i=1}^{n}X_i^2.$$

于是 $Y_1,\cdots,Y_n$ 的联合密度函数为

$$\begin{aligned}g(y_1,\cdots,y_n)&=\frac{1}{(2\pi\sigma^2)^{n/2}}\exp\left\{-\frac{\sum_{i=1}^{n}y_i^2-2\sqrt{n}y_1\mu+n\mu^2}{2\sigma^2}\right\}\\&=\frac{1}{(2\pi\sigma^2)^{n/2}}\exp\left\{-\frac{\sum_{i=2}^{n}y_i^2+(y_1-\sqrt{n}\mu)^2}{2\sigma^2}\right\}.\end{aligned}$$

因此 $Y=(Y_1,\cdots,Y_n)'$ 的各个分量相互独立, 且都服从正态分布, 其方差均为 σ^2, Y_1 的期望为 $\sqrt{n}\mu$, 而 $Y_2,\cdots,Y_n$ 的期望均为 0. 由于

$$\begin{aligned}(n-1)S^2&=\sum_{i=1}^{n}(X_i-\overline{X})^2=\sum_{i=1}^{n}X_i^2-(\sqrt{n}\,\overline{X})^2\\&=\sum_{i=1}^{n}Y_i^2-Y_1^2=\sum_{i=2}^{n}Y_i^2,\end{aligned}$$

所以 $\overline{X}=\frac{1}{\sqrt{n}}Y_1$ 与 $S^2=\frac{1}{n-1}\sum_{i=2}^{n}Y_i^2$ 相互独立, 这证明了结论 (1).

又由于 $Y_2,\cdots,Y_n$ 相互独立且都服从正态分布 $N(0,\sigma^2)$, 于是

$$\frac{(n-1)S^2}{\sigma^2}=\sum_{i=2}^{n}\left(\frac{Y_i}{\sigma}\right)^2\sim\chi^2(n-1),$$

这证明了结论 (2).

习　题　六

一、基础练习题

1. 已知总体 X 服从两点分布 $B(1,p)$. 设 $X_1,X_2,\cdots,X_n$ 为来自总体 X 的简单随机样本. 令 $Y=\sum\limits_{i=1}^{n}X_i$.

(1) 求样本 $X_1,X_2,\cdots,X_n$ 的联合分布律;

(2) 求 Y 的分布律.

2. 已知总体 X 服从正态分布 $N(1,4)$. 设 $X_1,X_2,\cdots,X_n$ 为来自总体 X 的简单随机样本. 令 $Y=\sum\limits_{i=1}^{n}X_i$.

(1) 求样本 $X_1,X_2,\cdots,X_n$ 的联合概率密度函数;

(2) 求 Y 的概率密度函数;

(3) 求概率 $P\{Y>n\}$.

3. 为了了解某段时间内新生女婴的体重, 从这段时间出生的女婴中随机抽取了 30 名进行测量, 所得数据如下 (单位: 克):

2 880	2 750	3 500	3 500	3 600	3 080	3 860	3 200	3 100	3 180
3 200	3 300	3 020	3 040	3 420	2 900	3 440	3 000	2 620	2 720
3 480	3 320	3 000	3 120	3 180	3 220	3 160	3 940	2 620	2 920

将区间 $[2\,450,3\,950)$ 等分为 5 组, 画出其频率直方图.

4. 抽取 20 个毛坯测量其重量, 所得数据如下 (单位: 克):

毛坯重量	185	187	192	195	200	202	205	206
频率	1	1	1	1	1	2	1	1
毛坯重量	207	208	210	214	215	216	218	227
频率	2	1	1	1	2	1	2	1

将区间 $[183.5,228.5)$ 等分为 5 组, 画出其频率直方图.

5. 从总体 X 中抽取一个容量为 10 的简单随机样本, 样本值为:

$$3\quad 2.5\quad 0\quad 2.5\quad 0\quad 3\quad 2.5\quad 2.5\quad 2\quad 4$$

根据该样本值求总体 X 的经验分布函数.

6. (1) 设 X_1,X_2,X_3,X_4,X_5 为来自正态总体 $N(0,1)$ 的简单随机样本. 求常数 a 和 b, 使得统计量 $Y=a(X_1+X_2)^2+b(X_3+X_4+X_5)^2$ 服从 χ^2 分布, 并确定其自由度.

(2) 设 X_1, X_2, X_3 为来自正态总体 $N(0,\sigma^2)$ 的简单随机样本. 求常数 c, 使得统计量 $Y=\dfrac{X_1-X_2}{c|X_3|}$ 服从 t 分布, 并确定其自由度.

(3) 设 X_1,X_2,X_3,X_4 为来自正态总体 $N(1,\sigma^2)$ 的简单随机样本. 求常数 c, 使得统计量 $Y=\dfrac{c(X_1-X_2)}{|X_3+X_4-2|}$ 服从 t 分布, 并确定其自由度.

(4) 设 $X_1,X_2,\cdots,X_n$ 为来自正态总体 $N(0,\sigma^2)$ 的简单随机样本. 求常数 c, 使得统计量 $Y=\dfrac{c\sum\limits_{i=1}^{5}X_i^2}{\sum\limits_{i=6}^{n}X_i^2}$ 服从 F 分布, 并确定其自由度.

7. 设 $X_1,X_2,\cdots,X_n$ 为来自正态总体 $N(\mu,\sigma^2)$ 的简单随机样本, $\overline{X}$ 为样本均值. 记

$$S_1^2=\sum_{i=1}^{n}(X_i-\mu)^2,\quad S_2^2=\sum_{i=1}^{n}(X_i-\overline{X})^2.$$

求 $E(S_1^2)$, $E(S_2^2)$, $D(S_1^2)$, $D(S_2^2)$.

8. 设 $X_1,X_2,\cdots,X_n$ 为来自总体 X 的简单随机样本, $\overline{X}$ 和 S^2 分别为样本均值和样本方差. 对如下总体分布:

$$X\sim P(\lambda),\quad X\sim B(m,p),\quad X\sim U(a,b),$$

$$X\sim E(\lambda),\quad X\sim N(\mu,\sigma^2),\quad X\sim \chi^2(m),$$

分别求 $E(\overline{X})$ 和 $E(S^2)$.

9. 设总体 X 的概率密度函数 $f(x)=\dfrac{1}{2}\mathrm{e}^{-|x|}$, $-\infty<x<+\infty$. $X_1,X_2,\cdots,X_n$ 为来自总体 X 的简单随机样本, $\overline{X}$ 和 S^2 分别为样本均值和样本方差. 求 $E(\overline{X})$, $D(\overline{X})$, $E(S^2)$.

10. 设总体 X 服从二项分布 $B(m,p)$, $X_1,X_2,\cdots,X_n$ 为来自总体 X 的简单随机样本, $\overline{X}$ 为样本均值. 求统计量 $\sum\limits_{i=1}^{n}(X_i-\overline{X})^2$ 的期望.

11. 设 $X_1,X_2,\cdots,X_n,X_{n+1}$ 为来自正态总体 $N(\mu,\sigma^2)$ 的简单随机样本, $\overline{X}=\dfrac{1}{n}\sum\limits_{i=1}^{n}X_i$. 求统计量 $X_{n+1}-\overline{X}$ 和 $X_1-\overline{X}$ 所服从的分布.

12. 设总体 X 的概率密度函数为

$$f(x)=\begin{cases}6x(1-x), & 0<x<1\\ 0, & \text{其他}\end{cases},$$

设 $X_1,X_2,\cdots,X_9$ 为来自总体 X 的简单随机样本. 求样本中位数的概率密度函数.

13. 设 $X_1,X_2,\cdots,X_n,X_{n+1}$ 为来自正态总体 $N(\mu,\sigma^2)$ 的简单随机样本, 记 $\overline{X}=\dfrac{1}{n}\sum\limits_{i=1}^{n}X_i$

和 $S^2=\frac{1}{n-1}\sum\limits_{i=1}^{n}(X_i-\overline{X})^2$. 试证明统计量 $\frac{X_{n+1}-\overline{X}}{S}\sqrt{\frac{n}{n+1}}$ 服从自由度为 $n-1$ 的 t 分布.

14. 设 $X_1,X_2,\cdots,X_9$ 为来自正态总体 $N(\mu,\sigma^2)$ 的简单随机样本. 令

$$Y_1=\frac{X_1+\cdots+X_6}{6},\quad Y_2=\frac{X_7+X_8+X_9}{3},\quad S^2=\frac{1}{2}\sum_{i=7}^{9}(X_i-Y_2)^2.$$

试证明统计量 $t=\frac{\sqrt{2}(Y_1-Y_2)}{S}$ 服从自由度为 2 的 t 分布.

15. 设 $X_1,X_2,\cdots,X_n$ 为来自正态总体 $N(5,25)$ 的简单随机样本. 确定样本容量 n, 使得样本均值 $\overline{X}$ 落在区间 $(3.5,6.5)$ 内的概率不小于 0.95.

16. 设 $X_1,X_2,\cdots,X_{16}$ 为来自正态总体 $N(\mu,\sigma^2)$ 的简单随机样本. $\overline{X}$ 和 S^2 分别为样本均值和样本方差. 若 $P\{\overline{X}>\mu+aS\}=0.95$, 求参数 a.

17. 设 $X_1,X_2,\cdots,X_{16}$ 是来自正态总体 $N(\mu,\sigma^2)$ 的简单随机样本. 求下列概率:

(1) $P\left\{\frac{\sigma^2}{2}\leqslant\frac{1}{16}\sum\limits_{i=1}^{16}(X_i-\mu)^2\leqslant 2\sigma^2\right\}$;

(2) $P\left\{\frac{\sigma^2}{2}\leqslant\frac{1}{16}\sum\limits_{i=1}^{16}(X_i-\overline{X})^2\leqslant 2\sigma^2\right\}$.

18. 设总体 X 服从两点分布 $B(1,p)$. 设 $X_1,X_2,\cdots,X_n$ 为来自总体 X 的简单随机样本, $\overline{X}$ 为样本均值. 求当样本容量 n 至少取多少时, 才能使得 $E(|\overline{X}-p|^2)\leqslant 0.01$.

19. 设 $X_1,X_2,\cdots,X_n$ 和 $Y_1,Y_2,\cdots,Y_n$ 都是来自正态总体 $N(\mu,\sigma^2)$ 的简单随机样本, 且相互独立. $\overline{X}$ 和 $\overline{Y}$ 分别为两个样本的样本均值. 确定样本容量 n, 使得这两个样本均值的差超过 σ 的概率约为 0.01.

二、综合提高题

1. 设 X_1,X_2,X_3,X_4 是来自正态总体 $N(0,2^2)$ 的简单随机样本. 令 $T=a(X_1-2X_2)^2+b(3X_3-4X_4)^2$. 则当 $a=$ ________, $b=$ ________ 时, 统计量 T 服从 χ^2 分布, 其自由度为 ________.

2. 设随机变量 $X\sim t(n)$, $Y\sim F(1,n)$. 给定 $\alpha\in(0,0.5)$, 常数 c 满足 $P\{X>c\}=\alpha$, 则概率 $P\{Y>c^2\}=$ ________.

3. 设 $X_1,X_2,\cdots,X_n(n\geqslant 2)$ 为来自正态总体 $N(\mu,1)$ 的简单随机样本, $\overline{X}$ 为样本均值. 则下列随机变量中不服从 χ^2 分布的是 (　　).

(A) $\sum\limits_{i=1}^{n}(X_i-\mu)^2$　　(B) $2(X_n-X_1)^2$

(C) $\sum\limits_{i=1}^{n}(X_i-\overline{X})^2$　　(D) $n(\overline{X}-\mu)^2$

4. 设 $X_1, X_2, \cdots, X_n (n \geqslant 2)$ 为来自正态总体 $N(0,1)$ 的简单随机样本, $\overline{X}$ 和 S^2 分别表示样本均值和样本方差. 则下列叙述正确的是 (　　).

(A) $n\overline{X} \sim N(0,1)$　　(B) $nS^2 \sim \chi^2(n)$

(C) $\dfrac{(n-1)\overline{X}}{S} \sim t(n-1)$　　(D) $\dfrac{(n-1)X_1^2}{\sum\limits_{i=2}^{n} X_i^2} \sim F(1, n-1)$

5. 设 $X_1, X_2, \cdots, X_{2n}$ 为来自正态总体 $N(\mu, \sigma^2)$ 的简单随机样本, $\overline{X}$ 为样本均值. 设

$$Y = \sum_{i=1}^{n} (X_i + X_{n+i} - 2\overline{X})^2.$$

求统计量 Y 的数学期望 $E(Y)$.

6. 设总体 X 的 4 阶中心矩 $\mu_4 = E((X - E(X))^4)$ 存在. 设 $X_1, X_2, \cdots, X_n$ 为来自总体 X 的简单随机样本, S^2 为样本方差. 试证明

$$D(S^2) = \frac{n(\mu_4 - \sigma^4)}{(n-1)^2} - \frac{2(\mu_4 - 2\sigma^4)}{(n-1)^2} + \frac{\mu_4 - 3\sigma^4}{n(n-1)^2},$$

其中 σ^2 为总体 X 的方差.

7. 设总体 X 的 3 阶中心矩 $\mu_3 = E((X - E(X))^3)$ 存在. 设 $X_1, X_2, \cdots, X_n$ 为来自总体 X 的简单随机样本, $\overline{X}$ 和 S^2 分别为样本均值和样本方差. 试证明

$$\mathrm{Cov}(\overline{X}, S^2) = \frac{\mu_3}{n}.$$

8. 设总体 X 服从参数为 p 的几何分布, 即 $P(X = k) = p(1-p)^{k-1}$, $k = 1, 2, \cdots$, 其中 $0 < p < 1$. 设 $X_1, X_2, \cdots, X_n$ 为来自总体 X 的简单随机样本. 求最大次序统计量 $X_{(n)}$ 和最小次序统计量 $X_{(1)}$ 的分布律.

9. 设总体 X 的分布函数 $F(x)$ 为连续函数, $X_{(1)}, X_{(2)}, \cdots, X_{(n)}$ 为来自总体 X 的次序统计量. 设 $\eta_i = F(X_{(i)})$. 试证明 $\eta_1, \eta_2, \cdots, \eta_n$ 为来自均匀分布总体 $U[0,1]$ 的次序统计量.

10. 设 $X_1, X_2, \cdots, X_n$ 是来自连续型总体 X 的简单随机样本. 设总体 X 的分布函数 $F(x)$ 是连续的严格单调递增函数. 试证明统计量 $T = -2\sum\limits_{i=1}^{n} \ln F(X_i)$ 服从参数为 $2n$ 的 χ^2 分布.

第七章　参数估计

在上一章中，我们曾指出数理统计的基本问题就是根据样本所提供的信息对总体的分布或分布的数字特征等信息作出统计推断. 统计推断的主要内容可分为两类: 一类是估计问题, 另一类是假设检验问题. 在本章中我们将介绍估计问题.

估计问题又可以分为两类：一类是参数估计, 即总体分布的形式已知, 但其中含有一个或几个未知参数, 根据从总体中抽取的样本来估计这些未知参数; 另一类是非参数估计, 即总体分布形式未知或虽已知但却不能用有限个参数刻画, 根据总体中抽取的样本来估计总体的分布函数和概率密度函数. 常用的非参数估计方法有直方图法、Kn 近邻估计法、Parzen 窗法等. 用经验分布函数估计总体分布函数也是非参数估计. 本书中, 我们将仅介绍参数估计的相关内容.

参数估计问题的一般提法是: 设总体的分布函数为 $F(x;\theta_1,\cdots,\theta_k)$, 其中 $\theta_1,\cdots,\theta_k$ 为一个或几个未知参数; 现从该总体中抽取一个样本 $X_1,\cdots,X_n$; 根据这一样本对未知参数 $\theta_1,\cdots,\theta_k$ 作出估计, 或者估计它们的某个已知函数 $g(\theta_1,\cdots,\theta_k)$, 或者估计它们的一个范围. 根据估计的形式不同, 参数估计可以分为点估计和区间估计. 例如, 我们想估计某班同学的平均身高, 假设身高服从正态分布 $N(\mu,0.01)$, 其中 μ 未知. 从全班同学中随机抽取 5 名同学, 测量其身高分别为 (单位: 米)

$$1.65 \quad 1.80 \quad 1.68 \quad 1.78 \quad 1.70$$

则我们可以用样本均值 $\overline{x}=1.72$ 来估计总体均值 μ, 这个估计是一个值, 称为点估计. 我们还可以结合样本均值和样本方差, 用区间 $[1.63,1.80]$ 来估计总体均值 μ, 这个估计是一个区间, 称为区间估计.

本章中我们将分别介绍点估计和区间估计.

§7.1　点　估　计

设总体 X 的分布函数 $F(x;\theta_1,\cdots,\theta_k)$ 的形式已知, $\theta_1,\cdots,\theta_k$ 为待估参数. $X_1,\cdots,X_n$ 为来自总体 X 的一个样本, $x_1,\cdots,x_n$ 为相应的样本值. 我们需要利用样本 $X_1,\cdots,X_n$ 来估计这些未知参数, 或者它们的某个已知函数 $g(\theta_1,\cdots,\theta_k)$. 例如, 为了估计 θ_1, 我们需要构造统计量 $\hat{\theta}_1=\hat{\theta}_1(X_1,\cdots,X_n)$. 为了这种特定目的构造的统计量 $\hat{\theta}_1$ 叫作 θ_1 的估计量. 由于未知参数 θ_1 是数轴上的一个点, 用 $\hat{\theta}_1$ 去估计 θ_1, 相当于用一个点估计另一个点, 所以 $\hat{\theta}_1$ 也称为 θ_1 的点估计. 当我们把样本 $X_1,\cdots,X_n$ 的观察值代入统计量 $\hat{\theta}_1=\hat{\theta}_1(X_1,\cdots,X_n)$ 时,

得到一个数值 $\hat{\theta}_1=\hat{\theta}_1(x_1,\cdots,x_n)$, 称为 θ_1 的估计值. 在不引起混淆的情况下, 我们将 θ_1 的估计量和估计值统称为 θ_1 的估计, 都简记为 $\hat{\theta}_1$. 同样地, 我们也可以对其他未知参数构造相应的估计量, 并根据样本值计算估计值.

例 1 已知某厂生产的某批产品的寿命 X 服从正态分布 $N(\mu,\sigma^2)$, 其中 μ, $\sigma^2>0$ 为未知参数. 为了估计该批产品的平均寿命 μ, 现从中随机抽取 10 件产品进行测量, 其寿命分别为 (单位: 小时)

序号 (k)	1	2	3	4	5	6	7	8	9	10
寿命 (x_k)	1 100	1 045	980	990	1 000	1 021	984	890	1 050	950

这是一个容量 $n=10$ 的简单随机样本, 记为 $X_1,\cdots,X_{10}$, 其样本值为 $x_1,\cdots,x_{10}$. 我们很自然地想到用样本均值 $\overline{X}$ 来估计平均寿命 μ, 则 $\overline{X}$ 就是 μ 的一个估计量. 将样本值代入, 得样本均值的观察值

$$\begin{aligned}\overline{x}&=\frac{1}{10}\sum_{k=1}^{10}x_k\\&=\frac{1\,100+1\,045+980+990+1\,000+1\,021+984+890+1\,050+950}{10}\\&=1\,001,\end{aligned}$$

则 $\overline{x}=1\,001$ 为平均寿命 μ 的一个估计值.

注 估计量是样本的函数, 而样本的观察值具有随机性, 所以即使对于同一个估计量, 当样本值不同时, 估计值一般也是不同的.

构造点估计的方法有很多, 下面介绍三种最常用的点估计的构造方法: 矩估计法、最大似然估计法和贝叶斯估计法. 这些方法都是基于某种直观上的考虑.

一、矩估计法

矩估计法是皮尔逊 (K. Pearson, 1857—1936) 在 19 世纪末 20 世纪初的一系列文章中引进的, 其核心思想就是 1900 年提出的替换原理: 用样本矩去替换总体矩, 用样本矩的函数去替换相应的总体矩的函数. 实际上, 替换原理的实质就是用经验分布函数去替换总体分布函数, 其理论基础就是格里汶科定理 (见第六章 6.2 节中的定理 1).

设有一总体 X, 记其概率密度函数为 $f(x;\theta_1,\cdots,\theta_k)$(若总体分布为连续型的) 或其概率分布列为 $p(x;\theta_1,\cdots,\theta_k)$(若总体分布为离散型的), 其中 $\theta_1,\cdots,\theta_k$ 为 k 个未知参数. 假设总体的 m 阶矩 μ_m 存在, 即

$$\mu_m=\int_{-\infty}^{+\infty}x^m f(x;\theta_1,\cdots,\theta_k)\mathrm{d}x\quad\left(\text{或}\sum_i x_i^m p(x_i;\theta_1,\cdots,\theta_k)\right),$$

它依赖于未知参数 $\theta_1,\cdots,\theta_k$. 另外, 设 $X_1,X_2,\cdots,X_n$ 为来自总体 X 的简单随机样本. 由于 $X_1,X_2,\cdots,X_n$ 相互独立且与总体 X 具有相同的分布, 因此 $X_1^m,X_2^m,\cdots,X_n^m$ 也相互独

立且与 X^m 具有相同的分布. 根据辛钦大数定律, 该样本的 m 阶样本原点矩 $A_m = \dfrac{1}{n}\sum_{i=1}^{n} X_i^m$ 依概率收敛到 $E(X^m) = \mu_m$, 即当 n 充分大时, 样本原点矩 A_m 以接近 1 的概率趋向于总体原点矩 μ_m; 也就是说,

$$A_m \approx \mu_m = \mu_m(\theta_1, \cdots, \theta_k).$$

当我们进行参数估计时, 可以忽略二者间的差异, 将近似改为等式: $A_m = \mu_m$. 取 $m = 1, \cdots, k$, 则得到一组方程:

$$A_i = \mu_i(\theta_1, \cdots, \theta_k), \qquad i = 1, \cdots, k. \tag{7.1.1}$$

解此方程组, 得其根

$$\hat{\theta}_i = \hat{\theta}_i(A_1, \cdots, A_k) = \hat{\theta}_i(X_1, \cdots, X_n), \quad i = 1, \cdots, k.$$

我们以 $\hat{\theta}_i$ 作为 θ_i 的估计量. 若要估计 $\theta_1, \cdots, \theta_k$ 的函数 $g(\theta_1, \cdots, \theta_k)$, 则用

$$\hat{g} = \hat{g}(X_1, \cdots, X_n) = g(\hat{\theta}_1, \cdots, \hat{\theta}_k)$$

作为它的估计量. 这种求点估计的方法就称为矩估计法, 而这种给定的估计量就叫作矩估计量. 在实际问题中, 当给定了样本值后, 我们可以将样本值代入矩估计量, 得到矩估计量的观察值

$$\hat{\theta}_i(x_1, \cdots, x_n) \quad \text{或者} \quad \hat{g}(x_1, \cdots, x_n),$$

这样的观察值叫作矩估计值. 矩估计量和矩估计值统称为矩估计.

注　在上述分析中, 将 "样本矩等于总体矩" 替换为 "样本中心矩等于总体中心矩", 我们同样可以得到矩估计. 不过这两种方法得到的矩估计一般是不同的.

例 2　设总体 X 服从二项分布 $B(N, p)$, $0 < p < 1$ 未知. 设 $X_1, X_2, \cdots, X_n$ 为来自总体 X 的简单随机样本. 试求 p 的矩估计量.

解　因为 $A_1 = \overline{X}$, $\mu_1 = E(X) = Np$. 令 $\mu_1 = A_1$, 即

$$Np = \overline{X} = \frac{1}{n}\sum_{i=1}^{n} X_i,$$

解得 p 的矩估计量 $\hat{p} = \overline{X}/N$.

例 3　设总体 X 服从指数分布 $E(\lambda)$, $\lambda > 0$ 未知. 设 $X_1, X_2, \cdots, X_n$ 为来自总体 X 的简单随机样本. 试求 λ 的矩估计量.

解　由于 X 服从参数为 λ 的指数分布, 所以 $\mu_1 = E(X) = \dfrac{1}{\lambda}$. 令 $\mu_1 = A_1$, 即

$$\frac{1}{\lambda} = \overline{X} = \frac{1}{n}\sum_{i=1}^{n} X_i,$$

解得 λ 的矩估计量 $\hat{\lambda} = 1/\overline{X}$.

另外, 总体 X 的方差为 $D(X) = 1/\lambda^2$, 所以 $\mu_2 = E(X^2) = D(X) + (E(X))^2 = 2/\lambda^2$. 令 $\mu_2 = A_2$, 解得

$$\hat{\lambda} = \sqrt{\frac{2}{A_2}} = \sqrt{2n\left(\sum_{i=1}^{n} X_i^2\right)^{-1}}$$

也是 λ 的矩估计量.

由上例可以看出, 利用不同的矩得到的矩估计一般是不同的, 这是因为不同的矩包含了总体分布中的不同信息. 一般地, 我们总是尽量用低阶矩进行估计, 比如当只有一个未知量时通常由样本均值出发对未知参数进行估计, 当有两个未知量时从一阶原点矩、二阶原点矩(或二阶中心矩) 出发估计未知参数. 事实上, 我们也可以充分利用不同的矩所包含的总体分布的信息, 从而得到更有效的估计, 这种估计方法称为广义矩估计法.

例 4 设总体 X 在 $[a,b]$ 上服从均匀分布 $U[a,b]$, a, b 未知. 设 $X_1, X_2, \cdots, X_n$ 为来自总体 X 的简单随机样本. 试求 a, b 的矩估计量.

解 由于总体 $X \sim U[a,b]$, 所以

$$\mu_1 = E(X) = \frac{a+b}{2},$$

$$\mu_2 = E(X^2) = D(X) + (E(X))^2 = \frac{(b-a)^2}{12} + \frac{(a+b)^2}{4}.$$

建立方程组

$$\begin{cases} A_1 = \mu_1 = \dfrac{a+b}{2} \\ A_2 = \mu_2 = \dfrac{(b-a)^2}{12} + \dfrac{(a+b)^2}{4} \end{cases},$$

解得 a 和 b 的矩估计量分别为

$$\hat{a} = A_1 - \sqrt{3(A_2 - A_1^2)}, \qquad \hat{b} = A_1 + \sqrt{3(A_2 - A_1^2)}.$$

又由于

$$A_2 - A_1^2 = \frac{1}{n}\sum_{i=1}^{n} X_i^2 - \overline{X}^2 = \frac{1}{n}\sum_{i=1}^{n}(X_i - \overline{X})^2,$$

所以 a 和 b 的矩估计量分别为

$$\hat{a} = \overline{X} - \sqrt{\frac{3}{n}\sum_{i=1}^{n}(X_i - \overline{X})^2}, \quad \hat{b} = \overline{X} + \sqrt{\frac{3}{n}\sum_{i=1}^{n}(X_i - \overline{X})^2}.$$

事实上, 我们也可以用样本中心矩来进行估计, 即建立方程组

$$A_1 = \frac{a+b}{2}, \qquad B_2 = \frac{(b-a)^2}{12}.$$

解得 a 和 b 的矩估计量分别为

$$\hat{a}=A_1-\sqrt{3B_2}=\overline{X}-\sqrt{\frac{3}{n}\sum_{i=1}^{n}\left(X_i-\overline{X}\right)^2},$$

$$\hat{b}=A_1+\sqrt{3B_2}=\overline{X}+\sqrt{\frac{3}{n}\sum_{i=1}^{n}\left(X_i-\overline{X}\right)^2}.$$

例 5　设总体 X 的期望 μ 和方差 σ^2 存在, 且 $\sigma^2>0$, 但 μ,σ^2 未知. 设 $X_1,X_2,\cdots,X_n$ 为来自总体 X 的简单随机样本. 为了估计这两个未知参数, 令

$$\begin{cases} A_1=\mu_1=\mu \\ A_2=\mu_2=D(X)+(E(X))^2=\sigma^2+\mu^2 \end{cases},$$

解方程组得 μ 的矩估计量

$$\hat{\mu}=A_1=\overline{X}$$

和 σ^2 的矩估计量

$$\hat{\sigma}^2=A_2-A_1^2=\frac{1}{n}\sum_{i=1}^{n}X_i^2-\overline{X}^2=\frac{1}{n}\sum_{i=1}^{n}(X_i-\overline{X})^2.$$

所得结果表明, 总体均值和方差的矩估计量的表达式不因总体分布的不同而不同. 例如, 若 $X\sim N(\mu,\sigma^2)$, μ,σ^2 未知, 则 μ 和 σ^2 的矩估计量为

$$\hat{\mu}=\overline{X},\qquad \hat{\sigma}^2=\frac{1}{n}\sum_{i=1}^{n}(X_i-\overline{X})^2.$$

矩估计法是点估计的一种经典方法, 事实上它并不要求已知总体分布的类型, 只要所求未知参数可以表示为总体矩的函数, 就能求其矩估计, 从而获得参数的估计量 (比如例 5). 但是矩估计一般不唯一, 利用不同阶的矩进行估计可以得到多个矩估计, 而且当总体分布的类型已知时, 由于矩估计法没有充分地利用总体分布所提供的信息, 因此这种方法不一定是理想的方法. 不过, 由于矩估计法简单易行, 具有一定的优良性, 所以其应用仍然十分广泛.

二、最大似然估计法

最大似然估计法是点估计的另一种方法, 最早由德国数学家高斯 (C.F. Gauss, 1777—1855) 在 1821 年针对正态分布提出, 但一般将之归功于英国的统计学家费希尔. 费希尔在 1922 年的论文中再次提到这个思想并且探讨了这种方法的一些性质, 从而使得最大似然估计法有了广泛的应用.

最大似然估计法是建立在最大似然原理的基础上的. 为了说明最大似然原理, 我们先看两个例子.

引例　(1) 猎人师傅和徒弟一同去打猎. 途中遇到一只兔子, 师傅和徒弟同时开枪, 兔子被击中一枪. 那么是师傅打中的还是徒弟打中的?

(2) 有两个外形完全相同的箱子, 甲箱中有 99 个白球、1 个黑球，乙箱中有 99 个黑球、1 个白球. 现在从两个箱子中随机挑选一个, 从中取出了一个球, 结果取出的球是黑球. 那么这个黑球是从哪个箱子中取出的?

人们的第一印象就是这只兔子最有可能是师傅打中的, 这个黑球最有可能是从乙箱中抽取的. 在第一个例子中，因为师傅的枪法一般优于徒弟, 师傅击中的概率要高, 所以我们会猜测兔子是师傅打中的. 在第二个例子中, 由于甲箱中抽到黑球的概率是 0.01, 而乙箱中抽到黑球的概率是 0.99, 乙箱中抽到黑球的概率更高, 所以我们猜测黑球是从乙箱中取出的. “最有可能” 就是 “最大似然” 的意思.

这种推断符合人们的经验事实. 人们一般认为小概率事件在一次试验中几乎不可能发生, 因此如果某个事件在一次试验中发生了, 就可以认为这个事件的概率比较大. 这种想法就是 “最大似然原理”. 最大似然原理的数学描述为: 假设一个试验有若干个可能的结果 $A_1, A_2, \cdots$, 若在一次试验中, 某个结果 A_i 出现了, 就可以认为试验条件对 A_i 的出现有利, 即 A_i 出现的概率较大.

设 X 是离散型总体, 分布律为 $p(x_i;\theta_1,\cdots,\theta_k)$, $\theta_1,\cdots,\theta_k$ 未知. 设 $X_1, X_2, \cdots, X_n$ 为来自总体 X 的简单随机样本, $x_1, x_2, \cdots, x_n$ 为样本的观察值. 事件 $\{X_1 = x_1, \cdots, X_n = x_n\}$ 发生的概率记为 L, 则

$$L = L(x_1, \cdots, x_n; \theta_1, \cdots, \theta_k) = \prod_{i=1}^{n} p(x_i; \theta_1, \cdots, \theta_k). \tag{7.1.2}$$

我们称 L 为 “似然函数”. 当样本值 $x_1, \cdots, x_n$ 固定时, L 就是 $\theta_1, \cdots, \theta_k$ 的函数, 反映了在观察结果为 $x_1, \cdots, x_n$ 的条件下, $\theta_1, \cdots, \theta_k$ 各种取值的 “似然程度”. 根据最大似然原理, 既然事件 $\{X_1 = x_1, \cdots, X_n = x_n\}$ 发生了, 那么此时的 $\theta_1, \cdots, \theta_k$ 就应该是使得 $\{X_1 = x_1, \cdots, X_n = x_n\}$ 发生的概率 L 达到最大的那个 $\hat{\theta}_1, \cdots, \hat{\theta}_k$, 即

$$L(\hat{\theta}_1, \cdots, \hat{\theta}_k) = \max_{\theta_1, \cdots, \theta_k} L(\theta_1, \cdots, \theta_k). \tag{7.1.3}$$

最大似然估计法就是选取 $\hat{\theta}_1, \cdots, \hat{\theta}_k$ 作为未知参数的估计的一种估计方法, 称 $\hat{\theta}_j = \hat{\theta}_j(x_1, \cdots, x_n)$ 为 θ_j 的最大似然估计值, $\hat{\theta}_j = \hat{\theta}_j(X_1, \cdots, X_n)$ 为 θ_j 的最大似然估计量, $j = 1, \cdots, k$. 在不混淆的情况下, 最大似然估计量和最大似然估计值统称为最大似然估计, 也称为极大似然估计. 若估计的是未知参数的函数 $g(\theta_1, \cdots, \theta_k)$, 则其最大似然估计为 $g(\hat{\theta}_1, \cdots, \hat{\theta}_k)$.

当总体 X 为连续型总体时, 我们同样可以求解其概率密度函数 $f(x;\theta_1,\cdots,\theta_k)$ 中未知参数 $\theta_1, \cdots, \theta_k$ 的最大似然估计 $\hat{\theta}_1, \cdots, \hat{\theta}_k$, 只需要将式 (7.1.3) 中的似然函数 L 替换为①

$$L = L(x_1, \cdots, x_n; \theta_1, \cdots, \theta_k) = \prod_{i=1}^{n} f(x_i; \theta_1, \cdots, \theta_k). \tag{7.1.4}$$

① 对于连续型总体, 样本值 $\{X_1 = x_1, \cdots, X_n = x_n\}$ 发生的概率总是 0, 所以最大似然原理中考虑的是 $(X_1, \cdots, X_n)$ 落在 $(x_1, \cdots, x_n)$ 的某邻域 (边长为 $dx_1, \cdots, dx_n$ 的 n 维立方体) 的近似概率 $\prod\limits_{i=1}^{n} f(x_i; \theta_1, \cdots, \theta_k) dx_i$ 达到最大. 由于 $dx_1, \cdots, dx_n$ 不随 $\theta_1, \cdots, \theta_k$ 而变, 故只需考虑式 (7.1.4) 达到最大即可. 称式 (7.1.4) 中定义的 L 为连续型总体中样本的似然函数.

类似于贝叶斯公式, 如果把样本值 $x_1, \cdots, x_n$ 看作结果, 把 $\theta_1, \cdots, \theta_k$ 看作原因, 则最大似然估计法本质上就是利用已知的样本结果, 反推最有可能 (最大概率) 导致这种结果的原因 (参数值). 当然这里的参数 $\theta_1, \cdots, \theta_k$ 都是一些数, 并非事件或者随机变量, 并没有概率可言, 因此这里我们使用 "似然" 而不是 "概率".

因为函数 $y = \ln x$ 为严格单调递增函数, 所以

$$\ln L = \sum_{i=1}^{n} \ln p(x_i; \theta_1, \cdots, \theta_k) \quad \left(\text{或} \sum_{i=1}^{n} \ln f(x_i; \theta_1, \cdots, \theta_k)\right) \tag{7.1.5}$$

与似然函数 L 同时达到最大, 故满足式 (7.1.3) 的最大似然估计也是使得 $\ln L$ 达到最大的 $\hat{\theta}_1, \cdots, \hat{\theta}_k$. 称 $\ln L$ 为对数似然函数. 如果 $p(x_i; \theta_1, \cdots, \theta_k)$(或 $f(x_i; \theta_1, \cdots, \theta_k)$) 关于未知参数 $\theta_1, \cdots, \theta_k$ 存在连续偏导数, 则可建立似然方程组

$$\frac{\partial \ln L}{\partial \theta_i} = 0, \qquad i = 1, \cdots, k. \tag{7.1.6}$$

若这个方程组有唯一解, 且能验证它是极大值点, 则这个解就是最大似然估计.

通过上面的分析, 我们可以总结一下求最大似然估计的一般步骤:

(1) 写出似然函数式 (7.1.2) (离散型) 或式 (7.1.4)(连续型);

(2) 写出对数似然函数式 (7.1.5);

(3) 写出似然方程组式 (7.1.6);

(4) 解似然方程组得最大似然估计 $\hat{\theta}_1, \cdots, \hat{\theta}_k$.

注 求解似然方程组式 (7.1.6) 时, 有可能出现方程组无解的情形. 这只能说明通过求导来求最值的方法不适合这个问题, 而最大似然估计仍然有可能存在, 需要选择其他求最值的方法来判断. 有时, 似然方程组也可能不止一个解, 这时求解会很难计算, 且不易判断哪个解使 L(或 $\ln L$) 达到最大. 此外, $p(x)$(或 $f(x)$) 可能并不能对 $\theta_1, \cdots, \theta_k$ 求导, 甚至其本身都不连续, 这时候就不能通过似然方程组来求解, 而要利用最大似然原理直接求解式 (7.1.3).

例 6 设总体 X 服从二项分布 $B(N, p)$, $0 < p < 1$ 未知. 设 $X_1, X_2, \cdots, X_n$ 为来自总体 X 的简单随机样本. 试求 p 的最大似然估计量.

解 由于 X 服从二项分布, 其分布列为 $p(x) = \binom{N}{x} p^x (1-p)^{N-x}$, $x = 0, 1, \cdots, N$. 所以似然函数为

$$\begin{aligned} L &= \prod_{i=1}^{n} p(x_i) = \prod_{i=1}^{n} \left[\binom{N}{x_i} p^{x_i} (1-p)^{N-x_i}\right] \\ &= \left[\prod_{i=1}^{n} \binom{N}{x_i}\right] p^{\sum\limits_{i=1}^{n} x_i} (1-p)^{nN - \sum\limits_{i=1}^{n} x_i}. \end{aligned}$$

对似然函数取对数, 得

$$\ln L = \sum_{i=1}^{n} \ln \binom{N}{x_i} + \sum_{i=1}^{n} x_i \ln p + (nN - \sum_{i=1}^{n} x_i) \ln(1-p).$$

对 p 求导, 并令 $\dfrac{\partial \ln L}{\partial p}=0$, 得似然方程

$$\frac{\partial \ln L}{\partial p}=\frac{1}{p}\sum_{i=1}^{n}x_i-\frac{1}{1-p}\left(nN-\sum_{i=1}^{n}x_i\right)=0.$$

求解得 p 的最大似然估计值

$$\hat{p}=\frac{1}{nN}\sum_{i=1}^{n}x_i=\frac{\overline{x}}{N},$$

相应的最大似然估计量为 $\hat{p}=\overline{X}/N$, 与矩估计量相同 (见例 2).

例 7 设总体 X 服从指数分布 $E(\lambda)$, $\lambda>0$ 未知. 设 $X_1,X_2,\cdots,X_n$ 为来自总体 X 的简单随机样本. 试求 λ 的最大似然估计量.

解 由于 X 服从参数为 λ 的指数分布, $f(x;\lambda)=\lambda \mathrm{e}^{-\lambda x}$, $x>0$, 所以似然函数为

$$L=\prod_{i=1}^{n}\lambda \mathrm{e}^{-\lambda x_i}=\lambda^n \mathrm{e}^{-\lambda\sum\limits_{i=1}^{n}x_i}.$$

对似然函数取对数得

$$\ln L=n\ln\lambda-\lambda\sum_{i=1}^{n}x_i.$$

对 λ 求导, 并令 $\dfrac{\partial \ln L}{\partial \lambda}=0$, 得似然方程

$$\frac{\partial \ln L}{\partial \lambda}=\frac{n}{\lambda}-\sum_{i=1}^{n}x_i=0.$$

求解得 λ 的最大似然估计值

$$\hat{\lambda}=\frac{n}{\sum\limits_{i=1}^{n}x_i}=\frac{1}{\overline{x}},$$

相应的最大似然估计量为 $\hat{\lambda}=1/\overline{X}$, 与矩估计量相同 (见例 3). 当然最大似然估计只有一个, 而矩估计依使用的矩不同可以有多个.

例 8 设总体 X 服从正态分布 $N(\mu,\sigma^2)$, μ, $\sigma^2>0$ 未知. 设 $X_1,X_2,\cdots,X_n$ 为来自总体 X 的简单随机样本. 试求 μ 和 σ^2 的最大似然估计量.

解 由于总体 X 服从正态分布 $N(\mu,\sigma^2)$, 其似然函数为

$$L=\prod_{i=1}^{n}\left\{\frac{1}{\sqrt{2\pi\sigma^2}}\exp\left[-\frac{1}{2\sigma^2}(x_i-\mu)^2\right]\right\}=(2\pi\sigma^2)^{-\frac{n}{2}}\exp\left[-\frac{1}{2\sigma^2}\sum_{i=1}^{n}(x_i-\mu)^2\right].$$

对似然函数取对数得

$$\ln L=-\frac{n}{2}\ln(2\pi)-\frac{n}{2}\ln\sigma^2-\frac{1}{2\sigma^2}\sum_{i=1}^{n}(x_i-\mu)^2.$$

对 μ 和 σ^2 分别求偏导, 并令导数为零, 得似然方程组

$$\begin{cases} \dfrac{\partial \ln L}{\partial \mu} = \dfrac{1}{\sigma^2}\sum_{i=1}^{n}(x_i-\mu)=0 \\ \dfrac{\partial \ln L}{\partial \sigma^2} = -\dfrac{n}{2\sigma^2}+\dfrac{1}{2\sigma^4}\sum_{i=1}^{n}(x_i-\mu)^2=0 \end{cases},$$

求解得 μ 和 σ^2 的最大似然估计值

$$\hat{\mu}=\frac{1}{n}\sum_{i=1}^{n}x_i=\overline{x},$$

$$\hat{\sigma}^2=\frac{1}{n}\sum_{i=1}^{n}(x_i-\overline{x})^2=b_2,$$

对应的最大似然估计量为

$$\hat{\mu}=\overline{X}, \qquad \hat{\sigma}^2=B_2=\frac{1}{n}\sum_{i=1}^{n}(X_i-\overline{X})^2,$$

与矩估计量相同 (见例 5).

注　虽然在上述例子中, 矩估计和最大似然估计都是一样的, 但这只是巧合, 并非一般情形.

例 9　设总体 X 服从 $[a,b]$ 上的均匀分布 $U[a,b]$, a, b 未知. 设 $X_1,X_2,\cdots,X_n$ 为来自总体 X 的简单随机样本, $x_1,x_2,\cdots,x_n$ 为样本值. 试求 a, b 的最大似然估计量.

解　总体 $X\sim U[a,b]$, 所以 X 的概率密度函数为

$$f(x)=\begin{cases} \dfrac{1}{b-a}, & a\leqslant x\leqslant b \\ 0, & \text{其他} \end{cases},$$

其似然函数为

$$L(a,b)=\begin{cases} \dfrac{1}{(b-a)^n}, & a\leqslant x_1,\cdots,x_n\leqslant b \\ 0, & \text{其他} \end{cases},$$

当 $a\leqslant x_1,\cdots,x_n\leqslant b$ 时, 对数似然函数为

$$\ln L=-n\ln(b-a).$$

对 a 和 b 分别求偏导, 得

$$\frac{\partial \ln L}{\partial a}=\frac{n}{b-a}>0, \qquad \frac{\partial \ln L}{\partial b}=-\frac{n}{b-a}<0,$$

因此似然方程组无解, 我们无法通过这种方法求得最大似然估计. 事实上, 将样本的观察值 $x_1,x_2,\cdots,x_n$ 按从小到大的顺序排列 $x_{(1)}\leqslant x_{(2)}\leqslant\cdots\leqslant x_{(n)}$, 则上述似然函数可以表

示为

$$L(a,b)=\begin{cases}\dfrac{1}{(b-a)^n}, & a\leqslant x_{(1)}\leqslant\cdots\leqslant x_{(n)}\leqslant b\\ 0, & \text{其他}\end{cases},$$

显然对满足 $a\leqslant x_{(1)}\leqslant\cdots\leqslant x_{(n)}\leqslant b$ 的任意 a 和 b, 有

$$L(a,b)=\frac{1}{(b-a)^n}\leqslant\frac{1}{(x_{(n)}-x_{(1)})^n}.$$

因此 $L(a,b)$ 在 $a=x_{(1)}, b=x_{(n)}$ 处达到最大值. 故根据最大似然原理, a 和 b 的最大似然估计值为 $\hat{a}=x_{(1)}=\min\limits_{1\leqslant i\leqslant n}x_i$, $\hat{b}=x_{(n)}=\max\limits_{1\leqslant i\leqslant n}x_i$, 相应的最大似然估计量为

$$\hat{a}=\min_{1\leqslant i\leqslant n}X_i,\qquad \hat{b}=\max_{1\leqslant i\leqslant n}X_i,$$

与矩估计量不相同 (见例 4).

相比较于矩估计法, 最大似然估计法的结果更为良好 (在个别情况下也会有很不好的结果), 但它很强地依赖于总体分布的形式, 当总体分布形式未知时就无法计算了, 而且一般的最大似然估计的计算比较复杂.

最后需要指出的是, 并不是所有参数估计都可以用矩估计或最大似然估计获得. 在本章的补充部分, 我们会给出一个例子. 在该例中, 这两种估计方法都不再适用.

三、贝叶斯估计法

前面介绍的两种点估计方法, 无论矩估计还是最大似然估计, 都是把未知参数 θ 看作未知的数, 而且估计中也仅用到了总体的信息和样本的信息. 但在很多情况下, 在估计未知参数之前, 我们其实已经对 θ 有了一定的认知, 而这些认知对于统计推断是有益的. 比如在实际生产中, 产品的废品率一般不会有很大的变动, 因此在估计当月的废品率时, 完全可以参考之前数月的废品率, 之前的记录对我们估计当月的废品率提供了一种有用的信息. 因此可以把对 θ 已有的认知加入对它的估计, 这种方法就是贝叶斯估计法, 这种在估计之前已有的信息称为先验信息. 贝叶斯估计法同时考虑总体的信息、样本的信息和先验信息.

为了把先验信息应用于估计, 我们就需要将先验信息用某种与 θ 相关的概率分布表示出来. 因此, 在贝叶斯估计中, θ 不再仅是一个未知的数, 而是一个随机变量, 它的分布就是由先验信息给出的概率分布. 这也是贝叶斯估计和其他两种估计最大的不同点. 由先验信息给出的概率分布称为先验分布, 它反映了我们在估计 θ 之前对它的认知.

对于未知参数 θ, 怎样给出其贝叶斯估计呢? 我们以连续型总体为例进行叙述.

设总体 X 的概率密度函数为 $f(x;\theta)$, 其中 θ 为未知参数. 设 $X_1,X_2,\cdots,X_n$ 为来自总体 X 的简单随机样本, $h(\theta)$ 为 θ 的先验概率密度函数 (先验分布所对应的概率密度函数). 对于任意给定的 $\theta=\theta_0$, $X_1,X_2,\cdots,X_n$ 相互独立且具有相同的概率密度函数 $f(x;\theta_0)$. 因此, 在给定 $\theta=\theta_0$ 的条件下, 样本 $X_1,X_2,\cdots,X_n$ 的联合概率密度函数为

$$f(x_1,\cdots,x_n|\theta=\theta_0)=\prod_{i=1}^{n}f(x_i;\theta_0).$$

由条件概率密度函数的定义可知, $(\theta, X_1, \cdots, X_n)$ 的联合概率密度函数为

$$f(\theta, x_1, \cdots, x_n) = h(\theta) \cdot f(x_1, \cdots, x_n|\theta) = h(\theta) f(x_1; \theta) \cdots f(x_n; \theta).$$

由此可以得出 $(\theta, X_1, \cdots, X_n)$ 关于样本 $X_1, \cdots, X_n$ 的边缘概率密度函数为

$$f(x_1, \cdots, x_n) = \int f(\theta, x_1, \cdots, x_n) \mathrm{d}\theta = \int h(\theta) f(x_1; \theta) \cdots f(x_n; \theta) \mathrm{d}\theta.$$

当样本已知时, 即在 $X_1 = x_1, \cdots, X_n = x_n$ 的条件下, θ 的条件概率密度函数为

$$\begin{aligned} h(\theta|X_1 = x_1, \cdots, X_n = x_n) &= \frac{f(\theta, x_1, \cdots, x_n)}{f(x_1, \cdots, x_n)} \\ &= \frac{h(\theta) f(x_1; \theta) \cdots f(x_n; \theta)}{\displaystyle\int h(\theta) f(x_1; \theta) \cdots f(x_n; \theta) \mathrm{d}\theta}. \end{aligned}$$

这个条件概率密度函数称为 θ 的后验概率密度函数, 因为它是在有了样本信息之后才得到的. 后验概率密度函数对应的分布函数称为后验分布.

有了 θ 的后验分布以后, 我们就可以对 θ 进行估计. 最常用的一种估计方法就是将后验分布的期望作为 θ 的点估计. 这种点估计称为后验期望估计, 一般也称为贝叶斯估计, 记作 $\tilde{\theta}$.

注　在上述推导中, $h(\theta)$ 必须是一个概率密度函数. 但事实上, 当 $h(\theta)$ 不是概率密度函数, 即 $h(\theta) \geqslant 0$ 但 $\displaystyle\int h(\theta) \mathrm{d}\theta \neq 1$(甚至可以取 ∞) 时, 只要关于样本的边缘概率密度函数所对应的积分有限, 得到的后验概率密度函数就仍然为一个概率密度函数. 也就是说, 当 $h(\theta)$ 不是概率密度函数时, 贝叶斯估计仍然有效. 此时的 $h(\theta)$ 称为广义先验概率密度函数.

例 10　设总体服从正态分布 $N(\mu, \sigma^2)$, 其中 μ 未知, $\sigma^2 > 0$ 已知. 设 $X_1, X_2, \cdots, X_n$ 为来自总体 X 的简单随机样本. 假设 μ 的先验分布也是正态分布 $N(\mu_0, \sigma_0^2)$, 其中 μ_0 和 $\sigma_0^2 > 0$ 均已知. 试求 μ 的贝叶斯估计.

解　总体 X 的概率密度函数和 θ 的先验概率密度函数分别为

$$f(x; \mu) = \frac{1}{\sqrt{2\pi}\sigma} \exp\left[-\frac{(x-\mu)^2}{2\sigma^2}\right], \quad h(\mu) = \frac{1}{\sqrt{2\pi}\sigma_0} \exp\left[-\frac{(\mu-\mu_0)^2}{2\sigma_0^2}\right].$$

因此 μ 与样本 $X_1, \cdots, X_n$ 的联合概率密度函数为

$$\begin{aligned} f(\mu, x_1, \cdots, x_n) &= \frac{1}{(2\pi)^{\frac{n+1}{2}} \sigma^n \sigma_0} \exp\left\{-\frac{1}{2}\left[\frac{1}{\sigma^2} \sum_{i=1}^n (x_i - \mu)^2 + \frac{(\mu-\mu_0)^2}{\sigma_0^2}\right]\right\} \\ &= D \exp\left[-\frac{1}{2}(A\mu^2 - 2B\mu + C)\right], \end{aligned}$$

其中

$$D = (2\pi)^{-\frac{n+1}{2}} \sigma^{-n} \sigma_0^{-1}, \quad A = \frac{n}{\sigma^2} + \frac{1}{\sigma_0^2}, \quad B = \frac{n}{\sigma^2}\overline{x} + \frac{1}{\sigma_0^2}\mu_0, \quad C = \frac{1}{\sigma^2} \sum_{i=1}^n x_i^2 + \frac{\mu_0^2}{\sigma_0^2}. \quad (7.1.7)$$

注意 D, A, B, C 均与 μ 无关. 计算得关于样本 $X_1, \cdots, X_n$ 的边缘概率密度函数

$$f(x_1, \cdots, x_n) = \int_{-\infty}^{+\infty} f(\mu, x_1, \cdots, x_n) \mathrm{d}\mu = D \cdot \sqrt{2\pi/A} \exp\left[-\frac{1}{2}(C - B^2/A)\right].$$

因此 μ 的后验概率密度函数为

$$h(\mu|x_1, \cdots, x_n) = \frac{f(\mu, x_1, \cdots, x_n)}{f(x_1, \cdots, x_n)} = \frac{1}{\sqrt{2\pi/A}} \exp\left[-\frac{(\mu - B/A)^2}{2/A}\right],$$

即 μ 的后验分布为正态分布 $N(B/A, 1/A)$. 所以 μ 的贝叶斯估计量为

$$\tilde{\mu} = \frac{B}{A} = \frac{n/\sigma^2}{n/\sigma^2 + 1/\sigma_0^2}\overline{X} + \frac{1/\sigma_0^2}{n/\sigma^2 + 1/\sigma_0^2}\mu_0.$$

注 在上例中, μ 的贝叶斯估计量 $\tilde{\mu}$ 为样本均值 $\overline{X}$ 和先验均值 μ_0 的加权平均. 样本数目 n 越大, 样本包含的信息越多, 因此 $\overline{X}$ 的权重就应该越大. 另外, 当 σ_0^2 很小时, 仅根据先验信息就可以知道 μ 在 μ_0 附近不远处, 因此 μ_0 更为重要.

在贝叶斯估计中, 先验分布很重要. 但是, 即使没有先验分布 (也就是说对参数 θ 一无所知), 我们仍然可以用贝叶斯估计. 这时我们采用 "同等无知" 的原则, 即假设 θ 在有意义的范围内是等可能取值的. 因此可以取广义先验概率密度函数恒为一常数, $h(\theta) = c$.

四、点估计量的评选标准

从前面的例子 (如例 4 和例 9) 中可以看出, 对同一个未知参数, 我们可以选用不同的方法进行估计, 得到不同的但都合理的点估计量. 因此我们需要对这些估计量比较优劣.

怎样比较不同估计量的优劣呢? 由于我们是用估计量去估计真实的未知参数, 因此一个最基本的要求就是随着样本容量的增加, 所选估计量能够 (以很大的概率) 逼近被估参数. 另外, 估计量是随机变量, 其取值依赖于样本的观察值, 对于两个估计量 $\hat{\theta}_1$ 和 $\hat{\theta}_2$, 很有可能部分样本值使得 $\hat{\theta}_1$ 与待估参数 θ 的误差比较小, 而另一部分样本值使得 $\hat{\theta}_2$ 与待估参数 θ 的误差比较小, 因此我们需要在整体上考虑其 "平均误差". 此外, 如果两个估计量与待估参数 θ 的 "平均误差" 一样, 那么为了比较这两个估计量, 我们还需要考虑它们的离散程度, 离散程度小的估计量则被认为比较好. 上面的三点正好对应着估计量评选的三个常用标准: 相合性, 无偏性, 有效性.

需要指出的是, 这三个评选标准并不是最优标准. 数理统计中给出了很多评选标准, 对同一个估计量采用不同的评选标准可能会得到完全不同的结论. 因此在评选估计量的好坏时必须指明是在哪个标准下, 而选取哪个标准来衡量估计量的优劣也需要根据具体问题进行. 只是在一般情况下, 相合性、无偏性、有效性这三个评选标准用得最多, 也最方便.

1. 相合性

前面我们曾提过, 矩估计法的核心思想是替换原理, 而替换原理的理论基础就是辛钦大数定律, A_k 会依概率收敛到 μ_k, 即对于任给 $\varepsilon > 0$,

$$\lim_{n\to\infty} P\{|A_k - \mu_k| \geqslant \varepsilon\} = 0.$$

也就是说, 随着样本量 n 的增加, 估计量 A_k 与 μ_k 的偏离不小于 ε 的可能性会越来越小. 换句话说, 当样本量 n 足够大时, 用 A_k 去估计 μ_k, 可以以任意大的概率使得其误差任意小. 在数理统计中, 我们就说 A_k 为 μ_k 的相合估计.

设 θ 为总体 X 的分布中含有的未知参数, Θ 为 θ 所有可能的取值组成的集合 (称为参数空间), $X_1, X_2, \cdots, X_n$ 为来自总体 X 的容量为 n 的简单随机样本.

定义 1 设 $\hat{\theta}_n = \hat{\theta}_n(X_1, \cdots, X_n)$ 为未知参数 θ 的一个估计量. 若对于任意 $\theta \in \Theta$ 和任意 $\varepsilon > 0$, 有

$$\lim_{n\to\infty} P\{|\hat{\theta}_n - \theta| \geqslant \varepsilon\} = 0,$$

则称 $\hat{\theta}_n$ 为 θ 的相合估计量.

注 从定义可知, $\hat{\theta}_n$ 为 θ 的相合估计量, 其实就是指 $\hat{\theta}_n$ 依概率收敛到 θ.

利用辛钦大数定律和依概率收敛的性质, 我们可以很容易地知道, 样本均值 $\overline{X}$ 为总体均值 μ 的相合估计, 样本原点矩 A_k 是总体原点矩 μ_k 的相合估计, 样本二阶中心矩 B_2 是总体方差 σ^2 的相合估计. 由于样本方差 S^2 和样本二阶中心矩 B_2 仅相差一个因子 $n/(n-1)$, 且当 $n \to \infty$ 时该因子趋向于 1, 因此 S^2 也是 σ^2 的相合估计. 事实上, 由矩估计法得到的矩估计量都是相合估计量, 由最大似然估计法得到的估计量在一定条件下也具有相合性.

相合性是一个估计量最基本的要求. 如果一个估计量没有相合性, 则无论样本容量有多大, 都不可能用估计量把未知参数 θ 估计得足够准确. 这种估计量显然是不可取的.

2. 无偏性

接下来我们介绍估计量的第二个评选标准 —— 无偏性.

定义 2 设 $\hat{\theta} = \hat{\theta}(X_1, \cdots, X_n)$ 为 θ 的一个估计量, 若对任意 $\theta \in \Theta$, 有

$$E_\theta(\hat{\theta}) = \theta,$$

则称 $\hat{\theta}$ 是 θ 的无偏估计量, 否则称之为有偏估计量. 这里 E_θ 表示是在总体分布中的参数为 θ 时求的期望.

一般地, 我们定义系统误差为 $E_\theta(\hat{\theta} - \theta)$, 因此无偏性即指用 $\hat{\theta}$ 估计 θ 时是没有系统性偏差的. 另外, 假设我们从总体 X 中重复抽取 N 个容量都为 n 的样本 $X_1^{(i)}, \cdots, X_n^{(i)}$, 记每次抽取的样本对应的估计量为 $\hat{\theta}_i = \hat{\theta}(X_1^{(i)}, \cdots, X_n^{(i)})$, $i = 1, 2, \cdots, N$, 则根据大数定律, 当 $N \to \infty$ 时, 各次估计量的平均 $\sum\limits_{i=1}^{N} \hat{\theta}_i/N$ 依概率收敛到其期望 $E(\hat{\theta})$. 因此若 $\hat{\theta}$ 是 θ 的无偏估计, 则 $\sum\limits_{i=1}^{N} \hat{\theta}_i/N$ 依概率收敛到 θ, 即当抽取多次样本时, 估计量的平均值可以以接近于 1 的概率去逼近被估计的参数. 如果没有无偏性, 则无论抽取多少次, 其平均值与被估参数之间总有一定的差距, 这个差距就是系统误差.

例 11 设 $X_1, X_2, \cdots, X_n$ 为来自总体 X 的简单随机样本, 记总体均值和总体方差分别为 μ 和 σ^2, 样本均值和样本方差分别为 $\overline{X}$ 和 S^2. 则由 6.4 节的定理 1, $E(\overline{X}) = \mu$,

$E(S^2)=\sigma^2$. 因此样本均值 $\overline{X}$ 为总体均值 μ 的无偏估计量, 样本方差 S^2 为总体方差 σ^2 的无偏估计量. 又由于样本二阶中心矩 $B_2=(n-1)S^2/n$, 所以 $E(B_2)=(n-1)\sigma^2/n\neq\sigma^2$, 故样本二阶中心矩 B_2 不是总体方差 σ^2 的无偏估计量.

注意, 当样本容量 n 趋于无穷时, $E(B_2)\to\sigma^2$, 我们称 B_2 为 σ^2 的渐近无偏估计量. 当样本量较大时, 可以近似地看作是 σ^2 的无偏估计量.

可以证明, 当总体原点 k 阶矩 $\mu_k=E(X^k)$ 存在时, 样本 k 阶原点矩 $A_k=\dfrac{1}{n}\sum\limits_{i=1}^{n}X_i^k$ 都是总体原点矩 μ_k 的无偏估计量.

由于正态总体的方差 σ^2 的矩估计量和最大似然估计量都是 B_2 (见例 5 和例 8), 所以例 11 表明, 矩估计量和最大似然估计量不一定是被估参数的无偏估计量.

例 12 设 $X_1,X_2,\cdots,X_n$ 为来自总体 X 的简单随机样本. 试证明样本标准差 S 不是总体标准差 σ 的无偏估计量.

证 事实上, 由于样本方差 S^2 是总体方差 σ^2 的无偏估计量, 所以有

$$\sigma^2=E(S^2)=D(S)+(E(S))^2,$$

因为方差 $D(S)$ 总是非负的, 所以 $E(S)\leqslant\sigma$, 而且等式成立当且仅当 $D(S)=0$, 等价于 $P(S=c)=1$ (其中 $c=E(S)$ 为一个常数). 因此 S 不是 σ 的无偏估计量, 用 S 估计 σ 时总会系统性地偏低.

注 例 12 表明, 无偏估计量的函数未必是无偏估计量.

例 13 设总体 X 服从 $(0,\theta)$ 上的均匀分布 $U(0,\theta)$, $\theta>0$ 未知. 设 $X_1,X_2,\cdots,X_n$ 为来自总体 X 的简单随机样本. 试证明存在常数 c, 使得 $Y=2\overline{X}$ 和 $Z=c\max\limits_{1\leqslant i\leqslant n}X_i$ 都是 θ 的无偏估计量.

证 由于 X 为 $(0,\theta)$ 上的均匀分布, 所以 $E(X)=\theta/2$. 由例 11, 样本均值 $\overline{X}$ 为总体均值 $\theta/2$ 的无偏估计量, 因此

$$E(Y)=2E(\overline{X})=2\cdot\frac{\theta}{2}=\theta,$$

即 Y 为 θ 的无偏估计量.

另外, 由于 $X_1,\cdots,X_n$ 相互独立且与总体 X 具有相同的分布 $F(x)$, 所以 $\max\limits_{1\leqslant i\leqslant n}X_i$ 的分布函数为

$$F_{\max}(z)=[F(z)]^n=\begin{cases}0, & z<0\\ \left(\dfrac{z}{\theta}\right)^n, & 0\leqslant z<\theta,\\ 1, & z\geqslant\theta\end{cases}$$

对 z 求导, 得 $\max\limits_{1\leqslant i\leqslant n}X_i$ 的概率密度函数为

$$f_{\max}(z)=n[F(z)]^{n-1}f(z)=\begin{cases}\dfrac{nz^{n-1}}{\theta^n}, & 0<z<\theta\\ 0, & \text{其他}\end{cases},$$

由此得到

$$E(\max_{1\leqslant i\leqslant n} X_i) = \int_0^\theta z f_{\max}(z)\mathrm{d}z = \frac{n}{\theta^n}\int_0^\theta z^n \mathrm{d}z = \frac{n}{n+1}\theta.$$

因此只需要令 $c = \dfrac{n+1}{n}$, 则

$$E(Z) = \frac{n+1}{n}E(\max_{1\leqslant i\leqslant n} X_i) = \theta,$$

即 $Z = \dfrac{n+1}{n}\max\limits_{1\leqslant i\leqslant n} X_i$ 为 θ 的无偏估计量.

3. **有效性**

一个未知参数可能有好几个无偏估计量 (如例 13), 那么在这些无偏估计量中, 如何选取一个最好的呢? 直观的想法就是希望该估计量能比较集中地分布在被估参数周围, 即用估计量的方差来衡量其优劣. 这就是评选估计量的另一个标准 —— 有效性.

定义 3 设 $\hat{\theta}_1$ 和 $\hat{\theta}_2$ 都是 θ 的无偏估计量, 如果对于任意 $\theta \in \Theta$, 有

$$D(\hat{\theta}_1) \leqslant D(\hat{\theta}_2),$$

且至少存在一个 $\theta \in \Theta$ 使得上述不等号成立, 则称 $\hat{\theta}_1$ 比 $\hat{\theta}_2$ 有效.

注 有效性是针对无偏估计量进行的比较. 当估计量是有偏的时, 我们将采用均方误差进行比较 (见本章“重要补充及扩展问题”部分的第四小节).

例 14 设总体 X 服从 $(0,\theta)$ 上的均匀分布 $U(0,\theta), \theta > 0$ 未知. 设 $X_1, X_2, \cdots, X_n (n > 1)$ 为来自总体 X 的简单随机样本. 由例 13, $Y = 2\overline{X}$ 和 $Z = \dfrac{n+1}{n}\max\limits_{1\leqslant i\leqslant n} X_i$ 都是 θ 的无偏估计量. 问哪个估计量更有效?

解 由于

$$D(Y) = 4D(\overline{X}) = \frac{4}{n}D(X) = \frac{4}{n}\cdot\frac{\theta^2}{12} = \frac{\theta^2}{3n},$$

$$\begin{aligned} D(Z) &= \frac{(n+1)^2}{n^2}D(\max_{1\leqslant i\leqslant n} X_i) \\ &= \frac{(n+1)^2}{n^2}\int_0^\theta [z - E(\max_{1\leqslant i\leqslant n} X_i)]^2 f_{\max}(z)\mathrm{d}z \\ &= \frac{(n+1)^2}{n\theta^n}\int_0^\theta \left(z - \frac{n}{n+1}\theta\right)^2 z^{n-1}\mathrm{d}z \\ &= \frac{\theta^2}{n(n+2)}, \end{aligned}$$

且由于当 $n > 1$ 时, $n(n+2) > 3n$, 所以 $D(Y) > D(Z)$, 即 Z 比 Y 更有效.

估计量的无偏性和有效性都是针对固定的样本大小而言的, 称之为 “小样本性质”; 相合性是针对样本大小趋于无穷时而言的, 对于固定的样本大小, 相合性没有任何意义, 这种性

质称为“大样本性质”. 注意, 大小样本性质不在于样本的具体大小如何, 而在于样本大小是否可以趋于无穷.

§7.2 区间估计

在上一节中我们讨论了未知参数的点估计问题, 即用一个值来估计未知参数. 但是无论所得估计量具有多好的性质, 既然是估计就不可避免存在误差, 而这个误差到底有多大, 点估计量并不能描述. 实际中, 人们会给出未知参数的一个区间, 用以反映点估计量的误差, 这便引出了区间估计的概念.

一、区间估计的概念

现在常用的区间估计理论是美国统计学家奈曼 (J.Neyman, 1894—1981) 在 1934 年建立起来的. 设总体 X 的分布中包含未知参数 θ, $X_1, X_2, \cdots, X_n$ 是容量为 n 的简单随机样本, 样本观察值为 $x_1, x_2, \cdots, x_n$. 所谓的区间估计, 就是找两个统计量 $\hat{\theta}_1 = \hat{\theta}_1(X_1, \cdots, X_n)$ 和 $\hat{\theta}_2 = \hat{\theta}_2(X_1, \cdots, X_n)$, 满足 $\hat{\theta}_1 \leqslant \hat{\theta}_2$, 以这两个点为端点构造一个区间 $(\hat{\theta}_1, \hat{\theta}_2)$; 当样本的观察值 $x_1, \cdots, x_n$ 给定时, 就把 θ 估计在区间 $(\hat{\theta}_1(x_1, \cdots, x_n), \hat{\theta}_2(x_1, \cdots, x_n))$ 之内. 注意, 样本具有随机性, 所以我们得到的区间 $(\hat{\theta}_1, \hat{\theta}_2) = (\hat{\theta}_1(X_1, \cdots, X_n), \hat{\theta}_2(X_1, \cdots, X_n))$ 是一个随机区间, 其覆盖 θ 的可能性是不确定的. 显然我们希望这个区间能尽可能覆盖 θ, 即概率 $P(\hat{\theta}_1 < \theta < \hat{\theta}_2)$ 尽可能大, 可靠度高. 另外, 我们希望这个区间的长度 $\hat{\theta}_2 - \hat{\theta}_1$ 能尽可能小, 即精度高, 否则这个估计可能就意义不大了. 但这两个方面是相互矛盾的. 例如, 估计一个人的年龄, 如果用 (10, 100) 来估计, 可靠度很高, 但精度太差, 用处不大; 如果用 (18, 22) 来估计, 则精度比较好, 但显然可靠度就不如之前的了. 区间估计的基本问题就是寻求更好的估计方法, 在平衡可靠度和精度的情况下, 尽可能提高二者之一. 奈曼提出了一个被人们广泛认可的原则: 先保证可靠度, 在这个前提下尽可能提高精度. 因为在一般情况下, 相较于精度, 可靠度更重要. 为了保证可靠度, 人们引入了置信区间的概念.

定义 1 设 θ 为总体 X 分布中的未知参数, Θ 为参数空间. 设 $X_1, X_2, \cdots, X_n$ 为来自总体 X 的简单随机样本. 给定 $\alpha(0 < \alpha < 1)$. 若存在两个统计量 $\hat{\theta}_1 = \hat{\theta}_1(X_1, \cdots, X_n)$ 和 $\hat{\theta}_2 = \hat{\theta}_2(X_1, \cdots, X_n)$, 满足 $\hat{\theta}_1 \leqslant \hat{\theta}_2$, 且对任意 $\theta \in \Theta$, 都有

$$P\{\hat{\theta}_1(X_1, \cdots, X_n) < \theta < \hat{\theta}_2(X_1, \cdots, X_n)\} = 1 - \alpha, \tag{7.2.1}$$

则称随机区间 $(\hat{\theta}_1, \hat{\theta}_2)$ 为 θ 的置信水平为 $1-\alpha$ 的置信区间, 简称为 $1-\alpha$ 的置信区间, $\hat{\theta}_1$ 和 $\hat{\theta}_2$ 分别称为 θ 的双侧置信区间的置信下限和置信上限, $1-\alpha$ 称为置信水平 (也称为置信度).

注 式 (7.2.1) 中的“等号”并不一定对所有的 $\theta \in \Theta$ 都成立 (比如离散型总体), 这时置信区间 $(\hat{\theta}_1, \hat{\theta}_2)$ 就应该是使得概率 $P(\hat{\theta}_1 < \theta < \hat{\theta}_2)$ 不小于 $1-\alpha$ 且尽量接近 $1-\alpha$ 的区间.

定义中的置信水平 $1-\alpha$ 的含义是指区间 $(\hat{\theta}_1, \hat{\theta}_2)$ 能包含 θ 的概率是 $1-\alpha$. 用频率来解释就是: 重复抽取样本很多次, 每次的观察值是不同的, 因此得到的区间 $(\hat{\theta}_1, \hat{\theta}_2)$ 也是

不同的, 有时候会包含 θ, 有时候会在 θ 之外. 但根据伯努利大数定律, 这些区间中大约有 $100(1-\alpha)\%$ 会包含 θ, 大约有 $100\alpha\%$ 不会包含 θ.

例 1 设总体 X 服从正态分布 $N(\mu,\sigma^2)$, 其中 μ 和 σ^2 未知. 设 X_1,X_2,X_3,X_4,X_5 为来自总体 X 的简单随机样本. 则 μ 的置信水平为 $1-\alpha$ 的置信区间为

$$(\overline{X}-t_{\alpha/2}(4)S/\sqrt{5},\overline{X}+t_{\alpha/2}(4)S/\sqrt{5}),$$

其中 $\overline{X}$ 和 S 分别为样本均值和样本标准差, $t_\alpha(n)$ 是自由度为 n 的 t 分布的上 α 分位数. 这个置信区间将在式 (7.2.4) 中给出.

取 $\alpha=0.10$, 则 $t_{0.05}(4)=2.131\,8$, 置信区间为 $(\overline{X}-0.95S,\overline{X}+0.95S)$. 假定总体 X 中 $\mu=10$, $\sigma^2=4$. 通过随机模拟产生容量为 $n=5$ 的的样本:

$$11.41 \quad 12.81 \quad 12.27 \quad 10.09 \quad 7.711$$

则样本均值和样本标准差的观察值分别是 $\overline{x}\approx 10.86$ 和 $s\approx 2.04$, 置信区间为

$$(10.86-0.95\times 2.04, 10.86+0.95\times 2.04)\approx(8.92,12.80),$$

该区间包含 μ 的真实值 10. 同样地, 我们可以模拟另一组样本:

$$8.73 \quad 8.66 \quad 6.38 \quad 6.98 \quad 5.97$$

则样本均值和样本标准差的观察值分别是 $\overline{x}\approx 7.34$ 和 $s\approx 1.28$, 置信区间为

$$(7.34-0.95\times 1.28, 7.34+0.95\times 1.28)\approx(6.12,8.56),$$

该区间不包含 μ 的真实值 10. 重复抽取 50 次样本得到 50 个区间 (见图 7-1). 这些区间中有 45 个包含 μ 的真实值 10, 有 5 个区间不包含 μ 的真实值 10, 即有 90% 的概率包含 μ 的真实值. 这就是置信水平 $1-\alpha=0.90$ 的一个合理解释.

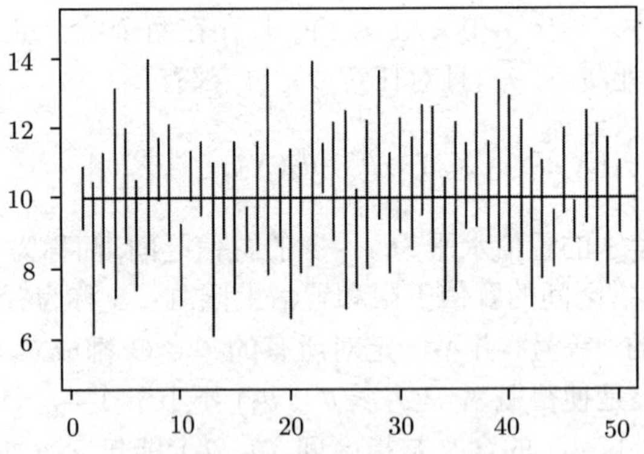

图 7-1 μ 的 0.90 的置信区间

注 由于区间是随机的, 所以包含 μ 的真实值的区间并不一定总是 90%. 事实上, 只要大约有 90% 的区间包含 μ 的真实值就是合理的, 比如 43 和 46 都是可以的.

构造未知参数 θ 的置信区间最常用的方法就是枢轴量法, 具体步骤可以分为四步:

(1) 找一个与未知参数 θ 有关的统计量 $\hat{\theta}=\hat{\theta}(X_1,\cdots,X_n)$, 一般选 θ 的一个点估计.

(2) 构造一个统计量 $\hat{\theta}$ 和未知参数 θ 的函数 $T(\hat{\theta},\theta)=T(X_1,\cdots,X_n,\theta)$, 要求函数 T 不包含其他未知参数, 而且 T 的分布是已知的, 不依赖于参数 θ. 这样的函数 T 称为枢轴量.

(3) 适当的选取两个常数 c 和 d, 使得

$$P(c<T(X_1,\cdots,X_n,\theta)<d)=1-\alpha. \tag{7.2.2}$$

(当总体为离散型时, c 和 d 是使得上述概率不小于 $1-\alpha$ 且尽量靠近 $1-\alpha$ 的两个数.)

(4) 将不等式 $c<T(X_1,\cdots,X_n,\theta)<d$ 改写为等价形式

$$\hat{\theta}_1(X_1,\cdots,X_n)<\theta<\hat{\theta}_2(X_1,\cdots,X_n),$$

则有

$$P(\hat{\theta}_1(X_1,\cdots,X_n)<\theta<\hat{\theta}_2(X_1,\cdots,X_n))=1-\alpha.$$

因此区间 $(\hat{\theta}_1,\hat{\theta}_2)$ 就是 θ 的 $1-\alpha$ 的置信区间.

注 显然满足条件式 (7.2.2) 的 c 和 d 有很多. 根据奈曼提出的原则, 我们一般选取精度最高的, 即 $\hat{\theta}_2-\hat{\theta}_1$ 最小的一组 c 和 d 作为区间估计.

对于一般的总体, 枢轴量的分布是很难确定的. 这里我们将针对正态总体 $N(\mu,\sigma^2)$, 分多种情况讨论其未知参数 μ 或 σ^2 的枢轴量和置信区间. 在构造枢轴量的过程中, 三大分布——χ^2 分布、t 分布、F 分布发挥了重要作用.

二、一个正态总体的区间估计

设 $X_1,X_2,\cdots,X_n$ 为来自正态总体 $N(\mu,\sigma^2)$ 的简单随机样本, $\overline{X}$ 和 S^2 分别是样本均值和样本方差.

1. σ^2 已知, 求 μ 的置信区间

选取 μ 的点估计为样本均值 $\overline{X}$, 由 6.4 节的定理 2 可知, $\overline{X}\sim N(\mu,\sigma^2/n)$. 由于 σ^2 已知, 构造枢轴量

$$Z=\frac{\overline{X}-\mu}{\sigma/\sqrt{n}},$$

其分布为标准正态分布 $N(0,1)$. 选取适当的 c 和 d, 满足 $P(c<Z<d)=\Phi(d)-\Phi(c)=1-\alpha$, 其中 $\Phi(x)$ 为标准正态分布的分布函数. 将上式变形, 得

$$P\left\{\overline{X}-d\frac{\sigma}{\sqrt{n}}<\mu<\overline{X}-c\frac{\sigma}{\sqrt{n}}\right\}=1-\alpha.$$

满足上式的 c 和 d 有很多, 我们选取的原则是在保证置信水平为 $1-\alpha$ 的情况下使得精度

$\dfrac{\sigma}{\sqrt{n}}(d-c)$ 最小. 由于标准正态分布关于 $x=0$ 对称, 不难看出在满足 $\Phi(d)-\Phi(c)=1-\alpha$ 的条件下, 当 $d=-c=z_{\alpha/2}$ 时, 精度 $\dfrac{\sigma}{\sqrt{n}}(d-c)$ 最小, 其中 $z_{\alpha/2}$ 为标准正态分布的上 $\alpha/2$ 分位数. 由此给出了 μ 的 $1-\alpha$ 的置信区间

$$\left(\overline{X}-z_{\frac{\alpha}{2}}\frac{\sigma}{\sqrt{n}},\overline{X}+z_{\frac{\alpha}{2}}\frac{\sigma}{\sqrt{n}}\right)=\left(\overline{X}\pm z_{\frac{\alpha}{2}}\frac{\sigma}{\sqrt{n}}\right) \tag{7.2.3}$$

是以 $\overline{X}$ 为中心、$z_{\frac{\alpha}{2}}\dfrac{\sigma}{\sqrt{n}}$ 为半径的一个对称区间.

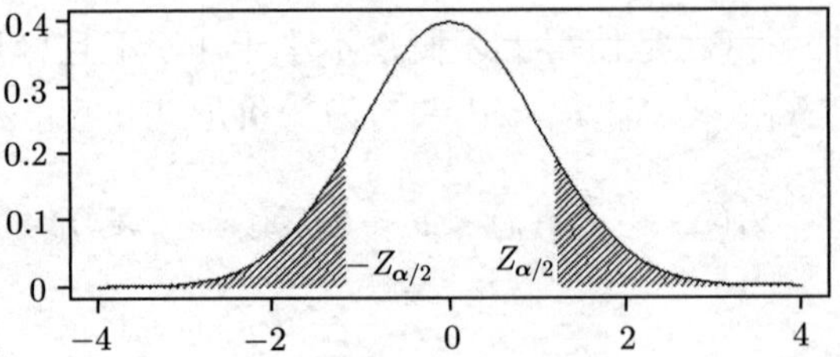

图 7-2　标准正态分布示意图

例 2　设某厂生产的手表的走时误差 (单位：秒/日) 服从正态分布, 已知标准差为 $\sigma=2.7$. 为了估计误差均值 μ, 从中抽取了一个容量为 $n=9$ 的样本, 其观察值为

$$-3.8\quad 3.1\quad 2.5\quad -2.9\quad 0.9\quad 1.1\quad 2.0\quad -3.0\quad 2.8$$

试求 μ 的置信水平为 $1-\alpha=0.95$ 的置信区间.

解　本题中, $\overline{x}=0.30$, $\sigma=2.7$, $n=9$, $\alpha=0.05$, 查标准正态分布表 (附表 1) 可知 $z_{\alpha/2}=1.96$, 因此 μ 的置信区间为

$$\left(\overline{x}\pm z_{\frac{\alpha}{2}}\frac{\sigma}{\sqrt{n}}\right)=\left(0.30\pm 1.96\times\frac{2.7}{\sqrt{9}}\right)=(-1.464,2.064).$$

例 3　设总体服从正态分布 $N(\mu,1)$, μ 未知. 为了使得 μ 的置信水平为 $1-\alpha=0.95$ 的置信区间的长度不超过 1.2, 样本容量至少需要多少?

解　由于总体服从正态分布, 且方差 $\sigma^2=1$ 已知, 所以 μ 的 0.95 的置信区间为

$$\left(\overline{X}-\frac{z_{\alpha/2}}{\sqrt{n}},\overline{X}+\frac{z_{\alpha/2}}{\sqrt{n}}\right),$$

因此区间长度为

$$L=2\frac{z_{\alpha/2}}{\sqrt{n}}.$$

显然 L 只依赖于置信水平 $1-\alpha$ 和样本容量 n, 而与样本取值无关. 要满足区间长度不超过 1.2, 即 $2\dfrac{z_{\alpha/2}}{\sqrt{n}}\leqslant 1.2$, 化简得

$$n\geqslant\left(2z_{\alpha/2}/1.2\right)^2.$$

代入 $z_{\alpha/2}=z_{0.025}=1.96$, 得 $n\geqslant(2\times1.96/1.2)^2\approx10.67$. 故样本容量至少为 11 时才能使得 μ 的 0.95 的置信区间的长度不超过 1.2.

2. σ^2 未知, 求 μ 的置信区间

我们仍选取样本均值 $\overline{X}$ 作为 μ 的点估计, 但这时候 $\dfrac{\overline{X}-\mu}{\sigma/\sqrt{n}}$ 就不能再作为枢轴量了, 因为它包含了未知参数 σ. 为此我们用样本标准差 S 替换总体标准差 σ, 重新构造一个函数

$$T=\frac{\overline{X}-\mu}{S/\sqrt{n}}.$$

显然现在的 T 只依赖于样本和 μ, 且根据 6.4 节的定理 4 可知, T 服从自由度为 $n-1$ 的 t 分布, 与未知参数无关, 因此 T 为枢轴量. 由于 t 分布的上 α 分位数满足 $t_{1-\alpha/2}(n-1)=-t_{\alpha/2}(n-1)$, 所以在式 (7.2.2) 中取 $d=-c=t_{\alpha/2}(n-1)$, 化简得

$$P\left\{\overline{X}-t_{\alpha/2}(n-1)\frac{S}{\sqrt{n}}<\mu<\overline{X}+t_{\alpha/2}(n-1)\frac{S}{\sqrt{n}}\right\}=1-\alpha.$$

故 μ 的 $1-\alpha$ 的置信区间为

$$\left(\overline{X}-t_{\frac{\alpha}{2}}(n-1)\frac{S}{\sqrt{n}},\overline{X}+t_{\frac{\alpha}{2}}(n-1)\frac{S}{\sqrt{n}}\right)=\left(\overline{X}\pm t_{\frac{\alpha}{2}}(n-1)\frac{S}{\sqrt{n}}\right),\tag{7.2.4}$$

这是以 $\overline{X}$ 为中心、$t_{\frac{\alpha}{2}}(n-1)\dfrac{S}{\sqrt{n}}$ 为半径的一个对称区间.

例 4 假设轮胎的寿命服从正态分布 $N(\mu,\sigma^2)$, μ 和 σ^2 未知. 为了估计这种轮胎的平均寿命 μ, 抽取一个容量为 $n=12$ 的样本, 其观察值为 (单位: 万千米):

4.68	4.85	4.32	4.85	4.61	5.02
5.20	4.60	4.58	4.72	4.38	4.70

试求平均寿命 μ 的置信水平为 $1-\alpha=0.95$ 的置信区间.

解 本题中总体方差 σ^2 未知, 所以平均寿命 μ 的 $1-\alpha$ 的置信区间为

$$\left(\overline{x}-t_{\frac{\alpha}{2}}(n-1)\frac{s}{\sqrt{n}},\overline{x}+t_{\frac{\alpha}{2}}(n-1)\frac{s}{\sqrt{n}}\right).$$

由于 $n=12$, $\overline{x}\approx4.709$, $s\approx0.248$, $t_{\alpha/2}(n-1)=t_{0.025}(11)=2.201$, 所以 μ 的 0.95 的置信区间为

$$(4.709\pm2.201\times0.248/\sqrt{12})=(4.551,4.867).$$

在实际问题中, 我们希望轮胎的寿命越长越好, 所以可以只考虑 $\{\mu>\hat{\mu}_1\}$ 的概率不低于 $1-\alpha$, 即

$$P\{\mu>\hat{\mu}_1\}=1-\alpha.$$

这样的统计量 $\hat{\mu}_1$ 称为 μ 的置信水平为 $1-\alpha$ 的 (单侧) 置信下限. 同理可以定义 μ 的置信水平为 $1-\alpha$ 的 (单侧) 置信上限 $\hat{\mu}_2$, 满足

$$P\{\mu<\hat{\mu}_2\}=1-\alpha.$$

上例中, 平均寿命 μ 的 0.95 的单侧置信下限为 $\overline{x}-t_\alpha(n-1)\frac{s}{\sqrt{n}}=4.580$.

3. 求 σ^2 的置信区间

在 7.1 节中, 我们知道样本方差 S^2 是总体方差 σ^2 的无偏估计, 因此选取 S^2 作为 σ^2 的点估计. 6.4 节的定理 3(2) 证明了 $(n-1)S^2/\sigma^2\sim\chi^2(n-1)$, 因此可以构造枢轴量

$$\chi^2=\frac{(n-1)S^2}{\sigma^2},$$

它服从自由度为 $n-1$ 的 χ^2 分布. 取 $c=\chi^2_{1-\alpha/2}(n-1)$ 和 $d=\chi^2_{\alpha/2}(n-1)$②, 化简得

$$P\left\{\frac{(n-1)S^2}{\chi^2_{\alpha/2}(n-1)}<\sigma^2<\frac{(n-1)S^2}{\chi^2_{1-\alpha/2}(n-1)}\right\}=1-\alpha.$$

所以 σ^2 的置信水平为 $1-\alpha$ 的置信区间为

$$\left(\frac{(n-1)S^2}{\chi^2_{\alpha/2}(n-1)},\frac{(n-1)S^2}{\chi^2_{1-\alpha/2}(n-1)}\right). \tag{7.2.5}$$

两边开方得到 σ 的 $1-\alpha$ 的置信区间为

$$\left(\frac{\sqrt{n-1}S}{\sqrt{\chi^2_{\alpha/2}(n-1)}},\frac{\sqrt{n-1}S}{\sqrt{\chi^2_{1-\alpha/2}(n-1)}}\right).$$

例 5　求例 4 中总体标准差 σ 的 $1-\alpha=0.95$ 的置信区间.

解　由于 $n=12$, $s=0.248$, $\chi^2_{\alpha/2}(n-1)=\chi^2_{0.025}(11)=21.920$, $\chi^2_{1-\alpha/2}(n-1)=\chi^2_{0.975}(11)=3.816$, 所以 σ 的 0.95 的置信区间为

$$\begin{aligned}\left(\frac{\sqrt{n-1}s}{\sqrt{\chi^2_{\alpha/2}(n-1)}},\frac{\sqrt{n-1}s}{\sqrt{\chi^2_{1-\alpha/2}(n-1)}}\right)&=\left(\frac{\sqrt{11}\times 0.248}{\sqrt{21.920}},\frac{\sqrt{11}\times 0.248}{\sqrt{3.816}}\right)\\&\approx(0.176,0.421).\end{aligned}$$

三、两个正态总体的区间估计

设 $X_1,X_2,\cdots,X_{n_1}$ 为来自正态总体 $X\sim N(\mu_1,\sigma_1^2)$ 的简单随机样本, $Y_1,Y_2,\cdots,Y_{n_2}$ 为来自正态总体 $Y\sim N(\mu_2,\sigma_2^2)$ 的简单随机样本, 且两个样本独立. $\overline{X}$ 和 $\overline{Y}$ 分别为两个样本的样本均值, S_1^2 和 S_2^2 分别为两个样本的样本方差. 下面分别讨论两个样本均值的差 $\mu_1-\mu_2$ 和两个样本方差的比 σ_1^2/σ_2^2 的置信区间.

② 由于 χ^2 分布的概率密度函数是不对称的, 寻求 $d-c$ 的最小值很难, 所以一般改为寻求等尾的区间: χ^2 分布在 (c,d) 两侧的概率相同, 即 $P(\chi^2<c)=P(\chi^2>d)=\alpha/2$.

1. 当 σ_1^2 和 σ_2^2 已知时, 求 $\mu_1-\mu_2$ 的置信区间

由 6.4 节定理 2 可知, $\overline{X}\sim N(\mu_1,\sigma_1^2/n_1)$, $\overline{Y}\sim N(\mu_2,\sigma_2^2/n_2)$. 由于两个样本相互独立, $\overline{X}$ 和 $\overline{Y}$ 也相互独立, 故由独立正态分布的性质有 $\overline{X}-\overline{Y}\sim N\left(\mu_1-\mu_2,\dfrac{\sigma_1^2}{n_1}+\dfrac{\sigma_2^2}{n_2}\right)$. 构造枢轴量

$$\frac{(\overline{X}-\overline{Y})-(\mu_1-\mu_2)}{\sqrt{\dfrac{\sigma_1^2}{n_1}+\dfrac{\sigma_2^2}{n_2}}}\sim N(0,1).$$

在式 (7.2.2) 中选取 $d=-c=z_{\alpha/2}$, 化简得 $\mu_1-\mu_2$ 的 $1-\alpha$ 的置信区间

$$\left((\overline{X}-\overline{Y})-z_{\frac{\alpha}{2}}\sqrt{\frac{\sigma_1^2}{n_1}+\frac{\sigma_2^2}{n_2}},\ (\overline{X}-\overline{Y})+z_{\frac{\alpha}{2}}\sqrt{\frac{\sigma_1^2}{n_1}+\frac{\sigma_2^2}{n_2}}\right). \tag{7.2.6}$$

2. 当 $\sigma_1^2=\sigma_2^2=\sigma^2$ 未知时, 求 $\mu_1-\mu_2$ 的置信区间

由 6.4 节的定理 5(2) 可知, 当 $\sigma_1^2=\sigma_2^2=\sigma^2$ 时, 枢轴量

$$\frac{(\overline{X}-\overline{Y})-(\mu_1-\mu_2)}{S_w\sqrt{\dfrac{1}{n_1}+\dfrac{1}{n_2}}}\sim t(n_1+n_2-2),$$

其中

$$S_w=\sqrt{\frac{(n_1-1)S_1^2+(n_2-1)S_2^2}{n_1+n_2-2}}.$$

在式 (7.2.2) 中选取 $d=-c=t_{\alpha/2}(n_1+n_2-2)$, 化简得 $\mu_1-\mu_2$ 的 $1-\alpha$ 的置信区间

$$\begin{aligned}\Bigg((\overline{X}-\overline{Y})&-t_{\frac{\alpha}{2}}(n_1+n_2-2)S_w\sqrt{\frac{1}{n_1}+\frac{1}{n_2}},\\ &(\overline{X}-\overline{Y})+t_{\frac{\alpha}{2}}(n_1+n_2-2)S_w\sqrt{\frac{1}{n_1}+\frac{1}{n_2}}\Bigg).\end{aligned} \tag{7.2.7}$$

例 6 为了比较两个小麦品种的产量, 选择 18 块条件相似的试验田, 采用相同的耕作方法做试验. 播种甲品种的 8 块试验田的单位面积产量和播种乙品种的 10 块试验田的单位面积产量 (单位: 千克) 分别为

甲品种:	628	583	510	554	612	523	530	615		
乙品种:	535	433	398	470	567	480	498	560	503	426

假设两个小麦品种的单位面积产量服从不同的正态分布, 且具有相同的方差 $\sigma_1^2=\sigma_2^2=\sigma^2$(未知). 试求总体均值差 $\mu_1-\mu_2$ 的 0.95 的置信区间.

解　设 $x_1, \cdots, x_8$ 为甲品种单位面积产量的样本观察值, $y_1, \cdots, y_{10}$ 为乙品种单位面积产量的观察值. 则

$$n_1 = 8,\ \overline{x} = 569.375,\ s_1^2 \approx 2\,140.55,$$
$$n_2 = 10,\ \bar{y} = 487.00,\ s_2^2 \approx 3\,256.22.$$

计算可知

$$s_w = \sqrt{\frac{(n_1-1)s_1^2 + (n_2-1)s_2^2}{n_1+n_2-2}} \approx 52.61, \quad t_{\frac{\alpha}{2}}(n_1+n_2-2) = t_{0.025}(16) = 2.12.$$

所以总体均值差 $\mu_1 - \mu_2$ 的 0.95 的置信区间为

$$\left((569.375-487) \pm 2.12 \times 52.61 \times \sqrt{\frac{1}{8}+\frac{1}{10}} = (29.47, 135.28)\right).$$

在实际问题中, 两个总体的方差相同是很难达到的. 事实上, 只要两个总体的方差相差不大, 就可以近似认为两个总体的方差相等, 此时得到的区间估计误差也不大. 当两个总体的方差相差较大时, 上述估计方法就不可取了. 一个有效的估计方法是本章“重要补充及扩展问题”部分的第六小节介绍的大样本区间估计.

3. σ_1^2/σ_2^2 的置信区间

由 6.4 节的定理 5(1) 可知, 枢轴量

$$\frac{S_1^2/\sigma_1^2}{S_2^2/\sigma_2^2} \sim F(n_1-1, n_2-1).$$

在式 (7.2.2) 中选取 $c = F_{1-\alpha/2}(n_1-1, n_2-1)$ 和 $d = F_{\alpha/2}(n_1-1, n_2-1)$, 化简得 σ_1^2/σ_2^2 的 $1-\alpha$ 的置信区间为

$$\left(\frac{S_1^2}{S_2^2}\frac{1}{F_{\frac{\alpha}{2}}(n_1-1, n_2-1)},\ \frac{S_1^2}{S_2^2}\frac{1}{F_{1-\frac{\alpha}{2}}(n_1-1, n_2-1)}\right). \tag{7.2.8}$$

例 7　在例 6 中仅假设两个小麦品种的单位面积产量服从不同的正态分布, 方差 σ_1^2 和 σ_2^2 未知, 试求总体方差比 σ_1^2/σ_2^2 的 0.95 的置信区间.

解　仍设 $x_1, \cdots, x_8$ 和 $y_1, \cdots, y_{10}$ 分别为两个小麦品种的单位面积产量的观察值. 则

$$s_1^2 = 2\,140.55,\ s_2^2 = 3\,256.22,$$
$$F_{\alpha/2}(n_1-1, n_2-1) = F_{0.025}(7, 9) = 4.20,$$
$$F_{1-\alpha/2}(n_1-1, n_2-1) = F_{0.975}(7, 9) = \frac{1}{F_{0.025}(9, 7)} \approx 0.21.$$

所以总体方差比 σ_1^2/σ_2^2 的 0.95 的置信区间为

$$\left(\frac{2\,140.55}{3\,256.22} \times \frac{1}{4.20},\ \frac{2\,140.55}{3\,256.22} \times \frac{1}{0.21}\right) = (0.16, 3.13).$$

重要补充及扩展问题

一、矩估计和最大似然估计都不适用的例子

在 7.1 节中, 我们介绍了点估计的两种方法 —— 矩估计和最大似然估计, 很多的未知参数都可以用这两种方法进行估计. 在本节中, 我们介绍一个特殊的例子. 在这个例子中, 这两种估计方法都是行不通的.

例 1 设总体 X 服从柯西分布, 其概率密度函数为

$$f(x)=\frac{1}{\pi[1+(x-\theta)^2]},\qquad -\infty<x<+\infty\ ,$$

其中 θ 未知. 设 $X_1,X_2,\cdots,X_n$ 为来自总体 X 的简单随机样本, $x_1,x_2,\cdots,x_n$ 为样本的观察值. 我们现在来估计未知参数 θ.

由于

$$\int_{-\infty}^{+\infty}|x|f(x)\mathrm{d}x=\infty\ ,$$

即柯西分布的一阶矩不存在, 更不用说高阶矩, 因此矩估计法无法使用. 接下来考虑最大似然估计法. 容易计算, 其似然函数为

$$L=\pi^{-n}\prod_{i=1}^{n}[1+(x_i-\theta)^2]^{-1},$$

其对应的似然方程为

$$\frac{\partial\ln L}{\partial\theta}=\sum_{i=1}^{n}\frac{2(x_i-\theta)}{1+(x_i-\theta)^2}=0.$$

这个方程有很多解, 且都不易求解. 因此最大似然估计法也不是理想的选择.

事实上, 注意柯西分布的概率密度函数关于 θ 对称, 故 θ 其实就是这个分布的中位数, 即 $P\{X\leqslant\theta\}=1/2$. 因此我们可以考虑用样本中位数 $M_{0.5}$(见式 (6.4.3)) 来直接估计 θ.

二、渐近正态性

估计量是样本的函数, 其确切的分布一般是很难求出来的. 比如, 样本均值作为最简单的估计量, 其分布在很多情形下都很难得到. 这时估计量的无偏性和有效性就很难验证了. 但是, 当样本容量 n 趋于无穷时, 由中心极限定理可知, 样本均值的分布趋于一个正态分布. 因此我们可以用极限的正态分布来近似样本均值的分布. 这一性质被称为估计量的渐近正态性.

定义 1 设 $\hat{\theta}_n$ 为未知参数 θ 的相合估计量, 若存在趋于 0 的正常数列 $\sigma_n(\theta)$, 使得 $\dfrac{\hat{\theta}_n-\theta}{\sigma_n(\theta)}$ 依分布收敛到标准正态分布, 则称 $\hat{\theta}_n$ 为渐近正态的.

比如,在泊松分布 $P(\lambda)$ 中, λ 的估计量 —— 样本均值 $\overline{X}$ 是渐近正态的,其中 $\sigma_n=\sqrt{\lambda/n}$ 在正态分布 $N(\mu,\sigma^2)$ 中,若 μ 已知,则 σ^2 的估计量——$\hat{\sigma}^2=\dfrac{1}{n}\sum\limits_{i=1}^{n}(X_i-\mu)^2$ 也是渐近正态的,其中 $\sigma_n=\sqrt{2/n}\sigma^2$. 可以证明,最大似然估计通常都是渐近正态的.

此外,渐近正态性还用来比较不同的相合估计量: σ_n 越小,相合估计量越好.

注 渐近正态性和相合性都属于"大样本性质",只有在样本大小 $n\to\infty$ 时才有意义,对于固定的 n 没有任何意义.

三、最小方差无偏估计

在 7.1 节中,我们介绍了比较无偏估计量优劣的方法 —— 有效性,即对于 θ 的两个估计量 $\hat{\theta}_1$ 和 $\hat{\theta}_2$,如果对 θ 的所有可能取值,有 $D(\hat{\theta}_1)\leqslant D(\hat{\theta}_2)$,我们就说 $\hat{\theta}_1$ 比 $\hat{\theta}_2$ 更有效. 那么有没有一个无偏估计量 $\hat{\theta}^*$,对 θ 的所有可能取值,其方差都比其他无偏估计量的方差小,或至多等于它呢? 即在"方差越小越好"的原则下, $\hat{\theta}^*$ 是所有无偏估计量中最好的. 我们称这样的 $\hat{\theta}^*$ 为 θ 的最小方差无偏估计 (MVU ③ 估计).

定义 2 设 $\hat{\theta}^*$ 为 θ 的无偏估计量,若对 θ 的任意一个无偏估计量 $\hat{\theta}$,都有

$$D(\hat{\theta}^*)\leqslant D(\hat{\theta})$$

对所有的 $\theta\in\Theta$ 成立,则称 $\hat{\theta}^*$ 为 θ 的最小方差无偏估计 (MVU 估计).

对于两个给定的无偏估计量,我们可以比较它们的方差,但方差小的估计量是否就是 MVU 估计呢? 显然不一定,因为有可能还有其他方差更小的无偏估计量. 在数理统计学中,有很多方法可以寻找 MVU 估计量,这里我们介绍其中的一种——克莱姆–拉奥不等式. 这种方法是由克莱姆 (H.Cramér, 1893—1985) 和拉奥 (C.R. Rao, 1920—) 分别在 1945 年和 1946 年各自独立给出的,其基本思想是先给出无偏估计量的方差的下界,这样如果某个无偏估计量的方差达到了这个下界,则这个估计量必定就是 MVU 估计量.

这里我们考虑一个参数 θ 的情形. 设 $g(\theta)$ 为 θ 的一个连续函数,且对一切 $\theta\in\Theta$, $g'(\theta)$ 存在,则对于 $g(\theta)$ 的无偏估计量 $\hat{g}$ 的方差,存在如下不等式:

定理 1 (克莱姆–拉奥不等式) 在一定条件下,对于 $g(\theta)$ 的任一无偏估计量 $\hat{g}$,有

$$D(\hat{g})\geqslant\frac{[g'(\theta)]^2}{nI(\theta)}$$

对一切 $\theta\in\Theta$ 成立. 其中

$$I(\theta)=\begin{cases}\displaystyle\int\left(\frac{\partial f(x;\theta)}{\partial\theta}\right)^2\Big/f(x;\theta)\mathrm{d}x, & \text{当总体为连续型时}\\ \displaystyle\sum_i\left(\frac{\partial P(x_i;\theta)}{\partial\theta}\right)^2\Big/P(x_i;\theta), & \text{当总体为离散型时}\end{cases}$$

为"费希尔信息量",用来衡量样本所含 θ 的信息.

③ MVU 是 minimum variance unbiased(最小方差无偏) 的缩写.

注 克莱姆–拉奥不等式在一定条件下才成立, 只是有时候很难验证这些条件是否满足. 很多时候我们都略去了这些条件的验证.

克莱姆–拉奥不等式并不能直接找到 MVU 估计. 一般地, 我们总是需要先找一个可能是最好的无偏估计, 然后计算它的方差, 看它是否达到了不等式的右边: 若达到了, 则说明我们所找的估计量就是 MVU 估计.

例 2 设总体服从正态分布 $N(\mu,\sigma^2)$, 其中 μ 未知, $\sigma^2>0$ 已知. 设 $X_1,X_2,\cdots,X_n$ 为来自总体 X 的简单随机样本. 从 7.1 节的例 11 可知, 样本均值 $\overline{X}$ 为 μ 的无偏估计. 事实上, $\overline{X}$ 也是 MVU 估计. 根据 $I(\theta)$ 的定义,

$$I(\mu)=\frac{1}{\sqrt{2\pi}\sigma}\int_{-\infty}^{+\infty}\frac{(x-\mu)^2}{\sigma^4}\exp\left[-\frac{(x-\mu)^2}{2\sigma^2}\right]\mathrm{d}x=\frac{1}{\sigma^2}.$$

因此 μ 的无偏估计量的方差的下界为 $\dfrac{(\mu')^2}{nI(\mu)}=\dfrac{\sigma^2}{n}$, 正好等于 $D(\overline{X})$, 即样本均值 $\overline{X}$ 的方差达到了无偏估计量的方差的下界, 故 $\overline{X}$ 为 MVU 估计.

通过克莱姆–拉奥不等式可以证明, 在二项分布 $B(N,p)$ 中, $\overline{X}/N$ 为 p 的 MVU 估计; 在泊松分布 $P(\lambda)$ 中, $\overline{X}$ 为 λ 的 MVU 估计; 在指数分布 $E(\lambda)$ 中, $\overline{X}$ 为 $1/\lambda$ 的 MVU 估计; 在正态分布 $N(0,\sigma^2)$ 中, σ^2 的一个 MVU 估计为 $\hat{\sigma}^2=\dfrac{1}{n}\sum\limits_{i=1}^{n}X_i^2$.

注 虽然我们可以通过验证无偏估计量的方差达到克莱姆–拉奥不等式右边的下界来验证其是 MVU 估计, 但实际上, 在大多数场合中这个下界根本达不到. 比如可以验证在正态分布 $N(0,\sigma^2)$ 中, σ 的一个 MVU 估计为

$$\hat{\sigma}=\sqrt{\frac{n}{2}}\cdot\frac{\Gamma(n/2)}{\Gamma\left(\dfrac{n+1}{2}\right)}\cdot\sqrt{\frac{1}{n}\sum_{i=1}^{n}X_i^2},$$

但是 $D(\hat{\sigma})$ 严格大于克莱姆–拉奥不等式右边的下界. 因此, 当估计量的方差达到克莱姆–拉奥不等式右边的下界时, 我们可以断定其为 MVU 估计量; 当估计量的方差达不到下界时, 我们也不能断定其一定不是 MVU 估计.

四、均方误差

在 7.1 节中我们介绍了估计量的评选标准, 其中一个就是有效性. 但有效性仅能针对无偏估计量进行比较; 当估计量有偏时, 有效性就不一定适用了. 比如有未知参数 θ 的两个估计量 $\hat{\theta}_1$ 和 $\hat{\theta}_2$, 其中 $\hat{\theta}_1$ 有偏而 $\hat{\theta}_2$ 无偏, 且 $D(\hat{\theta}_1)<D(\hat{\theta}_2)$. 显然如果只考虑方差的话, $\hat{\theta}_1$ 更集中地分布在其期望附近; 但是由于 $\hat{\theta}_1$ 是有偏的, 它的期望和真实值 θ 之间存在一定的偏差, 所以它的取值与真实值 θ 之间的偏差可能会比 $\hat{\theta}_2$ 的取值与 θ 之间的偏差更大. 因此在这种情形下利用方差来比较两个估计量的优劣就不合适了. 注意, 实际上我们认为一个估计量 $\hat{\theta}$ 更好, 是因为它的取值与真实值 θ 之间的偏差更小. 因此, 我们可以用估计量 $\hat{\theta}$ 的取值和真实值 θ 的偏差作为衡量其优劣的标准, 即 $E[(\hat{\theta}-\theta)^2]$.

定义 3 设 $\hat{\theta}$ 为未知参数 θ 的一个估计量. 若期望 $E[(\hat{\theta}-\theta)^2]$ 存在, 则称这个期望为均方误差, 记作 $MSE(\hat{\theta})$, 即

$$MSE(\hat{\theta})=E[(\hat{\theta}-\theta)^2].$$

显然均方误差越小, 估计量与待估参数的差异在平均的意义下就越小, 估计量就越好. 因此我们可以通过比较均方误差来判断估计量的优劣.

注 均方误差是比有效性更一般的评选标准. 无论估计量有偏还是无偏都可以比较.

由于 $E(\hat{\theta}-E(\hat{\theta}))=0$, $D(\hat{\theta})=E[(\hat{\theta}-E(\hat{\theta}))^2]$, 故有

$$\begin{aligned}MSE(\hat{\theta})&=E[(\hat{\theta}-E(\hat{\theta}))+(E(\hat{\theta})-\theta)]^2\\&=E[(\hat{\theta}-E(\hat{\theta}))^2]+E[(E(\hat{\theta})-\theta)^2]+2E[(\hat{\theta}-E(\hat{\theta}))(E(\hat{\theta})-\theta)]\\&=E[(\hat{\theta}-E(\hat{\theta}))^2]+(E(\hat{\theta})-\theta)^2+2(E(\hat{\theta})-\theta)\cdot E(\hat{\theta}-E(\hat{\theta}))\\&=D(\hat{\theta})+(E(\hat{\theta})-\theta)^2.\end{aligned}$$

因此均方误差可以分为两部分: 一部分是估计量 $\hat{\theta}$ 的方差, 表示 $\hat{\theta}$ 自身的偏离程度; 另一部分是系统误差 $E(\hat{\theta})-\theta$ 造成的.

若估计量为无偏的, 即系统误差为 0, 则均方误差 $MSE(\hat{\theta})$ 正好就是估计量的方差 $D(\hat{\theta})$.

五、贝叶斯区间估计

在 7.2 节的区间估计中, 我们都是通过矩估计量或最大似然估计量来构造枢轴量, 进而得到置信区间. 事实上, 我们也可以用贝叶斯估计量来构造置信区间. 对于 θ 的后验概率密度函数 $h(\theta|X_1,\cdots,X_n)$, 若存在两个数 $\tilde{\theta}_1$ 和 $\tilde{\theta}_2$(与样本和先验分布都有关), 使得

$$\int_{\tilde{\theta}_1}^{\tilde{\theta}_2}h(\theta|X_1,\cdots,X_n)\mathrm{d}\theta=1-\alpha,\tag{7.3.1}$$

则区间 $(\tilde{\theta}_1,\tilde{\theta}_2)$ 可以作为 θ 的一个区间估计, 意思是: 在所得后验分布下, 区间 $(\tilde{\theta}_1,\tilde{\theta}_2)$ 包含 θ 的概率为 $1-\alpha$. 概率 $1-\alpha$ 也称为后验置信度.

注 类似于之前讲的区间估计, 贝叶斯估计量给出的区间估计也有很多, 一般地, 我们选取区间长度最小 (即精度最高) 的区间作为 θ 的区间估计.

例 3 在 7.1 节的例 10 中, 我们已经求得 μ 的后验分布为正态分布 $N(B/A,1/A)$, 其中 A 和 B 如式 (7.1.7) 所定义. 由于正态分布关于 B/A 对称, 故当 $\tilde{\theta}_1,\tilde{\theta}_2=B/A\pm c$ 时, 区间长度最小. 为了使得式 (7.3.1) 成立, 则 $c=z_{\alpha/2}/\sqrt{A}$, 其中 $z_{\alpha/2}$ 为标准正态分布的上 $\alpha/2$ 分位数. 因此 μ 的贝叶斯区间估计为

$$(B/A-z_{\frac{\alpha}{2}}/\sqrt{A},B/A+z_{\frac{\alpha}{2}}/\sqrt{A}).$$

六、大样本区间估计

7.2 节中利用枢轴量法进行的区间估计都要求总体服从正态分布, 主要的理论基础就是 6.4 节中的定理 2 至定理 5. 当总体不再是正态分布时, 寻求枢轴量及其分布就会比较困难.

这时可以利用中心极限定理, 以渐近分布近似枢轴量的分布, 从而构造近似的置信区间. 这种方法称为大样本区间估计.

一般地, 基于有关变量在样本量 n 很大时的极限分布进行估计, 称为大样本方法; 基于有关变量的确切分布进行估计, 称为小样本方法. 比如前面提到的区间估计 (7.2 节的例 2∼ 例 7) 都是属于小样本方法. 需要指出的是, 区分大样本方法还是小样本方法, 不是根据其样本量的大小, 而是根据其使用的是确切分布还是极限分布. 因此在 7.2 节的例 2∼ 例 7 中, 即使样本量 $n=10^{10}$, 也是小样本方法; 而在下面的例 4 和例 5 中, 即使 $n=40$, 也是大样本方法.

例 4 假设总体 X 的分布形式未知, 期望 μ 和方差 $\sigma^2>0$ 未知. 设 $X_1,X_2,\cdots,X_n$ 为来自总体 X 的简单随机样本. 由于总体的分布形式未知, 所以构造一个已知分布的枢轴量是不可能的. 但是根据中心极限定理, 当样本量 n 很大时, 有 $\dfrac{\overline{X}-\mu}{\sigma/\sqrt{n}}\sim N(0,1)$. 由于样本标准差 S 为 σ 的一个相合估计量, 故用 S 近似代替 σ, 得

$$\frac{\overline{X}-\mu}{S/\sqrt{n}}\ \text{近似服从}\ N(0,1).$$

由此很容易得出 μ 的近似置信区间为

$$\left(\overline{X}-z_{\alpha/2}\frac{S}{\sqrt{n}},\overline{X}+z_{\alpha/2}\frac{S}{\sqrt{n}}\right),\tag{7.3.2}$$

其中 $z_{\alpha/2}$ 为标准正态分布的上 $\alpha/2$ 分位数.

例 5 设总体 X 服从两点分布 $B(1,p)$, $0<p<1$ 未知. 设 $X_1,X_2,\cdots,X_n$ 为来自总体 X 的简单随机样本. 由中心极限定理可知, 当样本量 n 很大时,

$$\frac{\overline{X}-p}{\sqrt{p(1-p)/n}}\ \text{近似服从}\ N(0,1).$$

所以取枢轴量为 $\dfrac{\overline{X}-p}{\sqrt{p(1-p)/n}}$, 且

$$P\left\{-z_{\alpha/2}<\frac{\overline{X}-p}{\sqrt{p(1-p)/n}}<z_{\alpha/2}\right\}\approx 1-\alpha.$$

求解方程

$$\left(\frac{\overline{X}-p}{\sqrt{p(1-p)/n}}\right)^2=z_{\alpha/2}^2$$

的两个根, 分别为

$$\hat{p_1}=\frac{n}{n+z_{\alpha/2}^2}\left(\overline{X}+\frac{z_{\alpha/2}^2}{2n}-z_{\alpha/2}\sqrt{\frac{\overline{X}(1-\overline{X})}{n}+\frac{z_{\alpha/2}^2}{4n^2}}\right),$$

$$\hat{p_2}=\frac{n}{n+z_{\alpha/2}^2}\left(\overline{X}+\frac{z_{\alpha/2}^2}{2n}+z_{\alpha/2}\sqrt{\frac{\overline{X}(1-\overline{X})}{n}+\frac{z_{\alpha/2}^2}{4n^2}}\right).$$

因此 p 的近似置信区间为 $(\hat{p}_1,\hat{p}_2)$. 当 n 充分大时, $z_{\alpha/2}^2/n\approx 0$, 则 p 的置信区间可以近似为

$$\left(\overline{X}-z_{\alpha/2}\sqrt{\frac{\overline{X}(1-\overline{X})}{n}},\overline{X}+z_{\alpha/2}\sqrt{\frac{\overline{X}(1-\overline{X})}{n}}\right).$$

习　题　七

一、基础练习题

1. 设总体 X 的概率分布列为

X	1	2	3
p_k	θ^2	$2\theta(1-\theta)$	$(1-\theta)^2$

其中 $\theta(0<\theta<1)$ 未知. 已知该总体的一个样本的观察值为: $x_1=1, x_2=2, x_3=1$. 求 θ 的矩估计值和最大似然估计值.

2. 设总体 X 的概率密度函数为

$$f(x;\theta)=\begin{cases}\theta(\theta+1)x^{\theta-1}(1-x), & 0<x<1\\ 0, & \text{其他}\end{cases},$$

其中 $\theta>0$ 未知. 设 $X_1,X_2,\cdots,X_n$ 为来自总体 X 的简单随机样本. 求 θ 的矩估计量.

3. 设总体 X 的概率密度函数为

$$f(x;\theta)=\begin{cases}(\theta+1)x^{\theta}, & 0<x<1\\ 0, & \text{其他}\end{cases},$$

其中 $\theta>0$ 未知. 设 $X_1,X_2,\cdots,X_n$ 为来自总体 X 的简单随机样本, 观察值为 $x_1,x_2,\cdots,x_n$. 求 θ 的矩估计量和最大似然估计量.

4. 设总体 X 的概率密度函数为

$$f(x;\theta)=\begin{cases}\dfrac{\theta^2}{x^3}\mathrm{e}^{-\frac{\theta}{x}}, & x>0\\ 0, & \text{其他}\end{cases},$$

其中 $\theta>0$ 未知. 设 $X_1,X_2,\cdots,X_n$ 为来自总体 X 的简单随机样本, $x_1,x_2,\cdots,x_n$ 为样本观察值. 求 θ 的矩估计量和最大似然估计量.

5. 设总体 X 服从 $(\theta,2\theta)$ 上的均匀分布 $U(\theta,2\theta)$. 设 $X_1,X_2,\cdots,X_n$ 为来自总体 X 的简单随机样本, $x_1,x_2,\cdots,x_n$ 为样本的观察值. 求 θ 的矩估计量和最大似然估计量.

6. 设总体 X 的概率密度函数为

$$f(x;\theta)=\begin{cases}\dfrac{1}{1-\theta}, & \theta\leqslant x\leqslant 1\\ 0, & \text{其他}\end{cases},$$

其中 θ 未知. 设 $X_1, X_2, \cdots, X_n$ 为来自总体 X 的简单随机样本, 样本观察值为 $x_1, x_2, \cdots, x_n$. 求 θ 的矩估计量和最大似然估计量.

7. 某工程师为了解一台天平的精度, 用该天平对一物体的质量做了 n 次测量, 该物体的质量 μ 已知. 设测量的结果 $X_1, X_2, \cdots, X_n$ 相互独立且均服从正态分布 $N(\mu, \sigma^2)$. 该工程师记录的是 n 次测量的绝对误差 $Z_i = |X_i - \mu|(i = 1, 2, \cdots, n)$. 利用样本 $Z_1, Z_2, \cdots, Z_n$, 求 σ 的矩估计量和最大似然估计量.

8. 设 $X_1, X_2, \cdots, X_n$ 为来自正态总体 $N(\mu, \sigma^2)$ 的简单随机样本, 其中 μ, $\sigma^2 > 0$ 未知. $\overline{X}$ 和 S^2 分别为样本均值和样本方差. 求使得 $P\{\overline{X} > A\} = 0.05$ 成立的点 A 的最大似然估计量.

9. 设总体 X 服从参数为 λ 的泊松分布 $P(\lambda)$, $\lambda > 0$ 未知. 设 $X_1, X_2, \cdots, X_n$ 为来自总体 X 的简单随机样本, $x_1, x_2, \cdots, x_n$ 为样本的观察值. 求概率 $P\{X > 1\}$ 的最大似然估计量.

10. 设总体 X 服从 $(\theta, \theta+1)$ 上的均匀分布 $U(\theta, \theta+1)$, θ 未知. 假设 θ 的先验分布为均匀分布 $U(10, 16)$. 设 X_1, X_2, X_3 为来自总体 X 的简单随机样本, 其观察值为 11.7, 12.1, 12.0. 求 θ 的后验概率密度函数, 并计算其贝叶斯估计 $\tilde{\theta}$.

11. 设总体 X 服从两点分布 $B(1, p)$, $0 < p < 1$ 未知. 设 $X_1, X_2, \cdots, X_n$ 为来自总体 X 的简单随机样本, $\overline{X}$ 为样本均值. 试证明 $\overline{X}$ 为 p 的相合估计量.

12. 设总体 X 服从 $(0, \theta)$ 上的均匀分布 $U(0, \theta)$, $\theta > 0$ 未知. 设 $X_1, X_2, \cdots, X_n$ 为来自总体 X 的简单随机样本. 试证明:

(1) $\hat{\theta}_1 = \max\limits_{1 \leqslant i \leqslant n} X_i$ 是 θ 的相合估计量;

(2) $\hat{\theta}_2 = \min\limits_{1 \leqslant i \leqslant n} X_i$ 不是 θ 的相合估计量.

13. 设总体 X 的分布函数为

$$F(x; \theta) = \begin{cases} 1 - \mathrm{e}^{-x^2/\theta}, & x \geqslant 0 \\ 0, & x < 0 \end{cases},$$

其中 $\theta > 0$ 未知. 设 $X_1, X_2, \cdots, X_n$ 为来自总体 X 的简单随机样本, 观察值为 $x_1, x_2, \cdots, x_n$.

(1) 求 θ 的最大似然估计量 $\hat{\theta}_n$;

(2) 问 $\hat{\theta}_n$ 是否为 θ 的无偏估计量?

(3) 问 $\hat{\theta}_n$ 是否为 θ 的相合估计量?

14. 设两个随机变量 X 与 Y 相互独立, 且分别服从正态分布 $N(\mu, \sigma^2)$ 和 $N(\mu, 2\sigma^2)$, 其中 $\mu, \sigma^2 > 0$ 未知. 令 $Z = X - Y$, 且设 $Z_1, Z_2, \cdots, Z_n$ 为来自总体 Z 的简单随机样本, 样本的观察值为 $z_1, z_2, \cdots, z_n$.

(1) 求 σ^2 的最大似然估计量 $\hat{\sigma}^2$;

(2) 证明 $\hat{\sigma}^2$ 为 σ^2 的无偏估计量.

15. 设总体 X 服从参数为 λ 的泊松分布 $P(\lambda)$, $\lambda > 0$ 未知. 设 $X_1, X_2, \cdots, X_n$ 为来自总体 X 的简单随机样本, 其样本均值和样本方差分别记为 $\overline{X}$ 和 S^2. 确定常数 a, 使得 $\hat{\lambda} = a\overline{X} + (2 - 3a)S^2$ 是 λ 的无偏估计量.

16. 设 $X_1, X_2, \cdots, X_n$ 为来自正态总体 $N(\mu_0, \sigma^2)$ 的简单随机样本, 其中 μ_0 已知, $\sigma^2 > 0$ 未知. $\overline{X}$ 和 S^2 分别表示样本均值和样本方差. 设样本观察值为 $x_1, x_2, \cdots, x_n$.

(1) 求 σ^2 的最大似然估计量 $\hat{\sigma}^2$;

(2) 计算 $E(\hat{\sigma}^2)$ 和 $D(\hat{\sigma}^2)$.

17. 设总体 X 的期望 μ 和方差 $\sigma^2 > 0$ 存在. 设 $X_1, X_2, \cdots, X_n$ 为来自总体 X 的简单随机样本. 设 $c_1, c_2, \cdots, c_n$ 为 n 个非负常数.

(1) 证明 $\hat{\mu} = \sum\limits_{i=1}^{n} c_i X_i$ 为 μ 的无偏估计量的充要条件是 $\sum\limits_{i=1}^{n} c_i = 1$;

(2) 证明在形如 $\sum\limits_{i=1}^{n} c_i X_i$ 的无偏估计量中, 当且仅当 $c_1 = \cdots = c_n = \dfrac{1}{n}$ 时, 方差最小, 即 $\overline{X}$ 为这类估计量中最有效的估计量. (事实上, $\overline{X}$ 为 θ 的最小方差无偏估计量.)

18. 设 X 和 Y 为两个正态总体, $X \sim N(\mu, \sigma_1^2)$, $Y \sim N(\mu, \sigma_2^2)$, μ 未知, $\sigma_1^2 > 0$ 和 $\sigma_2^2 > 0$ 已知. 设 $X_1, X_2, \cdots, X_{n_1}$ 和 $Y_1, Y_2, \cdots, Y_{n_2}$ 分别是来自总体 X 和 Y 的两个简单随机样本, 且相互独立. 设 $\hat{\mu} = a\sum\limits_{i=1}^{n_1} X_i + b\sum\limits_{i=1}^{n_2} Y_i$ 为 μ 的估计量. 则

(1) 当 a 和 b 满足什么条件时, $\hat{\mu}$ 为 μ 的无偏估计?

(2) 当 a 和 b 满足什么条件时, $\hat{\mu}$ 在这类无偏估计量中最有效?

19. 从正态总体 $N(\mu, 0.2^2)$ 中抽取一个容量 $n = 10$ 的简单随机样本, 观察值为 (单位: 厘米)

14.8 15.3 15.1 15.0 14.7 15.1 15.6 15.3 15.5 15.1

求总体均值 μ 的置信水平为 0.95 的置信区间.

20. 设总体 X 的一个简单随机样本的观察值为 0.5, 1.25, 0.8, 2.0. 已知 $Y = \ln X$ 服从正态分布 $N(\mu, 1)$.

(1) 求总体 X 的期望 $E(X)$;

(2) 求 μ 的置信水平为 0.95 的置信区间;

(3) 求总体 X 的期望 $E(X)$ 的置信水平为 0.95 的置信区间.

21. 某公司宣称他们的员工英语水平很高, 如果参加英语六级考试, 平均得分将为 75 分 (转化为百分制). 现从中抽取 11 人参加考试, 得分为

80 81 72 60 78 65 56 79 77 87 76

求考试成绩平均分的 95% 的置信区间, 并判断该公司的宣称对不对. (假设考试成绩服从正态分布.)

22. 设 $X_1, X_2, , \cdots, X_9$ 为来自正态总体 $N(\mu, \sigma^2)$ 的简单随机样本, $x_1, x_2, \cdots, x_9$ 为样本观察值. 已知样本均值 $\overline{x} = 5$, 样本方差 $s^2 = 1$.

(1) 若总体方差 $\sigma^2 = 0.9^2$, 求总体均值 μ 的置信水平为 0.95 的置信区间;

(2) 若总体方差 σ^2 未知, 求总体均值 μ 的置信水平为 0.95 的置信区间.

23. 设某异常区域磁场强度服从正态分布 $N(\mu,\sigma^2)$. 现对该区域进行磁测, 抽取 16 个监测点, 算得样本均值 $\bar{x}=12.7$, 样本方差 $s^2=0.003$. 求该地区磁场强度的方差的置信水平为 0.95 的置信区间.

24. 假设某大学学生的月平均消费服从正态分布. 为了了解该校学生消费情况, 随机抽取 16 名该校学生, 调查得他们每月的消费平均为 1 000 元, 标准差为 300 元. 求该校学生的月平均消费和其标准差的置信水平为 0.95 的置信区间.

25. 为了研究某小区家庭在文化方面 (报刊、电视、网络、书籍等) 的支出, 抽取了一个容量为 10 的简单随机样本, 调查结果为 (单位: 元)

200 150 170 150 160 130 140 100 110 140

假定该小区家庭的文化支出服从正态分布.

(1) 求该小区家庭平均文化支出的置信水平为 0.95 的置信区间;

(2) 求该小区家庭文化支出的标准差的置信水平为 0.95 的置信区间.

26. 设总体 X 服从正态分布 $N(\mu,\sigma^2)$, μ 未知, $\sigma^2>0$ 已知. 若要使得总体均值 μ 的置信水平为 $1-\alpha$ 的置信区间的长度 L 不超过 L_0, 则样本容量 n 至少取多少?

27. 市场上有 A、B 两种品牌的灯泡, 其寿命 (单位: 小时) 分别服从正态分布 $N(\mu_1,28^2)$ 和 $N(\mu_2,25^2)$. 现从两种品牌的灯泡中随机抽取 10 个和 12 个灯泡, 测得平均寿命分别为 937 小时和 990 小时. 求两种灯泡平均寿命之差的置信水平为 0.95 的置信区间.

28. 某校进行某门课程的期末考试, A 学院认为本院的学生成绩平均比 B 学院的学生成绩高 10 分. 为此主管部门从两个学院分别抽取 46 名和 33 名学生的成绩作为样本, 其平均分分别为 86 分和 78 分, 标准差分别为 5.8 分和 7.2 分. 假定两个学院的学生成绩均服从正态分布, 且方差相同. 求两学院学生平均成绩之差的置信水平为 0.95 的置信区间, 并判定 A 学院的观点是否可以接受.

29. 设两位化验员独立地对某种聚合物的含氧量用相同的方法各做了 10 次检测, 测得的方差分别为 0.54 和 0.65. 设 σ_1^2 和 σ_2^2 分别是两位化验员测量数据总体的方差, 且假定测量数据的总体服从正态分布. 求方差比 σ_1^2/σ_2^2 的置信水平为 0.95 的置信区间.

30. 生物学家为了比较某种蜘蛛的性别对体长的影响, 分别选取了 10 只雄蜘蛛和 10 只雌蜘蛛测量体长, 数据分别为 (单位: 厘米)

雄	5.20	4.70	5.75	7.50	6.45	6.55	4.70	4.80	5.95	5.20
雌	8.25	9.90	5.90	7.05	8.45	7.55	9.80	10.85	6.60	7.55

假设雄蜘蛛和雌蜘蛛的体长均服从正态分布.

(1) 求两种性别的蜘蛛的体长的方差之比的置信水平为 0.95 的置信区间;

(2) 假定两种性别的蜘蛛的体长的方差相同, 求其体长均值之差的置信水平为 0.95 的置信区间.

31. 为了了解旷课原因, 某大学从全体在校学生中随机抽取了 200 名学生进行调查, 其中有 60 名同学反映其旷课原因是任课教师讲课枯燥. 试估计由这种原因导致学生旷课的比例的置信水平为 0.95 的置信区间.

二、综合提高题

1. 设总体 X 服从二项分布 $B(n,p)$, $0<p<1$ 未知. 设 $X_1,X_2,\cdots,X_n$ 为来自总体 X 的简单随机样本, $\overline{X}$ 和 S^2 分别为样本均值和样本方差. 若 $\overline{X}+kS^2$ 为 np^2 的无偏估计量, 则 $k=$ ________.

2. 设 $X_1,X_2,\cdots,X_n$ 为来自正态总体 $N(\mu,\sigma^2)$ 的简单随机样本. 已知样本均值的观察值 $\overline{x}=9.5$, 参数 μ 的置信水平为 0.95 的双侧置信区间的置信上限为 10.8, 则 μ 的置信水平为 0.95 的双侧置信区间的置信下限为 ________.

3. 设总体 X 服从正态分布 $N(\mu,\sigma^2)$, 其中 μ 未知, $\sigma^2>0$ 已知. 当样本量 n 给定时, 若增大总体均值 μ 的置信区间的长度, 则其置信度 $1-\alpha$ 的值 (　　).

(A) 随之增大　　(B) 随之减小

(C) 增减不变　　(D) 增减不定

4. 设总体 X 的概率密度函数为

$$f(x;\theta)=\begin{cases}\theta, & 0<x<1\\ 1-\theta, & 1\leqslant x<2,\\ 0, & \text{其他}\end{cases}$$

其中 $0<\theta<1$ 未知. 设 $X_1,X_2,\cdots,X_n$ 为来自总体 X 的简单随机样本, $x_1,x_2,\cdots,x_n$ 为样本观察值. 已知样本观察值中小于 1 的个数为 N. 求 θ 的最大似然估计值.

5. 设总体 X 的概率密度函数为

$$f(x;a,b)=\begin{cases}\dfrac{1}{b}e^{-(x-a)/b}, & x>a\\ 0, & x\leqslant a\end{cases},$$

其中 a,b 未知且 $b>0$. 设 $X_1,X_2,\cdots,X_n$ 为来自总体 X 的简单随机样本, $x_1,x_2,\cdots,x_n$ 为样本观察值. 求参数 a,b 的最大似然估计量.

6. 设总体 X 服从正态分布 $N(\mu,\sigma^2)$. 设 $X_1,X_2,\cdots,X_n$ 为来自总体 X 的简单随机样本, $\overline{X}$ 和 S^2 分别为样本均值和样本方差. 记

$$T=\overline{X}^2-\frac{1}{n}S^2.$$

(1) 证明 T 为 μ^2 的无偏估计量;

(2) 当 $\mu=0,\sigma=1$ 时, 求 $D(T)$.

7. 设总体 X 的概率分布律为

X	1	2	3
p_k	$1-\theta$	$\theta(1-\theta)$	θ^2

其中 $\theta \in (0,1)$ 未知. 以 N_i 表示来自总体 X 的简单随机样本 (样本量为 n) 中等于 $i(i=1,2,3)$ 的个数. 求常数 a_1, a_2, a_3, 使得 $T=\sum\limits_{i=1}^{3} a_i N_i$ 为 θ 的无偏估计量, 并求 T 的方差.

8. 设总体 X 的概率密度函数为

$$f(x;\theta)=\begin{cases}\dfrac{3x^2}{\theta^3}, & 0<x<\theta \\ 0, & \text{其他}\end{cases},$$

其中 $\theta>0$ 未知. 设 X_1, X_2, X_3 为来自总体 X 的简单随机样本. 令 $T=\max(X_1, X_2, X_3)$.

(1) 求 T 的概率密度函数;

(2) 确定常数 a, 使得 aT 为 θ 的无偏估计.

9. 设 $\hat{\theta}_1$ 和 $\hat{\theta}_2$ 都是 θ 的无偏估计, 相互独立, 且 $D(\hat{\theta}_1)=\sigma_1^2$ 和 $D(\hat{\theta}_2)=\sigma_2^2$ 存在. 设 c 和 d 为两个非负常数.

(1) 证明: 若 $c+d=1$, 则估计量 $c\hat{\theta}_1+d\hat{\theta}_2$ 也是 θ 的无偏估计量;

(2) 求 c 和 d, 使得 $c\hat{\theta}_1+d\hat{\theta}_2$ 在这类无偏估计量中方差最小.

10. 设总体 X 服从正态分布 $N(\mu,\sigma^2)$, μ 和 $\sigma^2>0$ 未知. 设 $X_1, X_2, \cdots, X_n$ 为来自总体 X 的简单随机样本. 记 L 为总体均值 μ 的置信水平为 $1-\alpha$ 的置信区间的长度, 求 $E(L^2)$.

11. 一个网络游戏运营商欲了解该游戏的市场占有率. 为此随机抽取了 500 人进行调查, 调查结果显示有 84 人在玩这款游戏.

(1) 求这款游戏的市场占有率的置信水平为 0.95 的置信区间;

(2) 若要使市场占有率的 0.95 的置信区间的区间长度不超过 0.02, 则至少需要多大的样本量?

(3) 若运营商没有进行任何调查 (即没有预估的样本均值 $\overline{x}$), 则需要多大的样本量, 才能保证市场占有率的 0.95 的置信区间的区间长度不超过 0.02?

第八章　假设检验

在第七章中，我们介绍了统计推断的一个重要内容 —— 估计问题；本章中，我们将讨论统计推断的另一个重要组成部分 —— 假设检验. 假设检验最初由 K. 皮尔逊在 20 世纪初提出[①]，经费希尔的发展，最后由奈曼和 E. 皮尔逊 (E.Pearson, 1895—1980, K. 皮尔逊的儿子) 于 20 世纪二三十年代提出了较完整的假设检验理论.

§8.1　假设检验的基本概念

我们先看一个经典的例子，这是费希尔在他的论著《实验设计》中给出的.

引例 (女士品茶试验)　一种奶茶，由牛奶和茶按一定比例混合而成，可以先倒牛奶后倒茶 (记为 MT)，也可以先倒茶后倒牛奶 (记为 TM). 某女士声称她可以鉴别是 MT 还是 TM. 为了辨别该女士是否真的具有鉴别能力，费希尔准备了 10 杯调制好的奶茶，TM 和 MT 都有，然后让这位女士逐一品尝，说出是 TM 还是 MT. 结果这位女士竟然正确地鉴别出这 10 杯奶茶中的每一杯. 据此能否判断该女士真的有鉴别能力?

费希尔的做法是先提出一个假设，即

假设 H: 这位女士没有鉴别能力.

按照这个假设，这位女士没有鉴别能力，每次都是靠猜，每次猜对的概率只有 1/2. 那么这位女士猜对的次数 X 就是一个服从二项分布 $B(10,1/2)$ 的随机变量. 所以该女士全部猜对的概率 $P\{X=10\}=2^{-10}\approx 0.000\ 98$，这是一个很小的概率. 而在我们的认知中，概率很小的事件在一次试验中几乎不会发生，因此该女士全部猜对这个小概率事件应该不会发生. 但现实的结果是这个事件发生了，这就意味着我们之前做出的假设有问题. 所以我们应该拒绝这个假设 H，即不接受 "这位女士没有鉴别能力"，因而我们认为该女士有鉴别能力.

在这个例子中，费希尔用了一个很重要的原理 —— 小概率事件原理，即小概率事件在一次试验中基本不会发生. 这也是假设检验的基本思想. 那么，多小的概率才算小概率呢? 比如 $P\{X=10\}=0.000\ 98$ 这个概率，我们可以认为它是一个很小的概率，故拒绝假设 H. 现假如该女士实际上只猜对了 8 杯，则 $P\{X=8\}=\binom{10}{8}\left(\frac{1}{2}\right)^8\left(\frac{1}{2}\right)^2\approx 0.043\ 9$ 算不算小概

① 他于 1900 年发表在《哲学杂志》上的论文 "On the criterion that a given system of deviations from the probable in the case of a correlated system of variables is such that it can be reasonably supposed to have arisen from random sampling" 被认为是假设检验的开山之作.

率呢? 因此, 我们需要提前给一个阈值 α, 当某事件的概率不超过 α 时, 我们就认为这是一个小概率事件, 否则不认为该事件是一个小概率事件. 这样的阈值 α 称为显著性水平. 在假设检验中, 小概率事件就被认为是实际不可能事件. 比如在这个例子中如果给定阈值 $\alpha = 0.01$, 则 $\{X = 10\}$ 是一个小概率事件, $\{X = 8\}$ 不是一个小概率事件, 故如果该女士全部猜对了, 就认为她有鉴别能力, 而如果她只猜对 8 杯, 则不能拒绝 "她没有鉴别能力" 这种假定. 若将阈值改为 $\alpha = 0.05$, 则两个事件都是小概率事件, 所以都可以断定该女士有鉴别能力.

像这样对一个命题或假设 (该女士没有鉴别能力) 作出 "对" 与 "不对" 的判断就称为该假设的一个检验. 假设检验其实就是在不确定的条件下, 通过样本来作出决策, 是接受该命题或假设 (认为该女士确实没有鉴别能力), 还是拒绝该命题或假设 (该女士有鉴别能力).

接下来通过一个例子来详细阐述假设检验的基本概念和操作步骤.

例 1 考虑第六章引例中的第二个问题. 根据规定, 手表的走时误差小于 30 秒/日为合格. 假定某批手表的走时误差 X 服从正态分布 $N(\mu, \sigma^2)$. 为了检验该批手表是否合格, 从中抽取了 10 只进行检测, 其样本均值 $\overline{x} = 28.7$, 样本标准差 $s = 2.0$, 则能否认为这批手表合格?

我们要判断这批手表是否合格, 其实就是对命题 $\mu < 30$ 作出接受还是拒绝的一个决策. 注意 μ 是一个未知数, 这个命题将其所有可能的取值分成了两部分 $\Theta_0 = \{\mu \geqslant 30\}$ 和 $\Theta_1 = \{\mu < 30\}$. 若 $\mu \in \Theta_0$, 则命题不成立, 即不合格; 若 $\mu \in \Theta_1$, 则命题成立, 即合格. 我们称命题 $H_0 : \mu \in \Theta_0$ 为原假设或零假设, 称命题 $H_1 : \mu \in \Theta_1$ 为备择假设或对立假设.

为了确定接受还是拒绝原假设, 我们需要利用样本的信息构造一个统计量, 比如该例中我们可以选取统计量 $\overline{X}$ 来判断. 像这样检验一个假设时所使用的统计量称为检验统计量.

在给定的显著性水平 α 下, 可以利用检验统计量构造一个小概率事件. 则根据小概率事件原理, 这个事件可以帮助我们对原假设 H_0 作出决策: 在假定原假设 H_0 成立的条件下, 如果这个事件出现了, 我们就拒绝原假设 H_0, 否则就接受原假设 H_0. 这个事件把所有样本分成了互不相交的两个部分: W 和 $\overline{W}$. 当样本 $(X_1, \cdots, X_n) \in W$ 时, 拒绝原假设 H_0, 否则接受 H_0. 称 W 为拒绝域或否定域, $\overline{W}$ 为接受域. 拒绝域和接受域的边界称为检验统计量的临界值. 比如该例中, 可以选事件 $\{\overline{X} \leqslant 28.84\}$(这个事件的选择方法我们在下一节中给出), 通过它给出了拒绝域 $W = \{(X_1, \cdots, X_n) : X_1 + \cdots + X_n \leqslant 28.84n\}$ 和接受域 $\overline{W} = \{(X_1, \cdots, X_n) : X_1 + \cdots + X_n > 28.84n\}$. 由于样本均值的观察值 $\overline{x} = 28.7 \leqslant 28.84$, 该样本属于拒绝域, 因此我们拒绝原假设 H_0, 即认为这批产品合格.

上面构造的事件 $\{\overline{X} \leqslant 28.84\}$ 实际上就是事件 "否定 H_0", 而在显著性水平 α 下, 其为小概率事件就是指它的概率不超过 α. 我们称概率

$$g(\mu) = P\{\text{否定 } H_0\} = P\{(X_1, \cdots, X_n) \in W\}$$

为未知参数 μ 的功效函数或势函数. 对于一个假设 $H_0 : \mu \in \Theta_0$, 如果一个检验对于任意的 $\mu \in \Theta_0$ 都有 $g(\mu) \leqslant \alpha$, 我们就称这个检验是 H_0 的显著性水平为 α 的显著性检验, 简称水平为 α 的检验. α 的常用取值为 0.05 和 0.01, 有时也取 0.10. 本书中讨论的假设检验都指的是这种显著性检验.

通过上边的例子分析，我们可以总结出假设检验的基本步骤:

(1) 根据实际问题，给出原假设 H_0 和备择假设 H_1;

(2) 构造检验统计量，并确定其分布;

(3) 对给定的显著性水平 α，在假定原假设 H_0 为真的情况下，确定拒绝域 W，即

$$P\{(X_1,\cdots,X_n)\in W|H_0\}\leqslant\alpha;$$

(4) 根据给定的样本值 $(x_1,\cdots,x_n)$ 是否落在拒绝域 W 中作出是否拒绝原假设的决策：若 $(x_1,\cdots,x_n)\in W$，则拒绝原假设，否则接受原假设.

需要指出的是，无论怎样选取检验统计量，怎样选择显著性水平，我们所做的假设检验都不是百分百正确的，有可能作出了正确的判断，也有可能作出了错误的判断. 因此，对于一对假设: $H_0:\theta\in\Theta_0$ 和 $H_1:\theta\in\Theta_1$，我们可能犯下两种错误：当 H_0 为真时，由于样本的随机性落在了拒绝域 W，导致作出了拒绝 H_0 的错误决策，这种错误称为第一类错误 (也称为拒真错误); 当 H_1 为真时，样本却落在了接受域 $\overline{W}$，导致作出了接受 H_0 的错误决策，这种错误称为第二类错误 (取伪错误). 比如例 1 中，样本均值 $\overline{x}=28.7\leqslant28.84$，故作出这批手表合格的判断，但由于样本是随机的，实际上这批手表的均值 μ 很有可能是超过 30 的，即实际上手表不合格; 这就犯了第一类错误. 重新抽取一批手表，很有可能其样本均值 $\overline{x}>28.84$，故判定这批手表不合格，但实际上这批手表的均值 μ 很有可能是小于 30 的，即实际上手表合格; 这就犯了第二类错误. 总结成下表:

观察数据情况	H_0 为真	H_1 为真
$(X_1,\cdots,X_n)\in W$	第一类错误	正确
$(X_1,\cdots,X_n)\in\overline{W}$	正确	第二类错误

如果用 α 和 β 分别表示犯第一类错误和第二类错误的概率，则

$$\alpha=P\{(X_1,\cdots,X_n)\in W|H_0\},\qquad \beta=P\{(X_1,\cdots,X_n)\in\overline{W}|H_1\}.$$

对于假设 $H_0:\theta\in\Theta_0$ 和 $H_1:\theta\in\Theta_1$，这两个概率可以通过功效函数表示:

$$g(\theta)=\begin{cases}\alpha(\theta), & \theta\in\Theta_0\\ 1-\beta(\theta), & \theta\in\Theta_1\end{cases}.$$

在进行假设检验时，我们希望这两类错误的概率都尽量小. 然而在样本量一定的条件下，这两个概率总是一个减小必导致另一个增大，即不能找出一个使得 α 和 β 同时减小的检验. 因此，我们只能是在限制一个的基础上使得另一个尽量小. 通常的做法是用一个很小的数去限制第一类错误的概率，即 $\alpha(\theta)\leqslant\alpha$. 显然这就是我们前面所说的显著性检验.

例 1 中的假设是关于总体的一个未知参数作出的. 像这种假设由未知参数的集合表示的假设检验称为参数假设检验问题，否则称为非参数假设检验问题. 比如例 2 就是一个典型的非参数假设检验问题.

例 2 在 19 世纪, 孟德尔按照颜色和形状将豌豆分为四类: 黄圆、绿圆、黄皱、绿皱. 孟德尔根据遗传学原理判断这四类的比例应该是 9:3:3:1. 为了验证这一结论, 孟德尔在一次豌豆实验中收获了 $n=556$ 个豌豆, 其中这四类豌豆的个数分别是 315,108,101,32. 则该数据是否与孟德尔提出的比例吻合?

参数假设检验将在 8.2 节和 8.3 节进行介绍, 而非参数假设检验会在 8.4 节进行介绍.

本节最后, 我们介绍一个假设检验中非常重要的指标: p 值. 在 SAS、R、SPSS 等专业统计软件中, 检验决策经常是通过 p 值来给出的.

在假设检验中, 有可能出现这种情况: 选用不同的显著性水平 α 可能得出相反的结论, 当 α 较大时拒绝原假设, 当 α 较小时则接受原假设. 如本节引例中分析的那样, 若测试结果改为 "该女士猜对了 8 杯", 则当 $\alpha=0.05$ 时, 拒绝原假设, 即该女士有鉴别能力; 当 $\alpha=0.01$ 时, 接受原假设, 即该女士没有鉴别能力. 这个很好理解, 当 α 变小时, 拒绝域也相对减小, 故原本在拒绝域中的一些样本就到了接受域中, 结果也由拒绝原假设转化为接受原假设. 因此, 可以考虑根据所给样本的观察值拒绝原假设的最小的显著性水平 p. 当 $p\leqslant\alpha$ 时, 意味着样本观察值落在以 α 为显著性水平下构造的拒绝域内, 故在显著性水平 α 下拒绝原假设; 当 $p>\alpha$ 时, 意味着样本观察值落在以 α 为显著性水平下构造的拒绝域以外, 故在显著性水平 α 下接受原假设. 这个最小的显著性水平 p 就称为检验的 p 值.

显著性检验也可以通过比较 p 值与显著性水平 α 来作出决策:

(1) 若 $p\leqslant\alpha$, 则在显著性水平 α 下拒绝原假设 H_0;

(2) 若 $p>\alpha$, 则在显著性水平 α 下接受原假设 H_0.

因此, 进行显著性检验有两个方法: 一是建立拒绝域, 通过样本观察值是否落在拒绝域对原假设作出决策; 二是通过样本观察值计算 p 值, 比较 p 值与显著性水平 α 而作出决策. 事实上这两个方法是等价的, 在后面的检验中我们可以看到这一点.

在实际中, 当 p 值很小时 (如 $p\leqslant 0.01$) 即可直接作出拒绝原假设的决策, 当 p 值很大时 (如 $p>0.5$) 可直接作出接受原假设的决策, 而不需要和 α 比较, 只有 p 值与 α 比较相近时才需要比较.

§8.2 单个正态总体参数的显著性检验

本节我们讨论一个正态分布中关于均值 μ 和方差 σ^2 的几个常用检验.

一、正态总体均值的检验

设 $X_1,X_2,\cdots,X_n$ 为来自正态总体 $N(\mu,\sigma^2)$ 的简单随机样本, $x_1,x_2,\cdots,x_n$ 为样本的观察值. 关于总体均值 μ 的检验, 我们主要考虑以下三种形式:

Ⅰ. $H_0:\mu=\mu_0$, $H_1:\mu\neq\mu_0$;

Ⅱ. $H_0:\mu\leqslant\mu_0$, $H_1:\mu>\mu_0$;

Ⅲ. $H_0:\mu\geqslant\mu_0, H_1:\mu<\mu_0$.

这里 μ_0 为一个给定的常数, H_0 为原假设, H_1 为备择假设. 显然总体方差 σ^2 已知与否对 μ 的检验有着很大的影响, 因此我们分方差 σ^2 已知和未知两种情况分别讨论.

1. σ^2 已知, 关于 μ 的检验 (Z 检验)

我们先考虑检验 Ⅰ:

$$H_0:\mu=\mu_0,\qquad H_1:\mu\neq\mu_0.$$

根据假设检验的基本步骤, 接下来构造一个检验统计量. 前面已经指出, $\overline{X}$ 为 μ 的一个点估计, 而且 $\overline{X}$ 服从正态分布 $N(\mu,\sigma^2/n)$. 因此在原假设 $\mu=\mu_0$ 成立的条件下, 选取检验统计量

$$Z=\frac{\overline{X}-\mu_0}{\sigma/\sqrt{n}}.\tag{8.2.1}$$

下一步是给出拒绝域 W. 直观上来想, 当 μ 的估计量 $\overline{X}\neq\mu_0$ 时, 则认为 $\mu\neq\mu_0$, 即拒绝原假设. 但实际上样本是随机的, $\overline{X}$ 与 μ_0 有一点差异就认为原假设不成立是不合理的. 因此, 一般地, 只有当 $\overline{X}$ 与 μ_0 距离较远时, 我们才拒绝原假设, 即存在一个临界 $C>0$,

$$\text{当}|\overline{X}-\mu_0|\geqslant C\text{时, 拒绝}H_0\text{, 否则接受}H_0.$$

故拒绝域为 $W=\{(X_1,\cdots,X_n):|\overline{X}-\mu_0|\geqslant C\}$, 简记为 $\{|\overline{X}-\mu_0|\geqslant C\}$. 在给定的显著性水平 α 下, C 满足

$$\begin{aligned}\alpha&=P\{|\overline{X}-\mu_0|\geqslant C\}=P\left\{\left|\frac{\overline{X}-\mu_0}{\sigma/\sqrt{n}}\right|\geqslant\frac{C}{\sigma/\sqrt{n}}\right\}\\&=2P\left\{Z\geqslant\frac{C}{\sigma/\sqrt{n}}\right\}=2\left[1-\Phi\left(\frac{C}{\sigma/\sqrt{n}}\right)\right],\end{aligned}$$

其中 $\Phi(\cdot)$ 为标准正态分布的分布函数. 由标准正态分布的上分位数的定义, 只需要 $\dfrac{C}{\sigma/\sqrt{n}}=z_{\alpha/2}$, 它等价于 $C=z_{\alpha/2}\dfrac{\sigma}{\sqrt{n}}$, 其中 $z_{\alpha/2}$ 为标准正态分布的上 $\alpha/2$ 分位数. 因此得拒绝域

$$W=\left\{|Z|\geqslant z_{\frac{\alpha}{2}}\right\}=\left\{\overline{X}\leqslant\mu_0-z_{\frac{\alpha}{2}}\frac{\sigma}{\sqrt{n}}\right\}\bigcup\left\{\overline{X}\geqslant\mu_0+z_{\frac{\alpha}{2}}\frac{\sigma}{\sqrt{n}}\right\}.\tag{8.2.2}$$

最后判断样本的观察值是否落在拒绝域, 进而给出拒绝还是接受原假设的结论.

同样地, 我们也可以通过 p 值进行检验. 首先对于给定的样本观察值 $x_1,x_2,\cdots,x_n$, 计算其样本均值 $\overline{x}$ 或检验估计量式 (8.2.1) 中的 Z 值, 记为 $z_0=\dfrac{\overline{x}-\mu_0}{\sigma/\sqrt{n}}$. 计算该检验的 p 值:

$$\begin{aligned}p&=P\{|\overline{X}-\mu_0|\geqslant|\overline{x}-\mu_0|\}\\&=P\{|Z|\geqslant|z_0|\}=2P\{Z\geqslant|z_0|\}=2[1-\Phi(|z_0|)].\end{aligned}\tag{8.2.3}$$

比较 p 值与显著性水平 α. 若 $p\leqslant\alpha$, 则拒绝原假设, 否则接受原假设.

例 1 设木材的小头直径服从正态分布 $N(\mu, 2.6^2)$. 从中随机抽取 100 根, 测量得其样本均值为 $\overline{x} = 11.2$ 厘米. 则对于显著性水平 $\alpha = 0.01$, 能否认为该批木材的平均小头直径 $\mu = 12$ 厘米?

解 这个问题属于检验 I, 检验的假设为

$$H_0: \mu = 12, \qquad H_1: \mu \neq 12.$$

总体方差 $\sigma^2 = 2.6^2$ 已知, 其拒绝域为 $\{|Z| \geqslant z_{\alpha/2}\}$. 由于 $\overline{x} = 11.2, \mu_0 = 12, \sigma = 2.6, n = 100$, $\alpha = 0.01$, $z_{\alpha/2} = z_{0.005} = 2.58$, 故

$$z_0 = \frac{\overline{x} - \mu_0}{\sigma/\sqrt{n}} = \frac{11.2 - 12}{2.6/\sqrt{100}} = -3.08 < -2.58,$$

即样本观察值落在拒绝域内, 因此拒绝原假设, 不能认为这批木材的平均小头直径为 12 厘米.

我们也可以用 p 值来检验. 由式 (8.2.3), 计算 p 值为

$$p = 2[1 - \varPhi(|z_0|)] = 2(1 - \varPhi(3.08)) = 2 \times (1 - 0.999) = 0.002.$$

由于 p 值小于给定的显著性水平 0.01, 所以拒绝原假设, 与通过拒绝域进行决策得到的结果一致.

我们接下来考虑检验 II:

$$H_0: \mu \leqslant \mu_0, \qquad H_1: \mu > \mu_0.$$

与检验 I 类似, 同样的选取检验统计量 $Z = \dfrac{\overline{X} - \mu_0}{\sigma/\sqrt{n}}$. 直观地想, $\overline{X}$ 为 μ 的估计量, 故当 $\overline{X}$ 大于 μ_0 时, 则可以认为 $\mu > \mu_0$, 即拒绝原假设. 又由于样本的随机性, 需要 $\overline{X}$ 比 μ_0 大到一定程度才拒绝原假设, 即存在一个临界值 $C > 0$,

$$\text{当}\overline{X} \geqslant \mu_0 + C\text{时, 拒绝}H_0\text{, 否则接受}H_0.$$

故拒绝域为 $W = \{(X_1, \cdots, X_n): \overline{X} \geqslant \mu_0 + C\} = \{\overline{X} \geqslant \mu_0 + C\}$. 注意 $\overline{X} \sim N(\mu, \sigma^2/n)$, 所以功效函数为

$$\begin{aligned} g(\mu) &= P\{\overline{X} \geqslant \mu_0 + C\} \\ &= P\left\{\frac{\overline{X} - \mu}{\sigma/\sqrt{n}} \geqslant \frac{(\mu_0 - \mu) + C}{\sigma/\sqrt{n}}\right\} \\ &= 1 - \varPhi\left(\frac{(\mu_0 - \mu) + C}{\sigma/\sqrt{n}}\right). \end{aligned}$$

函数 $\varPhi\left(\dfrac{(\mu_0 - \mu) + C}{\sigma/\sqrt{n}}\right)$ 关于 μ 是单调递减的, 在显著性水平 α 下, 要使得对所有的 $\mu \leqslant \mu_0$

有 $g(\mu) \leqslant \alpha$ 成立, 则只需要 $g(\mu_0) = \alpha$, 即

$$\alpha = 1 - \Phi\left(\frac{C}{\sigma/\sqrt{n}}\right).$$

故取 $\dfrac{C}{\sigma/\sqrt{n}} = z_\alpha$, 等价于 $C = z_\alpha \dfrac{\sigma}{\sqrt{n}}$. 因此拒绝域为

$$W = \{Z \geqslant z_\alpha\} = \left\{\overline{X} \geqslant \mu_0 + z_\alpha \frac{\sigma}{\sqrt{n}}\right\}. \tag{8.2.4}$$

该检验的 p 值为

$$p = P\{\overline{X} \geqslant \overline{x}\} = P\{Z \geqslant z_0\} = 1 - \Phi(z_0), \tag{8.2.5}$$

其中 $z_0 = \dfrac{\overline{x} - \mu_0}{\sigma/\sqrt{n}}$.

例 2　有一批枪弹, 出厂时其初速率 $v \sim N(950, 100)$(单位: 米/秒). 经过较长时间的储存, 取 9 发进行测试, 得样本均值为 945 米/秒. 据经验, 枪弹经储存后其初速率仍服从正态分布, 且标准差保持不变. 问这批枪弹的初速率是否保持不变?(显著性水平 $\alpha = 0.05$.)

解　根据问题, 提出一对假设:

$$H_0: \mu \leqslant 950, \qquad H_1: \mu > 950.$$

这个问题属于检验Ⅱ, 其拒绝域为 $\{Z \geqslant z_\alpha\}$. 本题中 $\mu_0 = 950$, $\overline{x} = 945$, $\sigma = 10$, $n = 9$, $z_\alpha = z_{0.05} = 1.645$. 故

$$z_0 = \frac{\overline{x} - \mu_0}{\sigma/\sqrt{n}} = \frac{945 - 950}{10/\sqrt{9}} = -1.5 < 1.645,$$

即样本观察值落在接受域, 因此接受原假设, 这批枪弹的初速率有显著降低.

计算 p 值为 $p = 1 - \Phi(z_0) = 1 - \Phi(-1.5) \approx 0.93 > 0.05$, 故根据 p 值也可以得出接受原假设的结论.

接下来考虑检验Ⅲ:

$$H_0: \mu \geqslant \mu_0, \qquad H_1: \mu < \mu_0.$$

与前两类检验类似, 选取检验统计量 $Z = \dfrac{\overline{X} - \mu_0}{\sigma/\sqrt{n}}$, 且判断假设的准则为存在一个临界值 $C > 0$,

$$\text{当}\overline{X} \leqslant \mu_0 - C\text{时, 拒绝}H_0\text{, 否则接受}H_0.$$

选取 $C = z_\alpha \dfrac{\sigma}{\sqrt{n}}$, 得拒绝域为

$$W = \{Z \leqslant -z_\alpha\} = \left\{\overline{X} \leqslant \mu_0 - z_\alpha \frac{\sigma}{\sqrt{n}}\right\}. \tag{8.2.6}$$

该检验的 p 值为

$$p = P\{\overline{X} \leqslant \overline{x}\} = P\{Z \leqslant z_0\} = \Phi(z_0), \tag{8.2.7}$$

其中 $z_0 = \dfrac{\overline{x} - \mu_0}{\sigma/\sqrt{n}}$.

例 3 仍然考虑例 2 中的问题. 这里我们选取另一对假设

$$H_0: \mu \geqslant 950, \qquad H_1: \mu < 950.$$

这个问题属于检验III, 其拒绝域为 $\{Z \leqslant -z_\alpha\}$. 由于 $z_0 = -1.5 > -1.645$, 故接受原假设, 这批枪弹的初速率没有明显降低.

计算 p 值为 $p = \varPhi(z_0) = \varPhi(-1.5) = 0.07 > 0.05$, 故根据 p 值也可以得出接受原假设的结论.

大家会发现例 2 和例 3 给出的结论正好相反. 事实上, 从检验II的拒绝域式 (8.2.4) 和检验III的拒绝域式 (8.2.6) 可以看出, 当

$$\mu_0 - z_\alpha \frac{\sigma}{\sqrt{n}} < \overline{X} < \mu_0 + z_\alpha \frac{\sigma}{\sqrt{n}}$$

时, 对两个检验来说都属于接受域, 因此接受了两个完全相反的结论. 看似矛盾, 其实也是有合理性的, 我们通过一个例子来说明. 有一批产品, 以某个指标 μ 来衡量这批产品的质量, μ 越大质量越好. 设产品合格的最低指标为 μ_0. 从这批产品中抽取部分进行检测. 如果这批产品来自一个质量很好的厂家, 则即使样本的指标略低于 μ_0, 我们也会认为这批产品是合格的, 只是由于样本的随机性造成了些许偏差. 但是如果这批产品来自一个质量较差的厂家, 则即使样本的指标较高于 μ_0, 我们也会怀疑这可能是由样本的随机性造成的, 整体未必会合格. 因此实际上, 我们对不同的厂家使用了不同的标准: 对质量好的厂家选用 $H_0: \mu \geqslant \mu_0$, 只需要 $\mu \geqslant \mu_0 - c$ 就接受原假设, 即认为质量合格; 而对质量差的厂家选用 $H_0: \mu \leqslant \mu_0$, 只有当 $\mu \geqslant \mu_0 + c$ 时才拒绝原假设, 即认为质量合格. 因此对于同样的样本, 当指标落在区间 $(\mu_0 - c, \mu_0 + c)$ 内时, 对不同的厂家就会作出不同的判断.

至于如何选择原假设和备择假设, 基本上没有一个完美的方法. 一般地, 我们总是把希望证明的命题作为备择假设, 而把原有的、传统的认识作为原假设. 因为如果我们本来就认可原有的结论, 检验就没有意义了, 我们希望的是检验出与原来不同的结论. 因为已有的结论不容易推翻, 所以新的结论正确的概率应该很小, 故备择假设被设为小概率事件.

上述三种检验中所用的检验统计量都是 Z 统计量, 所以称之为 Z 检验. 进一步地, 称检验I为双侧检验或双边检验 (因为小概率事件的概率为标准正态分布的概率密度函数两侧的尾部面积), 称检验II为右侧检验 (小概率事件的概率为概率密度函数右侧的尾部面积), 称检验III为左侧检验 (小概率事件的概率为概率密度函数左侧的尾部面积), 右侧检验和左侧检验统称为单侧检验或单边检验. 三类 Z 检验的拒绝域如图 8-1 所示 ($\alpha = 0.10$).

2. σ^2 未知, 关于 μ 的检验 (t 检验)

当 σ^2 未知时, $Z = \dfrac{\overline{X} - \mu_0}{\sigma/\sqrt{n}}$ 中因为含有未知数 σ 而无法计算, 因此用样本方差 S^2 代替 σ^2, 选取检验统计量为

$$t = \frac{\overline{X} - \mu_0}{S/\sqrt{n}}, \tag{8.2.8}$$

且当 $\mu=\mu_0$ 时, $t\sim t(n-1)$(见 6.4 节的定理 4).

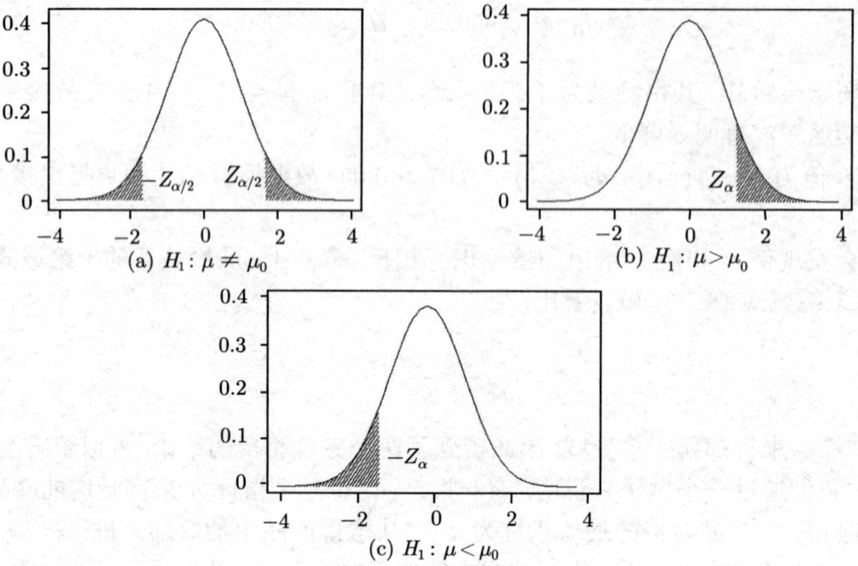

图 8-1　Z 检验的拒绝域

先考虑检验 I:

$$H_0:\mu=\mu_0,\qquad H_1:\mu\neq\mu_0.$$

类似于 σ^2 已知的情形, 这个检验的判断标准仍是: 存在一个临界值 $C>0$,

$$\text{当}|\overline{X}-\mu_0|\geqslant C\text{时, 拒绝}H_0\text{, 否则接受}H_0.$$

在给定的显著性水平 α 下,

$$\begin{aligned}\alpha&=P\{|\overline{X}-\mu_0|\geqslant C\}=P\left\{\frac{|\overline{X}-\mu_0|}{S/\sqrt{n}}\geqslant\frac{C}{S/\sqrt{n}}\right\}\\&=P\left\{|t|\geqslant\frac{C}{S/\sqrt{n}}\right\}=2P\left\{t\geqslant\frac{C}{S/\sqrt{n}}\right\}.\end{aligned}$$

因此 $\dfrac{C}{S/\sqrt{n}}=t_{\alpha/2}(n-1)$, 等价于 $C=t_{\alpha/2}(n-1)\dfrac{S}{\sqrt{n}}$, 其中 $t_{\alpha/2}(n-1)$ 为 $t(n-1)$ 分布的上 $\alpha/2$ 分位数. 因此得拒绝域

$$\begin{aligned}W&=\left\{|t|\geqslant t_{\frac{\alpha}{2}}(n-1)\right\}\qquad(8.2.9)\\&=\left\{\overline{X}\leqslant\mu_0-t_{\frac{\alpha}{2}}(n-1)\frac{S}{\sqrt{n}}\right\}\bigcup\left\{\overline{X}\geqslant\mu_0+t_{\frac{\alpha}{2}}(n-1)\frac{S}{\sqrt{n}}\right\}.\end{aligned}$$

该检验的 p 值为

$$p=P\{|\overline{X}-\mu_0|\geqslant|\overline{x}-\mu_0|\}=P\{|t|\geqslant|t_0|\}=2P\{t\geqslant|t_0|\},\qquad(8.2.10)$$

其中 $t_0 = \dfrac{\overline{x} - \mu_0}{s/\sqrt{n}}$, $\overline{x}$ 和 s 分别为样本均值和样本标准差的观察值.

同理, 检验 II 和 III 的拒绝域和 p 值分别为

$$\text{II}: W = \{t \geqslant t_\alpha(n-1)\} = \left\{\overline{X} \geqslant \mu_0 + t_\alpha(n-1)\frac{S}{\sqrt{n}}\right\}, \tag{8.2.11}$$

$$p = P\{t \geqslant t_0\}; \tag{8.2.12}$$

$$\text{III}: W = \{t \leqslant -t_\alpha(n-1)\} = \left\{\overline{X} \leqslant \mu_0 - t_\alpha(n-1)\frac{S}{\sqrt{n}}\right\}, \tag{8.2.13}$$

$$p = P\{t \leqslant t_0\}. \tag{8.2.14}$$

上述三种检验中所用的检验统计量都是 t 统计量, 所以称之为 t 检验. 三类 t 检验的拒绝域如图 8-2 所示 ($\alpha = 0.10$, $n = 10$).

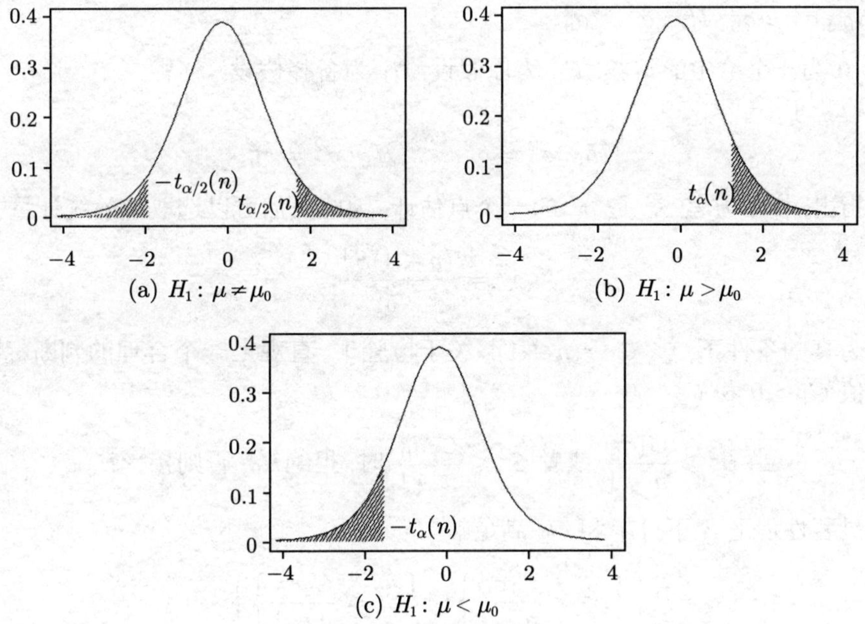

图 8-2 t 检验的拒绝域

例 4 现在考虑 8.1 节的例 1, 设显著性水平为 $\alpha = 0.05$. 则根据题目, 提出一对假设:

$$H_0: \mu > 30, \qquad H_1: \mu \leqslant 30.$$

这属于检验 III, 而且总体方差 σ^2 未知, 根据式 (8.2.13), 其拒绝域为 $W = \{t \leqslant -t_\alpha(n-1)\}$. 本题中 $\mu_0 = 30$, $\overline{x} = 28.7$, $s = 2.0$, $n = 10$, $t_\alpha(n-1) = t_{0.05}(9) = 1.83$. 故

$$t_0 = \frac{\overline{x} - \mu_0}{s/\sqrt{n}} = \frac{28.7 - 30}{2.0/\sqrt{10}} \approx -2.06 < -1.83.$$

因此拒绝原假设, 即认为这批产品合格.

同样可以计算 p 值:

$$p = P\{t \leqslant t_0\} = P\{t \leqslant -2.06\} \approx 0.035 < 0.05,$$

故拒绝原假设, 即认为这批产品合格.

二、正态总体方差的检验

接下来我们考虑正态总体 $N(\mu, \sigma^2)$ 的方差 σ^2 的检验问题. 这里我们只考虑 μ 未知的情形.

类似于均值 μ 的检验, 我们同样考虑以下三种形式:

Ⅰ. $H_0: \sigma^2 = \sigma_0^2, H_1: \sigma^2 \neq \sigma_0^2$;

Ⅱ. $H_0: \sigma^2 \leqslant \sigma_0^2, H_1: \sigma^2 > \sigma_0^2$;

Ⅲ. $H_0: \sigma^2 \geqslant \sigma_0^2, H_1: \sigma^2 < \sigma_0^2$.

这里 $\sigma_0^2 > 0$ 为一个给定的常数, H_0 为原假设, H_1 为备择假设.

对于检验Ⅰ:

$$H_0: \sigma^2 = \sigma_0^2, \qquad H_1: \sigma^2 \neq \sigma_0^2,$$

前面已经指出, 样本方差 S^2 是 σ^2 的一个点估计, 因此我们可以选取检验统计量

$$\chi^2 = \frac{(n-1)S^2}{\sigma_0^2}. \tag{8.2.15}$$

在原假设为真的条件下, $\chi^2 \sim \chi^2(n-1)$. 关于检验Ⅰ, 直观上一个合理的判断标准为: 存在两个临界值 $C_1 > 0$ 和 $C_2 > 0$,

$$\text{当 } S^2 \geqslant \frac{C_1\sigma_0^2}{n-1} \text{ 或者 } S^2 \leqslant \frac{C_2\sigma_0^2}{n-1} \text{ 时, 拒绝}H_0\text{, 否则接受}H_0.$$

在给定的显著性水平 α 下, C_1 和 C_2 满足

$$\begin{aligned}\alpha &= P\left\{\left\{S^2 \geqslant \frac{C_1\sigma_0^2}{n-1}\right\} \bigcup \left\{S^2 \leqslant \frac{C_2\sigma_0^2}{n-1}\right\}\right\} \\ &= P\left\{S^2 \geqslant \frac{C_1\sigma_0^2}{n-1}\right\} + P\left\{S^2 \leqslant \frac{C_2\sigma_0^2}{n-1}\right\} \\ &= P\left\{\frac{(n-1)S^2}{\sigma_0^2} \geqslant C_1\right\} + P\left\{\frac{(n-1)S^2}{\sigma_0^2} \leqslant C_2\right\} \\ &= P\{\chi^2 \geqslant C_1\} + P\{\chi^2 \leqslant C_2\}.\end{aligned}$$

类似于 σ^2 的区间估计中 c 和 d 的选取, 我们取

$$P\{\chi^2 \geqslant C_1\} = P\{\chi^2 \leqslant C_2\} = \frac{\alpha}{2},$$

得 $C_1 = \chi^2_{\alpha/2}(n-1)$, $C_2 = \chi^2_{1-\alpha/2}(n-1)$. 因此拒绝域为

$$\begin{aligned} W &= \{\chi^2 \geqslant \chi^2_{\alpha/2}(n-1)\} \bigcup \{\chi^2 \leqslant \chi^2_{1-\alpha/2}(n-1)\} \\ &= \left\{S^2 \geqslant \chi^2_{\frac{\alpha}{2}}(n-1)\frac{\sigma_0^2}{n-1}\right\} \bigcup \left\{S^2 \leqslant \chi^2_{1-\frac{\alpha}{2}}(n-1)\frac{\sigma_0^2}{n-1}\right\}. \end{aligned} \tag{8.2.16}$$

相应的 p 值为

$$p = 2\min\left\{P\{\chi^2 \geqslant \chi_0^2\},\ P\{\chi^2 \leqslant \chi_0^2\}\right\}, \tag{8.2.17}$$

其中 $\chi_0^2 = \dfrac{(n-1)s^2}{\sigma_0^2}$.

事实上, 对于显著性水平 $\alpha = p$, 有 $\chi^2_{p/2}(n-1) = \chi_0^2$ 或者 $\chi^2_{1-p/2}(n-1) = \chi_0^2$, 由式 (8.2.16) 知 χ_0^2 属于拒绝域, 故由样本可以拒绝原假设; 当显著性水平 $\alpha < p$ 时, 则有 $\chi^2_{\alpha/2}(n-1) > \chi_0^2$ 且 $\chi^2_{1-\alpha/2}(n-1) < \chi_0^2$, 因此由式 (8.2.16) 知 χ_0^2 不属于拒绝域, 即原假设被接受, 故 p 为 "由所给样本的观察值拒绝原假设" 的最小显著性水平, 即 p 值.

对于检验 Ⅱ:

$$H_0: \sigma^2 \leqslant \sigma_0^2, \qquad H_1: \sigma^2 > \sigma_0^2,$$

选取 S^2 作为 σ^2 的估计, 且取检验估计量为

$$\chi^2 = \frac{(n-1)S^2}{\sigma_0^2}.$$

显然 S^2 越大, 则越应该拒绝原假设 H_0, 故一个合理的判断标准是: 存在一个临界值 $C > 0$,

$$\text{当}S^2 \geqslant \frac{C\sigma_0^2}{n-1}\text{时, 拒绝}H_0\text{, 否则接受}H_0.$$

由于 $\dfrac{(n-1)S^2}{\sigma^2} \sim \chi^2(n-1)$, 功效函数为

$$\begin{aligned} g(\sigma^2) &= P\left\{S^2 \geqslant \frac{C\sigma_0^2}{n-1}\right\} \\ &= P\left\{\frac{(n-1)S^2}{\sigma^2} \geqslant C\frac{\sigma_0^2}{\sigma^2}\right\} \\ &= 1 - F\left(C\frac{\sigma_0^2}{\sigma^2}\right), \end{aligned}$$

其中 $F(\cdot)$ 为 $\chi^2(n-1)$ 分布的分布函数. 由于 $g(\sigma^2)$ 关于 σ^2 是单调递增的, 在给定的显著性水平 α 下, 要对所有的 $\sigma^2 \leqslant \sigma_0^2$ 有 $g(\sigma^2) \leqslant \alpha$, 则只需要 $g(\sigma_0^2) = \alpha$, 即

$$\alpha = 1 - F(C),$$

故取 $C = \chi^2_\alpha(n-1)$, 因此拒绝域为

$$W = \{\chi^2 \geqslant \chi^2_\alpha(n-1)\} = \left\{S^2 \geqslant \chi^2_\alpha(n-1)\frac{\sigma_0^2}{n-1}\right\}. \tag{8.2.18}$$

记 $\chi_0^2=\dfrac{(n-1)s^2}{\sigma_0^2}$, 则该检验的 p 值为

$$p=P\{\chi^2\geqslant\chi_0^2\}. \tag{8.2.19}$$

类似地, 对检验III, 取检验统计量 $\chi^2=\dfrac{(n-1)S^2}{\sigma_0^2}$, 且判断标准为: 存在一个临界值 $C>0$, 当 $S^2\leqslant\dfrac{C\sigma_0^2}{n-1}$ 时, 拒绝 H_0, 否则接受 H_0. 在显著性水平 α 下, 选取 $C=\chi_{1-\alpha}^2(n-1)$, 拒绝域为

$$W=\{\chi^2\leqslant\chi_{1-\alpha}^2(n-1)\}=\left\{S^2\leqslant\chi_{1-\alpha}^2(n-1)\frac{\sigma_0^2}{n-1}\right\}, \tag{8.2.20}$$

p 值为

$$p=P\{\chi^2\leqslant\chi_0^2\}, \tag{8.2.21}$$

其中 $\chi_0^2=\dfrac{(n-1)s^2}{\sigma_0^2}$.

上述三种检验选取的检验统计量都是 χ^2 统计量, 所以称之为 χ^2 检验. 三类 χ^2 检验的拒绝域如图 8-3 所示 ($\alpha=0.10,n=4$).

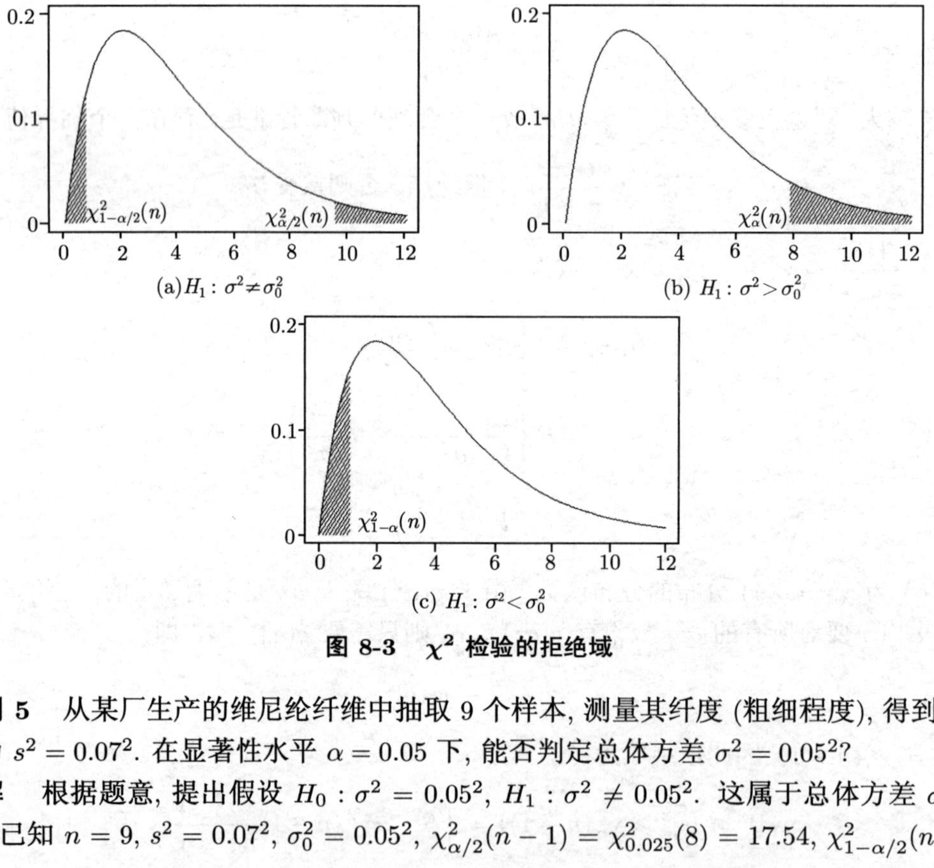

图 8-3　χ^2 检验的拒绝域

例 5　从某厂生产的维尼纶纤维中抽取 9 个样本, 测量其纤度 (粗细程度), 得到样本的方差为 $s^2=0.07^2$. 在显著性水平 $\alpha=0.05$ 下, 能否判定总体方差 $\sigma^2=0.05^2$?

解　根据题意, 提出假设 $H_0:\sigma^2=0.05^2$, $H_1:\sigma^2\neq0.05^2$. 这属于总体方差 σ^2 的检验Ⅰ. 已知 $n=9$, $s^2=0.07^2$, $\sigma_0^2=0.05^2$, $\chi_{\alpha/2}^2(n-1)=\chi_{0.025}^2(8)=17.54$, $\chi_{1-\alpha/2}^2(n-1)=$

$\chi^2_{0.975}(8) = 2.18$, 于是

$$\chi_0^2 = \frac{(n-1)s^2}{\sigma_0^2} = \frac{(9-1)\times 0.07^2}{0.05^2} = 15.68 \in (2.18, 17.54),$$

故不能拒绝原假设, 即可以认为总体方差 $\sigma^2 = 0.05^2$.

计算 p 值:

$$p = 2\min\{P\{\chi^2 \geqslant \chi_0^2\}, P\{\chi^2 \leqslant \chi_0^2\}\} = 2\min\{0.95, 0.05\} = 0.10 > 0.05,$$

故根据 p 值同样得出接受原假设的结论.

表 8-1 单个正态总体均值和方差的假设检验

检验法	H_1	检验统计量	拒绝域	p 值
Z 检验 (σ^2 已知)	$\mu \neq \mu_0$	$Z = \dfrac{\overline{X}-\mu_0}{\sigma/\sqrt{n}}$	$\lvert Z\rvert \geqslant z_{\alpha/2}$	$2[1-\Phi\lvert z_0\rvert]$
	$\mu > \mu_0$		$Z \geqslant z_\alpha$	$1-\Phi(z_0)$
	$\mu < \mu_0$		$Z \leqslant -z_\alpha$	$\Phi(z_0)$
t 检验 (σ^2 未知)	$\mu \neq \mu_0$	$t = \dfrac{\overline{X}-\mu_0}{S/\sqrt{n}}$	$\lvert t\rvert \geqslant t_{\alpha/2}(n-1)$	$2P\{t \geqslant \lvert t_0\rvert\}$
	$\mu > \mu_0$		$t \geqslant t_\alpha(n-1)$	$P\{t \geqslant t_0\}$
	$\mu < \mu_0$		$t \leqslant -t_\alpha(n-1)$	$P\{t \leqslant t_0\}$
χ^2 检验 (μ 未知)	$\sigma^2 \neq \sigma_0^2$	$\chi^2 = \dfrac{(n-1)S^2}{\sigma_0^2}$	$\chi^2 \geqslant \chi^2_{\alpha/2}(n-1)$ 或 $\chi^2 \leqslant \chi^2_{1-\alpha/2}(n-1)$	$2\min\{P\{\chi^2 \geqslant \chi_0^2\}, P\{\chi^2 \leqslant \chi_0^2\}\}$
	$\sigma^2 > \sigma_0^2$		$\chi^2 \geqslant \chi^2_\alpha(n-1)$	$P\{\chi^2 \geqslant \chi_0^2\}$
	$\sigma^2 < \sigma_0^2$		$\chi^2 \leqslant \chi^2_{1-\alpha}(n-1)$	$P\{\chi^2 \leqslant \chi_0^2\}$

§8.3 两个正态总体参数的显著性检验

上一节我们讨论了单正态总体的均值和方差的假设检验, 本节中我们考虑两个正态总体的均值和方差的假设检验.

设 $X_1, X_2, \cdots, X_{n_1}$ 为来自正态总体 $N(\mu_1, \sigma_1^2)$ 的简单随机样本, $Y_1, Y_2, \cdots, Y_{n_2}$ 为来自正态总体 $N(\mu_2, \sigma_2^2)$ 的简单随机样本, 且两个样本独立. 记两个样本的观察值分别为 $x_1, x_2, \cdots, x_{n_1}$ 和 $y_1, y_2, \cdots, y_{n_2}$.

一、两个正态总体均值的检验

关于两个正态总体 $N(\mu_1, \sigma_1^2)$ 和 $N(\mu_2, \sigma_2^2)$ 的均值 μ_1 和 μ_2 的检验主要考虑以下三种形式:

Ⅰ. $H_0: \mu_1 - \mu_2 = 0$, $H_1: \mu_1 - \mu_2 \neq 0$;

Ⅱ. $H_0: \mu_1 - \mu_2 \leqslant 0$, $H_1: \mu_1 - \mu_2 > 0$;

Ⅲ. $H_0: \mu_1 - \mu_2 \geqslant 0$, $H_1: \mu_1 - \mu_2 < 0$.

1. σ_1^2, σ_2^2 已知, 关于 $\mu_1-\mu_2$ 的检验 (Z 检验)

先考虑检验 I :

$$H_0: \mu_1-\mu_2=0, \qquad H_1: \mu_1-\mu_2 \neq 0.$$

由于 $\overline{X} \sim N(\mu_1, \sigma_1^2/n_1)$, $\overline{Y} \sim N(\mu_2, \sigma_2^2/n_2)$, 且 $\overline{X}$ 与 $\overline{Y}$ 相互独立, 故

$$\overline{X}-\overline{Y} \sim N\left(\mu_1-\mu_2, \frac{\sigma_1^2}{n_1}+\frac{\sigma_2^2}{n_2}\right).$$

选取检验统计量

$$Z=\frac{\overline{X}-\overline{Y}}{\sqrt{\dfrac{\sigma_1^2}{n_1}+\dfrac{\sigma_2^2}{n_2}}}, \tag{8.3.1}$$

则当 H_0 为真时, $Z \sim N(0,1)$. 直观地想, 当 $\overline{X}-\overline{Y}$ 远离 0 时, 应该拒绝原假设, 故一个检验的标准为: 存在临界值 $C>0$,

$$\text{当}|\overline{X}-\overline{Y}| \geqslant C\text{时, 拒绝}H_0\text{, 否则接受}H_0.$$

给定显著性水平 α, 有

$$\begin{aligned}\alpha=P\{|\overline{X}-\overline{Y}| \geqslant C\} &= P\left\{\frac{|\overline{X}-\overline{Y}|}{\sqrt{\dfrac{\sigma_1^2}{n_1}+\dfrac{\sigma_2^2}{n_2}}} \geqslant \frac{C}{\sqrt{\dfrac{\sigma_1^2}{n_1}+\dfrac{\sigma_2^2}{n_2}}}\right\} \\ &= P\left\{|Z| \geqslant \frac{C}{\sqrt{\dfrac{\sigma_1^2}{n_1}+\dfrac{\sigma_2^2}{n_2}}}\right\}=2\left[1-\Phi\left(\frac{C}{\sqrt{\dfrac{\sigma_1^2}{n_1}+\dfrac{\sigma_2^2}{n_2}}}\right)\right].\end{aligned}$$

因此 $C \Bigg/ \sqrt{\dfrac{\sigma_1^2}{n_1}+\dfrac{\sigma_2^2}{n_2}}=z_{\frac{\alpha}{2}}$, 等价于 $C=z_{\frac{\alpha}{2}}\sqrt{\dfrac{\sigma_1^2}{n_1}+\dfrac{\sigma_2^2}{n_2}}$, 拒绝域为

$$\begin{aligned}W &= \{|Z| \geqslant z_{\frac{\alpha}{2}}\} \\ &= \left\{\overline{X}-\overline{Y} \geqslant z_{\frac{\alpha}{2}}\sqrt{\frac{\sigma_1^2}{n_1}+\frac{\sigma_2^2}{n_2}}\right\} \bigcup \left\{\overline{X}-\overline{Y} \leqslant -z_{\frac{\alpha}{2}}\sqrt{\frac{\sigma_1^2}{n_1}+\frac{\sigma_2^2}{n_2}}\right\}.\end{aligned} \tag{8.3.2}$$

记 $z_0=(\overline{x}-\overline{y}) \Bigg/ \sqrt{\dfrac{\sigma_1^2}{n_1}+\dfrac{\sigma_2^2}{n_2}}$, 则相应的 p 值为

$$p=P\{|Z| \geqslant |z_0|\}=2[1-\Phi(|z_0|)]. \tag{8.3.3}$$

同理, 对于检验 II 和检验 III, 其拒绝域和 p 值分别为

$$\text{II}: W=\{Z\geqslant z_\alpha\},\quad p=P\{Z\geqslant z_0\}=1-\Phi(z_0); \tag{8.3.4}$$

$$\text{III}: W=\{Z\leqslant -z_\alpha\},\quad p=P\{Z\leqslant z_0\}=\Phi(z_0). \tag{8.3.5}$$

上述三种检验选取的检验统计量都是 Z 统计量, 所以称之为 Z 检验.

2. $\sigma_1^2=\sigma_2^2=\sigma^2$ 未知, 关于 $\mu_1-\mu_2$ 的检验 (t 检验)

先考虑检验 I:

$$H_0:\mu_1-\mu_2=0,\qquad H_1:\mu_1-\mu_2\neq 0.$$

当 $\sigma_1^2=\sigma_2^2=\sigma^2$ 未知时, 由 6.4 节的定理 5, 有

$$\frac{(\overline{X}-\overline{Y})-(\mu_1-\mu_2)}{S_w\sqrt{\dfrac{1}{n_1}+\dfrac{1}{n_2}}}\sim t(n_1+n_2-2),$$

其中 $S_w=\sqrt{\dfrac{(n_1-1)S_1^2+(n_2-1)S_2^2}{n_1+n_2-2}}$. 因此选取检验统计量

$$t=\frac{\overline{X}-\overline{Y}}{S_w\sqrt{\dfrac{1}{n_1}+\dfrac{1}{n_2}}}, \tag{8.3.6}$$

当 $\mu_1-\mu_2=0$ 时, $t\sim t(n_1+n_2-2)$. 检验的判断标准与 σ_1^2 和 σ_2^2 已知的情形一样, 仍然是存在一个临界值 $C>0$, 当 $|\overline{X}-\overline{Y}|\geqslant C$ 时, 拒绝 H_0, 否则接受 H_0. 在显著性水平 α 下, 取 $C=t_{\frac{\alpha}{2}}(n_1+n_2-2)S_w\sqrt{\dfrac{1}{n_1}+\dfrac{1}{n_2}}$, 其拒绝域为

$$\begin{aligned}W=&\{|t|\geqslant t_{\alpha/2}(n_1+n_2-2)\}\\=&\left\{\overline{X}-\overline{Y}\geqslant t_{\frac{\alpha}{2}}(n_1+n_2-2)S_w\sqrt{\frac{1}{n_1}+\frac{1}{n_2}}\right\}\\&\bigcup\left\{\overline{X}-\overline{Y}\leqslant -t_{\frac{\alpha}{2}}(n_1+n_2-2)s_w\sqrt{\frac{1}{n_1}+\frac{1}{n_2}}\right\}.\end{aligned} \tag{8.3.7}$$

令 $t_0=\dfrac{\overline{x}-\bar{y}}{s_w\sqrt{\dfrac{1}{n_1}+\dfrac{1}{n_2}}}$, 其相应的 p 值为

$$p=P\{|t|\geqslant |t_0|\}=2P\{t\geqslant |t_0|\}. \tag{8.3.8}$$

同理, 对于检验 II 和检验 III, 其拒绝域和 p 值分别为

$$\text{II}: W=\{t\geqslant t_\alpha(n_1+n_2-2)\},\quad p=P\{t\geqslant t_0\}; \tag{8.3.9}$$

$$\text{III}: W=\{t\leqslant -t_\alpha(n_1+n_2-2)\},\quad p=P\{t\leqslant t_0\}. \tag{8.3.10}$$

上述三种检验选取的检验统计量都是 t 统计量, 所以称之为 t 检验.

例 1　现有甲、乙两种安眠药, 今欲比较它们的疗效, 独立观察 20 名患者. 其中 10 人服用甲药, 10 人服用乙药. 这些患者服药后延长的睡眠时间 (单位: 小时) 分别为

服用甲药	1.9	1.8	1.1	0.1	−0.1	4.4	5.5	1.6	4.6	3.4
服用乙药	0.7	−1.6	−0.2	−1.2	−0.1	3.4	3.7	0.8	0	2.0

实践经验表明服用安眠药后延长睡眠的小时数服从正态分布, 且具有相同的方差. 则这两种药的疗效有无显著差异 (取 $\alpha=0.10$)?

解　根据题意, 提出一对假设:

$$H_0:\mu_1-\mu_2=0,\quad H_1:\mu_1-\mu_2\neq 0.$$

这个问题属于检验 I , 且 $\sigma_1^2=\sigma_2^2=\sigma^2$ 未知, 故选用 t 检验. 由于 $n_1=n_2=10$, $t_{\alpha/2}(n_1+n_2-2)=t_{0.05}(18)=1.73$, $\overline{x}=2.43$, $\bar{y}=0.75$, $s_1^2\approx 3.77$, $s_2^2\approx 3.20$, $s_w=\sqrt{\dfrac{(n_1-1)s_1^2+(n_2-1)s_2^2}{n_1+n_2-2}}\approx 1.87$, 因此

$$t_0=\frac{\overline{x}-\bar{y}}{s_w\sqrt{\dfrac{1}{n_1}+\dfrac{1}{n_2}}}\approx 2.01>1.73,$$

故拒绝原假设, 认为两种药的疗效有显著差异.

计算 p 值

$$p=2P\{t\geqslant|t_0|\}=2P\{t\geqslant 2.01\}=0.06<0.10,$$

故根据 p 值同样得出拒绝原假设的结论.

3. 成对数据检验 (t 检验)

为了比较两种方法的差异, 我们通常会对每一个试验品分别用两种方法进行检测, 得到一组成对的数据. 因此最终获得的数据是一批成对的数据, 然后利用这些成对的数据进行检验. 我们通过一个例子来分析这种成对数据的假设检验的基本思路.

例 2　为了比较测定活水中氯气含量的两种方法, 特在各种场合收集到 8 个污水水样, 每个水样均用这两种方法测定氯气含量 (单位: 毫克/升), 具体数据如下:

方法 1(x):	0.36	1.35	2.56	3.92	5.35	8.33	10.70	10.91
方法 2(y):	0.39	0.84	1.76	3.35	4.69	7.70	10.52	10.92
差 ($d=x-y$):	−0.03	0.51	0.80	0.57	0.66	0.63	0.18	−0.01

试比较两种测定方法是否有显著差异 (取 $\alpha=0.05$).

解　本题的数据是成对的, 对每一个水样都检测并得到一对数据. 由于不同的水样来自不同的场合, 故不能认为这 8 个水样是同分布的随机变量的观察值, 即每一行数据不是来自一个简单随机样本的观察值. 此外由于每一对数据都是对同一个水样进行测量得到的, 故不能认为两组数据是相互独立的随机变量的观察值. 因此选用前面介绍的 t 检验就不再适用

了. 这里我们考虑成对数据的差 $d_i = x_i - y_i$. 由于两个数据都是对同一个水样进行测量得到的, 故可以认为 d_i 仅由测量方法的不同引起, 而排除了水样间的差异, 因而可以利用差 d_i 来检验两种方法的差异.

一般地, 设有 n 个独立的成对数据: $(X_1, Y_1), \cdots, (X_n, Y_n)$, 令差 $D_i = X_i - Y_i$, $i = 1, \cdots, n$, 则 $D_1, \cdots, D_n$ 相互独立. 又由于 $D_1, \cdots, D_n$ 是由同一个因素造成的 (比如上例由测量方法引起), 因此可以认为服从同一个分布. 故 $D_1, \cdots, D_n$ 为来自某个总体的简单随机样本. 假定总体服从正态分布 $N(\mu_D, \sigma_D^2)$, μ_D, σ_D^2 未知. 基于这一样本可以对如下假设进行检验:

Ⅰ. $H_0 : \mu_D = 0$, $H_1 : \mu_D \neq 0$;

Ⅱ. $H_0 : \mu_D \leqslant 0$, $H_1 : \mu_D > 0$;

Ⅲ. $H_0 : \mu_D \geqslant 0$, $H_1 : \mu_D < 0$.

显然这是一个正态总体的均值的假设检验问题. 由于方差 σ_D^2 未知, 采用单个正态总体的 t 检验. 记 $\overline{D}$ 和 S_D^2 分别为样本 $D_1, \cdots, D_n$ 的样本均值和样本方差, $\bar{d}$ 和 s_D^2 为对应的观察值. 记

$$t = \frac{\overline{D}}{S_D/\sqrt{n}}, \quad t_0 = \frac{\bar{d}}{s_D/\sqrt{n}}$$

分别为检验估计量和相应的观察值. 给定显著性水平 α, 则拒绝域和 p 值分别为

$$\text{Ⅰ}. \ W = \{|t| \geqslant t_{\alpha/2}(n-1)\}, \ p = 2P\{t \geqslant |t_0|\}; \tag{8.3.11}$$

$$\text{Ⅱ}. \ W = \{t \geqslant t_{\alpha}(n-1)\}, \ p = P\{t \geqslant t_0\}; \tag{8.3.12}$$

$$\text{Ⅲ}. \ W = \{t \leqslant -t_{\alpha}(n-1)\}, \ p = P\{t \leqslant t_0\}. \tag{8.3.13}$$

例 3 考虑例 2 中的问题. 假定成对数据的差 $D_1, D_2, \cdots, D_8$ 为正态总体 $N(\mu_D, \sigma_D^2)$ 的简单随机样本, μ_D, σ_D^2 未知. 根据给定的成对数据, 能否认为两种检测方法有显著差异 (取 $\alpha = 0.05$)?

解 根据题意, 提出一对假设

$$H_0 : \mu_D = 0, \ H_1 : \mu_D \neq 0.$$

这个问题属于检验Ⅰ, 选用成对数据的 t 检验. 由于 $n = 8$, $t_{\alpha/2}(n-1) = t_{0.025}(7) = 2.36$, $\bar{d} \approx 0.41$, $s_D \approx 0.32$, 因此

$$t_0 = \frac{\bar{d}}{s_D/\sqrt{n}} = \frac{0.41}{0.32/\sqrt{8}} \approx 3.62 > 2.36,$$

因此拒绝原假设, 即认为两种检测方法有显著差异.

计算 p 值:

$$p = 2P\{t \geqslant |t_0|\} = 2P\{t \geqslant 3.62\} \approx 0.008 < 0.05,$$

故根据 p 值同样得出拒绝原假设的结论.

二、两个正态总体方差的检验

关于两个正态总体 $N(\mu_1,\sigma_1^2)$ 和 $N(\mu_2,\sigma_2^2)$ 的方差 σ_1^2 和 σ_2^2 的检验主要考虑以下三种形式:

Ⅰ. $H_0:\sigma_1^2=\sigma_2^2,\ H_1:\sigma_1^2\neq\sigma_2^2$;

Ⅱ. $H_0:\sigma_1^2\leqslant\sigma_2^2,\ H_1:\sigma_1^2>\sigma_2^2$;

Ⅲ. $H_0:\sigma_1^2\geqslant\sigma_2^2,\ H_1:\sigma_1^2<\sigma_2^2$.

先考虑检验Ⅰ:

$$H_0:\sigma_1^2=\sigma_2^2,\quad H_1:\sigma_1^2\neq\sigma_2^2.$$

在第七章已经指出样本方差为总体方差的无偏估计, 因此我们可以构造检验估计量

$$F=\frac{S_1^2}{S_2^2}. \tag{8.3.14}$$

由 6.4 节的定理 5 可知, 当 $\sigma_1^2=\sigma_2^2$ 时, $F=\dfrac{S_1^2/\sigma_1^2}{S_2^2/\sigma_2^2}\sim F(n_1-1,n_2-1)$. 直观地看, S_1^2/S_2^2 与 1 的距离越大, 则 $\sigma_1^2=\sigma_2^2$ 越不可能, 因此对于检验Ⅰ, 一个合理的判断标准为, 存在两个临界值 $C_1>0$ 和 $C_2>0$,

$$\text{当 }\frac{S_1^2}{S_2^2}\leqslant C_1\text{ 或 }\frac{S_1^2}{S_2^2}\geqslant C_2\text{ 时, 拒绝 }H_0\text{, 否则接受 }H_0.$$

给定显著性水平 α, 有

$$\alpha=P\left\{\frac{S_1^2}{S_2^2}\leqslant C_1\right\}+P\left\{\frac{S_1^2}{S_2^2}\geqslant C_2\right\}=P\{F\leqslant C_1\}+P\{F\geqslant C_2\}.$$

取 $C_1=F_{1-\alpha/2}(n_1-1,n_2-1)$ 和 $C_2=F_{\alpha/2}(n_1-1,n_2-1)$, 得拒绝域为

$$\begin{aligned}W&=\{F\leqslant F_{1-\frac{\alpha}{2}}(n_1-1,n_2-1)\}\bigcup\{F\geqslant F_{\frac{\alpha}{2}}(n_1-1,n_2-1)\}\\&=\left\{\frac{S_1^2}{S_2^2}\leqslant F_{1-\frac{\alpha}{2}}(n_1-1,n_2-1)\right\}\bigcup\left\{\frac{S_1^2}{S_2^2}\geqslant F_{\frac{\alpha}{2}}(n_1-1,n_2-1)\right\}.\end{aligned} \tag{8.3.15}$$

令 $F_0=s_1^2/s_2^2$, 则计算 p 值为

$$p=2\min\{P\{F\leqslant F_0\},P\{F\geqslant F_0\}\}. \tag{8.3.16}$$

同理, 对于检验Ⅱ和检验Ⅲ, 其拒绝域和 p 值分别为

$$\text{Ⅱ}: W=\{F\geqslant F_\alpha(n_1-1,n_2-1)\},\ p=P\{F\geqslant F_0\}; \tag{8.3.17}$$

$$\text{Ⅲ}: W=\{F\leqslant F_\alpha(n_1-1,n_2-1)\},\ p=P\{F\leqslant F_0\}. \tag{8.3.18}$$

上述三种检验选取的检验统计量都是 F 统计量, 所以称之为 F 检验.

例 4 两台车床生产同一种滚珠. 假设滚珠直径服从正态分布. 从中分别抽取 8 个和 9 个滚珠, 测得直径 (单位: 毫米) 为

甲车床:	15.0	14.5	15.2	15.5	14.8	15.1	15.2	14.8	
乙车床:	15.2	15.0	14.8	15.2	15.0	15.0	14.8	15.1	14.8

比较两台车床生产的滚珠直径的方差是否有显著差异 (取 $\alpha = 0.05$).

解 根据题意, 提出一对假设:

$$H_0 : \sigma_1^2 = \sigma_2^2, \quad H_1 : \sigma_1^2 \neq \sigma_2^2.$$

这个问题属于检验 I, 选用 F 检验. 由于 $n_1 = 8, n_2 = 9, F_{\alpha/2}(n_1-1, n_2-1) = F_{0.025}(7,8) = 4.529$, $F_{1-\alpha/2}(n_1-1, n_2-1) = F_{0.975}(7,8) = 0.204$. 又根据样本值, $s_1^2 \approx 0.096$, $s_2^2 \approx 0.026$, 故

$$F_0 = \frac{s_1^2}{s_2^2} = \frac{0.096}{0.026} \approx 3.69 \in (0.204, 4.529),$$

所以不能拒绝原假设, 即认为这两台车床生产的滚珠直径的方差没有显著差异.

计算 p 值:

$$p = 2\min\{P\{F \leqslant 3.69\}, P\{F \geqslant 3.69\}\} \approx 0.087 > 0.05,$$

故根据 p 值同样得出接受原假设的结论.

表 8-2 两个正态总体均值和方差的假设检验

检验法	H_1	检验统计量	拒绝域	p 值
Z 检验	$\mu_1 \neq \mu_2$		$\lvert Z\rvert \geqslant z_{\alpha/2}$	$2[1-\Phi(\lvert z_0\rvert)]$
(σ_1^2, σ_2^2	$\mu_1 > \mu_2$	$Z = \dfrac{\overline{X}-\overline{Y}}{\sqrt{\dfrac{\sigma_1^2}{n_1}+\dfrac{\sigma_2^2}{n_2}}}$	$Z \geqslant z_\alpha$	$1-\Phi(z_0)$
已知)	$\mu_1 < \mu_2$		$Z \leqslant -z_\alpha$	$\Phi(z_0)$
t 检验	$\mu_1 \neq \mu_2$		$\lvert t\rvert \geqslant t_{\alpha/2}(n_1+n_2-2)$	$2P\{t \geqslant \lvert t_0\rvert\}$
($\sigma_1^2 = \sigma_2^2$	$\mu_1 > \mu_2$	$t = \dfrac{\overline{X}-\overline{Y}}{S_w\sqrt{\dfrac{1}{n_1}+\dfrac{1}{n_2}}}$	$t \geqslant t_\alpha(n_1+n_2-2)$	$P\{t \geqslant t_0\}$
未知)	$\mu_1 < \mu_2$		$t \leqslant -t_\alpha(n_1+n_2-2)$	$P\{t \leqslant t_0\}$
成对数据	$\mu_D \neq 0$		$\lvert t\rvert \geqslant t_{\alpha/2}(n-1)$	$2P\{t \geqslant \lvert t_0\rvert\}$
t 检验	$\mu_D > 0$	$t = \dfrac{\overline{D}}{S_D/\sqrt{n}}$	$t \geqslant t_\alpha(n-1)$	$P\{t \geqslant t_0\}$
	$\mu_D < 0$		$t \leqslant -t_\alpha(n-1)$	$P\{t \leqslant t_0\}$
F 检验	$\sigma_1^2 \neq \sigma_2^2$		$F \geqslant F_{\alpha/2}(n_1-1, n_2-1)$ 或 $F \leqslant F_{1-\alpha/2}(n_1-1, n_2-1)$	$2\min\{P\{F \geqslant F_0\}, P\{F \leqslant F_0\}\}$
(μ 未知)	$\sigma_1^2 > \sigma_2^2$	$F = \dfrac{S_1^2}{S_2^2}$	$F \geqslant F_\alpha(n_1-1, n_2-1)$	$P\{F \geqslant F_0\}$
	$\sigma_1^2 < \sigma_2^2$		$F \leqslant F_{1-\alpha}(n_1-1, n_2-1)$	$P\{F \leqslant F_0\}$

§8.4 χ^2 拟合优度检验

在前面的两节中, 我们都是对总体的未知参数进行参数假设检验. 在进行参数假设检验

时, 一般需要总体分布的形式已知, 比如之前讨论的都是正态总体. 本节中, 我们将对总体分布的形式建立假设并进行检验, 这类问题称为拟合优度检验. 这是一类非参数假设检验问题.

拟合优度检验是检验观察到的一批数据是否与某种类型的理论分布相符, 它在应用上非常重要. 拟合优度检验最早是由皮尔逊提出的. 皮尔逊注意到轮盘赌博中各状态的概率与实际观察到的严重不符, 为此他构造了一个新的分布② 以反映实际观察到的数据的性态, 然后检验这批数据与这个分布的拟合程度. 而后一步的检验就是拟合优度检验. 由于其构造的检验统计量的极限分布为 χ^2 分布, 因此称之为 χ^2 拟合 (优度) 检验. 后来费希尔修正了皮尔逊的关键性错误, 为拟合优度检验做出了重要贡献.

设总体 X 的分布函数为 $F(x)$, $F_0(x)$ 为分布函数. 拟合优度检验所要检验的假设为

$$H_0: F(x)=F_0(x), \qquad H_1: F(x)\neq F_0(x)^{③}. \tag{8.4.1}$$

$F_0(x)$ 称为理论分布, 可以完全已知, 也可以仅类型已知, 但含有未知参数. 根据理论分布完全已知还是仅知道类型但含有未知参数, 我们将 χ^2 拟合优度检验问题分成两类, 分别进行讨论.

一、理论分布完全已知

设总体 X 的分布函数为 $F(x)$(未知). 设 $X_1, X_2, \cdots, X_n$ 为来自总体 X 的简单随机样本, 样本观察值为 $x_1, x_2, \cdots, x_n$. 假设理论分布 $F_0(x)$ 完全已知.

1. 理论分布完全已知, 且仅取有限个值

我们先考虑理论分布完全已知, 且其对应的随机变量 X_0 仅取有限个值的情形. 设 X_0 的取值为 $a_1, \cdots, a_k$, 对应的概率 $P\{X_0=a_i\}=p_i(i=1,\cdots,k)$. 则所要检验的假设式 (8.4.1) 等价于

$$H_0: P\{X=a_i\}=p_i,\ i=1,\cdots,k. \tag{8.4.2}$$

记 N_i 为样本 $X_1, \cdots, X_n$ 中等于 a_i 的个数, 则 N_i 为一个统计量, 其观察值 n_i 为样本值 $x_1, \cdots, x_n$ 中等于 a_i 的个数. 由于样本是独立同分布的, 因此 N_i 可以看作 n 次独立重复试验中事件 $A_i=\{X=a_i\}$ 发生的次数, 故服从二项分布 $B(n, P\{X=a_i\})$. 由伯努利大数定律知 $\dfrac{N_i}{n}\xrightarrow{P}P\{X=a_i\}$, 故在原假设 H_0 为真时, 有 $\dfrac{N_i}{n}\xrightarrow{P}p_i$. 因此在 H_0 为真时, 当样本量 n 充分大时, 对每一个 i, $\dfrac{N_i}{n}$ 应该与 p_i 相差不大. 因此我们可以用形如

$$\sum_{i=1}^{k} C_i\left(\frac{N_i}{n}-p_i\right)^2 \tag{8.4.3}$$

的统计量来检验假设式 (8.4.2). 其中 C_i 为一些常数, 目的是使得统计量能具有良好的极限分布. 皮尔逊在 1900 年给出了如下重要定理:

② 这个分布就是 χ^2 分布, 而且矩估计法也是皮尔逊为了验证该分布最能反映所得数据的性态而创立的.

③ 一般地, 我们只写原假设, 备择假设可以不写.

定理 1 如果原假设 H_0 成立, 选取 $C_i = n/p_i$, 则当样本量 $n \to \infty$ 时, 由式 (8.4.3) 定义的统计量的分布趋向于自由度为 $k-1$ 的 χ^2 分布.

因此我们用来衡量与所给分布 $F_0(x)$ 的拟合程度的检验统计量为

$$\chi^2 = \sum_{i=1}^{k} \frac{n}{p_i}\left(\frac{N_i}{n} - p_i\right)^2 = \sum_{i=1}^{k} \frac{N_i^2}{np_i} - n, \tag{8.4.4}$$

其极限分布为 $\chi^2(k-1)$ 分布. 这个检验统计量称为皮尔逊的拟合优度 χ^2 统计量, 简称为 χ^2 统计量.

定理 1 的一般证明超出了本课程的范围, 这里我们仅给出 $k=2$ 的证明. 此时, $p_2 = 1-p_1$, $N_2 = n - N_1$. 所以

$$\chi^2 = \frac{n}{p_1}\left(\frac{N_1}{n} - p_1\right)^2 + \frac{n}{p_2}\left(\frac{N_2}{n} - p_2\right)^2 = \left(\frac{N_1 - np_1}{\sqrt{np_1(1-p_1)}}\right)^2.$$

由于 $N_1 \sim B(n, p_1)$, 由棣莫弗 - 拉普拉斯中心极限定理有 $\dfrac{N_1 - np_1}{\sqrt{np_1(1-p_1)}}$ 的分布收敛到标准正态分布 $N(0,1)$. 而标准正态变量的平方服从 $\chi^2(1)$ 分布, 故 χ^2 的分布收敛到 $\chi^2(1)$ 分布.

回到我们的假设检验问题上来. 当原假设 H_0 为真时, 我们希望对每一个 i, $\dfrac{N_i}{n}$ 与 p_i 相差不大, 因此一个合理的检验标准为: 存在一个临界值 $C > 0$,

$$\text{当}\chi^2 \geqslant C\text{时, 拒绝}H_0\text{, 否则接受}H_0.$$

给定显著性水平 α, 近似地认为 χ^2 的分布为 $\chi^2(k-1)$ 分布, 则取 $C = \chi^2_\alpha(k-1)$, 其拒绝域为

$$W = \{\chi^2 \geqslant \chi^2_\alpha(k-1)\}, \tag{8.4.5}$$

相应的 p 值为

$$p = P\{\chi^2 \geqslant \chi_0^2\}, \tag{8.4.6}$$

其中 $\chi_0^2 = \displaystyle\sum_{i=1}^{k} \frac{n_i^2}{np_i} - n$, p 值也称为拟合优度.

例 1 现在我们来分析 8.1 节中提到的孟德尔试验 (8.1 节的例 2). 理论分布 $F_0(x)$ 完全已知:

$$a_1 = \text{黄圆}, \quad a_2 = \text{绿圆}, \quad a_3 = \text{黄皱}, \quad a_4 = \text{绿皱},$$

$$p_1 = \frac{9}{16}, \quad p_2 = \frac{3}{16}, \quad p_3 = \frac{3}{16}, \quad p_4 = \frac{1}{16}.$$

样本量为 $n = 556$, 四种类型的观察值个数分别为 $n_1 = 315$, $n_2 = 108$, $n_3 = 101$, $n_4 = 32$. 计算结果如表 8-3 所示. 因此 χ^2 统计量的观察值为 $\chi_0^2 = 556.47 - 556 = 0.47$. 给定显著性水平 $\alpha = 0.05$, $\chi^2_\alpha(k-1) = \chi^2_{0.05}(3) = 7.81 > 0.47$, 故接受原假设, 即所得数据与孟德尔提出的比例 9:3:3:1 相吻合.

表 8-3 例 1 的 χ^2 拟合检验计算表

i	n_i	p_i	np_i	$\frac{n_i^2}{np_i}$
1	315	0.562 5	312.75	317.27
2	108	0.187 5	104.25	111.88
3	101	0.187 5	104.25	97.85
4	32	0.062 5	34.75	29.47
合计	556	1	556	556.47

根据拟合优度 $p = P\{\chi^2 \geqslant 0.47\} = 0.93 > 0.05$, 同样作出接受原假设的决策.

例 2 一家工厂分早、中、晚三班, 每班 8 小时. 近期发生了一些事故, 其中早班 6 次, 中班 3 次, 晚班 6 次. 据此怀疑事故发生率与班次有关, 比如中班事故发生率要小些. 能否利用这些数据检验这个怀疑的对错?

解 设原假设 H_0 为事故发生率与班次无关. 班次的分布完全已知, 取值为 $a_1 =$ 早班, $a_2 =$ 中班, $a_3 =$ 晚班, 相应的概率 $p_1 = p_2 = p_3 = 1/3$. 总的样本量 $n = 15$, 每个取值对应的样本观察值的个数为 $n_1 = 6$, $n_2 = 3$, $n_3 = 6$. 计算结果如表 8-4 所示. 因此 χ^2 统计量的观察值为 $\chi_0^2 = 16.2 - 15 = 1.2$. 给定显著性水平 $\alpha = 0.05$, $\chi_\alpha^2(k-1) = \chi_{0.05}^2(2) = 5.99 > 1.2$, 故接受原假设, 即所得数据不能说明事故发生率与班次有关.

表 8-4 例 2 的 χ^2 拟合检验计算表

i	n_i	p_i	np_i	$\frac{n_i^2}{np_i}$
1	6	1/3	5	7.2
2	3	1/3	5	1.8
3	6	1/3	5	7.2
合计	15	1	15	16.2

6:3:6 这个比例表面上看起来有一定的差异, 但与检验结果相反, 那是由于样本量 15 太小, 随机性的影响很大. 如果把事故次数按比例放大 5 倍, 即 $n_1 = 30$, $n_2 = 15$, $n_3 = 30$, 则 χ^2 的观察值就变为 $\chi_0^2 = 6 > 5.99$, 因此拒绝原假设, 认为事故发生率确实与班次有关了. 事实上, 由于 χ^2 的分布是趋向于 $\chi^2(k-1)$ 分布, 因此只有当样本量很大时, 用 $\chi^2(k-1)$ 分布近似 χ^2 的分布才不会产生太大的偏差. 一般地, 要求样本量 $n \geqslant 50$, 且每个取值的观察值个数 $n_i \geqslant 5$.

2. 理论分布完全已知, 但取值不一定有限

这里包括理论分布 $F_0(x)$ 对应的随机变量 X_0 为离散型, 但是取值为很多个或无限个, 也包括理论分布为连续型. 要检验的仍是假设 $H_0: F(x) = F_0(x)$.

对于这种情形, 我们的解决办法是通过对区间进行划分转化为已讨论过的情形. 以连续型为例, 设理论分布 $F_0(x)$ 对应的概率密度函数为 $f(x)$. 选取 $k-1$ 个实数 $a_1 < \cdots < a_{k-1}$,

将实轴分成了 k 个区间:

$$I_1=(-\infty,a_1],I_2=(a_1,a_2],\cdots,I_k=(a_{k-1},+\infty).$$

当样本的观察值落在区间 I_i 内时, 则说这个样本属于第 i 类, 因此这 k 个区间就相当于 k 类. 记 N_i 为第 i 类中样本的个数, 即 $X_1,X_2,\cdots,X_n$ 中落在区间 I_i 内的个数. 若原假设为真, 即总体 X 的分布为 $F_0(x)$, 则每个区间的概率为

$$p_i=P\{X\in I_i\}=F_0(a_i)-F_0(a_{i-1})=\int_{a_{i-1}}^{a_i}f(x)\mathrm{d}x \tag{8.4.7}$$

(这里取 $a_0=-\infty$, $a_k=+\infty$). 接下来就与理论分布的取值为有限的情形一样了, 比较 χ^2 统计量式 (8.4.4) 的观察值 χ_0^2 和 $\chi_\alpha^2(k-1)$, 当 $\chi_0^2\geqslant\chi_\alpha^2(k-1)$ 时, 拒绝原假设 H_0, 否则接受原假设 H_0.

事实上, 通过划分区间, 我们其实是对另一个假设 $H_0':P(X\in I_i)=p_i$ 进行检验, 而不是我们真正想检验的假设 $H_0:F(x)=F_0(x)$. 显然, 当 H_0 为真时, H_0' 也为真; 但是当 H_0' 为真时, H_0 未必为真, 因为 H_0' 对区间 I_i 内的分布没有任何限制. 但是当区间划分得非常细时, 每个小区间 I_i 内的概率都不大, H_0 与 H_0' 的差异也不大. 因此在实际中, 当 H_0' 为真时, 我们认为 H_0 也为真. 此外在实际问题中, 区间的划分不宜过细, 一般是根据样本的观察值进行划分, 既使得每个区间的个数不少于 5 个, 又使得区间个数 k 不要太大或太小. 大多数时候, 当样本量 $n\leqslant100$ 时选取 $6\sim8$ 个区间, 当 $100\leqslant n\leqslant200$ 时选取 $9\sim12$ 个区间, 当 $n\geqslant200$ 时适当增加区间个数, 但以不超过 20 个为宜.

当总体为离散型但取值为无限时, 上述划分区间的方法同样适用, 只需要将式 (8.4.7) 替换为

$$p_i=P(X\in I_i)=F_0(a_i)-F_0(a_{i-1})=\sum_{a_{i-1}<x\leqslant a_i}P(X_0=x).$$

若区间内的观察值小于 5 个, 则将多个区间合并, 使得每个区间内的观察值不小于 5 个.

例 3 瑞典斯德哥尔摩 1841—1940 年间 6 月份平均温度的记录如下:

区间 (摄氏度)	观察数 n_i	区间 (摄氏度)	观察数 n_i
~12.4	10	$14.5\sim14.9$	10
$12.5\sim12.9$	12	$15.0\sim15.4$	9
$13.0\sim13.4$	9	$15.5\sim15.9$	6
$13.5\sim13.9$	10	$16.0\sim16.4$	7
$14.0\sim14.4$	19	$16.5\sim$	8

在显著性水平 $\alpha=0.05$ 下, 检验 6 月份的平均温度 X 是否服从正态分布 $N(14,2.25)$.

解 根据题意, 提出假设 $H_0:X$ 的分布为正态分布 $N(14,2.25)$. 现将实轴 $(-\infty,+\infty)$ 分成 10 个互不相交的区间④: $A_1=(-\infty,12.45]$, $A_2=(12.45,12.95]$, $\cdots$, $A_{10}=(16.45,+\infty)$.

④ 一般地, 区间的端点会多取一位小数, 以避免观察值正好落在区间端点上.

在原假设 H_0 为真时, 每个区间的概率为

$$p_i = P\{X \in A_i\} = \int_{a_{i-1}}^{a_i} \frac{1}{\sqrt{2\pi} \times 1.5} \exp\left\{-\frac{(x-14)^2}{2 \times 2.25}\right\} \mathrm{d}x.$$

计算结果如表 8-5 所示. 计算 χ^2 统计量的观察值 $\chi_0^2 = 109.88 - 100 = 9.88$. 对于给定的显著性水平 $\alpha = 0.05$, $\chi_\alpha^2(k-1) = \chi_{0.05}^2(9) = 16.92 > 9.88$, 故接受原假设, 即该地区 6 月份平均温度服从正态分布 $N(14, 2.25)$.

表 8-5　例 3 的 χ^2 拟合检验计算表

A_i	n_i	p_i	np_i	$\frac{n_i^2}{np_i}$
$(-\infty, 12.45]$	10	0.150	15.07	6.64
$(12.45, 12.95]$	12	0.091	9.12	15.78
$(12.95, 13.45]$	9	0.115	11.50	7.05
$(13.45, 13.95]$	10	0.130	12.98	7.71
$(13.95, 14.45]$	19	0.131	13.12	27.51
$(14.45, 14.95]$	10	0.119	11.88	8.42
$(14.95, 15.45]$	9	0.096	9.64	8.40
$(15.45, 15.95]$	6	0.070	7.01	5.14
$(15.95, 16.45]$	7	0.046	4.56	10.75
$(16.45, +\infty)$	8	0.051	5.12	12.50
合计	100	1	100	109.88

二、理论分布类型已知, 但含有未知参数

前面的讨论中要求理论分布是完全已知的, 但实际中这种情形很少. 更多的情形是仅知道理论分布的类型, 但含有若干未知参数. 这时的原假设为

$$H_0 : F(x) = F_0(x; \theta_1, \cdots, \theta_r), \tag{8.4.8}$$

其中 $F_0(x; \theta_1, \cdots, \theta_r)$ 为理论分布, 包含 $r(r \geqslant 1)$ 个未知参数 $\theta_1, \cdots, \theta_r$. 注意, 这时理论分布其实是一族分布函数, 所要做的检验是判定总体的分布是否符合这一族分布函数 (而不是某一个分布函数). 类似于理论分布完全已知的情形, 将 X 的可能取值分成 k 个互不相交的区间 $A_1, \cdots, A_k$, 并记 $p_i = p_i(\theta_1, \cdots, \theta_r) = P\{X_0 \in A_i\}$ 为原假设为真时 A_i 的概率, 与未知参数 $\theta_1, \cdots, \theta_r$ 有关. 选取 $\hat{\theta}_1, \cdots, \hat{\theta}_r$ 为未知参数 $\theta_1, \cdots, \theta_r$ 的最大似然估计值, $\hat{p}_i = p_i(\hat{\theta}_1, \cdots, \hat{\theta}_r)$ 为 p_i 的最大似然估计值. 设假设为

$$H_0 : F(x) = F_0(x; \hat{\theta}_1, \cdots, \hat{\theta}_r), \tag{8.4.9}$$

且定义 χ^2 统计量为

$$\chi^2 = \sum_{i=1}^k \frac{n}{\hat{p}_i} \left(\frac{N_i}{n} - \hat{p}_i\right)^2 = \sum_{i=1}^k \frac{N_i^2}{n\hat{p}_i} - n. \tag{8.4.10}$$

费希尔在 1924 年对 χ^2 统计量式 (8.4.10) 的极限分布给出如下定理⑤:

定理 2 若原假设式 (8.4.9) 为真, 则当样本量 $n \to \infty$ 时, 统计量式 (8.4.10) 的分布趋向于自由度为 $k-1-r$ 的 χ^2 分布.

因此, 我们可以采用理论分布完全已知的情形对假设式 (8.4.9) 进行检验, 得出其拒绝域为

$$W = \{\chi^2 \geqslant \chi^2_\alpha(k-1-r)\}. \tag{8.4.11}$$

虽然我们只是对假设式 (8.4.9) 进行了检验, 但我们认为它也是对假设式 (8.4.8) 的检验, 即当接受原假设式 (8.4.9) 时, 也接受原假设式 (8.4.8). 注意, 分组 k 不能小于 $r+2$.

总结一下 χ^2 拟合优度检验的步骤:

(1) 将总体 X 的取值划分为 k 个互不相交的区间 A_i, 要保证每个区间 A_i 内包含的观察值不少于 5 个, 否则对区间进行适当的调整或合并;

(2) 若理论分布包含有 r 个未知参数 θ_i, 则在 H_0 为真的条件下, 求解未知参数的最大似然估计值 $\hat{\theta}_i$;

(3) 计算 χ^2 统计量式 (8.4.4)(不含未知参数) 或式 (8.4.10)(包含未知参数) 的观察值 χ^2_0;

(4) 对 χ^2_0 与 $\chi^2_\alpha(k-1)$(不含未知参数) 或 $\chi^2_\alpha(k-1-r)$(含 r 个未知参数) 进行比较: 当 $\chi^2_0 \geqslant \chi^2_\alpha(k-1)$(不含未知参数) 或 $\chi^2_0 \geqslant \chi^2_\alpha(k-1-r)$(含 r 个未知参数) 时, 拒绝原假设 H_0, 否则接受原假设 H_0.

例 4 20 世纪初, 卢瑟福和他的两个学生进行了著名的 α 散射粒子实验. 他们每隔 7.5 秒记录放射性物质在这段时间内放射的质子数 i, 共记录了 2 608 个数据, 如下表所示:

i	0	1	2	3	4	5	6	7	8	9	10	11	12
n_i	57	203	383	525	532	408	273	139	45	27	10	4	2

n_i 表示间隔时间内放射的质子数为 i 发生的次数. 检验 7.5 秒内放射的质子数 X 的分布为泊松分布的假设 (取 $\alpha = 0.05$).

解 根据题意, 提出假设 $H_0: X$ 服从泊松分布 $P(\lambda)$, 其中 $\lambda > 0$ 为未知参数.

首先进行分组, 当 $i = 0, \cdots, 10$ 时样本个数都比较大, 可以单独成一组, 当 $i = 11$ 和 12 时样本个数都小于 5, 因此将 $i \geqslant 11$ 合并为一组. 故总计 12 组 $A_0, \cdots, A_{11}$, $k = 12$.

计算 λ 的最大似然估计值 $\hat{\lambda}$. 由最大似然估计法知 $\hat{\lambda} = \overline{x}$, 即

$$\hat{\lambda} = \frac{1}{n}\sum_{i=1}^{n} x_i = \frac{\sum\limits_{i=0}^{12} i \times n_i}{\sum\limits_{i=0}^{12} n_i} = \frac{0 \times 57 + 1 \times 203 + \cdots + 12 \times 2}{57 + 203 + \cdots + 2} \approx 3.87.$$

⑤ 这个定理最初是由皮尔逊给出的, 但是他认为极限分布的自由度是 $k-1$, 后来费希尔修正了这个错误.

设原假设 H_0 为真, 取 $\lambda=\hat{\lambda}=3.87$, 计算每个分组 A_i 的概率

$$\hat{p}_i=\frac{\hat{\lambda}^i}{i!}\mathrm{e}^{-\hat{\lambda}},\ i=0,\cdots,10,$$

$$\hat{p}_{11}=1-\sum_{i=0}^{10}\frac{\hat{\lambda}^i}{i!}\mathrm{e}^{-\hat{\lambda}}.$$

计算结果如表 8-6 所示. 计算得 χ^2 统计量的观察值为

$$\chi_0^2=\sum_{i=0}^{11}\frac{n_i^2}{n\hat{p}_i}-n=12.974.$$

由于 $k=12$, $r=1$, 对于给定的显著性水平 $\alpha=0.05$, $\chi_\alpha^2(k-1-r)=\chi_{0.05}^2(10)=18.307>12.974$. 故接受原假设, 即 7.5 秒内放射的质子数服从泊松分布.

表 8-6　例 4 的 χ^2 拟合检验计算表

A_i	n_i	$\hat{p}_i$	$n\hat{p}_i$	$\frac{n_i^2}{n\hat{p}_i}$
$A_0=\{0\}$	57	0.021	54.399	59.726
$A_1=\{1\}$	203	0.081	210.523	195.746
$A_2=\{2\}$	383	0.156	407.361	360.095
$A_3=\{3\}$	525	0.201	525.496	524.504
$A_4=\{4\}$	532	0.195	508.418	556.676
$A_5=\{5\}$	408	0.151	393.515	423.018
$A_6=\{6\}$	273	0.097	253.817	293.632
$A_7=\{7\}$	139	0.054	140.325	137.688
$A_8=\{8\}$	45	0.026	67.882	29.831
$A_9=\{9\}$	27	0.011	29.189	24.975
$A_{10}=\{10\}$	10	0.004	11.296	8.852
$A_{11}=\{\geqslant 11\}$	4, 2 } 6	0.002	5.779	6.230
合计	2 608	1	2 608	2 620.974

例 5　再来考虑斯德哥尔摩 6 月份平均温度 (例 3) 的假设检验问题, 将检验的假设改为 H_0 : 6 月份的平均温度 X 服从正态分布. 此时理论分布包含有两个未知参数 μ, σ^2. 设 μ 和 σ^2 的最大似然估计值分别为 $\hat{\mu}=14.28$, $\hat{\sigma}=1.574$[⑥]. 类似于例 3 中的计算, 可得 $\chi_0^2=8.015$. 而 $\chi_\alpha^2(k-1-r)=\chi_{0.05}^2(7)=14.067>8.015$, 故接受原假设, 即 6 月份的平均温度服从正态分布.

⑥ 这两个估计值是克莱姆在其著作《统计学数学方法》中给出的.

重要补充及扩展问题

一、假设检验与置信区间的关系

置信区间和假设检验之间有着很明显的关系，比如无论是单个总体还是两个总体，无论是均值还是方差，检验 I 的检验统计量和置信区间的枢轴量都是相同的，而且在显著性水平 α 下的接受域与置信水平 $1-\alpha$ 的置信区间相同. 下面我们以单个正态总体的均值的假设检验为例进行说明.

设 $X_1, X_2, \cdots, X_n$ 为来自正态总体 $N(\mu, \sigma^2)$ 的简单随机样本，μ, σ^2 未知. 考虑均值 μ 的检验 I：

$$H_0: \mu = \mu_0, \quad H_1: \mu \neq \mu_0.$$

这个问题用 t 检验. 给定显著性水平 α，则拒绝域由式 (8.2.9) 给出，其接受域为

$$\overline{W} = \left\{ \mu_0 - t_{\frac{\alpha}{2}}(n-1)\frac{S}{\sqrt{n}} < \overline{X} < \mu_0 + t_{\frac{\alpha}{2}}(n-1)\frac{S}{\sqrt{n}} \right\}.$$

可以将接受域改写成

$$\overline{W} = \left\{ \overline{X} - t_{\frac{\alpha}{2}}(n-1)\frac{S}{\sqrt{n}} < \mu_0 < \overline{X} + t_{\frac{\alpha}{2}}(n-1)\frac{S}{\sqrt{n}} \right\},$$

正好是置信水平为 $1-\alpha$ 的置信区间 (由式 (7.2.4) 给出).

事实上，由置信区间的定义可知，总体中未知参数 θ 的置信水平为 $1-\alpha$ 的置信区间 $(\bar{\theta}_1, \bar{\theta}_2)$ 满足

$$P\{\bar{\theta}_1 < \theta < \bar{\theta}_2\} \geqslant 1-\alpha,$$

等价于 $P\{\{\theta \leqslant \bar{\theta}_1\} \bigcup \{\theta \geqslant \bar{\theta}_2\}\} \leqslant \alpha$. 故当原假设 $H_0: \theta = \theta_0$ 为真时，

$$P\{\{\theta_0 \leqslant \bar{\theta}_1\} \bigcup \{\theta_0 \geqslant \bar{\theta}_2\}\} \leqslant \alpha,$$

即给定显著性水平 α 下的拒绝域为

$$\{\theta_0 \leqslant \bar{\theta}_1\} \bigcup \{\theta_0 \geqslant \bar{\theta}_2\},$$

故其接受域为 $(\bar{\theta}_1, \bar{\theta}_2)$，正好是置信区间.

反过来，对假设

$$H_0: \theta = \theta_0, \quad H_1: \theta \neq \theta_0,$$

给定显著性水平 α，若其接受域为 $\{\bar{\theta}_1 < \theta_0 < \bar{\theta}_2\}$，则

$$P\{\bar{\theta}_1 < \theta < \bar{\theta}_2\} \geqslant 1-\alpha,$$

即 $(\bar{\theta}_1, \bar{\theta}_2)$ 正好就是置信水平为 $1-\alpha$ 的置信区间.

类似地, 单侧检验 II 和检验 III 的接受域

$$\{\theta_0 < \bar{\theta}_2\} \text{ 和 } \{\theta_0 > \bar{\theta}_1\}$$

分别给出了 θ 的置信水平为 $1-\alpha$ 的单侧置信上限 $\bar{\theta}_2$ 和单侧置信下限 $\bar{\theta}_1$.

例 1 设有来自总体 $N(\mu, \sigma^2)$ 的容量 $n=16$ 的简单随机样本, 其样本均值 $\overline{x}=5.20$, 样本方差 $s^2=1.00$. 设置信水平为 $1-\alpha=0.95$, $t_{\alpha/2}(n-1)=t_{0.025}(15)=2.13$. 则参数 μ 的 0.95 的置信区间为

$$\left(\overline{x} \pm t_{\frac{\alpha}{2}}(n-1)\frac{s}{\sqrt{n}}\right) = \left(5.20 \pm 2.13 \times \frac{\sqrt{1.00}}{\sqrt{16}}\right) = (4.67, 5.73).$$

考虑假设 $H_0: \mu=5.5$, $H_1: \mu \neq 5.5$. 由于 $5.5 \in (4.67, 5.73)$, 故接受原假设 H_0.

二、贝叶斯检验

在第七章中, 我们介绍了贝叶斯方法在点估计和区间估计中的应用, 事实上贝叶斯方法同样可以应用于假设检验. 如果给定了参数 θ 的先验分布, 则在样本 $X_1, X_2, \cdots, X_n$ 已知的条件下, 可以得到 θ 的后验分布. 因此对于与 θ 有关的原假设 H_0 和备择假设 H_1, 我们可以利用后验分布计算条件概率 $P\{H_0|X_1, \cdots, X_n\}$ 和 $P\{H_1|X_1, \cdots, X_n\}$. 贝叶斯检验的思想就是比较这两个条件概率, 若 $P\{H_0|X_1, \cdots, X_n\}$ 比 $P\{H_1|X_1, \cdots, X_n\}$ 大, 则接受原假设 H_0, 否则拒绝原假设 H_0. 如果两个条件概率相等, 则无法作出决策.

注 由于 H_0 和 H_1 为对立的两个事件, 所以比较两个条件概率, 其实只需要它们和 1/2 比即可, 即若 $P\{H_0|X_1, \cdots, X_n\} > 1/2$, 则接受 H_0; 若 $P\{H_0|X_1, \cdots, X_n\} < 1/2$, 则拒绝 H_0.

例 2 在 7.1 节的例 10 中, 我们已知, 当先验分布为正态分布 $N(\mu_0, \sigma_0^2)$ 时, μ 的后验分布为正态分布 $N(B/A, 1/A)$, 其中 A 和 B 如式 (7.1.7) 所定义. 这里我们讨论 μ 的假设检验问题.

(1) 设原假设和备择假设为 $H_0: \mu \leqslant 0$, $H_1: \mu > 0$. 为了使用贝叶斯检验, 我们只需要计算条件概率 $P\{\mu \leqslant 0|X_1, \cdots, X_n\}$ 是否大于 1/2. 显然根据正态分布的对称性, $P\{\mu \leqslant B/A|X_1, \cdots, X_n\} = 1/2$, 因此我们只需要比较 B/A 和 0: 当 $B/A < 0$, 即 $\overline{X} < -\dfrac{\mu_0\sigma^2}{n\sigma_0^2}$ 时, $P\{\mu \leqslant 0|X_1, \cdots, X_n\} > 1/2$, 故接受原假设 H_0; 当 $B/A > 0$, 即 $\overline{X} > -\dfrac{\mu_0\sigma^2}{n\sigma_0^2}$ 时, $P\{\mu \leqslant 0|X_1, \cdots, X_n\} < 1/2$, 故拒绝原假设 H_0; 当 $B/A = 0$, 即 $\overline{X} = -\dfrac{\mu_0\sigma^2}{n\sigma_0^2}$ 时, $P\{\mu \leqslant 0|X_1, \cdots, X_n\} = 1/2$, 无法对原假设 H_0 作出接受或拒绝的决策.

(2) 设原假设为 $H_0: \theta_1 \leqslant \theta \leqslant \theta_2$($\theta_1$ 和 θ_2 为两个给定的常数). 由于后验分布为正态分布 $N(B/A, 1/A)$, 故条件概率

$$P\{H_0|X_1, \cdots, X_n\} = \Phi\left(\frac{\theta_2 - B/A}{\sqrt{1/A}}\right) - \Phi\left(\frac{\theta_1 - B/A}{\sqrt{1/A}}\right).$$

当样本 $X_1, X_2, \cdots, X_n$ 的观察值给定时, 很容易算出这个条件概率. 将之与 1/2 进行比较, 作出接受还是拒绝 H_0 的决策.

注 上例中, 当考虑的假设为: $H_0: \mu = 0$, $H_1: \mu \neq 0$ 时, 贝叶斯检验总是拒绝原假设 H_0. 因为后验分布为正态分布, 其在任何一点的概率总是 0, 即无论样本 $X_1, X_2, \cdots, X_n$ 取何值, $P(H_0|X_1, \cdots, X_n) = 0$.

在本章介绍的假设检验中, 一个重要的步骤是构造检验统计量, 并确定其分布. 而贝叶斯检验中, 我们并不需要构造检验统计量, 只需要根据后验分布计算条件概率即可. 这也是贝叶斯检验的一个好处, 特别是对于检验统计量的精确分布很难获得的情形.

习 题 八

一、基础练习题

1. 从某批产品中随机抽取 100 个作为样本, 测量得该样本长度的平均值为 $\overline{x} = 4.26$ 厘米. 假定产品长度服从正态分布 $N(\mu, 1.44)$. 试问可否认定这批产品的平均长度为 4 厘米 (取 $\alpha = 0.05$)?

2. 一种元件的使用寿命不低于 1 000 小时为合格. 现从一批元件中抽取 25 件, 测量其寿命的平均值为 950 小时. 假设这种元件的寿命服从正态分布 $N(\mu, 100^2)$, 试问这批元件是否合格 (取 $\alpha = 0.05$)?

3. 设 $X_1, X_2, \cdots, X_n$ 为来自正态总体 $N(\mu, 9)$ 的简单随机样本, 观察值为 $x_1, x_2, \cdots, x_n$. 检验假设 $H_0: \mu = \mu_0$, $H_1: \mu \neq \mu_0$, 其中 μ_0 已知. 设显著性水平 $\alpha = 0.05$, 若其拒绝域为 $\{|\overline{X} - \mu_0| \geqslant 1.96\}$, 求样本量 n.

4. 根据对北京市大学生学情的调查知, 大学生在时间利用上的平均水平为 $\mu_0 = 11.66$. 某大学利用本校的 $n = 30$ 个样本数据得出平均水平 $\overline{x} = 11.42$, 标准差 $s = 2.30$. 试问本校学生在时间利用上的平均水平与总体的平均水平是否有显著差异? (假设时间利用的水平服从正态分布, 且取 $\alpha = 0.05$.)

5. 根据资料, 用某种旧安眠药时, 平均睡眠时间为 20.8 小时, 标准差为 1.6 小时. 现有一种新安眠药, 据说在一定剂量下, 能比旧安眠药平均增加睡眠时间 3 小时. 为了检验这个说法是否正确, 收集到一组使用新安眠药的睡眠时间 (单位: 小时) 为:

$$26.7 \quad 22.0 \quad 24.1 \quad 21.0 \quad 27.2 \quad 25.0 \quad 23.4$$

试问从这组数据能否说明新安眠药已达到新的疗效?(假设睡眠时间服从正态分布, 且取 $\alpha = 0.05$.)

6. 为研究信用卡消费现状, 对某地区 500 名信用卡持有者进行了随机调查, 得到其月平均刷卡金额数据. 已知这 500 名信用卡持有者的月均刷卡金额的均值为 3 781.88 元, 标准差为 331.78 元. 试问能否认为该地区信用卡月消费金额的平均水平高于 3 000 元? (假设信用

卡月消费金额服从正态分布, 且取 $\alpha = 0.05$.)

7. 随机抽取某种溶液的 10 份样本, 测量其所含水分的平均值为 $\overline{x} = 0.452\%$, 标准差为 $s = 0.037\%$. 假设测量值总体服从正态分布 $N(\mu, \sigma^2)$. 在显著性水平 $\alpha = 0.05$ 下, 分别检验假设 $\mu = 0.5\%$ 和 $\sigma = 0.04\%$ 是否可以接受.

8. 上题中, 在显著性水平 $\alpha = 0.05$ 下, 能否接受假设 $\mu \leqslant 0.5\%$ 和 $\sigma \geqslant 0.04\%$?

9. 某厂商生产出一种新型的饮料装瓶机器. 按设计要求, 该机器装一瓶 1 升的饮料的标准差不超过 1 毫升. 如果达到设计要求, 则表明机器的稳定性很好. 从该机器装完的产品中随机抽取 25 瓶, 测量其容量与标准 1 升的偏差 (单位: 毫升), 结果如下所示:

0.3	−0.4	−0.7	1.4	−0.6	−0.3	−1.5	0.6	−0.9	1.3
−1.3	0.7	1	−0.5	0	−0.6	0.7	−1.5	−0.2	−1.9
−0.5	1	−0.2	−0.6	1.1					

试问该机器的稳定性是否很好? (假设实际容量与标准 1 升的偏差服从正态分布, 且取 $\alpha = 0.05$.)

10. 根据国际标准, 手机的发射功率的标准差不小于 10 毫瓦. 从某型号手机中抽取 10 台作为样本, 测得其标准差为 8 毫瓦. 假设手机的发射功率服从正态分布 $N(\mu, \sigma^2)$. 则这种型号的手机的发射功率的标准差是否显著偏低 (取 $\alpha = 0.05$)?

11. 某地进行人口调查. 抽取 50 个农业户, 平均每户 4.5 人; 又抽取 60 个非农业户, 平均每户 3.75 人. 根据以往经验, 农业户和非农业户的每户人数近似服从正态分布, 标准差分别为 $\sigma_1 = 2.1$ 和 $\sigma_2 = 1.8$. 试问农业户和非农业户的每户平均人数是否有显著差异 (取 $\alpha = 0.05$)?

12. 一位外科医生认为特定脑区的丘脑损伤会降低对疼痛的知觉. 为此, 他选取了 16 只小白鼠, 平均分成两组: 第 1 组为实验组, 与疼痛感知有关的部分丘脑有一定的损伤; 第 2 组为对照组, 与疼痛感知无关的脑区有类似的损伤. 对每只小白鼠进行实验, 令其接受短暂的电流刺激, 电流从弱到强, 直到小白鼠有退缩反应. 下表记录了所有小白鼠退缩反应出现时受到的电流强度 (单位: 毫安). 注意, 实验组里有一只老鼠在接受损伤时意外死亡, 因此实验组只有 7 个数据.

实验组	1.9	1.8	1.6	1.2	1.0	0.9	1.7	
对照组	0.8	0.7	1.2	0.5	0.4	0.9	1.4	1.1

已知两组实验中, 小白鼠出现退缩反应时的电流强度服从正态分布, 且方差分别为 0.16 和 0.12. 试问该医生的观点是否正确 (取 $\alpha = 0.05$)?

13. 一位对动物学习感兴趣的心理学家进行了一项实验, 检查促肾上腺皮质激素 (ACTH) 与安慰剂对动物的躲避性学习的影响是否有差异. 实验动物是 20 只从大学动物饲养所随机抽取的出生 100 天的雄性白鼠. 随机挑选 10 只小白鼠注射 ACTH, 30 分钟后放置到回避式情景中; 对剩余的 10 只小白鼠注射安慰剂, 30 分钟后也放置到回避式情景中. 每只小白鼠

在学习任务中的尝试次数如下所示:

ACTH	58	73	80	78	75	74	79	72	66	77
安慰剂	74	92	87	84	72	82	76	90	95	85

试问可否得出两种方式对动物的躲避性学习有显著差异? (假设两组实验都服从正态分布, 且方差相同, 取 $\alpha = 0.05$.)

14. 在第 12 题中, 我们假设了两组都服从正态分布且方差已知. 若我们仅假设两组均服从正态分布, 且方差相等但未知, 则如何检验医生的观点 (取 $\alpha = 0.05$)?

15. 有一项研究, 用来检验节食加运动是否比单独的节食更有效地促进减肥. 研究对象分成两组, 第 1 组仅进行节食, 第 2 组在节食的同时还做一定量的运动. 三个月后, 测量所有研究对象的体重. 其与三月前相比, 减少的体重 (单位: 市斤) 如下所示:

第 1 组	16	18	19	16	18	18	17	19				
第 2 组	24	20	22	15	23	21	16	17	19	25	24	13

试问节食的同时增加运动是否更有效? (假设两组中减少的体重都服从正态分布, 且方差相同, 取 $\alpha = 0.05$.)

16. 某卷烟厂生产甲、乙两种香烟, 分别对它们的尼古丁含量 (单位: 毫克) 做了 6 次测定, 得到的数据如下所示:

甲	25	28	23	26	29	22
乙	28	23	30	25	21	27

假定这两种烟的尼古丁含量服从正态分布, 且方差相等. 试问这两种香烟的尼古丁平均含量有无显著差异? 又对两种香烟的尼古丁含量的方差进行检验, 是否有显著差异 (取 $\alpha = 0.05$)?

17. 为了研究长期吸烟是否导致胆固醇升高, 随机抽取部分烟龄在 25 年以上 (过度吸烟) 和 5 年以下 (短期吸烟) 的吸烟者, 测量其胆固醇水平. 调查对象中, 过度吸烟者有 33 人, 胆固醇的均值为 233.06mg/dL, 标准差为 8.30mg/dL; 短期吸烟者有 43 人, 胆固醇的均值为 237.98mg/dL, 标准差为 5.88mg/dL. 则过度吸烟者与短期吸烟者的胆固醇水平的总体方差是否存在显著差异? 若假设过度吸烟者和短期吸烟者的胆固醇水平的总体方差相等, 则过度吸烟者的胆固醇水平的总体均值是否更高? (假设两类吸烟者的胆固醇水平均服从正态分布, 且取 $\alpha = 0.05$.)

18. 神经科学家认为外侧下丘脑会影响饮食行为. 为此研究中选取 10 只小白鼠, 每只小白鼠的脑中都置入两个电极, 一个位于外侧下丘脑, 另一个位于中性区 (已知不会影响进食的区域). 每只小白鼠的这两个脑区先后接受 30 分钟的电流刺激, 并记录刺激期间的饮食量 (单位: 克). 记录的数据如下表所示:

外侧下丘脑	10	18	16	22	14	25	17	22	12	21
中性区	6	8	11	14	10	20	10	18	14	13

试问可否说明外侧下丘脑对饮食有影响? (假设两组实验都服从正态分布, 且取 $\alpha = 0.05$.)

19. 给小白鼠喂不同的饲料, 用以下两种方式设计实验.

方式 1: 对同一小白鼠先后喂不同的饲料, 所测得的体内钙留存量如下表所示:

饲料 1	33.1	33.1	26.8	36.3	39.5	30.9	33.4	31.5	28.6
饲料 2	36.7	28.8	35.1	35.2	43.8	25.7	36.5	37.9	28.7

方式 2: 甲组喂饲料 1, 乙组喂饲料 2, 所测得的体内钙留存量如下表所示 (假设两组的方差相同但未知):

甲组	29.7	26.7	28.9	31.1	31.1	26.8	26.3	39.5	30.9	33.4
乙组	28.7	28.3	29.3	32.2	31.1	30.0	36.2	36.8		

对两种方式分别进行分析, 验证不同饲料对钙留存量是否有显著差异. (假定钙留存量服从正态分布, 且取 $\alpha = 0.05$.)

20. 政府考虑制定某项措施以鼓励市民节约汽油. 为了预估该措施的效果, 政府进行了一项实验. 政府随机抽取 12 个家庭, 并记录了该措施实验前后各一个月的汽油使用情况 (单位: 升), 如下表所示:

开展前	55	43	51	62	35	48	58	45	48	54	56	32
开展后	48	38	53	58	36	42	55	40	49	50	58	25

试问根据这些数据是否有必要实施这项措施? (假设实验前后汽油的使用都服从正态分布, 且取 $\alpha = 0.05$.)

21. 利用第 12 题的数据, 验证两组实验的分布的方差是否相同. (假设两组数据都服从正态分布, 且取 $\alpha = 0.05$.)

22. 为了考察某种传染疾病在不同性别之间是否有显著差异, 从现有病例中随机抽取了 3 393 个, 发现其中女性病例为 1 550 个, 男性病例为 1 843 个. 试通过抽取的数据检验该传染疾病对性别是否有显著差异 (取 $\alpha = 0.05$).

23. 某人欲了解该地区饮酒者对不同品牌低度啤酒的偏好是否存在差异. 为此, 他随机抽取 150 名饮酒者进行调查, 结果如下表所示:

品牌 A	品牌 B	品牌 C	总数
45	40	65	150

试问这些数据能否说明该地区饮酒者对不同品牌啤酒的偏好具有显著差异 (取 $\alpha = 0.05$)?

24. 一位学者认为, 近年来他所居住城市的人口结构发生了变化. 最新数据 (几年前收集的) 表明, 本市中主要的四类人群占比分别为: 有户籍且有房 (A) 的人口占 53%, 无户籍但有房 (B) 的人口占 32%, 有户籍但无房 (C) 的人口占 8%, 无户籍且无房 (D) 的人口占 7%. 为了验证他的观点, 该学者随机抽取了 750 个居民进行调查, 结果如下表所示:

A	B	C	D	总数
399	193	63	95	750

试问这些数据是否可以验证这位学者的观点 (取 $\alpha = 0.05$)?

25. 对吸烟者生肺病的情况做调查. 将调查人群分为 5 种: 不吸烟 (A), 每天 5 支以下 (B), 每天 $5 \sim 20$ 支 (C), 每天 $20 \sim 40$ 支 (D), 每天 40 支以上 (E). 调查数据如下表所示:

组别	A	B	C	D	E
被调查人数	1500	500	700	500	600
生肺病人数	100	45	60	55	60

试问生肺病与吸烟是否有关 (取 $\alpha = 0.05$)?

26. 从一批灯泡中抽取 300 只测其寿命 (单位: 小时), 结果如下表所示:

寿命	< 100	$[100, 200)$	$[200, 300)$	$\geqslant 300$
灯泡数	121	78	43	58

试问这批灯泡的寿命是否服从指数分布 $E(0.005)$ (取 $\alpha = 0.05$)?

27. 从总体 X 中抽取容量为 80 的简单随机样本, 得到的频数如下表所示:

区间	$(0, 0.25]$	$(0.25, 0.50]$	$(0.50, 0.75]$	$(0.75, 1]$
频数	6	18	20	36

试分析根据这批数据能否认为 X 的概率密度为

$$f(x) = \begin{cases} 2x, & 0 < x < 1 \\ 0, & \text{其他} \end{cases}.$$

(取 $\alpha = 0.05$.)

28. 检查产品质量时, 每次抽取 10 个产品检查, 共抽取 100 次. 记录每 10 个产品中的次品数. 次品数的频率如下表所示:

次品数	0	1	2	3	4	5	$6 \sim 10$
频数	35	40	18	5	1	1	0

试问生产过程中出现次品的概率能否看作是不变的, 即次品数 X 是否服从二项分布 (取 $\alpha = 0.05$)?

29. 从一批滚珠中随机抽取 50 个, 测得其直径 (单位: 毫米) 如下所示:

15.0	15.8	15.2	15.1	15.9	14.7	14.8	15.5	15.6	15.3
15.1	15.3	15.0	15.6	15.7	14.8	14.5	14.2	14.9	14.9
15.2	15.0	15.3	15.6	15.1	14.9	14.2	14.6	15.8	15.2
15.9	15.2	15.0	14.9	14.8	14.5	15.1	15.5	15.5	15.1
15.1	15.0	15.3	14.7	14.5	15.5	15.0	14.7	14.6	14.2

试问这批滚珠的直径是否服从正态分布 (取 $\alpha=0.05$)?

二、综合提高题

1. 设总体 X 服从正态分布 $N(\mu,\sigma^2)$. 设 $X_1,X_2,\cdots,X_n$ 为来自总体 X 的简单随机样本. 据此样本进行假设检验 $H_0:\mu=\mu_0$, $H_1:\mu\neq\mu_0$, 其中 μ_0 已知. 则 (　　).

(A) 如果在检验水平 $\alpha=0.05$ 下拒绝 H_0, 那么在检验水平 $\alpha=0.01$ 下必拒绝 H_0

(B) 如果在检验水平 $\alpha=0.05$ 下拒绝 H_0, 那么在检验水平 $\alpha=0.01$ 下必接受 H_0

(C) 如果在检验水平 $\alpha=0.05$ 下接受 H_0, 那么在检验水平 $\alpha=0.01$ 下必拒绝 H_0

(D) 如果在检验水平 $\alpha=0.05$ 下接受 H_0, 那么在检验水平 $\alpha=0.01$ 下必接受 H_0

2. 设总体 X 服从正态分布 $N(\mu,4)$. 设 $X_1,X_2,\cdots,X_{16}$ 为简单随机样本. 考虑假设

$$H_0:\mu=0,\qquad H_1:\mu=-1.$$

(1) 求下述三个拒绝域犯第一类错误的概率:

$$\begin{aligned}&W_1=\{2\overline{X}\leqslant -1.645\},\\&W_2=\{1.50\leqslant 2\overline{X}\leqslant 2.125\},\\&W_3=\{|2\overline{X}|\geqslant 1.96\}.\end{aligned}$$

(2) 计算上述三个拒绝域犯第二类错误的概率, 并说明哪个检验更好.

3. 设总体 X 的概率密度函数为 $f(x)$, X_1 为来自总体 X 的样本量 $n=1$ 的简单随机样本. 对 $f(x)$ 进行假设检验:

$$H_0:f(x)=f_0(x)=\begin{cases}1, & 0<x<1\\ 0, & \text{其他}\end{cases},\quad H_1:f(x)=f_1(x)=\begin{cases}2x, & 0<x<1\\ 0, & \text{其他}\end{cases}.$$

若其拒绝域为 $W=\{X_1\geqslant c\}$, 其中 $c\in(0,1)$ 未知. 试确定一个 c, 使得犯第一类错误的概率 α 和犯第二类错误的概率 β 满足条件: $\alpha+2\beta$ 最小; 并求其最小值.

附　　表

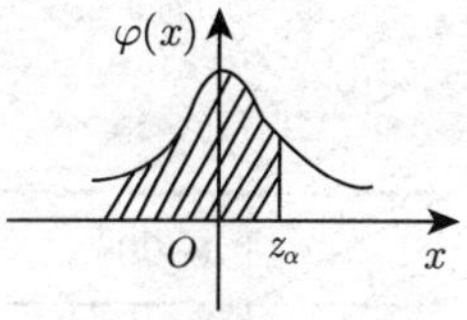

附表 1：标准正态分布表

α	0.00	0.01	0.02	0.03	0.04	0.05	0.06	0.07	0.08	0.09
0.0	0.5000	0.5040	0.5080	0.5120	0.5160	0.5199	0.5239	0.5279	0.5319	0.5359
0.1	0.5398	0.5438	0.5478	0.5517	0.5557	0.5596	0.5636	0.5675	0.5714	0.5753
0.2	0.5793	0.5832	0.5871	0.5910	0.5948	0.5987	0.6026	0.6064	0.6103	0.6141
0.3	0.6179	0.6217	0.6255	0.6293	0.6331	0.6368	0.6406	0.6443	0.6480	0.6517
0.4	0.6554	0.6591	0.6628	0.6664	0.6700	0.6736	0.6772	0.6808	0.6844	0.6879
0.5	0.6915	0.6950	0.6985	0.7019	0.7054	0.7088	0.7123	0.7157	0.7190	0.7224
0.6	0.7257	0.7291	0.7324	0.7357	0.7389	0.7422	0.7454	0.7486	0.7517	0.7549
0.7	0.7580	0.7611	0.7642	0.7673	0.7704	0.7734	0.7764	0.7794	0.7823	0.7852
0.8	0.7881	0.7910	0.7939	0.7967	0.7995	0.8023	0.8051	0.8078	0.8106	0.8133
0.9	0.8159	0.8186	0.8212	0.8238	0.8264	0.8289	0.8315	0.8340	0.8365	0.8389
1.0	0.8413	0.8438	0.8461	0.8485	0.8508	0.8531	0.8554	0.8577	0.8599	0.8621
1.1	0.8643	0.8665	0.8686	0.8708	0.8729	0.8749	0.8770	0.8790	0.8810	0.8830
1.2	0.8849	0.8869	0.8888	0.8907	0.8925	0.8944	0.8962	0.8980	0.8997	0.9015
1.3	0.9032	0.9049	0.9066	0.9082	0.9099	0.9115	0.9131	0.9147	0.9162	0.9177
1.4	0.9192	0.9207	0.9222	0.9236	0.9251	0.9265	0.9279	0.9292	0.9306	0.9319
1.5	0.9332	0.9345	0.9357	0.9370	0.9382	0.9394	0.9406	0.9418	0.9429	0.9441
1.6	0.9452	0.9463	0.9474	0.9484	0.9495	0.9505	0.9515	0.9525	0.9535	0.9545
1.7	0.9554	0.9564	0.9573	0.9582	0.9591	0.9599	0.9608	0.9616	0.9625	0.9633
1.8	0.9641	0.9649	0.9656	0.9664	0.9671	0.9678	0.9686	0.9693	0.9699	0.9706
1.9	0.9713	0.9719	0.9726	0.9732	0.9738	0.9744	0.9750	0.9756	0.9761	0.9767
2.0	0.9772	0.9778	0.9783	0.9788	0.9793	0.9798	0.9803	0.9808	0.9812	0.9817
2.1	0.9821	0.9826	0.9830	0.9834	0.9838	0.9842	0.9846	0.9850	0.9854	0.9857
2.2	0.9861	0.9864	0.9868	0.9871	0.9875	0.9878	0.9881	0.9884	0.9887	0.9890
2.3	0.9893	0.9896	0.9898	0.9901	0.9904	0.9906	0.9909	0.9911	0.9913	0.9916
2.4	0.9918	0.9920	0.9922	0.9925	0.9927	0.9929	0.9931	0.9932	0.9934	0.9936
2.5	0.9938	0.9940	0.9941	0.9943	0.9945	0.9946	0.9948	0.9949	0.9951	0.9952
2.6	0.9953	0.9955	0.9956	0.9957	0.9959	0.9960	0.9961	0.9962	0.9963	0.9964
2.7	0.9965	0.9966	0.9967	0.9968	0.9969	0.9970	0.9971	0.9972	0.9973	0.9974
2.8	0.9974	0.9975	0.9976	0.9977	0.9977	0.9978	0.9979	0.9979	0.9980	0.9981
2.9	0.9981	0.9982	0.9982	0.9983	0.9984	0.9984	0.9985	0.9985	0.9986	0.9986
3.0	0.9987	0.9987	0.9987	0.9988	0.9988	0.9989	0.9989	0.9989	0.9990	0.9990
3.1	0.9990	0.9991	0.9991	0.9991	0.9992	0.9992	0.9992	0.9992	0.9993	0.9993
3.2	0.9993	0.9993	0.9994	0.9994	0.9994	0.9994	0.9994	0.9995	0.9995	0.9995
3.3	0.9995	0.9995	0.9995	0.9996	0.9996	0.9996	0.9996	0.9996	0.9996	0.9997
3.4	0.9997	0.9997	0.9997	0.9997	0.9997	0.9997	0.9997	0.9997	0.9997	0.9998

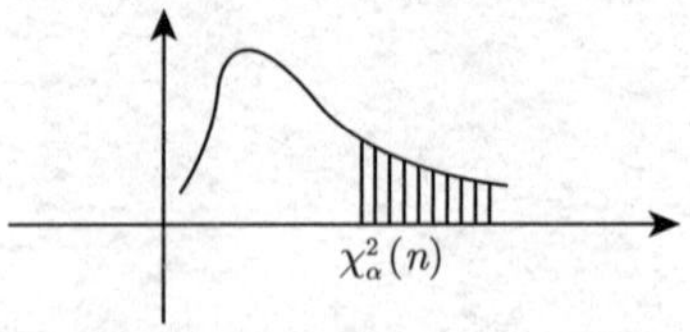

附表 2: χ^2 分布表

n \ α	0.995	0.99	0.975	0.95	0.90	0.10	0.05	0.025	0.01	0.005
1	0.000	0.000	0.001	0.004	0.016	2.706	3.841	5.024	6.635	7.879
2	0.010	0.020	0.051	0.103	0.211	4.605	5.991	7.378	9.210	10.597
3	0.072	0.115	0.216	0.352	0.584	6.251	7.815	9.348	11.345	12.838
4	0.207	0.297	0.484	0.711	1.064	7.779	9.488	11.143	13.277	14.860
5	0.412	0.554	0.831	1.145	1.610	9.236	11.070	12.833	15.086	16.750
6	0.676	0.872	1.237	1.635	2.204	10.645	12.592	14.449	16.812	18.548
7	0.989	1.239	1.690	2.167	2.833	12.017	14.067	16.013	18.475	20.278
8	1.344	1.646	2.180	2.733	3.490	13.362	15.507	17.535	20.090	21.955
9	1.735	2.088	2.700	3.325	4.168	14.684	16.919	19.023	21.666	23.589
10	2.156	2.558	3.247	3.940	4.865	15.987	18.307	20.483	23.209	25.188
11	2.603	3.053	3.816	4.575	5.578	17.275	19.675	21.920	24.725	26.757
12	3.074	3.571	4.404	5.226	6.304	18.549	21.026	23.337	26.217	28.300
13	3.565	4.107	5.009	5.892	7.042	19.812	22.362	24.736	27.688	29.819
14	4.075	4.660	5.629	6.571	7.790	21.064	23.685	26.119	29.141	31.319
15	4.601	5.229	6.262	7.261	8.547	22.307	24.996	27.488	30.578	32.801
16	5.142	5.812	6.908	7.962	9.312	23.542	26.296	28.845	32.000	34.267
17	5.697	6.408	7.564	8.672	10.085	24.769	27.587	30.191	33.409	35.718
18	6.265	7.015	8.231	9.390	10.865	25.989	28.869	31.526	34.805	37.156
19	6.844	7.633	8.907	10.117	11.651	27.204	30.144	32.852	36.191	38.582
20	7.434	8.260	9.591	10.851	12.443	28.412	31.410	34.170	37.566	39.997
21	8.034	8.897	10.283	11.591	13.240	29.615	32.671	35.479	38.932	41.401
22	8.643	9.542	10.982	12.338	14.041	30.813	33.924	36.781	40.289	42.796
23	9.260	10.196	11.689	13.091	14.848	32.007	35.172	38.076	41.638	44.181
24	9.886	10.856	12.401	13.848	15.659	33.196	36.415	39.364	42.980	45.559
25	10.520	11.524	13.120	14.611	16.473	34.382	37.652	40.646	44.314	46.928
26	11.160	12.198	13.844	15.379	17.292	35.563	38.885	41.923	45.642	48.290
27	11.808	12.879	14.573	16.151	18.114	36.741	40.113	43.195	46.963	49.645
28	12.461	13.565	15.308	16.928	18.939	37.916	41.337	44.461	48.278	50.993
29	13.121	14.256	16.047	17.708	19.768	39.087	42.557	45.722	49.588	52.336
30	13.787	14.953	16.791	18.493	20.599	40.256	43.773	46.979	50.892	53.672
31	14.458	15.655	17.539	19.281	21.434	41.422	44.985	48.232	52.191	55.003
32	15.134	16.362	18.291	20.072	22.271	42.585	46.194	49.480	53.486	56.328
33	15.815	17.074	19.047	20.867	23.110	43.745	47.400	50.725	54.776	57.648
34	16.501	17.789	19.806	21.664	23.952	44.903	48.602	51.966	56.061	58.964
35	17.192	18.509	20.569	22.465	24.797	46.059	49.802	53.203	57.342	60.275
36	17.887	19.233	21.336	23.269	25.643	47.212	50.998	54.437	58.619	61.581
37	18.586	19.960	22.106	24.075	26.492	48.363	52.192	55.668	59.893	62.883
38	19.289	20.691	22.878	24.884	27.343	49.513	53.384	56.896	61.162	64.181
39	19.996	21.426	23.654	25.695	28.196	50.660	54.572	58.120	62.428	65.476
40	20.707	22.164	24.433	26.509	29.051	51.805	55.758	59.342	63.691	66.766

附表 3: t 分布表

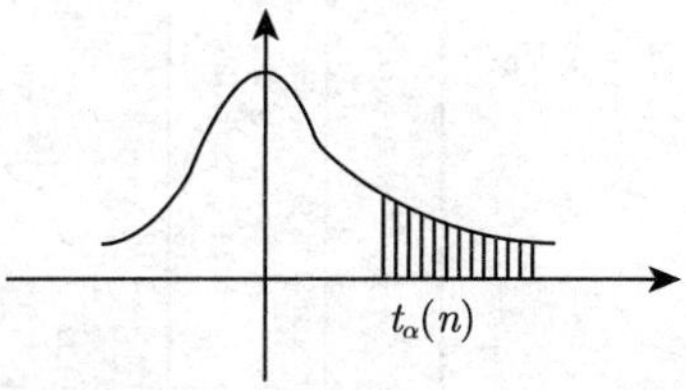

n \ α	0.20	0.15	0.10	0.05	0.025	0.01	0.005
1	1.3764	1.9626	3.0777	6.3138	12.7062	31.8205	63.6567
2	1.0607	1.3862	1.8856	2.9200	4.3027	6.9646	9.9248
3	0.9785	1.2498	1.6377	2.3534	3.1824	4.5407	5.8409
4	0.9410	1.1896	1.5332	2.1318	2.7764	3.7469	4.6041
5	0.9195	1.1558	1.4759	2.0150	2.5706	3.3649	4.0321
6	0.9057	1.1342	1.4398	1.9432	2.4469	3.1427	3.7074
7	0.8960	1.1192	1.4149	1.8946	2.3646	2.9980	3.4995
8	0.8889	1.1081	1.3968	1.8595	2.3060	2.8965	3.3554
9	0.8834	1.0997	1.3830	1.8331	2.2622	2.8214	3.2498
10	0.8791	1.0931	1.3722	1.8125	2.2281	2.7638	3.1693
11	0.8755	1.0877	1.3634	1.7959	2.2010	2.7181	3.1058
12	0.8726	1.0832	1.3562	1.7823	2.1788	2.6810	3.0545
13	0.8702	1.0795	1.3502	1.7709	2.1604	2.6503	3.0123
14	0.8681	1.0763	1.3450	1.7613	2.1448	2.6245	2.9768
15	0.8662	1.0735	1.3406	1.7531	2.1314	2.6025	2.9467
16	0.8647	1.0711	1.3368	1.7459	2.1199	2.5835	2.9208
17	0.8633	1.0690	1.3334	1.7396	2.1098	2.5669	2.8982
18	0.8620	1.0672	1.3304	1.7341	2.1009	2.5524	2.8784
19	0.8610	1.0655	1.3277	1.7291	2.0930	2.5395	2.8609
20	0.8600	1.0640	1.3253	1.7247	2.0860	2.5280	2.8453
21	0.8591	1.0627	1.3232	1.7207	2.0796	2.5176	2.8314
22	0.8583	1.0614	1.3212	1.7171	2.0739	2.5083	2.8188
23	0.8575	1.0603	1.3195	1.7139	2.0687	2.4999	2.8073
24	0.8569	1.0593	1.3178	1.7109	2.0639	2.4922	2.7969
25	0.8562	1.0584	1.3163	1.7081	2.0595	2.4851	2.7874
26	0.8557	1.0575	1.3150	1.7056	2.0555	2.4786	2.7787
27	0.8551	1.0567	1.3137	1.7033	2.0518	2.4727	2.7707
28	0.8546	1.0560	1.3125	1.7011	2.0484	2.4671	2.7633
29	0.8542	1.0553	1.3114	1.6991	2.0452	2.4620	2.7564
30	0.8538	1.0547	1.3104	1.6973	2.0423	2.4573	2.7500
31	0.8534	1.0541	1.3095	1.6955	2.0395	2.4528	2.7440
32	0.8530	1.0535	1.3086	1.6939	2.0369	2.4487	2.7385
33	0.8526	1.0530	1.3077	1.6924	2.0345	2.4448	2.7333
34	0.8523	1.0525	1.3070	1.6909	2.0322	2.4411	2.7284
35	0.8520	1.0520	1.3062	1.6896	2.0301	2.4377	2.7238
36	0.8517	1.0516	1.3055	1.6883	2.0281	2.4345	2.7195
37	0.8514	1.0512	1.3049	1.6871	2.0262	2.4314	2.7154
38	0.8512	1.0508	1.3042	1.6860	2.0244	2.4286	2.7116
39	0.8509	1.0504	1.3036	1.6849	2.0227	2.4258	2.7079
40	0.8507	1.0500	1.3031	1.6839	2.0211	2.4233	2.7045
41	0.8505	1.0497	1.3025	1.6829	2.0195	2.4208	2.7012
42	0.8503	1.0494	1.3020	1.6820	2.0181	2.4185	2.6981
43	0.8501	1.0491	1.3016	1.6811	2.0167	2.4163	2.6951
44	0.8499	1.0488	1.3011	1.6802	2.0154	2.4141	2.6923
45	0.8497	1.0485	1.3006	1.6794	2.0141	2.4121	2.6896

附表 4: F 分布表

$(\alpha = 0.10)$

n_2 \ n_1	1	2	3	4	5	6	7	8	9	10	12	15	20	24	30	40	60	120	100000
1	39.86	49.50	53.59	55.83	57.24	58.20	58.91	59.44	59.86	60.19	60.71	61.22	61.74	62.00	62.26	62.53	62.79	63.06	63.33
2	8.53	9.00	9.16	9.24	9.29	9.33	9.35	9.37	9.38	9.39	9.41	9.42	9.44	9.45	9.46	9.47	9.47	9.48	9.49
3	5.54	5.46	5.39	5.34	5.31	5.28	5.27	5.25	5.24	5.23	5.22	5.20	5.18	5.18	5.17	5.16	5.15	5.14	5.13
4	4.54	4.32	4.19	4.11	4.05	4.01	3.98	3.95	3.94	3.92	3.90	3.87	3.84	3.83	3.82	3.80	3.79	3.78	3.76
5	4.06	3.78	3.62	3.52	3.45	3.40	3.37	3.34	3.32	3.30	3.27	3.24	3.21	3.19	3.17	3.16	3.14	3.12	3.11
6	3.78	3.46	3.29	3.18	3.11	3.05	3.01	2.98	2.96	2.94	2.90	2.87	2.84	2.82	2.80	2.78	2.76	2.74	2.72
7	3.59	3.26	3.07	2.96	2.88	2.83	2.78	2.75	2.72	2.70	2.67	2.63	2.59	2.58	2.56	2.54	2.51	2.49	2.47
8	3.46	3.11	2.92	2.81	2.73	2.67	2.62	2.59	2.56	2.54	2.50	2.46	2.42	2.40	2.38	2.36	2.34	2.32	2.29
9	3.36	3.01	2.81	2.69	2.61	2.55	2.51	2.47	2.44	2.42	2.38	2.34	2.30	2.28	2.25	2.23	2.21	2.18	2.16
10	3.29	2.92	2.73	2.61	2.52	2.46	2.41	2.38	2.35	2.32	2.28	2.24	2.20	2.18	2.16	2.13	2.11	2.08	2.06
11	3.23	2.86	2.66	2.54	2.45	2.39	2.34	2.30	2.27	2.25	2.21	2.17	2.12	2.10	2.08	2.05	2.03	2.00	1.97
12	3.18	2.81	2.61	2.48	2.39	2.33	2.28	2.24	2.21	2.19	2.15	2.10	2.06	2.04	2.01	1.99	1.96	1.93	1.90
13	3.14	2.76	2.56	2.43	2.35	2.28	2.23	2.20	2.16	2.14	2.10	2.05	2.01	1.98	1.96	1.93	1.90	1.88	1.85
14	3.10	2.73	2.52	2.39	2.31	2.24	2.19	2.15	2.12	2.10	2.05	2.01	1.96	1.94	1.91	1.89	1.86	1.83	1.80
15	3.07	2.70	2.49	2.36	2.27	2.21	2.16	2.12	2.09	2.06	2.02	1.97	1.92	1.90	1.87	1.85	1.82	1.79	1.76
16	3.05	2.67	2.46	2.33	2.24	2.18	2.13	2.09	2.06	2.03	1.99	1.94	1.89	1.87	1.84	1.81	1.78	1.75	1.72
17	3.03	2.64	2.44	2.31	2.22	2.15	2.10	2.06	2.03	2.00	1.96	1.91	1.86	1.84	1.81	1.78	1.75	1.72	1.69
18	3.01	2.62	2.42	2.29	2.20	2.13	2.08	2.04	2.00	1.98	1.93	1.89	1.84	1.81	1.78	1.75	1.72	1.69	1.66
19	2.99	2.61	2.40	2.27	2.18	2.11	2.06	2.02	1.98	1.96	1.91	1.86	1.81	1.79	1.76	1.73	1.70	1.67	1.63
20	2.97	2.59	2.38	2.25	2.16	2.09	2.04	2.00	1.96	1.94	1.89	1.84	1.79	1.77	1.74	1.71	1.68	1.64	1.61
21	2.96	2.57	2.36	2.23	2.14	2.08	2.02	1.98	1.95	1.92	1.87	1.83	1.78	1.75	1.72	1.69	1.66	1.62	1.59
22	2.95	2.56	2.35	2.22	2.13	2.06	2.01	1.97	1.93	1.90	1.86	1.81	1.76	1.73	1.70	1.67	1.64	1.60	1.57
23	2.94	2.55	2.34	2.21	2.11	2.05	1.99	1.95	1.92	1.89	1.84	1.80	1.74	1.72	1.69	1.66	1.62	1.59	1.55
24	2.93	2.54	2.33	2.19	2.10	2.04	1.98	1.94	1.91	1.88	1.83	1.78	1.73	1.70	1.67	1.64	1.61	1.57	1.53
25	2.92	2.53	2.32	2.18	2.09	2.02	1.97	1.93	1.89	1.87	1.82	1.77	1.72	1.69	1.66	1.63	1.59	1.56	1.52
26	2.91	2.52	2.31	2.17	2.08	2.01	1.96	1.92	1.88	1.86	1.81	1.76	1.71	1.68	1.65	1.61	1.58	1.54	1.50
27	2.90	2.51	2.30	2.17	2.07	2.00	1.95	1.91	1.87	1.85	1.80	1.75	1.70	1.67	1.64	1.60	1.57	1.53	1.49
28	2.89	2.50	2.29	2.16	2.06	2.00	1.94	1.90	1.87	1.84	1.79	1.74	1.69	1.66	1.63	1.59	1.56	1.52	1.48
29	2.89	2.50	2.28	2.15	2.06	1.99	1.93	1.89	1.86	1.83	1.78	1.73	1.68	1.65	1.62	1.58	1.55	1.51	1.47
30	2.88	2.49	2.28	2.14	2.05	1.98	1.93	1.88	1.85	1.82	1.77	1.72	1.67	1.64	1.61	1.57	1.54	1.50	1.46
40	2.84	2.44	2.23	2.09	2.00	1.93	1.87	1.83	1.79	1.76	1.71	1.66	1.61	1.57	1.54	1.51	1.47	1.42	1.38
60	2.79	2.39	2.18	2.04	1.95	1.87	1.82	1.77	1.74	1.71	1.66	1.60	1.54	1.51	1.48	1.44	1.40	1.35	1.29
120	2.75	2.35	2.13	1.99	1.90	1.82	1.77	1.72	1.68	1.65	1.60	1.55	1.48	1.45	1.41	1.37	1.32	1.26	1.19
∞	2.71	2.30	2.08	1.94	1.85	1.77	1.72	1.67	1.63	1.60	1.55	1.49	1.42	1.38	1.34	1.30	1.24	1.17	1.01

$(\alpha = 0.05)$

n_2 \ n_1	1	2	3	4	5	6	7	8	9	10	12	15	20	24	30	40	60	120	∞
1	161.45	199.50	215.71	224.58	230.16	233.99	236.77	238.88	240.54	241.88	243.91	245.95	248.01	249.05	250.10	251.14	252.20	253.25	254.30
2	18.51	19.00	19.16	19.25	19.30	19.33	19.35	19.37	19.38	19.40	19.41	19.43	19.45	19.45	19.46	19.47	19.48	19.49	19.50
3	10.13	9.55	9.28	9.12	9.01	8.94	8.89	8.85	8.81	8.79	8.74	8.70	8.66	8.64	8.62	8.59	8.57	8.55	8.53
4	7.71	6.94	6.59	6.39	6.26	6.16	6.09	6.04	6.00	5.96	5.91	5.86	5.80	5.77	5.75	5.72	5.69	5.66	5.63
5	6.61	5.79	5.41	5.19	5.05	4.95	4.88	4.82	4.77	4.74	4.68	4.62	4.56	4.53	4.50	4.46	4.43	4.40	4.37
6	5.99	5.14	4.76	4.53	4.39	4.28	4.21	4.15	4.10	4.06	4.00	3.94	3.87	3.84	3.81	3.77	3.74	3.70	3.67
7	5.59	4.74	4.35	4.12	3.97	3.87	3.79	3.73	3.68	3.64	3.57	3.51	3.44	3.41	3.38	3.34	3.30	3.27	3.23
8	5.32	4.46	4.07	3.84	3.69	3.58	3.50	3.44	3.39	3.35	3.28	3.22	3.15	3.12	3.08	3.04	3.01	2.97	2.93
9	5.12	4.26	3.86	3.63	3.48	3.37	3.29	3.23	3.18	3.14	3.07	3.01	2.94	2.90	2.86	2.83	2.79	2.75	2.71
10	4.96	4.10	3.71	3.48	3.33	3.22	3.14	3.07	3.02	2.98	2.91	2.85	2.77	2.74	2.70	2.66	2.62	2.58	2.54
11	4.84	3.98	3.59	3.36	3.20	3.09	3.01	2.95	2.90	2.85	2.79	2.72	2.65	2.61	2.57	2.53	2.49	2.45	2.41
12	4.75	3.89	3.49	3.26	3.11	3.00	2.91	2.85	2.80	2.75	2.69	2.62	2.54	2.51	2.47	2.43	2.38	2.34	2.30
13	4.67	3.81	3.41	3.18	3.03	2.92	2.83	2.77	2.71	2.67	2.60	2.53	2.46	2.42	2.38	2.34	2.30	2.25	2.21
14	4.60	3.74	3.34	3.11	2.96	2.85	2.76	2.70	2.65	2.60	2.53	2.46	2.39	2.35	2.31	2.27	2.22	2.18	2.13
15	4.54	3.68	3.29	3.06	2.90	2.79	2.71	2.64	2.59	2.54	2.48	2.40	2.33	2.29	2.25	2.20	2.16	2.11	2.07
16	4.49	3.63	3.24	3.01	2.85	2.74	2.66	2.59	2.54	2.49	2.42	2.35	2.28	2.24	2.19	2.15	2.11	2.06	2.01
17	4.45	3.59	3.20	2.96	2.81	2.70	2.61	2.55	2.49	2.45	2.38	2.31	2.23	2.19	2.15	2.10	2.06	2.01	1.96
18	4.41	3.55	3.16	2.93	2.77	2.66	2.58	2.51	2.46	2.41	2.34	2.27	2.19	2.15	2.11	2.06	2.02	1.97	1.92
19	4.38	3.52	3.13	2.90	2.74	2.63	2.54	2.48	2.42	2.38	2.31	2.23	2.16	2.11	2.07	2.03	1.98	1.93	1.88
20	4.35	3.49	3.10	2.87	2.71	2.60	2.51	2.45	2.39	2.35	2.28	2.20	2.12	2.08	2.04	1.99	1.95	1.90	1.84
21	4.32	3.47	3.07	2.84	2.68	2.57	2.49	2.42	2.37	2.32	2.25	2.18	2.10	2.05	2.01	1.96	1.92	1.87	1.81
22	4.30	3.44	3.05	2.82	2.66	2.55	2.46	2.40	2.34	2.30	2.23	2.15	2.07	2.03	1.98	1.94	1.89	1.84	1.78
23	4.28	3.42	3.03	2.80	2.64	2.53	2.44	2.37	2.32	2.27	2.20	2.13	2.05	2.01	1.96	1.91	1.86	1.81	1.76
24	4.26	3.40	3.01	2.78	2.62	2.51	2.42	2.36	2.30	2.25	2.18	2.11	2.03	1.98	1.94	1.89	1.84	1.79	1.73
25	4.24	3.39	2.99	2.76	2.60	2.49	2.40	2.34	2.28	2.24	2.16	2.09	2.01	1.96	1.92	1.87	1.82	1.77	1.71
26	4.23	3.37	2.98	2.74	2.59	2.47	2.39	2.32	2.27	2.22	2.15	2.07	1.99	1.95	1.90	1.85	1.80	1.75	1.69
27	4.21	3.35	2.96	2.73	2.57	2.46	2.37	2.31	2.25	2.20	2.13	2.06	1.97	1.93	1.88	1.84	1.79	1.73	1.67
28	4.20	3.34	2.95	2.71	2.56	2.45	2.36	2.29	2.24	2.19	2.12	2.04	1.96	1.91	1.87	1.82	1.77	1.71	1.65
29	4.18	3.33	2.93	2.70	2.55	2.43	2.35	2.28	2.22	2.18	2.10	2.03	1.94	1.90	1.85	1.81	1.75	1.70	1.64
30	4.17	3.32	2.92	2.69	2.53	2.42	2.33	2.27	2.21	2.16	2.09	2.01	1.93	1.89	1.84	1.79	1.74	1.68	1.62
40	4.08	3.23	2.84	2.61	2.45	2.34	2.25	2.18	2.12	2.08	2.00	1.92	1.84	1.79	1.74	1.69	1.64	1.58	1.51
60	4.00	3.15	2.76	2.53	2.37	2.25	2.17	2.10	2.04	1.99	1.92	1.84	1.75	1.70	1.65	1.59	1.53	1.47	1.39
120	3.92	3.07	2.68	2.45	2.29	2.18	2.09	2.02	1.96	1.91	1.83	1.75	1.66	1.61	1.55	1.50	1.43	1.35	1.26
∞	3.84	3.00	2.61	2.37	2.21	2.10	2.01	1.94	1.88	1.83	1.75	1.67	1.57	1.52	1.46	1.40	1.32	1.22	1.03

$(\alpha = 0.025)$

n_2 \ n_1	1	2	3	4	5	6	7	8	9	10	12	15	20	24	30	40	60	120	∞
1	647.79	799.50	864.16	899.58	921.85	937.11	948.22	956.66	963.28	968.63	976.71	984.87	993.10	997.25	1001.41	1005.60	1009.80	1014.02	1018.21
2	38.51	39.00	39.17	39.25	39.30	39.33	39.36	39.37	39.39	39.40	39.41	39.43	39.45	39.46	39.46	39.47	39.48	39.49	39.50
3	17.44	16.04	15.44	15.10	14.88	14.73	14.62	14.54	14.47	14.42	14.34	14.25	14.17	14.12	14.08	14.04	13.99	13.95	13.90
4	12.22	10.65	9.98	9.60	9.36	9.20	9.07	8.98	8.90	8.84	8.75	8.66	8.56	8.51	8.46	8.41	8.36	8.31	8.26
5	10.01	8.43	7.76	7.39	7.15	6.98	6.85	6.76	6.68	6.62	6.52	6.43	6.33	6.28	6.23	6.18	6.12	6.07	6.02
6	8.81	7.26	6.60	6.23	5.99	5.82	5.70	5.60	5.52	5.46	5.37	5.27	5.17	5.12	5.07	5.01	4.96	4.90	4.85
7	8.07	6.54	5.89	5.52	5.29	5.12	4.99	4.90	4.82	4.76	4.67	4.57	4.47	4.41	4.36	4.31	4.25	4.20	4.14
8	7.57	6.06	5.42	5.05	4.82	4.65	4.53	4.43	4.36	4.30	4.20	4.10	4.00	3.95	3.89	3.84	3.78	3.73	3.67
9	7.21	5.71	5.08	4.72	4.48	4.32	4.20	4.10	4.03	3.96	3.87	3.77	3.67	3.61	3.56	3.51	3.45	3.39	3.33
10	6.94	5.46	4.83	4.47	4.24	4.07	3.95	3.85	3.78	3.72	3.62	3.52	3.42	3.37	3.31	3.26	3.20	3.14	3.08
11	6.72	5.26	4.63	4.28	4.04	3.88	3.76	3.66	3.59	3.53	3.43	3.33	3.23	3.17	3.12	3.06	3.00	2.94	2.88
12	6.55	5.10	4.47	4.12	3.89	3.73	3.61	3.51	3.44	3.37	3.28	3.18	3.07	3.02	2.96	2.91	2.85	2.79	2.73
13	6.41	4.97	4.35	4.00	3.77	3.60	3.48	3.39	3.31	3.25	3.15	3.05	2.95	2.89	2.84	2.78	2.72	2.66	2.60
14	6.30	4.86	4.24	3.89	3.66	3.50	3.38	3.29	3.21	3.15	3.05	2.95	2.84	2.79	2.73	2.67	2.61	2.55	2.49
15	6.20	4.77	4.15	3.80	3.58	3.41	3.29	3.20	3.12	3.06	2.96	2.86	2.76	2.70	2.64	2.59	2.52	2.46	2.40
16	6.12	4.69	4.08	3.73	3.50	3.34	3.22	3.12	3.05	2.99	2.89	2.79	2.68	2.63	2.57	2.51	2.45	2.38	2.32
17	6.04	4.62	4.01	3.66	3.44	3.28	3.16	3.06	2.98	2.92	2.82	2.72	2.62	2.56	2.50	2.44	2.38	2.32	2.25
18	5.98	4.56	3.95	3.61	3.38	3.22	3.10	3.01	2.93	2.87	2.77	2.67	2.56	2.50	2.44	2.38	2.32	2.26	2.19
19	5.92	4.51	3.90	3.56	3.33	3.17	3.05	2.96	2.88	2.82	2.72	2.62	2.51	2.45	2.39	2.33	2.27	2.20	2.13
20	5.87	4.46	3.86	3.51	3.29	3.13	3.01	2.91	2.84	2.77	2.68	2.57	2.46	2.41	2.35	2.29	2.22	2.16	2.09
21	5.83	4.42	3.82	3.48	3.25	3.09	2.97	2.87	2.80	2.73	2.64	2.53	2.42	2.37	2.31	2.25	2.18	2.11	2.04
22	5.79	4.38	3.78	3.44	3.22	3.05	2.93	2.84	2.76	2.70	2.60	2.50	2.39	2.33	2.27	2.21	2.14	2.08	2.00
23	5.75	4.35	3.75	3.41	3.18	3.02	2.90	2.81	2.73	2.67	2.57	2.47	2.36	2.30	2.24	2.18	2.11	2.04	1.97
24	5.72	4.32	3.72	3.38	3.15	2.99	2.87	2.78	2.70	2.64	2.54	2.44	2.33	2.27	2.21	2.15	2.08	2.01	1.94
25	5.69	4.29	3.69	3.35	3.13	2.97	2.85	2.75	2.68	2.61	2.51	2.41	2.30	2.24	2.18	2.12	2.05	1.98	1.91
26	5.66	4.27	3.67	3.33	3.10	2.94	2.82	2.73	2.65	2.59	2.49	2.39	2.28	2.22	2.16	2.09	2.03	1.95	1.88
27	5.63	4.24	3.65	3.31	3.08	2.92	2.80	2.71	2.63	2.57	2.47	2.36	2.25	2.19	2.13	2.07	2.00	1.93	1.85
28	5.61	4.22	3.63	3.29	3.06	2.90	2.78	2.69	2.61	2.55	2.45	2.34	2.23	2.17	2.11	2.05	1.98	1.91	1.83
29	5.59	4.20	3.61	3.27	3.04	2.88	2.76	2.67	2.59	2.53	2.43	2.32	2.21	2.15	2.09	2.03	1.96	1.89	1.81
30	5.57	4.18	3.59	3.25	3.03	2.87	2.75	2.65	2.57	2.51	2.41	2.31	2.20	2.14	2.07	2.01	1.94	1.87	1.79
40	5.42	4.05	3.46	3.13	2.90	2.74	2.62	2.53	2.45	2.39	2.29	2.18	2.07	2.01	1.94	1.88	1.80	1.72	1.64
60	5.29	3.93	3.34	3.01	2.79	2.63	2.51	2.41	2.33	2.27	2.17	2.06	1.94	1.88	1.82	1.74	1.67	1.58	1.48
120	5.15	3.80	3.23	2.89	2.67	2.52	2.39	2.30	2.22	2.16	2.05	1.94	1.82	1.76	1.69	1.61	1.53	1.43	1.31
∞	5.03	3.69	3.12	2.79	2.57	2.41	2.29	2.19	2.11	2.05	1.95	1.83	1.71	1.64	1.57	1.49	1.39	1.27	1.04

$(\alpha = 0.01)$

n_2 \ n_1	1	2	3	4	5	6	7	8	9	10	12	15	20	24	30	40	60	120	∞
1	4052.18	4999.50	5403.35	5624.58	5763.65	5858.99	5928.36	5981.07	6022.47	6055.85	6106.32	6157.28	6208.73	6234.63	6260.65	6286.78	6313.03	6339.39	6365.55
2	98.50	99.00	99.17	99.25	99.30	99.33	99.36	99.37	99.39	99.40	99.42	99.43	99.45	99.46	99.47	99.47	99.48	99.49	99.50
3	34.12	30.82	29.46	28.71	28.24	27.91	27.67	27.49	27.35	27.23	27.05	26.87	26.69	26.60	26.50	26.41	26.32	26.22	26.13
4	21.20	18.00	16.69	15.98	15.52	15.21	14.98	14.80	14.66	14.55	14.37	14.20	14.02	13.93	13.84	13.75	13.65	13.56	13.46
5	16.26	13.27	12.06	11.39	10.97	10.67	10.46	10.29	10.16	10.05	9.89	9.72	9.55	9.47	9.38	9.29	9.20	9.11	9.02
6	13.75	10.92	9.78	9.15	8.75	8.47	8.26	8.10	7.98	7.87	7.72	7.56	7.40	7.31	7.23	7.14	7.06	6.97	6.88
7	12.25	9.55	8.45	7.85	7.46	7.19	6.99	6.84	6.72	6.62	6.47	6.31	6.16	6.07	5.99	5.91	5.82	5.74	5.65
8	11.26	8.65	7.59	7.01	6.63	6.37	6.18	6.03	5.91	5.81	5.67	5.52	5.36	5.28	5.20	5.12	5.03	4.95	4.86
9	10.56	8.02	6.99	6.42	6.06	5.80	5.61	5.47	5.35	5.26	5.11	4.96	4.81	4.73	4.65	4.57	4.48	4.40	4.31
10	10.04	7.56	6.55	5.99	5.64	5.39	5.20	5.06	4.94	4.85	4.71	4.56	4.41	4.33	4.25	4.17	4.08	4.00	3.91
11	9.65	7.21	6.22	5.67	5.32	5.07	4.89	4.74	4.63	4.54	4.40	4.25	4.10	4.02	3.94	3.86	3.78	3.69	3.60
12	9.33	6.93	5.95	5.41	5.06	4.82	4.64	4.50	4.39	4.30	4.16	4.01	3.86	3.78	3.70	3.62	3.54	3.45	3.36
13	9.07	6.70	5.74	5.21	4.86	4.62	4.44	4.30	4.19	4.10	3.96	3.82	3.66	3.59	3.51	3.43	3.34	3.25	3.17
14	8.86	6.51	5.56	5.04	4.69	4.46	4.28	4.14	4.03	3.94	3.80	3.66	3.51	3.43	3.35	3.27	3.18	3.09	3.01
15	8.68	6.36	5.42	4.89	4.56	4.32	4.14	4.00	3.89	3.80	3.67	3.52	3.37	3.29	3.21	3.13	3.05	2.96	2.87
16	8.53	6.23	5.29	4.77	4.44	4.20	4.03	3.89	3.78	3.69	3.55	3.41	3.26	3.18	3.10	3.02	2.93	2.84	2.75
17	8.40	6.11	5.18	4.67	4.34	4.10	3.93	3.79	3.68	3.59	3.46	3.31	3.16	3.08	3.00	2.92	2.83	2.75	2.65
18	8.29	6.01	5.09	4.58	4.25	4.01	3.84	3.71	3.60	3.51	3.37	3.23	3.08	3.00	2.92	2.84	2.75	2.66	2.57
19	8.18	5.93	5.01	4.50	4.17	3.94	3.77	3.63	3.52	3.43	3.30	3.15	3.00	2.92	2.84	2.76	2.67	2.58	2.49
20	8.10	5.85	4.94	4.43	4.10	3.87	3.70	3.56	3.46	3.37	3.23	3.09	2.94	2.86	2.78	2.69	2.61	2.52	2.42
21	8.02	5.78	4.87	4.37	4.04	3.81	3.64	3.51	3.40	3.31	3.17	3.03	2.88	2.80	2.72	2.64	2.55	2.46	2.36
22	7.95	5.72	4.82	4.31	3.99	3.76	3.59	3.45	3.35	3.26	3.12	2.98	2.83	2.75	2.67	2.58	2.50	2.40	2.31
23	7.88	5.66	4.76	4.26	3.94	3.71	3.54	3.41	3.30	3.21	3.07	2.93	2.78	2.70	2.62	2.54	2.45	2.35	2.26
24	7.82	5.61	4.72	4.22	3.90	3.67	3.50	3.36	3.26	3.17	3.03	2.89	2.74	2.66	2.58	2.49	2.40	2.31	2.21
25	7.77	5.57	4.68	4.18	3.85	3.63	3.46	3.32	3.22	3.13	2.99	2.85	2.70	2.62	2.54	2.45	2.36	2.27	2.17
26	7.72	5.53	4.64	4.14	3.82	3.59	3.42	3.29	3.18	3.09	2.96	2.81	2.66	2.58	2.50	2.42	2.33	2.23	2.13
27	7.68	5.49	4.60	4.11	3.78	3.56	3.39	3.26	3.15	3.06	2.93	2.78	2.63	2.55	2.47	2.38	2.29	2.20	2.10
28	7.64	5.45	4.57	4.07	3.75	3.53	3.36	3.23	3.12	3.03	2.90	2.75	2.60	2.52	2.44	2.35	2.26	2.17	2.07
29	7.60	5.42	4.54	4.04	3.73	3.50	3.33	3.20	3.09	3.00	2.87	2.73	2.57	2.49	2.41	2.33	2.23	2.14	2.04
30	7.56	5.39	4.51	4.02	3.70	3.47	3.30	3.17	3.07	2.98	2.84	2.70	2.55	2.47	2.39	2.30	2.21	2.11	2.01
40	7.31	5.18	4.31	3.83	3.51	3.29	3.12	2.99	2.89	2.80	2.66	2.52	2.37	2.29	2.20	2.11	2.02	1.92	1.81
60	7.08	4.98	4.13	3.65	3.34	3.12	2.95	2.82	2.72	2.63	2.50	2.35	2.20	2.12	2.03	1.94	1.84	1.73	1.60
120	6.85	4.79	3.95	3.48	3.17	2.96	2.79	2.66	2.56	2.47	2.34	2.19	2.03	1.95	1.86	1.76	1.66	1.53	1.38
∞	6.64	4.61	3.78	3.32	3.02	2.80	2.64	2.51	2.41	2.32	2.19	2.04	1.88	1.79	1.70	1.59	1.48	1.33	1.05

参考答案

习 题 一

一、基础练习题

1. (1) $\Omega=\{$(正, 正, 正), (正, 正, 反), (正, 反, 正), (正, 反, 反), (反, 正, 正), (反, 正, 反), (反, 反, 正), (反, 反, 反)$\}$.

(2) $\Omega=\{5,6,7,\cdots\}$.

(3) $\Omega=\{(x,y)|x^2+y^2\leqslant R^2\}$.

2. (1) $A_1A_2A_3$.

(2) $\overline{A}_1+\overline{A}_2+\overline{A}_3$.

(3) $A_1A_2\overline{A}_3+A_1\overline{A}_2A_3+\overline{A}_1A_2A_3$.

(4) $A_1A_2+A_1A_3+A_2A_3$.

3. (1) $(\mathrm{C}_5^2+\mathrm{C}_3^2)/\mathrm{C}_8^2$.　(2) $1-\mathrm{C}_3^2/\mathrm{C}_8^2$.

4. $\mathrm{C}_6^2/\mathrm{C}_{10}^6=\dfrac{1}{14}$.

5. (1) $\mathrm{C}_7^2 9^5/10^7$.　(2) $\mathrm{P}_{10}^7/10^7$.　(3) $1-\mathrm{P}_{10}^7/10^7$.

6. (1) $(\mathrm{P}_9^3+\mathrm{C}_4^1\mathrm{P}_8^1\mathrm{P}_8^2)/\mathrm{P}_{10}^4=\dfrac{41}{90}$. (2) $\mathrm{C}_5^1\mathrm{P}_8^1\mathrm{P}_8^2/\mathrm{P}_{10}^4=\dfrac{40}{90}$.

7. (1) $\mathrm{C}_{365}^3(3^{30}-3)/365^{30}$.

(2) $1-\mathrm{P}_{365}^{30}/365^{30}$.

8. (1) $\mathrm{C}_2^1(n-1)!/n!=\dfrac{2}{n}$.　(2) $\dfrac{2}{n-1}$.

9. $\mathrm{C}_4^2\mathrm{C}_4^2/\mathrm{C}_8^4=\dfrac{18}{35}$.

10. (1) 不放回情形. 令 $A=\{n$ 次抽样中抽到 k 件次品$\}$.

$$P(A)=\mathrm{C}_M^k\mathrm{C}_{N-M}^{n-k}/\mathrm{C}_N^n, k=l,l+1,\cdots,\min\{M,n\},\ 而\ l=\max\{0,n-N+M\}.$$

(2) 有放回情形, 此时为伯努利概型. 易知

$$P(A)=\mathrm{C}_n^k\left(\frac{M}{N}\right)^k\left(1-\frac{M}{N}\right)^{n-k},\ k=0,1,\cdots,n.$$

11. 利用古典概型与条件概率公式可得

(1) $\dfrac{C_m^2/C_M^2}{(C_m^1C_{M-m}^1+C_m^2)/C_M^2}=\dfrac{m-1}{2M-m-1}$.

(2) $\dfrac{C_m^1C_{M-m}^1/C_M^2}{(C_{M-m}^2+C_m^1C_{M-m}^1)/C_M^2}=\dfrac{2m}{M+m-1}$.

12. 因为 n 阶行列式的一般项可以表示为 $(-1)^{r(k_1k_2\cdots k_n)}a_{1k_1}a_{2k_2}\cdots a_{nk_n}$, 故当至少有一个 $k_i=i$ 时, 该项即包含了主对角线上的元素. 令 A_i 表示事件 "$k_i=i$", 则所求概率可用广义加法公式求得为

$$P\left(\bigcup_{i=1}^{n}A_i\right)=1-\frac{1}{2!}+\frac{1}{3!}-\cdots+(-1)^{n-1}\frac{1}{n!}.$$

13. 几何概型, $p=\dfrac{139}{1\ 152}$.

14. 注意 ΔABP 与 ΔABC 的面积之比等于其 AB 边上的高之比, 从而不难找出所求概率的事件所在的区域, 最后由几何概型即得.

15. (1) $\dfrac{13}{24}$. (2) $\dfrac{1}{48}$.

16. $P(A\bigcup B)=\dfrac{2}{3}$, $P(C|A\bigcup B)=\dfrac{3}{64}$, $P(AB|\overline{C})=\dfrac{2}{9}$.

17. 0.314.

18. 注意到 $P(A)\geqslant P(A(B\bigcup C))=P(AB\bigcup AC)$ 即可得所证结论.

19. 因为

$$1-\frac{P(\overline{B})}{P(A)}=\frac{P(A)+P(B)-1}{P(A)}\leqslant\frac{P(A)+P(B)-P(A\cup B)}{P(A)}$$
$$=\frac{P(AB)}{P(A)}=P(B|A).$$

20. 由条件概率公式以及 B,C 的独立性可得

右边 $=\dfrac{P(ABC)}{P(B)}+\dfrac{P(AB\overline{C})}{P(B)}=\dfrac{P(AB)}{P(B)}=P(A|B)$.

21. (1) 0.988. (2) 0.829.

22. (1) 0.455, 利用全概率公式可得.

(2) 0.14, 利用贝叶斯公式可得.

23. $\dfrac{13}{30}$, 利用全概率公式.

24. $\dfrac{1}{5}$, 利用贝叶斯公式.

25. $\dfrac{7}{10}$, 利用抽签原理.

26. (1) 出现偶数点的个数服从伯努利概型, 且 $n=6, p=\dfrac{1}{2}$, 所求概率为 $C_6^3\left(\dfrac{1}{2}\right)^3\left(1-\dfrac{1}{2}\right)^3=\dfrac{5}{16}$.

(2) $\displaystyle\sum_{i=4}^{6}C_6^i\left(\frac{1}{2}\right)^i\left(1-\frac{1}{2}\right)^{6-i}=\frac{11}{32}$.

二、综合提高题

1. 0.07.

2. 由 $AB=\overline{A}\,\overline{B}$ 可知 A,B 为对立事件, 故 $P(A\bigcup B)=1,P(AB)=0$.

3. $P(A)=\dfrac{1}{3}$.

4. $\dfrac{1}{6}$.

5. $\mathrm{C}_7^3/\mathrm{C}_{10}^4=\dfrac{1}{6}$.

6. $\dfrac{1}{2}\left[1-(1-2p)^n\right]$.

7. (A).

8. (C).

9. (A).

10. (B).

11. (B).

12. (A).

13. (1) $P(B)=\dfrac{(\lambda tp)^r}{r!}\mathrm{e}^{-\lambda tp}$. (2) $\dfrac{[\lambda t(1-p)]^{m-r}}{(m-r)!}\mathrm{e}^{-\lambda t(1-p)}$.

14. (1) 0.745, (2) 0.987.

15. $\mathrm{C}_6^3p^3(1-p)^3p+\mathrm{C}_6^3(1-p)^3p^3(1-p)=\mathrm{C}_6^3p^3(1-p)^3$.

16. 令 A_i 表示 “第 i 次取到白球”, $i=1,2,\cdots,n$, 于是 $\overline{A}_n=A_1A_2\cdots A_{n-1}\overline{A}_n$, 由乘法公式得

$$P(\overline{A}_n)=P(A_1)P(A_2|A_1)\cdots P(\overline{A}_n|A_1\cdots A_{n-1})=\left(\frac{1}{2}\right)^n,\quad 故\quad P(A_n)=1-\frac{1}{2^n}.$$

17. 令 A_3 表示 “第 3 号元件正常工作”, 然后将 $A_3,\overline{A_3}$ 作为完全事件组, 利用全概率公式易得所求概率为 $2p^2+2p^3-5p^4+2p^5$.

18. 将第一轮的 3 个可能结果: $C_1=\{$甲射中$\}$, $C_2=\{$甲未射中而乙射中$\}$, $C_3=\{$甲、乙均未射中$\}$取作完全事件组, $A=\{$甲胜$\}$, $B=\{$乙胜$\}$, 则

$$P(C_1)=\alpha,P(C_2)=(1-\alpha)\beta,P(C_3)=(1-\alpha)(1-\beta),$$

$$P(A|C_1)=1,P(B|C_1)=0,P(A|C_2)=0,P(B|C_2)=1,$$

$$P(A|C_3)P(A),P(B|C_3)=P(B).$$

由全概率公式得

$$P(A)=\alpha+(1-\alpha)(1-\beta)P(A),$$
$$P(B)=(1-\alpha)\beta+(1-\alpha)(1-\beta)P(B).$$

故

$$P(A)=\frac{\alpha}{\alpha+\beta(1-\alpha)},\quad P(B)=\frac{\beta(1-\alpha)}{\alpha+\beta(1-\alpha)}.$$

习 题 二

一、基础练习题

1. $A=1,\ P\left(|X|<\dfrac{\pi}{6}\right)=\dfrac{1}{2}$.

2. (1) 逐一验证函数是否为分布函数的 4 条性质. (2) $P\{X=0\}=\dfrac{1}{2}, P\{X=1\}=\dfrac{1}{2}-\mathrm{e}^{-1}$.

3.(1) 分布函数为 $F(x)=\begin{cases}0, & x<0\\ \dfrac{1+4x}{6}, & 0\leqslant x<\dfrac{3}{4}.\\ 1, & x\geqslant \dfrac{3}{4}\end{cases}$ (2)$P\left(X=\dfrac{3}{4}\right)=\dfrac{1}{3}$.

4.

X	-2	1	3
P	$\dfrac{1}{5}$	$\dfrac{1}{2}$	$\dfrac{3}{10}$

5. 提示：利用 $\sum\limits_{n=1}^{\infty}\dfrac{1}{n^2}=\dfrac{\pi^2}{6}$ 可得

$$P\{X=n\}=\frac{6}{\pi^2n^2}, n=1,2,\cdots.$$

6. 提示：考虑比值

$$\frac{P(X=k)}{P(X=k-1)}=\frac{\lambda}{k}\begin{cases}>1, & k<\lambda\\ =1, & k=\lambda\\ <1, & k>\lambda\end{cases}.$$

因此, 若 λ 为正整数，则当 $k=\lambda$ 时，$P(X=k)=P(X=k-1)$, 即此时 $k=\lambda$ 或 $\lambda-1$ 均使得 $P(X=k)$ 为最大; 若 λ 不是整数，则当 $k=[\lambda]$, 即 k 为不超过 λ 的最大整数时，$P(X=k)$ 达到最大.

7. 提示：与上题类似，考虑比值

$$\frac{P(X=k)}{P(X=k-1)}=\frac{(n-k+1)p}{k(1-p)}=1+\frac{(n+1)p-k}{k(1-p)}\begin{cases}>1, & k<(n+1)p\\ =1, & k=(n+1)p\\ <1, & k>(n+1)p\end{cases}.$$

因此，若 $(n-1)p$ 为正整数，则当 $k=(n+1)p$ 或 $(n+1)p-1$ 时，$P(X=k)$ 达到最大; 若 $(n+1)$ 不是整数，则当 $k=[(n+1)p]$ 时，$P(X=k)$ 达到最大.

8. 利用古典概型得

X	3	4	5
P	$\dfrac{1}{10}$	$\dfrac{3}{10}$	$\dfrac{3}{5}$

9. (1) $P(X=k)=\mathrm{C}_5^k0.9^k\times0.1^{5-k}, k=0,1,2,\cdots,5$.

(2)

X	1	2	3	4	5
P	0.9	0.09	0.009	0.000 9	0.000 1

10. $P(X=2k-1)=\frac{1}{2}\left(\frac{1}{3}\right)^{k-1}$，$k=1,2,3\cdots$,

$P(X=2k)=\frac{1}{2}\left(\frac{1}{3}\right)^{k}$，$k=1,2,3,\cdots$.

11. $P(X=i)=\mathrm{C}_{i-1}^{k-1}p^k(1-p)^{i-k}$, $i=k,k+1,\cdots$.

12. (1) $P(X=k)=\left(\frac{3}{10}\right)^{k-1}\frac{7}{10}$, $k=1,2,3,\cdots.F(x)=P\{X\leqslant x\}=\sum_{k=1}^{[x]}\left(\frac{3}{10}\right)^{k-1}\frac{7}{10}=1-\left(\frac{3}{10}\right)^{[x]}$.

(2)

X	1	2	3	4
P	$\frac{7}{10}$	$\frac{7}{30}$	$\frac{7}{120}$	$\frac{1}{120}$

$$F(x)=\begin{cases}0, & x<1\\ \frac{7}{10}, & 1\leqslant x<2\\ \frac{28}{30}, & 2\leqslant x<3\\ \frac{119}{120}, & 3\leqslant x<4\\ 1, & x\geqslant 4\end{cases}.$$

13. X 表示事故次数，则 $X\sim B(10\ 000,0.000\ 1)$ 因 $n=10\ 000$ 较大，$P=0.000\ 1$ 较小，$np=1$ 不大，从而可用泊松分布近似计算二项分布，故

$$P\{X\geqslant 2\}=1-P\{X=0\}-P\{X=1\}\approx 1-\mathrm{e}^{-1}-\mathrm{e}^{-1}=1-2\mathrm{e}^{-1}.$$

14.

X	1	2	3	4
P	$\frac{5}{8}$	$\frac{9}{32}$	$\frac{21}{256}$	$\frac{3}{256}$

15. 提示：令 $A_k=$\{有球的盒子的最大标号不超过 k\}, 则 $\{X=k\}=A_k-A_{k-1}$, 且 $A_{k-1}\subset A_k$, 于是 $P\{X=k\}=P(A_k)-P\{A_{k-1}\}=\frac{k^n}{n^n}-\frac{(k-1)^n}{n^n}=\frac{k^n-(k-1)^n}{n^n}$, $k=1,2,\cdots,n$.

16. 提示：(1) 设 X 表示 160 件产品中的不合格品数，则 $X\sim B(160,0.01)$.

(2) 设至少生产 n 件产品，且 Y 表示 n 件产品中的不合格件数，则 $Y\sim B(n,0.01)$, 且 $P\{Y\geqslant 1\}=1-P\{Y=0\}=1-0.99^n\geqslant 0.95$, 故 $n\geqslant 298.1$. 所以至少要生产 299 件产品才能使至少出现一件不合格品的概率超过 0.95.

17. 利用全概率公式可得：$P\{Y=k\}=\frac{(\lambda p)^k}{k!}\mathrm{e}^{-\lambda p}$, $k=0,1,2,\cdots$.

18. 由 $\int_{-\infty}^{+\infty}f(x)\mathrm{d}x=1$, 可得 $A=\frac{1}{48}$.

19. $F(x)=\begin{cases}1-\left(\dfrac{x^2}{2}+1\right)\mathrm{e}^{-\frac{x^2}{2}}, & x\geqslant 0\\ 0, & x<0\end{cases}$, $P\{-2<X\leqslant 4\}=1-9\mathrm{e}^{-8}$.

20. $Y\sim B\left(4,\dfrac{1}{2}\right)$.

21. 提示：设 X 表示考生成绩，则 $X\sim N(72,\sigma^2)$. 由 $P(X>96)=0.023$, 可得 $\sigma=12$. 于是

$$P\{60\leqslant X\leqslant 84\}=P\left\{-1\leqslant\frac{X-72}{12}\leqslant 1\right\}=2\varPhi(1)-1\approx 0.682.$$

22. T 的分布函数为 $F_T(t)=\begin{cases}(1-\mathrm{e}^{-2\lambda t})^3, & t>0\\ 0, & \text{其他}\end{cases}$.

23. $Y\sim B(5,p), p=P(X>10)=\mathrm{e}^{-2}$, $P\{Y\geqslant 1\}=1-P\{Y=0\}=1-(1-\mathrm{e}^{-2})^5$.

24. $a=\dfrac{11}{3}$.

25.

Y	-1	0	1
P	$\dfrac{2}{15}$	$\dfrac{1}{3}$	$\dfrac{8}{15}$

26.

Y	0	1
P	$1-\dfrac{1}{2}[1+(1-2p)^n]$	$\dfrac{1}{2}[1+(1-2p)^n]$

27. $f_Y(y)=\begin{cases}\dfrac{1}{y^2}, & y>1\\ 0, & \text{其他}\end{cases}$.

28. $f_Y(y)=\begin{cases}\dfrac{1}{2\sqrt{\pi(y-1)}}\mathrm{e}^{-\frac{y-1}{4}}, & y>1\\ 0, & \text{其他}\end{cases}$, $f_Z(z)=\begin{cases}\sqrt{\dfrac{2}{\pi}}\mathrm{e}^{-\frac{z^2}{2}}, & z>0\\ 0, & \text{其他}\end{cases}$.

29. $F_Y(y)=\begin{cases}0, & y<1\\ 2\sqrt{y-1}-y+1, & 1\leqslant y<2\\ 1, & y\geqslant 2\end{cases}$.

30. (1) $f_Y(y)=\begin{cases}\dfrac{1}{y}, & 1<y<\mathrm{e}\\ 0, & \text{其他}\end{cases}$, (2) $f_Y(y)=\begin{cases}\dfrac{1}{2}\mathrm{e}^{-\frac{y}{2}}, & y>0\\ 0, & \text{其他}\end{cases}$.

二、综合提高题

1. $C=1$.
2. $1/\sqrt[4]{2}$.
3. 2.
4. (D).
5. (B).
6. (A).

7. $f_Y(y)=\begin{cases}\dfrac{1}{2\sqrt{y}}f_X(\sqrt{y}), & y\in(0,1)\\ f_X(y), & \text{其他}\end{cases}$.

8. $f_Y(y)=\begin{cases}\dfrac{1}{8\sqrt{6+y}}, & -6<y<-5\\ \dfrac{5}{16\sqrt{6+y}}, & -5<y<-2\\ \dfrac{1}{16\sqrt{6+y}}, & -2<y<3\\ 0, & \text{其他}\end{cases}$.

9. Y 的分布函数 $F_Y(y)=\begin{cases}0, & y<0\\ \dfrac{3y}{4}, & 0\leqslant y<1\\ \dfrac{1}{2}+\dfrac{y}{4}, & 1\leqslant y<2\\ 1, & y\geqslant 2\end{cases}$.

10. 提示：利用分布函数的定义、反函数的定义以及均匀分布的分布函数即可得证.

11. 提示：设相应的密度函数为 $f(x)$，则

$$\text{左}=\int_{-\infty}^{+\infty}\left(\int_{x}^{x+a}f(t)\mathrm{d}t\right)\mathrm{d}x=\int_{-\infty}^{+\infty}\left(\int_{t-a}^{t}f(t)\mathrm{d}x\right)\mathrm{d}t=a.$$

习 题 三

一. 基础练习题

1. $\dfrac{9}{35}$.

2. 0.

3. $\dfrac{1}{8}$; $\dfrac{3}{8}$; $\dfrac{27}{32}$; $\dfrac{2}{3}$.

4. $\dfrac{15}{64}$; 0; $\dfrac{1}{2}$; $F(x,y)=\begin{cases}1, & x>1,y>1\\ x^2y^2, & 0<x\leqslant 1,0<y\leqslant 1\\ x^2, & 0<x\leqslant 1,y>1\\ y^2, & x>1,0<y\leqslant 1\\ 0, & \text{其他}\end{cases}$.

5. $\dfrac{\pi}{4}$.

6. $\dfrac{1}{8}$; $\dfrac{7}{8}$, $\dfrac{1}{2}$; $\dfrac{3}{4}$.

7. $1-\mathrm{e}^{-1},0,\mathrm{e}^{-1}-\mathrm{e}^{-2},\mathrm{e}^{-2}$.

8. $\dfrac{5}{8}$.

9. $\dfrac{5}{12},\dfrac{1}{6},\dfrac{5}{12};\dfrac{7}{12},\dfrac{1}{3},\dfrac{1}{12}$.

10. $f_X(x)=\begin{cases}\dfrac{1}{2x}, & 1<x<\mathrm{e}^2\\ 0, & 其他\end{cases}.$

11. $f_X(x)=\dfrac{5}{8}(1-x^4),-1<x<1$; $f_Y(y)=\dfrac{5}{6}\sqrt{1-y}(1+2y),0<y<1.$

12. (1) $\dfrac{1}{2}$, $\dfrac{1}{2}$; $\dfrac{1}{3}$, $\dfrac{2}{3}$.

(2) 不独立.

13. $f_{Y|X}(y\mid x)=\dfrac{1}{x},\ 0<y<x.$

14. $\dfrac{7}{15}$.

15. $\dfrac{47}{64}$.

16. (1) $f_X(x)=\begin{cases}x, & 0<x<1\\ 2-x, & 1<x<2\\ 0, & 其他\end{cases}$, $f_Y(y)=\begin{cases}2-2y, & 0<y<1\\ 0, & 其他\end{cases}.$

(2) $f_{X|Y}(x\mid y)=\dfrac{1}{2-2y},0<y<1,y\leqslant x\leqslant 2-y.$

17. $\dfrac{1}{2}$.

18. 0.89.

19. $f(x,y)=\mathrm{e}^{-y},0<x<1,y>0$; e^{-1}; e^{-1}.

20. $f_X(x)=3x^2,0<x<1$, $f_Y(y)=\dfrac{3}{2}(1-y^2),0<y<1$; 不独立.

21. 略.

22. $b=0,\sqrt{ac}=\pi A.$

23. $Z\sim b\left(1,\dfrac{\lambda}{\lambda+\mu}\right).$

24. $\dfrac{5}{7}$.

25. $f_Z(z)=4z\mathrm{e}^{-2z},z>0$; $f_Z(z)=\dfrac{1}{2}\mathrm{e}^{-|z|},z\in\mathbf{R}.$

26. $f_Z(z)=\begin{cases}\mathrm{e}^{-z}(\mathrm{e}-1), & z\geqslant 1\\ 1-\mathrm{e}^{-z}, & 0<z<1\\ 0, & z\leqslant 0\end{cases}.$

27. $\dfrac{1}{2}$.

28. $f_Z(z)=\dfrac{4}{3}z^3-4z+\dfrac{8}{3},0<z<1.$

29. $f(u,v)=\mathrm{e}^{-u}u,\ u>0,0<v<1.$

30. 略.

31. 略.

32. (1) 不独立. (2) $\dfrac{2e^{-\frac{1}{2}}-1}{3}$, $\dfrac{1}{2}$. (3) $f_{Z_1}(z)=e^{-z}, z>0$; $f_{Z_2}(z)=e^{-\frac{z}{2}}-e^{-z}, z>0$.

二、综合提高题

1. 1/9.
2. 1/2.
3. (D).
4. (B).
5. (1)

X \ Y	-1	0	1	$p_{i\cdot}$
0	0	$\frac{1}{3}$	0	$\frac{1}{3}$
1	$\frac{1}{3}$	0	$\frac{1}{3}$	$\frac{2}{3}$
$p_{\cdot j}$	$\frac{1}{3}$	$\frac{1}{3}$	$\frac{1}{3}$	1

(2) $Z\sim\begin{pmatrix}-1 & 0 & 1\\ \frac{1}{3} & \frac{1}{3} & \frac{1}{3}\end{pmatrix}$.

6. (1)

$$f_{Y|X}(y\mid x)=\begin{cases}\dfrac{1}{x}, & 0<y<x\\ 0, & \text{其他}\end{cases}.$$

(2) $P(X\leqslant 1\mid Y\leqslant 1)=\dfrac{e-2}{e-1}$.

7.

$$A=\frac{1}{\pi};\quad f_{Y|X}(y\mid x)=\frac{1}{\sqrt{\pi}e^{-x^2+2xy-y^2}},\quad x,y\in\mathbf{R}.$$

8. (1)

$$f_X(x)=\begin{cases}x, & 0<x<1\\ 2-x, & 1<x<2\\ 0, & \text{其他}\end{cases}.$$

(2)

$$f_{X|Y}(x\mid y)=\begin{cases}\dfrac{1}{2(1-y)}, & y<x<2-y\\ 0, & \text{其他}\end{cases}.$$

9. (1)

$$f(x,y)=\begin{cases}\dfrac{9y^2}{x}, & 0<x<1,\ 0<y<x\\ 0, & \text{其他}\end{cases}.$$

(2)

$$f_Y(y)=\begin{cases}-9y^2\ln y, & 0<y<1\\ 0, & 其他\end{cases}.$$

(3) $P(X>2Y)=\dfrac{1}{8}$.

10. (1) $P\left(Z\leqslant\dfrac{1}{2}\right)=\dfrac{1}{2}$.

(2)

$$f_Z(z)=\begin{cases}\dfrac{1}{3}, & -1\leqslant z<2\\ 0, & 其他\end{cases}.$$

11. $f_V(v)=\begin{cases}2\mathrm{e}^{-2v}, & v>0\\ 0, & 其他\end{cases}.$

12. (1)

$$f(x,y)=\begin{cases}3, & 0<x<1, x^2<y<\sqrt{x}\\ 0, & 其他\end{cases}.$$

(2) U 与 X 不独立.

(3) $F_Z(z)=\begin{cases}0, & z<0\\ \dfrac{3}{2}z^2-z^3, & 0\leqslant z<1\\ \dfrac{1}{2}+2(z-1)^{\frac{3}{2}}-\dfrac{3}{2}(z-1)^2, & 1\leqslant z<2\\ 1, & z\geqslant 2\end{cases}.$

13.

$$P(Z=k)=\begin{cases}\dfrac{\lambda^k}{2k!}\mathrm{e}^{-\lambda}, & k=1,2,3,\cdots\\ \mathrm{e}^{-\lambda}, & k=0\\ \dfrac{\lambda^{-k}}{2(-k)!}\mathrm{e}^{-\lambda}, & k=-1,-2,-3,\cdots\end{cases}.$$

14. (1)

$$f_X(x)=\begin{cases}2x, & 0<x<1\\ 0, & 其他\end{cases},\quad f_Y(y)=\begin{cases}1-\dfrac{y}{2}, & 0<y<2\\ 0, & 其他\end{cases}.$$

(2)

$$f_Z(z)=\begin{cases}1-\dfrac{1}{2}z, & 0<z<2\\ 0, & 其他\end{cases}.$$

(3) $P\left(Y\leqslant\dfrac{1}{2}\mid X\leqslant\dfrac{1}{2}\right)=\dfrac{3}{4}$.

习　题　四

一、基础练习题

1. -0.2; 4.4.

2. $\dfrac{1-q^a}{p}$.

3. 正确.

4. $\dfrac{1}{5}$.

5. 1.

6. 5.

7. 略.

8. $\dfrac{91}{36}$.

9. $7n/2$.

10. $\dfrac{2n-1}{n-1}$.

11. 9.

12. 1/3 或 1.

13. 6.5.

14. 1/20.

15. 略.

16. 1/6.

17. 略.

18. $f_Y(y)=\begin{cases}10y^9, & 0<y<1\\ 0, & \text{其他}\end{cases}$, 10/11, 5/726.

19. 2.

20. $-\dfrac{n}{36}, -\dfrac{1}{5}$.

21. $\dfrac{2}{3}$.

22. $-\dfrac{1}{4}, -1$.

23. $\dfrac{3}{5}$.

24. $\dfrac{1}{12}$.

25. $\dfrac{3}{\sqrt{57}}$.

26. (1) $\sqrt{\dfrac{1-\rho}{\pi}}$. (2) $\rho-1$.

27. $\dfrac{1}{\sqrt{3}}$.

28. 略.

29. 略.

二、综合提高题

1. 1; $\dfrac{1}{\sqrt{2}}$.

2. 0, $\sqrt{2/\pi}$, 0.5.

3. (D).

4. (C).

5. $2e^2$.

6. 16.

7. $-\dfrac{4}{45}$.

8. $\dfrac{\sqrt{15}}{15}$.

9. $\dfrac{2}{3}$.

10. $\dfrac{1}{\pi}\ln 2+\dfrac{1}{2}$.

11. $P(X=0,Y=0)=\dfrac{1}{4}, P(X=0,Y=1)=0,\ P(X=1,Y=0)=\dfrac{1}{4}, P(X=1,Y=1)=\dfrac{1}{2}$.

12. $-0.612\ 4$.

13. 略.

14. (1) $P(|\ X-Y\ |\geqslant 6)\leqslant \dfrac{1}{12}$. (2) 略.

习 题 五

一、基础练习题

1. $P\{E(X)-3\sigma<X<E(X)+3\sigma\}\geqslant \dfrac{8}{9}$.

2. $P\{|X-E(X)\geqslant 5\}\dfrac{1}{10}$.

3. $A=10$.

4. 0.085 3.

5. 0.180 2.

6. 0.273 6.

7. 842.

二、综合提高题

1. $\frac{8}{9}$.

2. $\frac{1}{12}$.

3. (C).

4. (C).

5. 当 n 充分大时, $Z_n=\frac{1}{n}\sum_{i=1}^{n}X_i^2$ 近似服从参数为 $\left(a_2,\frac{a_4-a_2^2}{n}\right)$ 的正态分布.

6. 略.

7. (1) X 的概率分布 $P\{X=k\}=\mathrm{C}_{100}^{k}\cdot 0.2^k\cdot 0.8^{100-k}$, $k=0,1,2,\cdots,100$.

(2) 由棣莫弗–拉普拉斯定理知, $P\{14\leqslant X\leqslant 30\}\approx\Phi(2.5)-\Phi(-1.5)\approx 0.927$.

8. 提示: 利用泊松分布和中心极限定理.

习　题　六

一、基础练习题

1. (1) 联合分布律 $P(X_1=x_1,\cdots,X_n=x_n)p^{\sum\limits_{i=1}^{n}x_i}(1-p)^{n-\sum\limits_{i=1}^{n}x_i}$, $x_1,\cdots,x_n=0$ 或 1.

(2) $P(Y=k)=\binom{n}{k}p^k(1-p)^{n-k}$, $k=0,1,\cdots,n$.

2. (1) $f(x_1,\cdots,x_n)=\frac{1}{(2\sqrt{2\pi})^n}\mathrm{e}^{-\frac{1}{8}\sum\limits_{i=1}^{n}(x_i-1)^2}$.　(2) $f_Y(y)=\frac{1}{2\sqrt{2\pi n}}\mathrm{e}^{-\frac{(y-n)^2}{8n}}$.　(3) $\frac{1}{2}$.

3. 略.

4. 略.

5. $F_{10}(x)=\begin{cases}0, & x<0\\ 0.2, & 0\leqslant x<2\\ 0.3, & 2\leqslant x<2.5\\ 0.7, & 2.5\leqslant x<3\\ 0.9, & 3\leqslant x<4\\ 1, & x\geqslant 4\end{cases}$.

6. (1) $a=\frac{1}{2}$, $b=\frac{1}{3}$, 自由度为 2.

(2) $c=\sqrt{2}$, 自由度为 1.

(3) $c=1$, 自由度为 1.

(4) $c=\frac{n-5}{5}$, 自由度为 $(5,n-5)$.

7. $E(S_1^2)=n\sigma^2$,　$D(S_1^2)=2n\sigma^4$,　$E(S_2^2)=(n-1)\sigma^2$,　$D(S_2^2)=2(n-1)\sigma^4$.

8. (1) $E(\overline{X})=\lambda$, $E(S^2)=\lambda$.

(2) $E(\overline{X}) = mp$, $E(S^2) = mp(1-p)$.

(3) $E(\overline{X}) = \dfrac{a+b}{2}$, $E(S^2) = \dfrac{(b-a)^2}{12}$.

(4) $E(\overline{X}) = \lambda^{-1}$, $E(S^2) = \lambda^{-2}$.

(5) $E(\overline{X}) = \mu$, $E(S^2) = \sigma^2$.

(6) $E(\overline{X}) = m$, $E(S^2) = 2m$.

9. $E(\overline{X}) = 0$, $D(\overline{X}) = \dfrac{2}{n}$, $E(S^2) = 2$.

10. $m(n-1)p(1-p)$.

11. (1) $N\left(0, \dfrac{n+1}{n}\sigma^2\right)$. (2) $N\left(0, \dfrac{n-1}{n}\sigma^2\right)$.

12. $f_5(x) = \begin{cases} \dfrac{9!}{4!4!}(3x^2-2x^3)^4(1-3x^2+2x^3)^4 \cdot 6x(1-x), & 0<x<1 \\ 0, & \text{其他} \end{cases}$.

13. 略.

14. 略.

15. $n \geqslant 43$.

16. $a = -0.438\ 3$.

17. (1) 0.938 9. (2) 0.917 4.

18. 当 $100p(1-p)$ 为整数时, $n = 100p(1-p)$; 当 $100p(1-p)$ 非整数时, $n = [100p(1-p)] + 1$.

19. $n = 14$.

二、综合提高题

1. $a = \dfrac{1}{20}$, $b = \dfrac{1}{100}$, 自由度为 2.

2. 2α.

3. (B).

4. (D).

5. $E(Y) = 2(n-1)\sigma^2$.

6. 略.

7. 略.

8. $P(X_{(n)} = k) = [1-(1-p)^k]^n - [1-(1-p)^{k-1}]^n$,

$P(X_{(1)} = k) = (1-p)^{n(k-1)} - (1-p)^{nk}$.

9. 略 (提示: 先证明 $Y = F(X)$ 服从 $[0,1]$ 上的均匀分布 $U[0,1]$, 再证明 η_i 为单调递增的).

10. 略 (提示: 先证明 $Y = -2\ln F(X)$ 服从参数为 $\dfrac{1}{2}$ 的指数分布, 再利用指数分布与 χ^2 分布之间的关系以及 χ^2 分布的可加性证明).

习　题　七

一、基础练习题

1. $\frac{5}{6}$, $\frac{5}{6}$.

2. $\frac{2\overline{X}}{1-\overline{X}}$.

3. $\frac{1-2\overline{X}}{\overline{X}-1}$, $-1-\frac{n}{\sum\limits_{i=1}^{n}\ln X_i}$.

4. $\overline{X}$, $\frac{2n}{\sum\limits_{i=1}^{n}\frac{1}{X_i}}$.

5. $\frac{2\overline{X}}{3}$, $\frac{1}{2}\max\{X_1,\cdots,X_n\}$.

6. $2\overline{X}-1$, $\min\{X_1,\cdots,X_n\}$.

7. $\frac{\sqrt{2\pi}}{2}\bar{Z}$, $\sqrt{\frac{1}{n}\sum\limits_{i=1}^{n}Z_i^2}$.

8. $\overline{X}+\frac{1.645}{n}\sqrt{\sum\limits_{i=1}^{n}(X_i-\overline{X})^2}$.

9. $1-\mathrm{e}^{-\overline{X}}-\overline{X}\mathrm{e}^{-\overline{X}}$.

10. 11.4.

11. 略.

12. 略.

13. (1) $\hat{\theta}_n=\frac{1}{n}\sum\limits_{i=1}^{n}X_i^2$. (2) 是. (3) 是.

14. (1) $\frac{1}{3n}\sum\limits_{i=1}^{n}Z_i^2$. (2) 略.

15. $a=\frac{1}{2}$.

16. (1) $\hat{\sigma}^2=\frac{1}{n}\sum\limits_{i=1}^{n}(X_i-\mu_0)^2$. (2) $E(\hat{\sigma}^2)=\sigma^2$, $D(\hat{\sigma}^2)=\frac{2}{n}\sigma^4$.

17. 略.

18. (1) $an_1+bn_2=1$. (2) $a=\frac{\sigma_2^2}{n_2\sigma_1^2+n_1\sigma_2^2}$, $b=\frac{\sigma_1^2}{n_2\sigma_1^2+n_1\sigma_2^2}$.

19. (15.026, 15.274).

20. (1) $\mathrm{e}^{\mu+\frac{1}{2}}$. (2) $(-0.98, 0.98)$. (3) (0.619, 4.393).

21. $(67.311, 80.144)$.

22. (1) $(4.412, 5.588)$. (2) $(4.231, 5.769)$.

23. $(0.001\ 64, 0.007\ 19)$.

24. 平均消费 $(840.141, 1159.859)$, 标准差 $(221.612, 463.307)$.

25. (1) $(124.418, 165.582)$. (2) $(19.790, 52.525)$.

26. $\dfrac{4z_{\alpha/2}^2\sigma^2}{L_0^2}$.

27. $(-75.389, -30.611)$.

28. $(5.084, 10.916)$.

29. $(0.206, 3.345)$.

30. $(0.087, 1.409)$, $(-3.732, -1.288)$.

31. $(0.236, 0.364)$.

二、综合提高题

1. -1.

2. 8.2.

3. (A).

4. $\dfrac{N}{n}$.

5. $\hat{a} = \min\{X_1, \cdots, X_n\}$, $\hat{b} = \dfrac{1}{n}\sum_{i=1}^{n}(X_i - \hat{a})$.

6. (1) 略. (2) $\dfrac{2}{n(n-1)}$.

7. $a_1 = 0$, $a_2 = a_3 = \dfrac{1}{n}$, $D(T) = \dfrac{\theta(1-\theta)}{n}$.

8. (1) $f_T(t) = \begin{cases} \dfrac{8t^8}{\theta^9}, & 0 < t < \theta \\ 0, & \text{其他} \end{cases}$. (2) $a = \dfrac{10}{9}$.

9. (1) 略. (2) $c = \dfrac{\sigma_2^2}{\sigma_1^2 + \sigma_2^2}$, $d = \dfrac{\sigma_1^2}{\sigma_1^2 + \sigma_2^2}$.

10. $\dfrac{4\sigma^2}{n}t_{\alpha/2}^2(n-1)$.

11. (1) $(0.135, 0.201)$. (2) 5370. (3) 9604.

习 题 八

一、基础练习题

1. 平均长度不是 4 厘米.

2. 不合格.

3. 9.

4. 没有显著差异.

5. 达到新的疗效.

6. 平均水平高于 3 000 元.

7. 假设 $\mu=0.5\%$ 不能接受, 假设 $\sigma=0.04\%$ 可以接受.

8. 假设 $\mu\leqslant 0.5\%$ 可以接受, 假设 $\sigma\geqslant 0.04\%$ 可以接受.

9. 稳定性不是很好.

10. 没有显著偏低, 符合国际标准.

11. 有显著差异.

12. 特定脑区的丘脑损伤会降低对疼痛的知觉, 该医生观点正确.

13. 有显著差异.

14. 医生的观点依然正确.

15. 增加运动并没有更有效.

16. 平均含量没有显著差异, 方差也没有显著差异.

17. 两者的总体方差有显著差异; 若假设二者总体方差相等, 则过度吸烟者的胆固醇水平的总体均值并不比短期吸烟者高.

18. 外侧下丘脑对饮食有影响.

19. 方式 1 中不同饲料对钙留存量没有显著差异, 方式 2 中对钙留存量也没有显著差异.

20. 该措施可以减少汽油的使用, 有必要实施.

21. 两组实验的分布的方差相同.

22. 该传染病对性别有显著差异.

23. 偏好有显著差异.

24. 人口结构发生了变化, 该学者的观点正确.

25. 肺病与吸烟有关.

26. 灯泡的寿命服从指数分布 $E(0.005)$.

27. 可以认为总体 X 的密度函数为 $f(x)$.

28. 次品数服从二项分布.

29. 滚珠直径服从正态分布.

二、综合提高题

1. (D).

2. (1) $\alpha_1=\alpha_2=\alpha_3=0.05$. (2) $\beta_1=0.361$, $\beta_2=0.999\ 8$, $\beta_3=0.484$.

3. $c=\dfrac{1}{4}$, 最小值为 $\dfrac{7}{8}$.

参 考 文 献

[1] 茆诗松, 程依明, 濮晓龙. 概率论与数理统计教程. 2 版 [M]. 北京: 高等教育出版社, 2011.

[2] 汪仁官. 概率论引论 [M]. 北京：北京大学出版社, 1998.

[3] 陈希儒. 数理统计学简史 [M]. 长沙：湖南教育出版社, 2000.

[4] 陈家鼎, 郑忠国. 概率与统计 [M]. 北京：北京大学出版社, 2008.

[5] 苏淳, 概率论. 2 版 [M]. 北京：科学出版社, 2010.

[6] 盛骤, 谢式千, 潘承毅. 概率论与数理统计 [M]. 北京: 高等教育出版社, 2015.

[7] 王勇, 田波平. 概率论与数理统计. 2 版 [M]. 北京: 科学出版社, 2020.

[8] 曹显兵. 概率论与数理统计辅导讲义 [M]. 北京：西安交通大学出版社, 2020.

[9] 茆诗松, 王静龙, 濮晓龙. 高等数理统计. 2 版 [M]. 北京：高等教育出版社, 2006.

[10] Morris H, DeGroot, Mark J. Schervish. Probability and Statistics, Third Edition[M]. Pearson Education, Inc. 2002.

[11] Kai Lai Chung, Farid AitSahlia. Elementary Probability Theory, Fourth Edition[M]. Springer-Verlag, 2003.

[12] Rick Durrett. Elementary Probability for Applications[M]. Cambridge: Cambridge University Press, 2012.

图书在版编目（CIP）数据

概率论与数理统计 / 曹显兵，莫立坡，梁新刚编著

．—北京：中国人民大学出版社，2021. 1

“十三五”普通高等教育应用型规划教材

ISBN 978-7-300-28802-4

Ⅰ. ①概… Ⅱ. ①曹… ②莫… ③梁… Ⅲ. ①概率论-高等学校-教材 ②数理统计-高等学校-教材 Ⅳ. ①O21

中国版本图书馆 CIP 数据核字 (2020) 第 229478 号

“十三五”普通高等教育应用型规划教材

概率论与数理统计

曹显兵 莫立坡 梁新刚 编著

Gailülun yu Shuli Tongji

出版发行	中国人民大学出版社		
社　　址	北京中关村大街 31 号	邮政编码	100080
电　　话	010-62511242（总编室）		010-62511770（质管部）
	010-82501766（邮购部）		010-62514148（门市部）
	010-62515195（发行公司）		010-62515275（盗版举报）
网　　址	http://www.crup.com.cn		
经　　销	新华书店		
印　　刷	北京昌联印刷有限公司		
规　　格	185mm×260mm 16 开本	版　　次	2021 年 1 月第 1 版
印　　张	18.75	印　　次	2022 年 3 月第 2 次印刷
字　　数	434 000	定　　价	48.00 元